원호와 원생몽유록

저자 원 용 우

조 은

역사 바로 잡기

"을해년에 화의군(和義君), 금성대군(錦城大君)등 단종의 두 숙부가 잇달아 귀양을 가고 단종이 왕위에서 물러나는 명이 있었는데, 선생은 매월(梅月), 연촌(烟村)과 함께 시사(時事)를 논하다가는 문득 흐느끼다 그치니 다른 사람은 이러한 일들을 알지 못하였다."(碧珍 李泰一 지음)

위의 인용문은 1980년 원용석이 발간한『생육신 관란 원호』라는 책에서 〈遺狀〉의 일부분을 인용한 것이다. 이 〈유장〉을 쓰신 분이 벽진 이태일이다. 이글에서 매월은 金時習이요, 연촌은 최덕지이다. 단종이 왕위에서 물러나자 관란, 매월, 연촌이 함께 모여 통곡했다는 것이다. 얼마나 억울했으면 흐느껴 울었겠는가. 그래도 몽유록에서 등장인물 복건자를 추강 남효온, 매월을 해월거사, 지은이를 원호가 이니라 임제라 우길 것인가.

"선생 역시 기미를 보고 물러나 숨어서 기자의 명이(明夷)의 가르침을 실천하셨고 우리 선조는 단종의 복을 입을 뜻만 가졌었는데, 선생께서는 3년 상을 입으셨고 우리선조는 뜨락의 소나무가 푸르르다 하셨는데, 선생께서는 산위의 소나무가 푸르르다 하였으며 우리 선조는 꿈속에서 길을 가는 시를 지으셨는데, 선생께서는 또한 몽유록을 지으셨다."(을축년 동지일 벽진 이태일 지음)

역시 벽진 이태일의 〈유장〉이란 글에서 인용한 것이다. 제3자인 벽진 이태일이 생육신 원호가 몽유록 지으셨다고 말씀하셨다.

"선생의 친구 직제학(直提學) 최덕지(崔德之)가 역시 연촌으로 물러 나와서 살다가 일생을 마쳤다고 한다. 원주 사람들이 어찌 이를 알 것인가. 내가 장차 이것을 적으려 한다.(평산(平山) 신협(申浹) 절하고 씀. 86쪽)

연촌 최덕지는 1455년 그의 나이 72세에 돌아가셨다. 병자사화(1456년) 당시는 이미 죽은 영계의 인물이니 복건자(幅巾者)의 역할을 수행할 수 있다.

"원생몽유록은 선조 때 백호(白湖) 임제(林悌)가 짓고, 해월(海月) 황여일(黃汝一)이 跋과 題詩를 부쳐서 행한 한문소설이다. 전하는 필사본의 年記에 틀림이 없다면 宣祖 1년(戊辰 1568년) 林悌의 나이 20, 海月의 나이 13이 되던 해 仲秋(8월)에 쓴 것으로 볼 수 있다. 端宗의 참사를 비분하여 몽유의 형식으로 쓴 白湖의 본문을 읽고, 이에 의합한 海月이 跋과 題詩를 지어 붙이고 " 海月居士志 林白湖涕所記 "라고 써서 당국이 꺼리는 端宗事를 언론한 데 대한 책임을 두 사람이 나누어질 뜻을 분명이 하였던 것이다.[1)]

인용문은 황패강의 논설인데, 핵심은 원생몽유록의 지은이가 백호 임제라는 것이다. 선조 1년(戊辰, 1568년) 임제의 나이 20세, 해월의 나이 13세 되던 해 임제가 원생몽유록의 본문을 쓰고, 해월이 원생몽유록의 발문과 題詩를 붙였다는 것이다. 여기서 문제점 몇 가지를 지적하겠다. 임제는 20세 이후에 글공부를 시작한 것으로 알고 있는데, 이제 겨우 한문공부를 시작한 사람이 어떻게 심오한 내용의 한문 몽유록 본문은 쓸 수 있다는 것인지 이해 안 되고, 해월 황여일이 13세에 역시 몽유록의 발과 제시를 써서 붙였다는데 13세면 지금으로 말하면 초등학교 6학년인데, 그 초등학생이 어떻게 발문과 제시를 썼다는 것인지 도무지 이해가 안 된다. 그 다음은 원생몽유록의 構造 문제이다. 몽유록은 대개 입몽 → 몽중 → 각몽의 구조로 되어 있다. 그것을 무시하고 本文과 跋文의 구조로 되어 한 사람은 몽유록의 본문을 쓰고, 다른 한 사람은 몽유록의 발문을 써서 몽유록이 한 사람의 작품이 아니라 두 사

1) 우쾌제 편: 황패강, 「元生夢遊錄」(작자문제의 시비와 의혹), 박이정 2002년, 94쪽.

람의 공동작이라 하니, 작품을 제멋대로 해석해도 되는 것인지 묻고 싶다.

그 다음 질문은 해월거사 명칭문제이다. 〈거사〉란 ① 숨어 살며 벼슬을 하지 않는 선비. ② 出家하지 않은 사람으로서 法名을 가진 남자, ③ 아무 일도 하지 않고 놀고 지내는 사람이라고 국어사전에 설명되었다. 나이가 13세인 해월거사는 위의 3가지 중에 한 가지도 해당사항이 없다. 한마디로 海月居士라는 용어 자체가 성립 안 된다. 그런 해월거사가 어떻게 원생몽유록의 跋文과 題詩를 썼다는 것인지 도무지 이해가 안 간다. 아무리 몽유록이라고는 하지만 그 작품해석까지 꿈같은 이야기를 해놓으면 무슨 논리가 성립되겠는가. 그 이야기를 듣고서 설득당할 독자는 없을 것이다. 그리고 13세 된 어린아이가 자기 이름에 居士란 용어를 붙여서 쓴다는 게 이해되지 않는다. 13세 된 아이가 자기 호나 이름에 거사란 용어를 붙여서 썼을 리 만무하다.

황패강이 이처럼 터무니없는 주장을 하는 것은 "海月居士志 林白湖涕所記"라는 구절 때문이다. 〈志〉란 뜻지, 맞출지, 기록할 지의 의미가 있다. 전기문이나 어떤 상황을 기록해 둔다는 뜻이다. "林白湖涕所記"란 임백호가 울면서 원생몽유록을 기록했다는 뜻이다. 作이나 著述의 의미가 아니다. 그런데 원생몽유록을 지은 것으로 해석해서 원생몽유록의 지은이가 임제라고 한다. 이렇게 비약시켜도 되는 것인지 묻고 싶다.

다음은 추강 남효온은 그의 문집에 남효온이 원생몽유록을 직접 읽었다는 기록이 있다.

"이글을 살펴보면 우언이다. 그러므로 독자 중에는 작가의 의도를 구별 못하는 사람이 많이 있다. 여기서 말하는 다섯 사람은 대개 육신을 가리킨다. 제일(第一)은 박팽년이고, 제이(第二)는 성삼문이고, 제삼(第三)은 하위지이고, 제사(第四)는 이개이고, 제오

(第五)는 유성원이다. 한 사람의 지조 있는 선비는 유응부이고, 복건을 쓴 사람은 선생을 일컫는다.(秋江先生文集 卷之八 摭遺 元生夢遊錄)

황패강은 몽유록에서 매월거사가 아니고 해월거사라 주장하였다. 복건자는 연촌 최덕지가 아니라 추강 남효온이라 주장하였다. 그런데 위에서 추강은 "복건을 쓴 사람은 내(秋江)가 아니고 선생이라고 하였다. 추강 남효온은 원호의 원생몽유록을 직접 읽은 사람이다. 그래서 그 앞에 摭遺라는 말을 놓았다.(遺 끼칠유) 자에는 ① 예전 사람이 끼친 훈계, ② 후세 사람을 위하여 끼쳐둔 교훈 이라는 의미가 있는데, 그 교훈적인 것을 주웠다는 뜻이다. 원생몽유록 얻어 보게 된 것을 추강 남효온은 척유(摭遺)라고 하였다. 이래도 복건자를 연촌 최덕지라 하지 않고 추강 남효온이라 할 것인가. 추강 남효온은 이미 원생몽유록을 김시습한테 넘겨 받아서 읽고 평까지 한 사람이다.

2023년 5월 13일

구의서실에서 여강 원용우 씀

차 례

Ⅲ. 원생몽유록은 역사소설 | 281

Ⅰ. 추강 남효온의 문집

1. 원생몽유록(元生夢遊錄)은 저항문학이다

(1) 저항문학

우리 문학사에서 나라가 위태롭거나 임금의 자리를 노리는 자가 나왔을 때는 저항문학이 나타났다. 지은이는 의사나 열사 같은 분들이다. 저항문학에는 강자와 약자가 대립의 관계에 놓여 있다.

강자는 자기가 저지른 일을 숨기려 하고 약자는 그 상황을 널리 알리려고 한다. 강자는 권력자일 가능성이 많고, 약자는 생명의 위협을 느끼게 된다. 나라가 안정되고 평화로울 때는 저항문학이 나올 여지가 없다. 저항문학은 직설법을 썼을 가능성이 높다. 우리 문학사에는 어떠한 저항 작품들이 있는가? 그 뜻을 음미하고 되새겨야 할 것이다.

① 저항문학은 시대나 역사와 관련이 있다.
② 불의를 저지르는 자는 권력자일 가능성이 높다.
③ 그 불의에 저항하는 자는 약자에 속한다.
④ 의인(義人)에 의하여 저항문학이 생성된다.
⑤ 저항문학은 불의인(不義人)이 살아서 권력을 휘두를 때 나온다.
⑥ 불의인이 죽거나 없어지면 저항문학도 나오지 않는다.
⑦ 저항문학은 개인을 향할 수도 있고 집단을 향할 수도 있다.
⑧ 저항문학을 쓴 자는 생명이 위태로운 처지에 놓인다.
⑨ 저항문학의 등장인물은 같은 시기에 생존했던 인물이다.

그러면 우리 역사에서 어떤 저항문학이 나타났는가? 제일 먼저 나타난 것이 대은 변안열의 〈불굴가〉이다. 우선 불굴가 작품을 소개해 보자.

가ᄉᆞᆷ에 궁글 둥그러케 ᄯᅮᆯ고
왼 ᄉᆞᆺ기를 눈 길게 너ᄉᆞᆺ 너ᄉᆞᆺ ᄭᅩ와 그 궁게 그 ᄉᆞᆺ기 너코
두 놈이 두 ᄭᅳᆺ 마조 잡아 이리로 ᄒᆞᆯ근 저리로 ᄒᆞᆯ적 ᄒᆞᆯ근ᄒᆞᆯ적 ᄒᆞᆯ저긔난
나남즉 남 ᄃᆡ도 그는 아모죠록 견듸려니와
아마도 님 외오 살나 ᄒᆞ면 그난 그리 못ᄒᆞ리라.

– 변안열, 불굴가

인용 작품은 대은 변안열의 〈불굴가〉이다. 그러면 변안열은 어떤 인물인가? 1390년(공양왕2)까지 생존했던 인물이다. 고려의 무신으로 본래는 심양(瀋陽) 사람이다. 원나라 말기에 병란으로 당시 심양에 가있던 공민왕을 따라 고려에 들어와 원주를 본관으로 받았다. 1361년 안우(安祐)를 따라 홍건적을 패주시켜, 2등 공신으로 판소부감사(判小府監事)에 승진, 이듬해 서울을 수복하고 1등공신이 되었다. 예의판서가 되어 추성보조공신(推誠補助功臣)의 호를 받았고, 판밀직사사(判密直司事)로 최영과 더불어 제주를 정벌한 후 지문하부사(知門下府事) · 문하평리(門下評理)를 역임했다. 우왕 때 추충량절선위익찬공신(推忠亮節宣威翊贊功臣)의 호를 받은 뒤 양광전라도 도지휘사 겸 조전원수로서 나세(羅世) · 조사민(趙思敏) 등과 함께 왜구를 크게 물리치고 문하찬성사(門下贊成事)로 승진했다. 이어 도순찰사(都巡察使) 이성계(李成桂)의 부장(副將)으로 운봉(雲峰)에서 왜적을 대파하고 개선한 뒤 정방제조(政房提調)가 되었다. 단양 · 안동의 왜군을 몰아낸 후 원주부원군(原州府院君)에 봉해지고 판삼사사(判三司使), 후에 영삼사사(領三

司使)가 되었다. 이성계의 제거와 우왕의 복위를 모의한 일이 발각되어 한양에 유배, 뒤에 사형되었다.[1]

이런 분이 불굴가를 지었으니 저항문학의 성격을 나타낼 수밖에 없다. 그 어조가 강렬할 수밖에 없는 것이다. 가슴에 구멍을 뚫어 놓고 그 구멍에 새끼를 넣어서 양끝에서 마주잡고 흔들어도 나(我)나 남(他)이나 할 것 없이, 남이 다한다 해도 님과 외롭게 살라 하면 그렇게는 못하겠다는 것이다. 이 노래는 이성계 생일에 주연을 베풀고 포은과 대은을 초청하여 시험할 목적으로 아들 방원을 시켜 〈하여가〉를 부르게 했다는 것이다. 이 물음에 포은은 〈단심가〉로 화답하였고, 대은은 〈불굴가〉로 화답했다는 것이다. 그 분위기가 비장했을 것으로 짐작된다. 작품에서는 비장미가 흐른다. 이방원은 강자이고 정몽주나 변안열은 약자이다. 약자가 부른 노래는 저항문학이 될 수밖에 없다. 저항의 의미가 강하게 나타난다. 이방원과 변안열은 동시대 인물이다.

擊鼓催人命
回頭日欲斜
黃泉無一店
今夜宿誰家
울리는 저 북소리 목숨을 재촉하는데
머리를 돌이키니 서산에 해저문다
황천 가는 길엔 주막도 없다는데
오늘 밤은 뉘 집에서 자고 가나.

– 성삼문

이 작품은 성삼문의 절명시(絕命詩)로 알려졌다. 성삼문은 사육

1) 한국인명대사전, 신구문화사, 1983년, 325쪽.

신의 한 사람이다. 성삼문은 어떻게 죽어갔는가? 단종 복위운동의 기수(旗手) 성삼문과 그 동지들이 무참히 희생되자 무시무시한 검거 선풍이 휘몰아쳤다. 관련자 권자신 등 70여인에게도 각각 죄명을 씌워 혹형 끝에 살해와 유배를 단행했다. 그 중에서도 성삼문은 가위 멸문이었다. 아버지 승(勝)을 비롯하여 아들 5형제와 삼고(三顧), 삼빙(三聘), 삼성(三省) 등 남자는 젖먹이까지도 살해되었다. 가산은 몰수되고 그 처와 자부는 관비에 충당되었다. 그러나 처와 자부도 끝까지 절개를 지켰다.

관에서 가산을 몰수할 때 보니 세조 때에 받은 녹봉은 월별표시로 별실에 고스란히 쌓여 있었다고 한다. 이와 같이 대대적인 숙청을 단행한 세조는 상왕도 간여되었다 하여 노산군(魯山君)으로 강봉하여 영월에 안치시키고 다시 단종의 모후 송씨를 폐하여 종묘(宗廟)에서 출향시켰다.[2)]

이 작품은 성삼문이 사형되기 직전에 지은 시라고 알려졌다. 작품 전체에 죽음의 그림자가 드리워졌다. "울리는 저 북소리 목숨을 재촉하는데 / 머리를 돌이키니 서산에 해저문다." 얼마나 절박한 상황이 전개되고 있는가? 누군가 이 작품을 절명시(絕命詩)라고 명명하였다. 저항시보다 한 단계 더 높은 것이 절명시라고 보아야 한다. 죽음 직전의 상황을 술회했으니 절명시이다. 이러한 작품은 사형수나 쓰는 것이지 딴 사람은 감히 쓸 엄두도 못 낸다. 이 작품의 후반부에서는 그야말로 대인다운 큰 인물다운 모습을 보여주고 있다. "황천 가는 길엔 주막도 없다는데 / 오늘 밤은 누구의 집에서 자고 가나" 잘 걱정을 하고 있는 것이다. 거리가 멀어서 자고 가야겠다는 것이다. 이 작품은 저항을 넘어 저승 세계를 노래하고 있는 것이다. 그 저승 가는 길엔 주막집도 없다는 것이고 쉬

2) 한국의 인간상4, 신구문화사, 1965년, 127쪽.

어갈 곳도 없다는 것이다. 이미 현실을 초월한 신의 경지에 도달한 것이다.

① 복건 쓴 사람이 한숨짓고 탄식하며 말하기를, "요(堯), 순(舜), 우(禹), 탕(湯) 이후로 세상을 농락하는 자들이 왕위를 물려받는다고 빙자(憑藉)하며 신하로서 임금을 치면서도 어떤 명분을 붙였으며, 이러한 이들이 오랜 기간 동안 두고두고 되풀이 되는 동안에 끝내는 바로 잡을 수 없게 되었다. 아아 이러한 일들은 네 임금 때에 발단이 된 것이다."라 하였다

말을 마치기도 전에 왕이 낯빛을 엄숙히 하고 말하기를,

"아니 될 말 그것이 무슨 말이요 네 임금 같은 성군이 있고 또 그 시대라면 몰라도 네 사람의 성군이 없고 그 시대가 아니라면 네 임금에게 무슨 죄가 있겠는가만 명분을 내세우고 빙자하여 임금을 친 자들에게 죄가 있는 것이다"라고 하니

② 왕이 여기서 초연(悄然)한 안색으로 옷깃을 바로 하고 슬픔을 참지 못해 이렇게 노래하였다.

江波咽咽兮 流無窮	강의 파도 소리 목 메이어 끝없이 흘러가고
我懷長長兮 與爾同	나의 회포 길고 길어 너와 같도다
生爲千乘 死作孤魂	살아서는 임금이며 죽어서는 고혼이네
新是僞主 帝乃陽尊	새 임금은 거짓 임금 상왕이란 겉으로만 높인 것을
故國人民 盡收楚籍	옛적의 백성들 지금은 모두 남의 나라 백성인데
六七臣同 魂庶有托	6,7인의 신하들과 같이 있으니 고혼이나마 의지가 되는구나.

원생몽유록의 작가를 생육신 원호라 하는데, 그분의 생애를 먼저 알아보자. 본관은 원주, 자는 자허(子虛), 호는 관란 · 무항(觀瀾 · 霧巷), 원광명(元廣明)의 증손으로, 할아버지는 원중량(原仲良)이

다. 아버지는 별장 원헌(元憲)이다. 1423년(세종 5) 식년 문과에 동진사(同進士)로 급제하여 여러 청관현직(淸官顯職)을 차례로 지냈으며, 문종(文宗) 때 집현전 직제학에 이르렀다. 1453년(단종1) 수양대군이 황보인 · 김종서 등의 대신을 죽이고 정권을 잡게 되자, 병을 핑계로 향리 원주로 돌아가 은거하였다.

단종이 영월에 유배되자, 영월 서쪽에 집을 지어 관란재(觀瀾齋)라 하였다. 강가에 나가서 시가를 읊기도 하고 혹은 집에서 글을 짓기도 하면서, 아침저녁으로 멀리서 영월(寧越) 쪽을 바라보고 눈물을 흘리며 임금을 사모(思慕)하였다.

단종이 죽자 삼년상을 입었고, 마친 뒤 고향인 원주에 돌아와 문밖을 나가지 않았다. 이로 인해 다른 사람들은 원호의 얼굴을 볼 수가 없었다. 앉을 때 반드시 동쪽을 향해 앉고, 누울 때는 반드시 동쪽으로 머리를 두었는데, 단종의 장릉(莊陵)이 자기 집의 동쪽에 있기 때문이었다. 조카인 판서 원효연(元孝然)이 수행하는 종들을 물리치고 문밖에 와서 보기를 청했으나 끝내 거절하였다. 세조가 특별히 호조참의(戶曹參議)에 임명해 불렀으나 응하지 않았으며, 한평생 단종을 그리다가 생을 마치었다.[3)]

이처럼 원호 선생의 행적을 알아보았거니와 오로지 단종 편에 서서 충성을 다했지, 세조에게는 매사를 거역하였다. 그러니 원생몽유록 작품 속에도 세조에게 저항하는 태도를 보였던 것이다.

①은 복건자(幅巾者)가 탄식하면서 부른 노래이다. 요순우탕(堯舜禹湯) 네 임금은 자연스럽게 왕위를 물려주었는데, 그 이후로 세상을 농락하는 자들이 왕위를 물려받는다고 빙자하며 신하로서 임금을 치면서도 어떤 명분을 붙였다는 것이다. 여기서 "세상을 농락하는 자들"이란 세조를 지칭하는 것이다. "왕위를 물려받는다

3) 관란유고통합편집, 원주원씨 생육신 정간공파대종회, 2021년, 485쪽.

고 빙자한 사람"도 세조이다. "신하로서 임금을 치면서도(以臣伐君) 어떤 명분을 내세운 사람"도 세조이다. 이처럼 세조를 나쁘다고 지적했으면 이 원생몽유록은 저항문학이다. 그 이상 무엇을 지적할 수 있는가. 권력자인 세조를 향하여 이 정도로 직설법을 써서 나무랐으면 저항문학이지, 어찌 이것을 일반 소설이라 치부하겠는가. 목숨을 내놓고 세조의 잘못을 지적한 것이다. 그 당시 세조의 잘못을 누가 감히 언급하겠는가. 비록 복건자의 입을 빌어서 말했지만 실제는 원생몽유록의 저자 원호 선생이 역사를 바로잡기 위하여 저항문학을 후세에 전한 것이다.

②의 내용은 작품 속에서는 임금이 부른 노래이다. 왕이 여기서 초연한 안색으로 슬픔을 참지 못해 이렇게 불렀다는 것이다. "강의 파도 소리 목 메이어 끝없이 흘러가고"라 했는데, 이것은 강의 파도소리가 그런 것이 아니고, 사실은 단종이 목 메인다는 뜻이고, 그 슬픔이 끝없다는 이야기다. "나의 회포 길고 길어 너와 같도다."라 했는데, 이런 수법을 감정이입(感情移入)이라 한다. 자기의 감정을 다른 사물에 이입시켜 표현한 것이다.

그 다음에는 격한 감정이 그대로 튀어 나온다. "새 임금은 거짓 임금 상왕이란 겉으로만 높인 것을" 세조에 대하여 그 이상 뭐라고 해야 되겠는가. 새 임금은 거짓 임금이라고 했다. 가짜 왕이란 것이다. 단종을 그 당시 상왕(上王)이란 존칭을 썼는데, 그것도 겉으로만 높여 불렀다는 것이다. 이 이상 적나라하게 표현할 수는 없다. 은유법도 없고 직설법이다. 세조는 가짜 왕이고, 단종을 상왕이라 높인 것도 거짓이고 핑계거리에 지나지 않는다는 것이다. 그래도 원생몽유록을 저항문학이 아니라고 할 것인가? 100년 후에 태어난 임제가 어떻게 세조에 대하여 이런 말을 할 수 있단 말인가. 임제 생존 시에 임금은 선조이다. 선조는 권력을 휘두르지 않았다. 선조에 대해서는 저항시가 나올 수 없는 것이다.

그날이 오면 그날이 오면
삼각산이 일어나 더덩실 춤이라도 추고
한강물이 뒤집혀 용솟음 칠 그 날이
이 목숨이 끊기기 전에 와 주기를 할 양이면
나는 밤하늘에 나는 까마귀와 같이
종로의 인경을 머리로 들이받아 올리오리다.
두개골은 깨어져 산산조각이 나도
기뻐서 죽사오매 오히려 무슨 한이 남으오리까.

그날이 와서 오오 그날이 와서
육조 앞 넓은 길을 울며 뛰며 뒹굴어도
그래도 넘치는 기쁨에 가슴이 미어질 듯하거든
드는 칼로 이 몸의 가죽이라도 벗겨서
커다란 북을 만들어 들쳐 매고는
여러 분의 행렬에 앞장을 서오리다
우렁찬 그 소리를 한번이라도 듣기만 하면
그 자리에 거꾸러져도 눈을 감겠소이다.

– 심훈, 그날이 오면

상기 작품은 심훈의 〈그날이 오면〉이다. 그는 1901년에서 1936년까지 생존한 인물이다. 소설가 · 영화인 · 서울 출신이다. 본명은 대섭(大燮), 호는 해풍(海風), 1919년 제일고보 재학 중에 3.1운동에 참가, 일본 경찰에 체포되어 복역, 그 후 중국으로 건너가 방랑, 한때 항주(杭州) 지강대학(之江大學)을 다녔다. 1923년 귀국, 안석주 · 최승일 등과 신극 연구 단체인 극문회 조직, 1926년 동아일보에 영화소설 〈탈춤〉을 연재하였다. 이것을 계기로 영화계에 진출, 1927년 영화 〈먼동이 틀 때〉를 원작 · 각색 ·

감독하였다. 1930년 이후 〈동방의 애인〉〈영원의 미소〉〈직녀성〉 등의 장편소설과 시 〈그날이 오면〉을 발표하였다. 1935년 동아일보 창간 15주년 기념 현상 소설에 장편 〈상록수〉가 당선되자 그 상금으로 당진에 상록학원을 설립하였다. 1936년 손기정이 베를린 올림픽 마라톤 경기에서 우승하였다는 신문 호외에 감격하여 그 뒷면에 〈오오 조선의 남아여!〉라는 즉흥시를 쓴 것을 마지막으로 급서했다. 그의 작품은 대중적이며 계몽적인 것이고, 특히 〈상록수〉는 당시 보나로드라는 민족주의 운동을 반영한 것이다.[4)]

〈그날이 오면〉은 가정법을 썼다. 그날이 오면은 조국이 해방될 날이다. 그날은 어떤 날인가? 삼각산이 일어나 더덩실 춤추고, 한강물이 뒤집혀 용솟은 칠 날이다. 이 목숨이 끊어지기 전에 와주기만 한다면은 역시 가정법이다. 실제가 아니고 가정법을 썼기에 얼마든지 상상력을 동원할 수 있다. 밤하늘에 나는 까마귀기 되어 종로의 인경을 들이받겠다는 이야기도 가정법이다. 두개골이 깨져서 산산조각이 나도 기뻐서 죽겠다는 것도 가정법이다. 어쩌면 역설법을 쓴 것 같다. 이처럼 현실에서 할 수 없는 일을 가정법을 써서 할 수 있으니 얼마나 강력한 저항인가. 실제로 할 수 없는 일을 할 수 있게 만드는 것이 가정법이다. 답답한 가슴이 펑하고 뚫리는 것 같다. 속이 시원해져서 눈물이 날 정도이다.

제2연은 〈그날이 와서〉이다. 그날이 와서도 가정법이다. "육조 앞 넓은 길을 울며 뛰며 뒹굴어도" 이 내용도 실제 상황이 아니고 가정법이다. 가정이니까 얼마든지 상상력을 동원할 수 있다. "드는 칼로 이 몸의 가죽이라도 벗겨서 / 커다란 북을 만들어 들쳐 메고는 / 여러분의 행렬에 앞장서리다." 이 내용도 모두 가정법이다. 극단적 표현을 했지만 가정법을 쓴 것이다. "우렁찬 그 소리를

---

4) 국어국문학사전, 신구문화사 간,1989, 387쪽.

한번이라도 듣기만 / 그 자리에 거꾸러져도 좋다는 이야기"도 가정법이다. 이처럼 가정법을 즐겨 쓰면서도 저항적 내용을 극대화 시키고 있다. 얼마나 그날이 오기를 절실하게 기다렸으면 이런 표현을 했을까? 저항시의 전범을 보는 것 같다.

매운 계절의 채찍에 갈겨
마침내 북방으로 휩쓸려 오다

하늘도 그만 지쳐 끝난 고원
서릿발 칼날진 그 위에 서다

어디다 무릎을 꿇어야 하나
한 발 재겨 디딜 곳조차 없다

이러매 눈 감아 생각해 볼 밖에
겨울은 강철로 된 무지갠가 보다.

– 이육사, 절정

이육사(李陸史)(1905~1944)는 경북 안동 출신이다. 본명은 활(活), 육사는 호이다. 북경대학(北京大學) 사회과 수료, 잡지사와 신문사 일에 관계하는 한편, 주로 사회운동에 관계했고, 시를 쓴 것은 30세가 넘어서였다. 1937년 신석초 · 윤곤강 · 김광균 등과 시동인지 〈자오선〉을 발간하였다. 〈청포도〉 〈교목〉 등 작품 발표, 그 후 주로 〈詩學〉을 통해 활동했다. 1944년 독립운동 혐의로 일경(日警)에게 체포되어 북경 감옥에서 옥사했다. 그 후 육사는 그의 형무소 감방 번호 64에서 따온 것이라고 한다. 해방 후 문우(文友)들에 의해 발간된 육사시집(陸史詩集)에 대부분의 작품이 수록되어 있다.

대표작은 〈청포도〉, 〈교목〉, 〈강 건너 간 노래〉 등이 있다.[5)]

이 작품의 제목은 〈절정〉이다. 계절적 배경은 겨울이고 공간적 배경은 북방이다. 제1연에서 "매운 계절의 채찍에 갈겨"는 계절이 겨울이라는 뜻도 있지만 일제의 억압이나 탄압을 의미한다. 일제의 탄압을 채찍에 갈겨라고 표현했다 그 채찍에 얻어맞으면 견디고 이겨 낼 자가 없는 것이다. 북방으로 휩쓸려 왔다고 했는데, 중국 북경에서의 생활을 지칭한 것으로 보인다.

제2연에서는 자신의 처지를 "하늘도 그만 지쳐 끝난 고원"에 와 있는 것에 비유하였다. 하늘도 지쳐 끝난 고원이니 더 이상 갈 곳이 없는 것이다. 막바지에 도달한 것이다. 그 모습을 서릿발 칼날진 그 위에 서있는 것에 비유하였다. 절정에 도달한 것이다.

"어디다 무릎을 꿇어야 하나," 이제는 무릎을 꿇을 여지조차 없다. 한 발 재겨 디딜 곳조차 없는 경우다. 둘째 연도 절정의 상태지만 셋째 연도 절정의 상태다. 극한 상황에 이른 것이다. 그 상황을 "강철로 된 무지개"에 비유했다. 일반 무지개는 눈 깜작할 사이 없어지는데, 일제의 탄압은 강철로 된 무지개이니, 좀처럼 없어질 것 같지 않다는 뜻이다. 일제의 탄압이 극한 상황에 이른 것이다. 저항이란 용어는 쓰지 않았지만 더는 견딜 수 없다는 것이다. 무언의 저항을 하고 있는 것이다. 더 견디다가는 낭떠러지로 떨어질 수밖에 없을 것이다. 지금까지 저항문학에 대하여 살펴보았는데, 저항문학에는 반드시 강자와 약자가 대립되어 있다. 강자는 불의를 저지르고 약자는 그 불의를 고발하려 한다. 강자는 막대한 권력을 휘두르는 자이고, 약자는 생명의 위협을 느끼는 자다. 강자와 약자는 같은 시대에 살고 있다. 강자가 사라지면 저항문학도 더 이상 나오지 않는다. 저항시나 저항문학에는 비장미가 흐른다.

---

5) 국어국문학사전, 위의 책, 512쪽.

(2) 임제(林悌)라면 할 수 없는 말투

원생몽유록의 저자가 임제라는 이들이 많다. 아직도 임제설이 학계나 교육계에서 인정받고, 심지어는 수능 시험에서도 정답이 임제라는 것이다.

몽유록에서는 몽유자가 지은이가 된다. 몽유자는 원생 즉 원자허이다. 그래서 원생은 임제를 가탁시킨 인물로 본다. 그 임제설을 인정하면 작품 속에서 임제로서는 도저히 할 수 없는 말이나 표현이 있다.

① 세상에 성은 원씨요 자는 자허(子虛)라는 이가 있으니 그는 비분강개하는 선비이다.

② 그는 나은의 한을 품고 원헌의 가난을 견디기 어려웠다. 아침에 나가 밭을 갈고 밤에는 돌아와서 옛 사람의 글을 읽는데, 등불이 없어 벽을 뚫고 개똥벌레를 주머니에 넣어서 등불을 대신하는 등 온갖 괴로움과 고생을 겪지 않은 것이 없다.

③ 일찍이 역사책을 읽다가 역대 왕조가 위태롭고 망하게 되며 국운이 옮겨지고 세력이 쇠퇴하게 되면 언제나 책을 덮고 눈물을 흘리면서 마치 자신이 그런 일을 당하는 것처럼 슬퍼하였다.

④ 자허는 어찌하여 이렇게 더디 오십니까. 우리 임금님께서 맞아오라는 분부이십니다.

⑤ 진정 이들이야말로 어린 왕자를 부탁하고 한 나라의 운명을 맡길 만한 인물들이었다.

⑥ 자허는 다섯 사람과는 인사를 하지 않고 안으로 들어가 왕 앞에 알현한 다음 다시 물러나와 서 있다가 모두가 좌정한 다음에야 맨 끝자리에 무릎을 꿇고 앉았다.

⑦ 왕이 말하기를 일찍부터 그대의 훌륭한 소문을 듣고 한번 만나보고 싶은 마음 간절했는데, 이와 같이 좋은 밤에 반가이 만나게

된 것이니,

⑧ 다만 명분을 내세우고 빙자하여 임금을 친 자들에게 죄가 있는 것이다.

⑨ 왕이 여기서 초연한 안색으로 옷깃을 바로하고, 슬픔을 참지 못하여 이렇게 노래했다. 「살아서는 임금이되 죽어서는 고혼이네 / 새 임금은 거짓 임금 상왕(上王)이란 겉으로만 높인 것을 / 옛적의 백성들 지금은 모두 남의 나라 백성인데,」

⑩ 어린 임금 보좌 못한 것이 한스러워 / 나라는 옮겨지고 임금에게는 욕보이고 몸마저 버렸고나 / 지금 와서 생각하니 하늘 땅 보기도 부끄러워 후회로다.

⑪ 선왕의 은총이 융숭했고 어명도 받았거늘 위태로운 때를 당하여 어찌 이 한 목숨 아끼리오.

⑫ 아차하면 흥하고 망하니 놀란 마음 창자가 찢어지고 누가 충신이고 간신인지 분통이 터져 눈물이 쏟아지네.

⑬ 「슬픈 지고 썩은 선비들이여 함께 일을 성취할 수 없다」 하며 검을 빼들고 일어나 춤을 추는데 비통한 노래는 강개하고 목청은 큰 종소리 같았다.

⑭ 대저 자고이래로 임금이 혼미하고 신하가 어두우면 결국 나라를 망하게 한 일이 많았다. 그런데 지금 나라의 형편을 보면 임금은 현명하시고 여섯 사람의 신하들은 모두 충의의 신하다.

⑮ 이런 임금과 신하가 있는데도 이렇게 참혹한 일이 있을 수 있겠는가. 형세가 이렇게 만든 것이니 하늘에 돌릴 수밖에 없는 일이다.

(이상은 원생몽유록 중에서 발췌한 것임)

(3) 원생몽유록(元生夢遊錄)의 원자허(元子虛)는 단종 때의 생육신 원호(元昊)이다

원생몽유록(元生夢遊錄)의 말미에는 "자허지우 매월거사"란 구절이 나온다. 이 매월거사를 해월거사로 읽어 몽유록을 임제가 지었다고 한다. 해월거사는 선조 때 태어나서 "자허지우"란 용어가 성립 안 된다. 자허의 친구란 말이 성립될 수 없기 때문이다. 그러니까 자허(子虛)란 이름도 부정해서 실제인물이 아니라 허구의 인물이라 한다. 그것을 허구의 인물이라 하면 다음과 같은 글귀가 성립될 수 없다.

① 세상에 성은 원씨요 자는 자허(子虛)라는 이가 있으니

② 늠름한 모습이 마치 수양산의 옛 선비와 같았다. 앞으로 다가와서 허리를 굽혀 인사하며 하는 말이 "자허는 어찌하여 이렇게 더디 오십니까. 우리 임금님께서 맞아 오라는 분부십니다."

③ 자허는 그 사람이 산신령이나 물의 정령이 아닌가 하여 놀라운 마음에 무어라 대답을 하지 못하였다.

④ 일찍부터 그대의 훌륭한 소문을 듣고 한번 만나보고 싶은 마음 간절했는데, 이와 같이 좋은 밤에 반가이 만나게 된 것이니, ~중략~ 자허가 자리에서 일어나 사례한 다음 다시 자리에 앉아 서로 고금의 흥망사를 의논하며

⑤ 복건 쓴 사람이 노래를 다 읊고 나서 자허(子虛)에게로 돌린다. 자허는 원래 세상 일을 분개하고 한탄하는 사람이라

⑥ 자허 역시 놀라서 잠에서 깨어 보니 한바탕 꿈이었다.

⑦ 자허의 친구 매월거사가 이 말을 듣고 통탄하며 하는 말이

여기 등장하는 원자허(元子虛)는 몽유자이면서 주인공인 생육신 원호이다. 이처럼 여러 번 등장하는 자허를 실제의 인물로 보지 않

고 허구의 인물, 임제를 가탁시킨 인물, 임제의 변신이라니, 그 허구의 인물이 어떻게 사육신 사건(병자사화)을 그대로 시를 통하여 나타낼 수 있단 말인가? 위에서 ①~⑥번까지의 사실은 병자사화를 생생하게 들려준 것이다. 역사적 사실 그대로이다. 이처럼 자허란 이름이 여러 번 등장하는데, 실제 인물이 아니고 허구적 인물이란 말인가. 작품 속에서 중요한 역할을 하는 원자허(元子虛)가 가공의 인물이란 말인가?

원생몽유록의 주 목적은 병자사화를 후세에 바르게 전달하려는 것이다. 임제는 병사사화와 아무런 관련이 없다. 사육신 사건과 아무런 관련이 없다. 임제는 원생몽유록의 등장인물이 될 수 없다. 임제는 원생몽유록의 저자가 될 수 없다. 병자사화 사건에는 임제가 끼어들 틈이 없다. 원생몽유록을 임제가 지었다는 명제는 근거가 없다. 임제는 100년 후 선조 때의 인물(人物)일 뿐이다. 임제에게 단종에 대한 충의 정신이 있었는가? 임제에게 세조에 대한 저항정신이 있었는가. 원생몽유록의 첫 장면 첫마디가 "세상에 성은 원씨요 자는 자허(子虛)라는 이가 있으니 그는 비분강개하는 선비이다."라고 되어 있는데, 이처럼 명백한 증거가 어디에 또 있는가? 원생몽유록은 몽유자 원자허가 지은 이야기 한 편이다.

(4) 매월거사인가 해월거사인가?

다음에는 "子虛之友 梅月居士"라는 구절이 나온다. 자허의 친구 매월거사 김시습이라 하면 아무런 문제가 안 생긴다. 그것을 매월거사 김시습이라 하지 않고 해월거사 황여일이라 하니까 문제가 발생한다. 해월거사 황여일은 선조 때 태어난 사람이다. 황패강은 황여일이 13살 때 원생몽유록의 발문을 썼다고 한다. 병자사화 때 아직 이 세상에 태어나지도 않은 사람이 어떻게 자허의 친구가 될 수 있단 말인가? 단종 때 사람과 선조 때 사람은 친구지간이 될 수 없다. 열세 살 먹은 사람이 원생몽몽유록의 발문을 썼다는 말도 성립 안 된다. 원생몽유록의 발문 부분은 따로 있다. 황패강이 발문이라 하는 부분은 각몽(覺夢) 부분이다.

그 부분은 해월거사가 쓸 수 있는 글이 아니다. 그곳의 글을 다시 읽어보면 해월거사의 글이 아니다. 자허의 친구 해월거사 황여일이라 한 것도 말이 안 된다. 13살 먹은 사람이 자기를 일컬어 거사(居士)라 한 것도 호칭이 안 맞는다. 13살짜리는 거사라는 용어를 붙일 수 없다. 남들이 거사라고 불러주는 것이지, 자기가 자기를 거사라 부르는 것은 예의에 어긋난다. 우리가 선생이란 용어를 쓸 때도 마찬가지다. 남들이 상대방을 선생이라 불러주는 것이지, 자기가 자기를 칭할 때는 자기에게 선생이란 용어를 쓰지 않는다.

1980년 홍법원에서 발간한 「생육신 관란 원호」란 책에는 김시습이란 이름이 여러 번 등장한다. 여러 번 등장한다면 자허지우 매월거사(子虛之友 梅月居士)란 말이 맞는다.

(1) 후세에 와서 이 일에 대하여 논평하는 사람들이 말하기를 열경(悅卿);김시습(金時習)의 자(字))은 현대에 있어서의 백이(伯夷)요 육신은 현대의 방련(方練)이라 74쪽.

(2) 신의 선조와 김시습, 남효온, 이맹전, 조려, 성담수를 함께 모시니 89쪽.

(3) 유생들의 상소에 의하여 김시습, 남효온, 이맹전, 조려, 성담수 등과 함께 서산서원에 향사하였는데, 이맹전 두 사람에 대하여는 자손들의 93쪽.

(4) 또 유생들의 상소로 김시습, 남효온, 이맹전, 조려, 성담수 등과 함께 서산서원에 향사하였으며, 95쪽.

(5) 그리고 김시습, 남효온, 성담수 세 신하의 높은 절의에 있어

서는 그 뜻을 같이하고 행적이 같다고 하지만, 97쪽.

(6) 또 공과 이맹전, 조려, 김시습, 성담수, 남효온을 영남 함안군 서산서원에 함께 향사하였는데 공이 주향(主享)이 되니 이들이 세상에서 말하는 생육신(生六臣)이다. 102쪽.

(7) 아아 때를 같이한 동봉(東峯= 金時習) 추강(秋江= 南孝溫) 등 여러 어진 신하들은 평탄한 생활을 버리고 세상을 피하여 산에 올라 고사리를 캐며 지냈는데, 111쪽.

(8) 선생은 매월(梅月), 연촌(烟村)과 함께 시사(時事)를 논하다가는 문득 흐느끼다 그치니 다른 사람은 이러한 일들을 알지 못하였다. 117쪽.

(9) 열경(悅卿; 金時習)은 지금의 백이(伯夷)요 육신은 지금의 방효유(方孝孺), 연자령(練子寧; 두 사람 다 명나라 충신으로 절의를 지키다 죽은 사람임)이라 하고 또 연촌(烟村)과 무항(霧巷)은 육신(六臣)에 비하여 도리어 그 절의가 높다고 하였는데, 연촌(烟村)은 직제학 최덕지(崔德之)이다. 136쪽.

(10) 몸을 깨끗이 하고 절개를 다해서 육신(六臣)과 김시습(金時習) 외에 제일 높고 뛰어난 사람입니다. 몸을 희생하고 형체를 망쳐가며 당시에 이름이 드러난 사람들에 비하면 숨고 나타나고 한 것이 비록 다르기는 하지만 초연히 물러나 남 모르게 충성을 다한 것은, 143쪽.

(11) 살아 있으면서 의리를 지킨 신하로는 원호(元昊), 김시습(金時習), 이맹전(李孟專), 성담수(成聃壽), 남효온(南孝溫), 조려와 같은 분이 있다. 그런데 저 성삼문, 육신에게는 언덕을 연하여 장사 지내고 향사하는데 사당을 함께 하였으니, 148쪽.

(12) 그리고 원호, 김시습, 이맹전, 성담수, 남효온 등 다섯 사람은 조려와 더불어 살아서는 뜻을 같이하고 죽어서는 기록을 같이 하였으니, 151쪽.

(13) 매월 김선생(梅月 金時習)은 원래가 도골(道骨)로서 천분이 속되지 않았으며 빛을 감추고 그림자를 숨기며 마음은 유자(儒者)요 행적은 불도(佛徒)였습니다. 152쪽.

(14) 매월 김시습(梅月 金時習) 인간 세상 방랑하여 강상(綱常)을 심었고 광채는 일월과 다투고 이름은 천추에 높았습니다. 156쪽.

(15) 함안 땅 백이산 아래에 짓고 이어 원호, 김시습, 이맹전, 성담수, 남효온, 등 오인(五人)을 함께 한 사당에 향사 드리는 뜻으로 글을 올려 청원 하였사온 바 다행히 성상께서 쾌히 윤허하시어, 157쪽.

(16) 매월당(梅月堂) 김선생은 행하는 것은 청빈이요 폐하는 것은 권세이며 마음은 유자(儒者)지만 행동은 불도였다. 배우지 않아도 나면서 알았고 상품의 인재로, 163쪽.

(17) 청간공 매월 김선생(淸簡公 梅月 金時習)은 세상을 피하여 의를 따르니 자취는 불도요 마음은 유자(儒者)였습니다. 169쪽.

(18) 매월(梅月) 사방(四方)으로 방황하는 외로운 지팡이 혼자서 찬 향기를 심었습니다. 풍채를 날리고 이름을 떨쳤으니, 171쪽.

(19) 생각하오면 김시습, 성담수, 남효온은 불행하게도 후손이 없기 때문에 공공한 의논이 일어나서 함께 한 사당에 향사하여 그 충성된 영혼과 의로운 넋을 어두운 중에서도 의지할 곳이 있게 되었는데, 172쪽.

(20) 김동봉(金東峯 時習) 이 세상을 피하여 거짓으로 미친 것이나 남추강(南秋江 孝溫) 이 세상을 밖에서 방황한 것이나 다 같이 천년 후에도 그 마음을 상상하면 사람들로 하여금 눈물이 흘러 옷깃을 적시게 하는 일이다. 184쪽.

(21) 처사 신 김시습은 거짓 미쳐서 중이 되어 떠돌아다니며 돌아오지 않았고, 처사 신 남효온은 글을 올려서 소능(昭陵)의 회복을 청원하였는데, 회복되지 않으니 185쪽.

(22) 선현(先賢) 이이(李珥)가 지은 김시습 전에는 "노산군이 양위할 때 김시습이 삼각산중에서 글을 읽고 있었는데 곧 문을 닫고 3일 동안 나오지 않다가 서적을 다 불태우고 종적을 불문(佛門)에 의탁하였다."라고 하였습니다. 188쪽.

(23) 특별히 이조참판을 증직하고 사당을 함안 고을 백이산 아래에 세워 김시습, 원호, 이맹전, 성담수, 남효온과 함께 향사하게 하였다. 189쪽.

(24) 청간공 신 김시습은 5세에 신동(神童)으로 영묘(英廟; 世宗)의 특별한 지우(知遇)를 받았으며 단묘가 양위하게 되자 종적을 불문에 의탁하고 종신토록 벼슬하지 않았습니다. 190쪽.

(25) 그러면 김매월(金梅月) 남추강(南秋江)을 향사 드려야 한다는 것은 이미 선현(先賢)의 의논이 있은 것이니 다시 논할 여지가 없습니다. 192쪽.

(26) 그러한 일에 대처하기에는 도리어 사육신보다 더한 어려움이 있는 것으로서 그들의 행적은 김시습, 남효온의 행적과 같은 것입니다. 198쪽.

(27) 더구나 그 동지 六人 중에서 김시습, 남효온은 이미 높여 배향하는 은전을 입었는데 사신(四臣)만이 함께 향사하지 못했으니 이것은 조정에서 한결같이 돌보는 은택에 흠이 될 뿐만 아니라. 199쪽.

(28) 단종의 혼을 부르고 삼상육신을 불렀으며 뒤이어 김동봉(金時習) 등 칠현(七賢)을 제사 드리게 되었습니다. 207쪽.

(29) 우리 성조(聖祖) 단종대왕께서 손위(遜位)하신 이래로 김매월(金梅月 時習), 조정재(曺靜齋 尙治), 남추강(南秋江 孝溫) 등 여러 선생과 나의 선조 포옹공(鄭逋翁 之産)이 엄흥도(嚴興道)와 함께 충의의 마음으로 장릉 휘신(諱辰) 때마다 절 곁에 단을 만들고 어포를 만들어 곡하며 제사 드리니, 210쪽.

(30) 동무의 위패, 장소공 신 이용(章昭公 臣 李瑢), 충경공 신 이영(忠景公 臣 李瓔), 정열공 신 이천(貞烈公 臣 李泉), 청간공 신 김시습(淸簡公 臣 金時習), 정간공 신 원호(貞簡公 臣 元昊) 215쪽.

(31) 청간공 신 김시습은 변을 듣고 통곡하다가 거짓 미쳐 중이 되고 문성공 신 남효온은 정절공 신 조려, 충정공 신 조상치, 충장공 신 송간, 감사 신 이축, 교리 신 성희, 정랑 신 정치산 등과 함께 어포를 받들고 영월을 바라보며 220쪽.

(32) 청간공 김시습, 정간공 이맹전, 정절공 조려, 정간공 원호, 정숙공 성담수, 문정공 남효온 등은 생육신이요 221쪽.

(33) 세조 정축년(세조 3년) 서기 1457년에 매월 김선생이 머리 깎고 절로 들어가서 야은이 초혼한 일에 감동하여 또 단을 만들고 단묘와 사육신을 제사 드렸으며 무인년(세조 4년)에는 광묘가 오대산으로부터 이곳으로 와서 머무르면서 227쪽.

(34) 엄충의(嚴忠毅 興道)의 일곱 분을 봉안하고 석벽 아래에는 사육신의 위패와 매월당의 영정을 봉안하였는데, 그 후 사림들이 한 방에 봉안하는 것이 미안하다 하여 삼은(三隱)의 위패는, 229쪽.

(35) 김시습은 삼각산에서 글을 읽다가 단종의 손위한 소식을 들었다. 방문을 닫고 3일간을 통곡하다가 읽던 책을 다 불태우고 변소로 뛰어 들어갔다. 그리고 미친 것처럼 도망해 달아나 곧 머리 깎고 중이 되었다. 240쪽.

(36) 이 나라에 강상을 심어주시니 송죽 같은 절개 눈서리 중에서도 보전되었습니다. 근보(成三問)는 충분히 넘치고 열경(金時習)은 원한도 많았습니다. 우리 님 명철한 마음 두고 두고 포상 받아 마땅합니다. 246쪽

지금까지 1980년 원용석이 발간한 『생육신 관란 원호』라는 책

에서 김시습이란 이름이 몇 번 등장하는지 헤아려 보았다. 그것은 원생몽유록 작품에 나오는 문구 "子虛之友 梅月居士"라는 문구가 매월거사(梅月居士)인지 해월거사(海月居士)인지 확증을 갖기 위해서다. 매월거사가 맞으면 이 작품의 지은이는 원호가 되고 해월가사가 맞으면 이 작품의 지은이는 선조 때 사람 임제가 된다.

지은이가 임제라고 주장하는 사람들은 자허하고 김시습하고는 아무 관련이 없다는 것이다. 이들은 해월거사라고 주장하면서 자허(子虛)를 관란 원호로 보지 않고 임제의 변신, 임제를 가탁한 인물, 허구의 인물, 가공의 인물이라 주장한다.

이런 주장을 내치기 위해서는 매월거사는 김시습이요, 김시습은 자허의 친구라는 것을 증명해야 한다. 그래서 「생육신 관란 원호」라는 책을 조사해 보니 김시습(金時習)의 이름이 46번 등장했다. 이래도 이것을 매월거사 김시습이라 인정하지 않고 해월거사 황여일이라고 억지 주장을 할 것인가? 그러면 황여일은 어떤 인물인가?

황여일(黃汝一), 1556년 (명종 11년)~? 조선중기의 문신, 본관은 평해(平海). 자는 회원(會元), 호는 해월헌(海月軒) · 매월헌(梅月軒). 평해 출신, 응징(應澄)의 아들이다. 1576년(선조 9)에 진사가 되고 1585년 개종계별시문과(改宗系別試文科) 을과로 급제하였다. 1588년 검열이 되었는데 하번사관(下番士官)임에도 불구하고 출입하였다 하여 파직되었다. 1594년 형조정랑이 되고 곧 도원수 권율(權慄)의 종사관으로 내려갔는데, 얼마 뒤 도원수의 허락을 받고 일시 귀가하여 도원수와 함께 추고(推考) 당하였다. 1598년 사서에 이어 장령이 되고 ,이듬해 장악원정을 역임하였다. 1601년 예천 군수가 되고 1606년 전적을 역임, 1601년(광해군 3) 길주목사, 1617년 동래진병마첨절제사(東來鎭兵馬僉節制使)가 되었다.

평해의 명계서원에 제향되었다. 『조천록』『해월집』 14권 7책이 있다.(한국민족문화대백과사전)

해월이 선조 원년(1568년) 13살 때 원생몽유록의 발문을 섰다고 하는데, 그 발문을 예로 들어보자. 그곳에는 "梅月居士聞而痛之曰"이라고 되어 있다. 매월거사가 되었든 해월거사가 되었든 그 이야기를 직접 듣고서 통탄하여 이르기를, 이라고 되었다. 매월거사 김시습이 자허에게 들었다는 얘기는 말이 되지만 선조 때 사람 해월거사가 자허의 이야기를 들었다는 이야기는 말도 안 된다. 분명이 자허지우(子虛之友)라고 되어 있는데, 해월이가 어떻게 그 이야기를 듣는단 말인가? 그 들었다는 내용도 몽유록 속에 이어진다. "대저 자고 이래로 임금이 혼미하고 신하가 어두우면 결국 나라를 망하게 한 일이 많았다.

그런데 지금 나라 형편을 보면 임금은 현명하시고 여섯 사람들의 신하들은 모두 충의의 신하이다. 이런 임금과 신하가 있는 데도 이렇게 참혹한 일이 있을 수 있겠는가. 아아 형세가 이렇게 만든 것이니 하늘에 돌릴 수밖에 없는 일이다. 그런데 선한 이를 복주고 악한 자에게 화를 주는 것이 하늘의 도리가 아니겠는가. 도대체 하늘에도 돌릴 수 없다면 아득하고 막막하여 이 이치를 알 수가 없구나. 하늘과 땅은 유유한데 뜻있는 신하들의 한을 더하기만 할 뿐이다."

이런 시를 매월거사 김시습이 읊었다면 수긍하지만 13세의 해월거사가 읊었다면 누가 곧이 듣겠는가.

(5) 복건자는 타계한 연촌 최덕지이다

원자허가 꿈의 세계로 들어가는 장면이 이채롭다. 중추가절 밝은 달 애래서 책을 펴놓고 보다가 밤은 늦고 정신이 피로하여 침상에 기대어 졸았다. 그런데 어느 사이엔가 몸이 가볍게 움직이며 멀리 멀리 가는데 바람을 타고 공중으로 올라가는 것 같이 시원하며 마치 날개를 편 신선으로 화하는 것 같이 느껴지기도 하였다. 어느 곳인지 강가에 가서 멈추는데 주위에는 맑은 강물이 구비 구비 흘러가고 여러 산들과 골들이 둘러 있었다. 여기가 몽유록(夢遊錄)에서의 입몽(入夢) 장면이다.

그 다음에는 복건자를 만난다. 이리저리 거닐면서 두루 돌아보는데 문득 발자국 소리가 먼데서부터 이리로 오는 것이 들려온다. 조금 있으니 갈대꽃밭 깊숙한 곳에서 홀연히 한 사람의 헌칠한 사나이가 다가오는데 복건을 쓰고 야복(野服)을 입고 이목이 청수하며 패기 있고 늠름한 모습이 마치 수양산의 옛 선비와 같았다.

이 복건자를 황패강은 남효온으로 보고 논리를 전개해 나갔다. 그 남효온은 단종 2년(1454년)에 나서 성종 23년(1492년)에 타계한 인물이다. 사육신 사건이 일어난 해는 세조 2년(1456년)이니, 남효온의 나이 겨우 세 살 때이다. 복건자는 이미 타계한 후이고 남효온은 세 살 때이니 사육신 사건에 관여할 수가 없다. 아무튼 복건자를 연촌 최덕지로 보면 자연스럽게 해결되는데, 추강 남효온으로 보면 앞뒤 모순이 발생한다.

최덕지는 어떠한 인물인가? 최덕지는 1384년(우왕 10년)에 출생해서 1455년(세조 1년)까지 생존했던 조선 초기의 문신으로 자를 우수(迂叟), 호를 연촌(烟村)이라 했다. 1405년(태종 5년) 식년문과(式年文科)에 급제한 후 추천을 받아 사관(士官)이 되었고, 1409년 교서관정자(校書館正子)로서 기우제를 지낼 때에 오제(五帝) 제문을 준비 못해 한때 투옥되었다.

뒤에 감찰 등 삼사(三司)의 청요직(淸要職)을 거쳐 김제 군수, 남원 부사 등 여러 주군을 다스렸다. 1450년 문종이 즉위하자 그를 불러 예문관 직제학에 임명, 그의 학문을 높이 평가하였으니 그는 아직 치사할 나이가 안 되었는데도 연로함을 이유로 사직하고 고향으로 내려갔다. 1455년 72세에 죽으니 영암의 주민들이 사당을 세워 제사하고 존양사(存養祠)라 이름 지었다.[6)]

이 연촌 최덕지가 관란 원호와 어떻게 교류했는지 『생육신관란원호』라는 책을 살펴보자.

① 같은 시기에 영암 사람으로 최덕지(崔德之)라는 이가 역시 벼슬을 내놓고 원주에 살면서 자기의 호를 연촌(烟村)이라 하였으며 조정의 명사들이 그에 대하여 서문 발문을 짓고 공도 추후로 발문을 지었다고 하는데 지금은 찾을 길이 없다. 62쪽.

② 열경(김시습의 자)은 현대에 있어서의 백이(伯夷)요 육신(六臣)은 현대의 방련(方練)이라 하고 또 말하기를 연촌(烟村)과 무항(霧巷)은 육신(六臣)에 비하여 그 충절이 더욱 높은 것이다 라고 하니 아아 가이 고인(古人)에 대한 마땅한 논평이 이니겠는가. 여기서 말하는 무항은 관란공이 살던 곳이요 연촌은 직제학(直提學) 최덕지(崔德之)를 말하는 것이다. 74쪽.

③ 선생의 친구 직제학(直提學) 최덕지(崔德之)가 역시 연촌(烟村)으로 물러 나와서 살다가 일생을 마쳤다고 한다. 원주 인사들이 어찌 이를 알 것인가. 내가 장차 이것을 적으려 한다. 평산(平山) 신협(申陜) 절하고 씀. 86쪽.

④ 을해년에 화의군, 금성대군 등 단종의 두 숙부가 잇달아 귀양을 가고 단종이 왕위에서 물러나는 명이 있었는데 선생은 매월(梅月), 연촌(烟村)과 함께 시사(時事)를 논하다가는 문득 흐느끼다 그치니 다른 사람은 이러한 일들을 알지 못하였다. 117쪽.

⑤ 최연촌 덕지는 역시 벼슬을 버리고 고향 원주로 돌아가니 세

6) 최덕지, 한국인명대사전, 신구문화사, 1983, 937쪽.

상 사람들은 이를 생육신에 비교하였다. 241쪽.

⑥ 거처하는 곳을 무항(霧巷)이라 이름한 것은 최직제학 덕지가 그의 거처하는 동리를 연촌(烟村)이라 한 것과 같은 의미였다. 267쪽.

연촌과 관란이 이처럼 교유가 있었는데, 복건자를 연촌 최덕지라 하지 않고 추강 남효온이라 하니 혼란스럽다.

(6) 추강 남효온은 생존시 원생몽유록에 대한 해설을 썼다

남효온은 살아 있을 때, 원생몽유록을 직접 읽은 바 있고, 단종과 사육신의 혼령을 직접 언급했고, 복건자가 누구인지를 직접 언급했다. 그런데 그 남효온이가 복건자라니, 『추강선생문집』을 증거물로 내세운다.

> 按此文是寓言 故讀者多未別白 其曰五人者 蓋指六臣 而第一朴公也 第二成公也 第三河公也 第四李公也 第五柳公也 其曰 一介士者指俞公而幅巾者 則謂先生也(秋江先生文集 卷之八 摭遺 元生夢遊錄)

이글을 살펴보면 우언이다. 그러므로 독자 중에는 작가의 의도를 구별 못하는 사람이 많이 있다. 여기서 말하는 다섯 사람은 대개 육신을 가리킨다. 제일(第一)은 박팽년이고, 제이(第二)는 성삼문이고, 제삼(第三)은 하위지이고, 제사(第四)는 이개이고, 제오(第五)는 유성원이다. 한 사람의 지조 있는 선비는 유응부이고 복건을 쓴 사람은 선생을 일컫는다.

인용문을 해석해 보았는데, 이글을 살펴보면 우언이라고 했다. 이글을 살펴본다는 이야기는 원생몽유록을 읽어본다는 뜻이다. 추강 남효온이 살았을 때 원생몽유록을 읽었다는 뜻이다. 그 글이 우언 또는 우화 같은 것이라고 했다. 그 내용이 귀신들 이야기 즉 혼령들 이야기니 우언이라 할 만하다. 이처럼 우언이니 작가가 알리려는 뜻을 구별하지 못하는 사람들이 많은 것이다.

예를 들면 박팽년이라 할 것을 제일, 성삼문을 제이라고 했으니 헷갈리게 마련이다. 일개사(一介士)는 유응부이고 복건자(幅巾者)는 선생을 일컫는다고 했다. 내(秋江 南孝溫)가 아니고 다른 사람 즉 선생이라고 했다. 이처럼 남추강이 생전에 원생몽유록을 읽고 자기 나름대로 평설을 붙였는데, 원생몽유록의 복건자(혼령)를 생존 시의 남추강이라 우기겠는가.

2. 원호(元昊)와 원생몽유록(元生夢遊錄)

원생몽유록에서 가장 큰 쟁점은 아직까지도 그 지은이가 누구냐 하는 문제다. 이 문제에 대하여 김태준은 그의 『조선소설사』에서 白湖 林悌가 추강 남효온의 인격을 사모하여 추강을 모델로 하고 〈원생몽유록〉을 지어 추강의 경우를 슬퍼하였다[7]는 주장을 내세웠다. 그 이후 임제설은 많은 사람들에 의해 밑받침되면서 학계의 정설로 굳어지는 듯하다가, 1959년 장덕순에 의해 매월당 김시습 설이 제기되었다.

그는〈몽유유록소고(夢遊錄小考)〉라는 논문에서, “원생몽유록의 내용적 특징에서 언급한 바와 같이 「원생몽유록(元生夢遊錄)」의 사상적 주조가 매월당작(梅月堂作)인 금오신화(金鰲新話) 중의 「남담부주지(南炎浮洲志)」의 사상과 부합된다는 것은 이것이 매월당(梅月堂)의 작품임을 강력히 설명하여 준다”[8]고 하였다. 그 이후 1961년에는 이가원(李家源)에 의해 또 다른 학설이 제기되었으니, 그는 〈몽유록(夢遊錄)의 작자소고(作者小攷)〉라는 논문에서, 몽유록(夢遊錄)의 작자는 백호(白湖)가 아니요 동봉(東峯)도 아닌 관란 원호(觀瀾 元昊)임을 내세웠다.[9] 그러한 근거는 「한국한문소설선(韓國漢文小說選)」 62편을 뽑는 도중에 원호(元昊)의 유저(遺著) 「관란유고(觀瀾遺稿)」 중에서 확고한 고증을 얻게 되었다는 것이다.

이처럼 많은 학설이 제기되었으나 김시습설(金時習說)은 장덕순 이외에 더 주장하는 이가 없어 설 자리를 잃었고, 임제설과 원호설로 압축되었는데, 여기서 임제설은 지금까지도 많은 학자들의 지

---

7) 김태준, 『조선소설사』(학예사, 1932), 76쪽.

8) 장덕순, 몽유록소고, 『東方學志4』 연세대 동방학연구소, 연세대출판부, 1959, 139쪽.

9) 이가원, 몽유록의 작자 소고, 『국어국문학』 제23호, 국어국문학회, 1961. 569쪽.

지를 받아 학계의 정설로 굳혀져 가고 있는 형편이다.

하여간에 몽유록(夢遊錄)이란 꿈속에서 보고 듣고 체험한 모든 사실들을 서술하고 기록한 우리나라 고소설의 일종이라고 생각한다. 그렇기 때문에 몽유록소설(夢遊錄小說) 가운데는 몽유자가 있게 마련이고, 그 몽유자가 누구냐에 따라서 소설의 작자가 누구인가를 판가름해 볼 수 있다. 예를 들면 심의의 〈대관재몽유록〉이 있는데, 여기서 〈대관재〉는 심의의 호이기 때문에 심의와 대관재는 동일한 인물이다. 다시 말해서 몽유자가 바로 그 작품의 작자요, 그 작자가 작품 속의 몽유자로 되었다는 이야기다.

그런 의미에서 심의의 〈대관재몽유록〉은 달리 표현해서 〈심생몽유록〉이라 해도 하등의 잘못이 없다. 마찬가지로 〈원생몽유록(元生夢遊錄)〉도 원호(元昊)의 작품이니까 〈원생몽유록(元生夢遊錄)〉이지 만약에 그것이 임제(林悌)의 작품임에 틀림없다면 그 제호(題號)부터 〈임생몽유록(林生夢遊錄)〉으로 바꾸어야 마땅하다. 반복해 보면 元昊가 꿈꾼 것을 기록했으면 〈원생몽유록(元生夢遊錄)〉, 임제(林悌)가 꿈꾼 것을 기록했으면 〈임생몽유록(林生夢遊錄)〉이 되어야 한다. 그런데 예의 작품은 원생(元生) 즉 원호(元昊)가 꿈꾼 내용을 기록한 것이지, 임생(林生) 즉 임제(林悌)가 꿈꾼 내용을 기록한 것이 아니란 점은 분명하지 않는가. 작품의 내용을 자세히 검토해보면 원생(元生) 즉 원호(元昊)가 꿈꾼 내용을 기록한 것이 틀림없는데, 임제(林悌)가 어떻게 해서 원호(元昊)의 꿈을 대신 꾸어줄 수 있다는 것인지 도무지 이해가 안 간다.

혹자는 임제가 꿈속에서 보고 듣고 체험한 내용을 임생(林生)을 내세우지 않고, 생육신 중의 한 사람인 원생(元生)을 내세워 그 역사적 사실에 울분을 토로한 〈원생몽유록(元生夢遊錄)〉을 지었다고 강변할 수 있다. 어떻든 예의 작품 〈원생몽유록(元生夢遊錄)〉은 꿈의 형태를 빌어서 쓴 몽유록소설(夢遊錄小說)이지만, 그 내용을 살펴보면 철저하게 역사적 사실에 바탕을 둔 역사소설(歷史小說)이다.

다시 말해서 그 작품 속에 등장하는 등장인물들이나 벌어지는 사건들이 모두 세조의 왕위찬탈 사건과 사육신들의 단종복위운동 사건들과 그대로 부합된다. 바로 단종 때에 벌어진 역사적 사건들을 기록하면서 임제는 무엇 때문에 굳이 꿈의 형태를 빌어서 썼다는 것이며, 그것도 자신의 꿈이 아니라 남의 꿈을 빌어서 〈원생몽유록〉을 썼다는 것인지, 이점부터 분명하게 해명해야 한다.

단종이 세조에게 왕위를 빼앗긴 시기가 1455년이고 임제가 원생몽유록을 지었다고 하는 시기가 선조 원년(宣祖 元年) 1568년이라고 하는데, 110여 년 전에 일어났던 역사적 사실을 바탕으로 하는 역사소설을 쓰면서, 그냥 역사소설을 쓰지 않고 무엇이 무서워서 〈몽유록〉 형태를 빌어서 썼으며, 그것도 임생(林生)이 꿈꾼 것이 아니라 원생(元生)이 꿈꾸었다고 제3의 인물을 내세워서 써야 했는지 이에 대한 명확한 해답을 분명히 하지 않는다면 〈원생몽유록(元生夢遊錄)〉의 작자를 임제라고 하는 임제설(林悌說)은 설득력을 잃게 된다.

하여간에 양언석(梁彦錫)은 몽유록 소설의 특성을 9가지 열거했는데 그것들을 인용해 보면 다음과 같다.

① 환몽구조가 뚜렷하다.

② 역사적 사실을 바탕으로 하고 있다.

③ 역사적인 실존인물이 등장한다.

④ 몽유자는 작중 내용에 따라 성격이 다르다.

⑤ 몽유자는 평면적 인물이다.

⑥ 몽유자는 현실에서 소외된 인물이며 사회적으로 강개한 선비로서 불우한 삶을 살았다.

⑦ 사실(史實)을 토대로 하기 때문에 몽유시한이 비교적 짧고 사

건 내용이 단순하다.

⑧ 각몽 후 현실에서 가졌던 강개한 성격이 그대로 남아있다.

⑨ 사회적 제약 때문에 환몽구조를 수용한다.[10)]

몽유록 소설의 특성을 열거해 보았거니와, ⑥ 몽유자는 현실에서 소외된 인물이며 사회적으로 강개한 선비로서 불우한 삶을 살았다고 했는데, 그렇다면 몽유자는 실존인물이어야지 가공인물이어서는 안 된다는 이야기고, 그런 점에서 원생몽유록에서의 몽유자 원자허(元子虛)도 역사상의 실존인물로 보아야지, 그것을 임제가 작품 속에 가공으로 내세운 가공인물로 보아서는 안 된다는 이야기다. 그렇다면 세조의 왕위찬탈 사건을 역사적 배경으로 한 〈원생몽유록〉에서, 그 몽유자 원자허(元子虛)는 당시 생육신 중의 한 사람이었던 관란 원호(觀瀾 元昊)임에 틀림없다는 결론이 나온다.

그 다음 ⑨에서는 사회적 제약 때문에 환몽구조를 수용한다고 했다. 그렇다면 선조 때에 임제가 세조의 왕위찬탈 사건이라고 하는 단종 때의 역사적 사실을 소설화 하면서 무슨 사회적 제약이 그렇게 많았기에 환몽구조 형태의 소설을 썼단 말인가? 누구보다도 그 성격이 강직하고 그 언행이 직설적이고 사회 현실에 대해서 비판적이었던 임제로서는 110여 년전 사건을 소설화 하면서 환몽구조를 선택할 이유가 없다. 그야말로 사실(史實)과 허구(虛構)를 적당히 섞어가면서 〈임진록(壬辰錄)〉 〈박씨전(朴氏傳)〉 〈임경업전(林慶業傳)〉 등과 같은 역사소설도 얼마든지 쓸 수 있었을 텐데, 무엇 때문에 그 내용에서는 허구를 배제하고 역사적 사실을 충실히 기술하려고 노력했으며, 그 형태면에서 환몽구조를 선택해야 했는지 이해가 안 간다. 설사 부득이해서 환몽구조를 선택했다 하더라도 그 옛날에 일어났던 사건을 기술하면서 임생의 꿈으로 해야지 무

10) 양언석, 몽유록소설의 서술유형연구(국학자료원, 1996) 48~49쪽.

엇 때문에 원생의 꿈을 빌어서 썼다는 것인지 설명할 방법이 없다.

이러한 제반 사정으로 미루어볼 때에 〈원생몽유록(元生夢遊錄)〉의 작자는 그 당시 생육신 중의 한 사람이었던 관란 원호(觀瀾 元昊)임에 틀림없다는 생각이 들고, 그렇더라도 이 글에서는 작자에 대한 시비를 가리려는 것이 아니라, 몽유자 원자허(元子虛)의 생애와 그 지은이 원호(元昊)의 생애(生涯)가 일치한다는 점을 증명해 보고자 한다. 아울러 원생몽유록(元生夢遊錄)이 역사적 사실에 충실했던 역사소설인 만큼, 그 작품 속에 등장하는 인물들도 허구적인 인물은 없을 것이라는 전제 아래, 그 등장 인물들과 실존 인물들과의 관계를 밝혀보는데 주력하고자 한다.

(1) 시대배경과 단종 사건

세종은 왕위에 있은 지 32년만인 1450년에 54세를 일기로 승하하였다. 역대 군왕 중에서 가장 효자로 알려진 문종(文宗)은 30여년 간의 오랜 왕세자 시절을 끝맺고 세종의 뒤를 이어 왕위에 올랐다. 문종(文宗)은 세자의 자리에 있으면서 학문을 좋아하고 선비를 사랑하여 부왕(父王)의 시정에 도움을 주는 일이 많았으며, 즉위 후에는 〈오사(五司)〉를 두어 조선 왕조 병제(兵制)의 기초를 마련하였다. 그러나 그의 덕과 문학과 지식을 크게 펴보지 못한 채 재위 3년 3개월 만에 돌아가고 단종이 즉위하니 그의 나이 겨우 12세였다. 그 보다 앞서 세종 재위 시에는 세자는 병약하고 세손은 어리어 후일을 걱정한 나머지 세종은 여러 대신들과 집현전 젊은 학자들에게 뒷일을 부탁한 바 있었고, 문종 또한 단종의 장래를 잘 부탁한다는 유언을 하였다. 그러한 가운데 단종이 즉위하게 되니 문종의 유명으로 영의정 황보인(皇甫仁), 좌의정 남지(南智), 우의정 김종서(金宗瑞) 등 삼의정(三議政)이 어린 왕을 보살피게 되었다. 이 때에 육조직계체제(六曹直啓體制)를 폐하여 정치는 의정부 중심으로 바뀌고, 세종 때의 유신인 집현전 학사(集賢殿 學士)들은 그들의 학문적, 정치적 성장에 따라 은연 중 유교 관료 세력으로 대두하였다.[11)]

세종 때부터의 유신(遺臣)인 이들 삼정승과 집현전 학자들의 적극적인 보살핌이 있었으나 사태는 매우 어지럽게 전개되었다. 왕조 초(王朝 初)에 양차(兩次)의 왕자란(王子亂)으로 골육간의 참사가 있은 지 수십 년 만에 왕실에는 또 다시 왕위를 찬탈하는 비극적 사건이 일어났던 것이다.

세종에게는 모두 18형제의 아들이 있었다. 이미 승하한 문종(文宗)의 아래로 수양대군(首陽大君) · 안평대군(安平大君) · 임영대군(臨瀛大君) · 광평대군(廣平大君) · 금성대군(錦城大君) · 평원대군(平原大君) · 영응대군(永膺大君)의 팔인(八人)이 왕비(王妃) 심씨(沈氏)의 소생이었는데, 이들 단종의 숙부 일곱 사람들은 모두 위세가 성하였고, 그 중에서도 둘째 아들 수양대군과 셋째 아들 안평대군은 위인이 걸출하고 야심에 찬 인물이었다. 안평대군은 학문에 조예가 깊고 선비를 좋아해서 문인들은 안평대군에게 모여들었고, 수양대군은 야망과 수완이 뛰어나서 무인들은 그에게 많이 모여들었다.

이때 수양대군(首陽大君)은 모신(謀臣) 권람(權擥)의 천거로 한명회(韓明澮)를 얻고, 한명회의 권고로 홍달손(洪達孫) · 양정(楊汀) 등 유능한 무인(武人) 30여인을 휘하에 모이게 하여 기회를 엿보고 있었다. 수양대군(首陽大君)은 먼저 1453년(단종 원년) 10월에 삼의정(三議政) 중에서 지용(智勇)이 가장 뛰어난 김종서(金宗瑞)를 제거하였고, 그 제거 이유는 김종서가 모반을 꾀한다는 구실을

11) 李載巣 · 柳永烈 공저, 『韓國史大系』 朝鮮前期篇(도서출판아카데미, 1984), 38쪽.

붙여 놓았다. 이어서 그들은 왕명을 빙자하여 군신회의를 소집하였고, 그 소집에 응하기 위하여 대궐로 들어오는 황보인, 조극관, 이양 등 반대파 중신들을 궐문에서 대기하고 있다가 제거했다. 또 한편으로는 김종서의 자손들을 주살하고, 이어서 김종서와 내통하였다는 죄목을 씌워 안평대군을 강화로 귀양 보냈다가 사사(賜死)하기에 이르렀다.

이 정변으로 실권을 얻게 된 수양대군은 정인지를 좌의정, 한확을 우의정에 임명하고, 자신은 영의정 겸 이조판서, 형조판서, 내외병마도통사(內外兵馬都統使)가 되어 정권(政權)과 병권(兵權)을 한 손에 쥐었다. 이러한 상황 아래 단종은 1455년(단종 3년) 윤6월 수양대군에게 양위하게 되었고, 그러한 계획은 권남, 정인지 등에 의해 극비밀리에 추진되었다.

세조가 즉위하자마자 의정부의의(議政府擬議) 제도를 폐지하고 다시 육조직계제(六曹直啓制)를 복구시킨 것은 태종, 세종 시대와 같이 재신(宰臣)의 권한을 축소시키고 왕권의 복구를 기도한 것이었다. 비록 선양(禪讓)의 형식을 택하였다고는 하지만, 계략(計略)으로써 왕위를 찬탈한 세조에 대하여 몇몇 구신(舊臣)들은 반감(反感)을 일으키지 않을 수 없었다고 본다. 특히 왕년(往年)에 집현전 학사(集賢殿 學士)로서 세종의 권총(眷寵)을 받던 성삼문(成三問) · 형조참판 박팽년(刑曹參判 朴彭年). 직제학 이개(直提學 李塏) · 예조참판 하위지(禮曹參判 河緯地) · 사예 유성원(司藝 柳誠源) 등과 성삼문의 부친 성승(成勝) · 무인 유응부(武人 兪應孚) 등은 상왕(上王)으로서 수강궁(壽康宮)에 있던 단종(端宗)의 복위(復位)와 반역파(反逆派)의 숙청을 꾀하고 그 기회를 엿보고 있었다.[12]

---

12) 韓國史(近世前期篇), 震檀學會, 乙酉文化社, 1977. 94쪽.

이들은 1456년(세조2년) 6월에 창덕궁에서 열리는 명나라 사신을 위한 향응 자리에서 단종 복위를 위한 거사를 시행하려 했고, 이러한 거사 계획은 김질(金礩)·정창손(鄭昌孫) 등에 의하여 밀고 됨으로써 사전에 발각되었다. 세조는 곧 성삼문 등을 국문하고 참형을 가하였으나 모두 굽히지 않으므로 성삼문·박팽년·유응부·이개는 작형(灼刑)으로 주살하고, 하위지는 살육되고 유성원은 자신의 집에서 자살하였으니 이들을 세칭 사육신이라 한다.

세조는 또 이 사건을 빙자하여 단종도 성삼문. 등의 역모에 관여하였다 하여 상왕(上王)을 노산군(魯山君)으로 강봉하였고, 군사 50여 명의 호위 아래 지금의 영월 청령포로 귀양 보냈다. 이 사건에 연루된 자는 김문기·권자신 등 70여 명이 처벌되었고, 세조의 아우 금성대군도 앞서 단종이 그의 집에 잠시 들어 있었다 하여 멀리 귀양 보냈다.

그 후 금성대군은 적소(謫所)에서 부사(府使) 이보흠(李甫欽)과 같이 노산군의 복위를 계획하였으나 발각되어 금성군(錦城君)은 안동에 하옥되고 이에 가담한 영남의 사인(士人)들은 모두 주살되었다. 조정에서는 이 사건을 계기로 노산군(魯山君)을 그냥 두면 후환이 그치지 않는다 하여 군(君)을 폐하여 서인(庶人)으로 삼았다. 그 뒤 세조를 에워싼 정인지·정찬손·한명회·신숙주 등의 권신이 노산군(魯山君)과 금성대군(錦城大君)을 완전히 제거하기를 주장하니 세조는 금성대군(錦城大君)을 드디어 사사(賜死)하였고, 노산군(魯山君)도 사태의 절박함을 느끼게 되어 스스로 목숨을 끊었다고 한다.

이러한 역사상의 왕위찬탈사건 때문에 목숨을 바쳐 단종 복귀 운동을 꾀한 사육신이 있는가 하면, 비록 목숨은 바치지 않았지만 사육신에 못지않게 항거하고 절의를 지킨 분들이 있으니 그들을 세칭 생육신이라고 한다. 김시습, 원호, 이맹전, 조여, 성담수, 남효온 등 6분인데, 이들을 모두 논의할 수는 없고 이 글에서는 다만 관란 원호(觀瀾 元昊)의 생애와 사상을 알아봄으로써 〈원생몽유록〉에 나오는 몽유자(夢遊者) 원자허(元子虛)와 생육신(生六臣) 중의 한 사람인 관란 원호가 동일(同一)한 인물(人物)임을 증명해 보고자 한다.

(2) 몽유자 원호(元昊)의 생애

관란 원호는 1397년(태조 5년) 4월 9일 병조참판으로 추증된 부친 원헌공(元憲公)의 둘째 아들로 지금의 원주시 개운동 송림에서 태어났다. 그의 휘는 호(昊)요 자는 자허(子虛)이고 호는 무항(霧巷) 또는 관난(觀瀾)이다. 어려서부터 남달리 총명하고 글공부를 좋아해서 유년 시절에는 〈소학〉과 〈통감〉을 즐겨 읽었고 15세를 넘어서는 사서삼경(四書三經)에 통달하여 도학군자라는 칭호를 듣게 되었다. 뿐만 아니라 글짓기를 좋아해서 많은 한시와 산문을 저술했는데 후에 손자의 필화 사건 때문에 모두 불살라 버렸다고 한다.

이처럼 폭넓은 독서와 저술을 하면서도 과업을 게을리 하지 않아 1423년(세종 5년) 26세 때 문과에 급제하였다. 같은 해 행정가라기보다는 학자로 인정받아 성삼문, 정인지 등과 함께 집현전 학사로서 각종 편찬 사업에 참여하였다. 그 후 여러 요직을 거치면서 문종 때에는 벼슬이 집현전의 직제학까지 이르러 임금님을 궁중 가까이서 모시는 행운을 얻었다.

그러나 문종이 돌아가고 단종이 어린 나이로 왕위에 오른 다음부터는 나라 안의 정세가 급변해져서 어린 단종이 왕권을 지켜내기가 어려워졌다. 단종의 숙부인 수양대군이 자신의 세력을 크게 확장시키면서 단종을 지성으로 보필하는 김종서, 황보인 등을 죽이고, 자신들이 정권과 군권을 장악하는 정란지변을 일으켰기 때문이다.

이처럼 어려운 때를 당하여 관란 원호는 세상을 근심하고 괴로워하면서 '어두운 시대에는 간난하게 지내야 한다'는 생각을 가지고 벼슬을 버리고 고향인 원주 땅 송림으로 돌아왔다. 그리고는 치악산 아래에 흙을 모아 집을 짓고 날이면 항상 높은 주봉에 올라가 단종대왕을 그리워하는 마음으로 서천(西天)을 바라보고 밤이면 하늘을 우러러 단종의 만수무강을 기원하였다. 이에 하늘도 감동하였는지 매일 같이 계시는 고을에 안개가 걷히지 않으므로 동명이 현재까지도 무항동(霧巷洞)이라 불리었으며, 그래서 자신의 호를 무항(霧巷)이라고도 했던 것이다.

아울러 오르시던 산봉우리는 망왕봉(望王峰)이라 불리던 것이 최근에 와서는 봉우리가 높아서 오르면 하늘을 만질 듯하다 하여 천마봉(天摩峰)이라 불리었다. 이러한 전후 사정에 대하여 남궁원이 지어놓은 선생의 〈행장〉을 보면, "문종이 승하하시고 단종이 왕위를 계승하니 이때의 나라 사정은 마치 옛날 중국의 성왕(成王)이 어린 나이로 주(周)나라를 계승하여 왕실이 위태롭고 불안해 하던 시기와 같은 것이었다. 이때에 선생께서는 기미를 미리 예측하고 병을 구실로 하여 관직을 사퇴하고 원주 남촌으로 돌아가 거처하면서 그 동리의 이름을 무항(霧巷)이라 하니 명철한 군자가 아니면 어찌 이렇게 할 수 있었을 것인가."[13]라고 하였다.

1) 사내평 언덕 위의 관란정

1455년(단종3년) 화의군, 금성대군 등 단종의 두 숙부가 잇달아 귀양가게 되고 단종은 왕위에서 물러나게 되니, 관란은 매월당 김

13) 元容奭, 生六臣 觀瀾 元昊, (弘法院, 1980), 65쪽.

시습, 연촌 최덕지 등과 함께 시국 문제를 논의하면서 우울한 나날을 보냈다. 1456년(세조 2년)에는 육신들이 단종 복위 운동을 꾀하다가 화를 입어 죽고 단종은 노산군으로 강봉되어 영월의 청령포로 물러나는 사태가 벌어졌다.

이에 관란은 단종대왕의 발자취를 따라 영월의 청령포로 달려갔으나 도강할 배편도 없었고 국법이 지엄하여 접근할 방법도 없었기 때문에 앙천탄식 하였다. 그 이후 나라의 통제가 더욱 심해져서 가까이 갈 수 없으므로, 현재 제천시에서는 가장 북쪽이고 영월에서는 서쪽인 송학면 장곡리 사내평(思乃坪)이란 곳으로 거주를 옮기었다.

그 옆으로는 남한강물이 청청한 물줄기로 굽이쳐 흘러가고 강 옆에는 층암과 절벽을 이룬 높은 지대가 있었다. 바로 그 높은 곳에서는 저 멀리 단종이 계신 청령포를 바라다 볼 수 있으므로 돌을 모아 대를 만들고 나무로 정자를 지어 그 이름을 〈관란정〉이라 했다. 이제 그 관란의 의미를 상고해 보면 단종이 계신 곳에서 흘러오는 강물 결을 바라본다는 뜻이 함축되었다.

그러니까 원호는 틈만 나면 이 관란정 위에 올라가 영월 쪽에 계신 단종을 생각하면서 그 곳에서 흘러오는 강물 결을 하염없이 바라보았던 것이고, 그러한 자신의 생활과 일념을 노래로 지은 것이 다음의 시조로 나타났던 것이다.

간밤에 우던 여울 슬피 우러 지내여라
이제야 생각하니 님이 우러 보내도다
저 물이 거스러 흐르고져 나도 우러 녜리라

－원 호

지난 밤에 밤새내 울던 여울이 슬프게 울면서 지나고 있구나. 이 초장에서 중요한 것은 관란정 앞의 여울물이 울면서 흐른다고 인식했다는 점이다. 사실 조용한 시골에서 밤을 지내다 보면 유난히도 크게 들리는 것이 개울물 흐르는 소리다. 그 소리에 익숙하지 못한 사람은 잠을 이루지 못할 정도다. 그 여울물 소리를 관란은 슬프게 운다고 표현했다. 그러나 필자의 단견으로는 밤새워 울던 존재는 그 여울뿐만 아니고 관란선생 자신도 임 생각에 밤새워 울었다고 보아야 한다.

왜냐하면 삼라만상은 보는 이의 기분에 따라 그 감정이 다르게 나타난다고 보기 때문이다. 가을 하늘에 높이 뜬 달도 즐거운 사람이 보면 즐겁게 표현되고 슬픈 사람이 보면 슬프게 표현되지 않는가. 새소리도 마찬가지다. 즐거운 사람이 들으면 노래 소리로 들리고 슬픈 사람이 들으면 우는 소리로 들리게 마련이다. 그러나 관란 선생은 설명하기를 이제야 생각해보니 임이 울어 보낸 것이라고 했다.

이 중장에서의 〈임〉은 바로 세조에게 왕위를 빼앗기고 영월에서 귀양살이 하던 어린 단종이다. 단종은 상류 지방 영월의 청령포에 계시고 관란 선생은 하류 지방 제천의 장곡리에 있었으니, 단종의 울음소리가 여울물 되어 흐른다고 표현했던 것이다. 그 청령포에서 제천의 사내평까지 흘러오는 물결을 바라보고 울면서 흘러온다고 표현한 것은 단종의 비통함과 슬픔이 그 곳 관란정 있는 데까지 뻗쳐 있었기 때문이다.

그런데 종장에서는 "저 물이 거슬러 흐르게 하고 싶구나. 그러면 나도 울면서 흘러가리라"라고 했다. 이것은 관란의 충절의 뜻과 임 생각하는 슬픈 마음을 그대로 단종에게 전해 올리고 싶다는 이야기다. 하류 지방에 거쳐하던 관란 선생으로서는 물이 거꾸로 흐르기 전에는 자신의 뜻을 온전하게 전할 방법이 없었기 때문이다. 하여간에 이 작품 전체를 다시 음미해 보면 단종과 관란 선생과 영월에서 제천으로 흐르는 강물 모두가 삼위일체 되어 함께 밤새워서 슬프게 울었다는 의미가 된다. 이러한 사연이 있었기 때문에 元昊는 자신의 호를 관란(觀瀾)이라고 했던 것이다.

관란은 날마다 자신이 만든 정자에 올라가 이러한 노래를 부르면서 단종이 계신 곳을 우러러 바라보고 눈물로 세월을 보냈다고 한다. 그리고는 앉아 있거나 누워 있거나 반드시 동쪽을 향하였는데, 그 동쪽은 바로 단종 임금이 계신 곳을 의미하기 때문이다. 이처럼 단종을 생각하는 시간 외에는 직접 채마밭에 가서 부인과 함께 채소를 가꾸었는데, 그 반찬거리를 빈 박통에 담아 강물에 띄워 단종에게 보내드리는 일을 하였다. 어떤 때는 과일과 채소를 준비해서 서신과 함께 표주박에 담아 강물에 띄우면 그 위에 30리쯤 떨어진 청령포까지 흘러가서 단종이 받아보실 수 있었고, 단종이 거두어 보신 다음 다시 그 표주박을 강물에 띄우면 급류를 타고 내려와서 관란이 되돌려 받곤 했다는 것이다.

또 이런 사연도 있었다고 전한다. 그 때 이웃에는 한 과부가 살고 있었고, 그녀는 다른 사람들의 빨래를 하느라고 날마다 강가에 나가게 되었다. 그런데 강가에 나가보면 언제나 관란이 먼저 나와 정자에 앉아 계시니 이상하다는 생각이 들었고, 부인의 입장에서는 그 연유를 물어보지 않을 수 없었던 것이다. 선생은 눈물을 줄줄 흘리면서 말하기를 "충신은 두 임금을 섬겨서는 안 되고 열녀는 두 남편을 섬겨서는 안 된다"고 말씀하셨다. 그리고 내가 여기에 온 까닭은 우리의 옛 임금을 한결같이 섬기기 위해서라고 설명해 주었다.

그 여인도 울면서 말하기를 "저는 젊어서 남편을 잃고 혼자 살아왔는데 지내기가 힘들어서 다른 사람에게 시집가려고 했습니다. 그런데 이제 선생의 말씀을 들으니 제가 미천한 여인이기는 하지만 마음이 송구스럽습니다."하고는 그 후 죽을 때까지 다시 시집가지 않았다는 이야기가 전한다. 그러니까 관란 자신으로 말하면

"충신불사이군(忠臣不事二君)"을 몸소 실천한 선비이셨고, 한 과부에 대하여는 "열녀불경이부(烈女不更二夫)" 정신을 깨우쳐 주신 스승이었다고 하겠다. 이처럼 세조 편에 서있지 않고 오로지 단종만 사모하고 있었으니, 그 당시 관란 선생이 받은 핍박과 고통이야 말로 설명할 수 없었던 것이다.

2) 3년의 상기를 마치고 세상을 등짐

그 뒤 1457년(세조 3년) 단종이 영월에서 세상을 떠나게 되었고, 이러한 소식에 접한 관란 원호는 그 화가 자신에게 미칠 것을 생각지 않고 영월로 달려갔다. 그래서 백덕산 아래 흙을 모아 집을 짓고 부친상을 당한 것처럼 3년의 상기를 마치었다. 그러한 연유로 그 곳의 동명(洞名)이 토실(土室)로 바뀌어 지금까지 불려지게 되었다.

그리고 무항동 밑의 동명을 송림(현재는 원주시 개운동임)이라 짓고 그 곳에서 남쪽으로 십리 길을 더 가서 산소 자리를 잡아놓고는 그 이름을 남송이라 했던 것이다. 아울러 백씨(伯氏) 원산군(原山君; 휘는 滉)의 묘지며 차질(次姪)인 음성공(陰城公; 휘는 孝而)의 묘터도 잡아 주었다는 전설이 전해온다. 한편 나의 자손은 이 송림(松林)과 남송(南宋)을 떠나지 말고 살라는 유언이 있었기 때문에 아직까지도 남송에는 그 자손들이 집성촌을 이루어 살아가고 있다.

상기를 마친 다음에는 다시 고향인 원주로 돌아갔는데, 예전에 살던 곳을 버리고 깊은 산중 궁벽한 곳을 찾아갔다. 그곳에다 흙을 쌓아 움막을 만들고 거적으로 창을 가리고 살면서 하늘과 해를 바로 쳐다보지 않는 생활을 했다. 그것은 이 세상의 부귀공명을 뜬구름 같이 생각하고 세상 사람들과는 인연을 끊고 살겠다는 결연한 의지를 보여 준 것이다.

그러면서도 농민들을 위하는 마음은 간절하였기 때문에 현재의 원주와 횡성 사이인 의관동(衣觀洞)에다 권람 선생과 함께 월계도(月計圖)를 만들어 놓고 일 년 농사의 풍흉을 점쳐볼 수 있게 했다. 관란의 주된 생활 태도는 세상과 인연을 끊고 사는 것이었으니, 실례를 들어보면 다음과 같은 것이 있다.

지난 날의 친구 되는 분이 본도의 관찰사로 부임해서 선생을 만나보려고 한 사실이 있다. 그런데 그 관찰사는 관란이 사람들을 만나주지 않는다는 사실을 잘 알고 있었다. 그래서 모든 의장을 생략하고는 한 대의 수레로 달려와 뵙기를 청했지만, 관란은 손을 내저으면서, "자네와 나와는 처세하는 방법이 다르니 만나볼 수 없네."하고는 물리쳤다는 것이고, 그 관백은 자신의 출세를 부끄러워하면서 물러가고 말았다는 이야기가 전한다.

영조 때 나서 순조 때 돌아가고 생존시 대사헌, 호조판서, 판의금부사 등 내외 요직을 두루 역임한 서유린은 선생의 〈시장(諡狀)〉에다 당시의 생활상을 적어 놓았는데, "이후 공은 다시는 발이 뜰을 밟지 않았으며, 얼굴은 사람을 대하지 않았으며, 그의 조카인 원성군 효연이 찾아와서 뵙기를 간청하였지만 공은 굳게 거절하니, 이것은 그가 새로 귀하게 되었기 때문이다.

세조께서 특별히 호조참의를 제수하고 그의 거추를 시험하였으나 공은 죽기를 맹세하고 그 왕명에 응하지 않았으며, 앉으면 반드시 동쪽을 향하고 잘 때도 반드시 머리를 동쪽으로 두니 이는 장릉(단종릉)이 원주로부터 동쪽에 있었기 때문이다.[14]라고 되어 있다.

하여간에 관란은 장조카인 원성군(原城君) 효연(孝然)이 수종하는 사람들을 물리치고 문밖에 꿇어앉아 뵙기를 간청하였지만, 문을 막고 들이지 아니하고 엄하게 책망하였다. 관란은 이처럼 외부 사람들과의 접촉을 끊고 세상과는 등지고 살았는데, 이러한 생활태

14) 위의 책, 101~102쪽.

도를 후손들은 불출문외부접친우(不出門外不接親友)라고 하였다. 이러한 생활을 계속하다가 1463년(세조 9년) 향년 67세로 여생을 마치었고, 묘소는 강원도 원주시 판부면 서곡리 남송(南松)에 정부인(貞夫人) 영월 신씨(寧越 辛氏)와 함께 안장되었다.

(3) 등장인물과 실존인물과의 관계

원생몽유록에 등장하는 인물들을 보면 주인공이면서 몽유자인 원자허(元子虛)가 나오고 그 다음은 야복(野服)에 복건을 쓴 복건자가 나온다. 그 다음 등장인물이 임금이며 그 곁에는 다섯 사람이 모시고 있는데 모두 대부(大夫)의 옷을 입었고 각기 계급의 차이가 있었다고 본다. 그 다음에는 씩씩하고 호걸스러운 한 대장부가 나타나고 마지막으로 자허(子虛)의 친구 매월거사(梅月居士)가 등장한다. 이들 작품 속의 등장인물들은 모두가 역사상의 실존인물인데, 이 문제에 대하여 여러 학자들이 논의한 것을 소개하면 다음과 같다.

① 임제(林悌)는 추강 남효온(秋江 南孝溫)의 인격(人格)을 사모하여 추강(秋江)을 모델로 하고 원생몽유록을 지어 추강의 경우를 깊이 슬퍼하였다.[15)]

② 몽유자(夢遊者) 원자허(元子虛)를 원호(元昊)로 본다면 원호(元昊)나 남추강(南秋江)이나 모두 동봉(東峯)과는 동시대의 생육신(生六臣)들인 것이다. 더욱 동봉(東峯)과 추강(秋江)은 특별한 교분이 있었으니 추강(秋江)을 모델로 한 작품을 원호(元昊)의 꿈을 빌어 매월당(梅月堂)이 썼다는 것도 근리(近理)하려니와 동일한 군주에 대한 일편단심의 신하들이 유명을 달리하였을 때 꿈에서라도 해후(邂逅)할 기회를 노린 것은 잔명(殘命)을 보존하는 신하들

15) 김태준, 앞의 책 76쪽.

의 염원(念願)이었을 것이다.[16)]

③ 원자허(元子虛)는 원호(元昊)의 성과 자, 복건자는 원호의 친한 벗 연촌 최덕지(烟村 崔德之), 임금은 단종(端宗), 제1좌는 박팽년(朴彭年), 제2좌는 성삼문(成三問), 제3좌는 하위지(河緯地), 제4좌는 이개(李塏), 제5좌는 유성원(柳誠源), 씩씩한 무인은 유응부(兪應孚), 매월거사(梅月居士)는 김시습(金時習)[17)]

④ 원자허(元子虛)는 원호(元昊)의 자, 복건자는 최덕지(崔德之), 임금은 단종(端宗), 제1좌는 박팽년(朴彭年),제2좌는 하위지(河緯地), 제3좌는 성삼문(成三問), 제4좌는 이개(李塏), 제5좌는 유성원(柳誠源), 무인 유응부(武人 兪應孚)[18)]

⑤ 여기 나오는 복건자를 남효온(南孝溫)으로 보고 있는가 하면 최덕지(崔德之)로 보기도 한다. 남효온으로 본다면 작자는 임제(林悌)이고 최덕지(崔德之)로 본다면 원호(元昊)이다. 그 선비를 따라 정사(亭舍)가 있는 곳으로 가니, 왕자(王者)의 의관(衣冠)을 한 사람이 난간(欄干)을 의지하여 앉아있는데, 그 왕자(王者)가 바로 단종(端宗)이다. 대부(大夫)의 의관(衣冠)을 한 오인(五人)이 그 왕자(王者)를 시측(侍側)하고 있었다. 원자허(元子虛)가 바로 왕전(王前)으로 나아가 알현(謁見)하고 좌정(坐定)하는데, 원자허(元子虛)는 말석(末席)에 앉고 복건자(幅巾者)는 그 다음에 앉고, 그 위로 5인이 차례(次例)로 앉는다. ~중략~ 그 5인이 바로 박팽년(朴彭年), 성삼문(成三問), 하위지(河緯地), 이개(李塏), 유성원(柳誠源) 등의 사육신이다. ~중략~ 이 사람이 사육신 중 유일한 무장이었던 유응부(兪應孚)이다.[19)]

---

16) 장덕순, 국문학통론, (신구문화사, 1969), 293쪽.

17) 이가원, 이조한문소설선, (보성문화사, 1978), 4~13쪽.

18) 김준영, 한국고전문학, (형설출판사, 1980), 316~317쪽.

19) 김기동, 한국고전소설연구, (교학사, 1983), 75쪽.

⑥ 원생몽유록(元生夢遊錄)은 남추강(南秋江) 사후(死後)의 작품이다. ~중략~ 추강(秋江)에 관하여 남공철(南公轍)이 쓴 「묘비명(墓碑銘)」에서 「공생어경태갑술(公生於景泰甲戌) ~중략~ 공졸시년재삼십구(公卒時年纔三十九)로 보아 단종 2년(1454년)에 나서 성종(成宗) 23년(1492)에 타계(他界)하였다. ~중략~ 작중인물(作中人物)의 좌차(座次)로 보아 자허(子虛)가 말석(末席)에 앉고 바로 위에 복건자(幅巾者)가 앉았다. 자허를 元昊로 본다면 비록 유명을 달리 하였다손 치더라도 연치(年齒)로 보나 단종위망시(端宗危亡時)의 경력으로 보나 복건자(남추강일 때) 의 밑에 앉을 수는 없는 것이다. 영음(咏吟)의 차서(次序)도 좌서(座序)에 따라 왕(王) · 박팽년(朴彭年) · 성삼문(成三問) · 이개(李塏) · 하위지(河緯地) · 유성원(柳誠源) · 복건자(幅巾者) · 자허(子虛)의 순이다. 이로써 보면 자허(子虛)는 원호(元昊)의 자(字)를 차용(借用)했을지언정 원호(元昊) 그 인물은 아닌 것이 적실(的實)하다. ~중략~ 몽유록 말미(末尾)의 「무진중추(戊辰仲秋) (일작중춘(一作仲春)) 해월거사지(海月居士志)」를 그대로 인정한다면 무진(戊辰)은 선조원년(宣祖元年; 1568)으로 백호(白湖)가 20세, 해월(海月)이 13세 때이다.[20]

⑦ 작품은 작자의 사상 · 감정이 반영된 것임을 전제한다면, 작품 속의 등장인물 가운데 작자의 사상 · 감정을 직접 전달하고 관찰을 대역하는 인물이 있게 마련인데, 몽유록계(夢遊錄系)에서는 몽유자(夢遊者)가 작자를 대역하는 인물이 된다. ~중략~ 임백호(林白湖)가 〈원생몽유록(元生夢遊錄)〉의 작자였다면, 그 호방한 성격은 역시 몽유록(夢遊錄)에 등장하는 몽유자(夢遊者)의 성격과

---

20) 황패강, 임제와 원생몽유록, 『단국대논문집』 제4집, 1970, 19~23쪽.

일치함을 알 수 있다.[21)]

⑧ 곧 이어 혼령들이 출현한다. 그들은 복건자와 왕(王)과 다섯 신하이다. 왕(王)과 여섯 신하의 묘사는 그들이 단종(端宗)과 사육신(死六臣)임을 암시받게 한다. ~중략~ 여기서 알 수 있는 바와 같이, 순서대로 작자는 박팽년, 성삼문, 하위지, 이개, 유성원이고 개사(介士)는 곧 유응부이고 복건자는 추강 남효온임을 알 수 있다.[22)]

⑨ 이 작품의 주인공 강개사(慷慨士) 원자허(元子虛)는 임제 자신의 변신(變身)이다. 원자허는 중추지석(仲秋之夕)에 한 꿈을 얻고 표연히 우화등선(羽化登仙)하여 한 장강안(長江岸)에 이르러 그의 비분을 토로하기 시작한다. 원자허의 낭음일절(朗吟一絕)이 끝나자 홀연 복건야복(幅巾野服)의 남추강이 그를 맞는다. ~중략~ 왕(단종)이 초연(悄然)히 옷깃을 여미고 원불자승(寃不自勝)하여 시 1수를 낭음하자 차례로 제1좌의 인수 박팽년(仁叟 朴彭年), 제2좌의 근보 성삼문(謹甫 成三問), 제3좌의 천장 하위지(天章 河緯地), 제4좌의 청보 이개(淸甫 李塏), 제5좌의 태초 유성원(太初 柳誠源)이 강개시(慷慨詩)를 읊조린다.[23)]

⑩ 按此文是寓言. 故讀者多未別白 其曰五人者 蓋指六臣而第一朴公也 第二成公也 第三河公也 第四李公也 第五柳公也 其曰 一介士者指俞公 而幅巾者 則謂先生也.[24)]

이제까지 〈원생몽유록〉의 등장인물에 대하여 논의한 것을 비교검토하기 위하여 되도록 많은 사람들의 학설을 인용해 보았다.

①에서 김태준은 〈원생몽유록〉의 작자를 임제(林悌)로 보았고,

---

21) 차용주, 몽유록계 소설의 구조적 특징, 『한국고소설연구』 이우출판사, 1983, 161~162쪽.

22) 유종국, 몽유록소설연구, (아세아문화사, 1987), 68~71쪽.

23) 소재영, 『고소설통론』, (반도출판사, 1995), 136쪽.

24) 『秋江先生文集』 卷之八 摭遺 元生夢遊錄.

그 임제가 남효온을 모델로 해서 이 작품을 지었다고 했다. 그런데 문제는 남효온을 모델로 했다는 것이, 작품 속의 몽유자를 두고 한 말인지 아니면 복건자를 두고한 말인지 분명하지 않다는 점이다. 그렇더라도 소설 속에서 누구를 모델로 했다는 이야기는 그 사람을 모델로 해서 주인공을 삼았다는 이야기가 되고, 〈원생몽유록〉에서의 주인공은 몽유자 원자허(元子虛)이기 때문에 김태준은 몽유자 원자허(元子虛)를 추강 남효온(秋江 南孝溫)으로 간주했다고 보아진다.

②에서 장덕순은 〈원생몽유록〉의 작자를 매월당 김시습으로 보고, 추강(秋江)을 모델로 한 작품을 원호(元昊)의 꿈을 빌어 매월당(梅月堂)이 썼다고 하였다. 여기서 다른 점은 〈원생몽유록〉의 작자를 임제가 아니라 김시습으로 보았다는 점이고, 그 나머지 추강(秋江)을 모델로 한 것이 복건자이고 몽유자 원호의 꿈을 빌어서 썼다고 한 점은 김태준의 경우와 같다고 생각된다.

③에서 이가원은 〈몽유록〉의 작자가 백호(白湖)도 아니요, 동봉(東峰)도 아닌 관란(觀瀾) 원호 (元昊)라고 하였다. 그래서 몽유자는 원호(元昊), 복건자(幅巾者)는 연촌(烟村) 최덕지(崔德之), 임금은 단종(端宗), 그다음 제1좌에서부터 제5좌까지 박팽년, 성삼문, 하위지, 이개, 유성원 순서로 앉았다고 했다. 그리고 씩씩한 무인(武人)은 유응부, 매월거사(梅月居士)는 김시습(金時習)이라고 하였다. 여기서 다른 점은 〈원생몽유록〉의 작자를 생육신 중의 한 사람인 관란(觀瀾) 원호(元昊)라고 한 점과 따라서 몽유자는 元昊, 복건자는 최덕지(崔德之), 매월거사(梅月居士) 김시습(金時習)이라고 밝혀놓은 점이다. 아울러 제1좌에서 제5좌까지 앉아있는 인물들의 정체도 분명하게 밝혀놓았다.

④에서 김준영은 몽유자는 원호, 복건자는 최덕지라 하고, 제1좌에서 제5좌까지 앉은 인물들의 정체까지 밝혀놓았는데, 대체로 이

가원의 학설을 그대로 수용하였다. 또 〈원생몽유록〉〈수향기〉〈대관재몽유록〉 등은 작자가 모두 몽유자라고 하여 〈원생몽유록〉의 작자를 원호(元昊)로 보았다. 다만 다른 점은 제2좌의 성삼문을 하위지, 제3의 하위지를 성삼문으로 본 것인데, 이 문제는 앞으로 더 논의해야 할 사항이다.

⑤에서 김기동(金起東)은 작품 속에 나오는 복건자를 남효온으로 본다면 작자는 임제(林悌)이고 최덕지(崔德之)로 본다면 작자는 원호(元昊)라고 하였다. 나머지 인물들에 대해서는 앞에서 논의한 분들의 것과 같기에 더 이상 부연하지 않겠다. 다만 〈원생몽유록(元生夢遊錄)〉 작자에 대하여 "저자는 원호(元昊)의 문집(文集)인 관란유고(觀瀾遺稿)의 발견, 필사연대(筆寫年代)의 해석(解釋), 작품(作品)의 구성법(構成法)과 문장법(文章法)으로 보아 조선전기(朝鮮前期)의 작품(作品)으로 보고, 그 작품(作品)을 이가원(李家源) 교수(敎授)에 좌단(左袒)하면서 생육신(生六臣)의 일인(一人)인 원호(元昊)로 보고자 한다."[25]라고 하여 원호설(元昊說)을 밑받침하였다.

⑥에서 황패강은 추강 남효온은 1454년(단종 2년)에 출생해서 1492년(성종 23년)에 타계한 인물로 나이 39세를 살았다고 하였다. 작중인물(作中人物)의 좌차(座次)로 보아 자허(子虛)가 말석(末席)에 앉고 바로 위에 복건자가 앉았는데, 자허(子虛)를 원호(元昊)라고 본다면 비록 유명을 달리하였다손 치더라도 연치(年齒)로 보나 단종위망시(端宗危亡時)의 경력으로 보나 복건자(남추강(南秋江))의 밑에 앉을 수는 없다고 하였다. 음영(吟咏)의 차서(次序)도 왕 · 박팽년 · 성삼문 · 이개 · 하위지 · 유성원 · 복건자 · 자허의 순이라고 하였다. 이로써 본다면 자허(子虛)는 원호(元昊)

25) 김기동, 앞의 책, 73쪽.

의 자(字)를 차용(借用)했을지언정 생육신(生六臣)의 한사람인 관란(觀瀾) 원호(元昊)가 아니고 허구적(虛構的)인 인물(人物)이라고 하였다. 그리고 작품상의 「원자허(元子虛)」는 작자(作者) 임제(林悌)가 가탁(假托)된 것이다. 「子虛之友 海月居士」는 이를 말해준다[26]고 하여 몽유자 원자허(元子虛)의 정체를 임제(林悌)라고 보았다.

⑦에서 차용주는 몽유록계(夢遊錄系)에서는 몽유자(夢遊者)가 작자(作者)를 대역(代役)하는 인물이 된다 하였고, 임백호(林白湖)가 〈원생몽유록(元生夢遊錄)〉의 작자라면, 그의 호방한 성격이 몽유록에 등장하는 몽유자의 성격과 일치한다고 하였다. 그러니까 몽유자(夢遊者) 원자허(元子虛)를 관란(觀瀾) 원호(元昊)로 본 것이 아니라 백호(白湖) 임제(林悌)로 본 것이다.

⑧에서 유종국(柳種國)은 몽유자(夢遊者) 원자허(元子虛)에 대하여는 구체적인 언급이 없었고, 등장인물은 왕과 여섯 신하, 즉 단종, 박팽년, 성삼문, 하위지, 이개, 유성원, 유응부라 하였고, 복건자는 추강(秋江) 남효온(南孝溫)이라고 하였다.

⑨에서 소재영은 이 작품의 주인공 강개사(慷慨士) 원자허(元子虛)는 임제(林悌)의 변신이라 하였고, 복건자는 남추강이라 하였다. 그리고 왕과 다섯 신하는 차례대로 박팽년, 성삼문, 하위지, 이개, 유성원 등이라고 하였다.

⑩ 「추강선생문집(秋江先生文集)」에서는 작자(作者)와 몽유자(夢遊者)에 대한 언급은 없고 복건자를 추강(秋江) 남효온(南孝溫)이라고 하였다. 그리고 여섯 신하들은 사육신(死六臣)으로서 박팽년, 성삼문, 하위지, 이개, 유성원, 유응부라고 하였다. 그러니까 〈원생몽유록(元生夢遊錄)〉의 작자를 임제(林悌)로 보고 복

26) 황패강, 앞의 논문, 26쪽.

건자를 추강(秋江) 남효온(南孝溫)으로 본 여러 학자들의 견해는 바로 이 「추강선생문집(秋江先生文集)」에 근거하여 주장한 것으로 생각된다.

이상의 논설들로 미루어 볼 때에 〈원생몽유록(元生夢遊錄)〉의 작자는 임제설(林悌說), 김시습설(金時習說), 원호설(元昊說) 등 3가지가 제기되었는데, 여기서 김시습설은 장덕순 이외에는 아무도 주장하는 이가 없어서 이미 설 자리를 잃고 말았다. 다음으로 논란이 가장 많은 문제는 이 작품에 등장하는 몽유자(夢遊者) 원자허(元子虛)의 정체가 누구냐 하는 점이다. 그 몽유자를 임제로 보면 이 작품의 작자를 임제라 할 수 있고, 김시습으로 보면 이 작품의 작자를 김시습이라 할 수 있고, 원호로 보면 이 작품의 작자를 원호라고 할 수 있다.

또 한 가지는 이 작품에 등장하는 몽유자 원자허(元子虛)의 정체를 꿈만 빌려준 가상 인물로 볼 수도 있고, 아니면 실제로 생육신 중의 한 사람이었던 관란 원호라고 하는 역사상의 인물로도 볼 수 있다. 전자의 경우가 확실해지면 〈원생몽유록〉의 작자는 임제(林悌)가 되고, 후자의 경우가 확실해지면 〈원생몽유록〉의 작자는 원호(元昊)가 된다. 이 작품 중에는 주인공이면서 몽유자인 원자허(元子虛), 야복에 복건을 쓴 복건자, 왕, 여섯 명의 신하, 매월거사(또는 해월거사) 등이 등장하는데, 이들은 모두 역사상에 실재했던 실존인물들이고 가공적이거나 허구적인 인물은 한 사람도 없다는 것이 필자의 생각이다.

특히 이 중에서 왕과 여섯 신하에 대하여 왕은 단종, 여섯 신하 중에서 제1좌는 박팽년, 제2좌는 성삼문, 제3좌는 하위지, 제4좌는 이개, 제5좌는 유성원, 씩씩한 무인은 유응부라는 것이 통설로 되어있고, 그러한 통설은 맞는다고 생각되기에 더 이상 중언부언하지는 않겠다. 다만 김준영이 제2좌의 성삼문을 하위지라 하고 제3좌의 하위지를 성삼문이라 했는데 이것은 잘못이라고 생각한다. 왜냐하면 제2좌의 인물이 부른 노래 가운데 "취의성인부자동(取義成仁父子同)" 즉 "의를 취하고 인을 이룬 것은 부자가 마찬가지다."라는 구절이 나오고, 여기서 부자란 말은 아버지 성승(成勝), 아들 성삼문(成三問)의 부자지간을 의미하는 것이 역사상의, 실제적인 사실로 입증되었기 때문이다. 그러니까 이 작품에 등장하는 인물 가운데 왕과 여섯 신하에 대하여는 별다른 이론이 없고, 다만 주인공이면서 몽유자인 원자허, 복건자, 매월거사(또는 해월거사)에 대해서만 그 역사상의 실제적 인물이 누구인지에 대해서 의견이 분분하고 각양각색이라고 하겠다.

대부분의 논자들은 이 등장인물들이 모두 역사상의 실존인물들이라 해놓고 오직 몽유자인 원자허(元子虛)만 꿈이나 빌려 준 허구적이요 가공적인 인물이라 하는 것은 납득할 수 없다. 만약에 그들의 논의대로 원자허가 역사상의 실존인물이 아니고 꿈이나 빌려주기 위해서 작자가 꾸며낸 허구적이요 가공적인 인물이라면 그 몽유자는 일종의 허인(虛人)이라는 이야기인데, 그 허인(虛人)을 무엇 때문에 역사상의 실존인물인 복건자(대부분의 학자들이 남추강(南秋江)이라 했음)가 임금과 다섯 신하가 있는 강루로 모셔갔다는 것인지 이해가 안 간다. 그것도 그냥 안내해 가는 것이 아니라 「자허는 어찌하여 이렇게 더디 오십니까. 우리 임금님께서 맞아오라는 분부십니다」라는 말을 할 수 있다는 것인지 묻고 싶다. 그 다음 원자허(元子虛)가 왕 앞에 나타났을 때 임금은 자허에게 내 일찍부터 경의 꽃다운 지조를 오랫동안 그리워하였소. 오늘 이 아름다운 밤에 우연히 만났으니 조금도 의아히 생각 마오. 라는 말을 유령과 같은 가공적인 인물에게 건넬 수 있다는 것인지 묻고 싶다.

만약에 몽유자인 원자허(元子虛)가 허구적이요 유령인물이라면 그 유령인물을 임금과 다섯 신하가 있는 곳까지 인도해 간 복건자

(秋江 南孝溫)도 유령인물로 보아야 하고, 그 유령인물한테 "내 일찍부터 경의 꽃다운 지조를 오랫동안 그리워하였소."라고 인사말을 건넨 임금(단종)도 역사상의 실존인물이 아니라 허구적 인물이거나 유령인물로 보아야 한다. 좀 더 부연해 보면 누구보다도 조선 시대의 비극적인 임금으로 알려진 역사상의 인물 단종이, 역사상의 실존인물이 아니요 작자가 임의적으로 만들어 놓은 가공인물한테 "내 일찍부터 경의 꽃다운 지조를 오랫동안 그리워하였소." 라고 하면서 간절하게 만나보고 싶었다는 이야기를 할 수 있다는 것인지 이해가 안 간다.

그 다음 "王曰 毋辭佳客滿座 不順說他事 月白風淸 如此良夜何"라는 구절이 나오는데, 그 의미는 "오늘은 귀한 손님이 이 자리에 가득 모였으니 다른 것을 이야기할 필요는 없겠소. 다만 달은 밝고 바람이 맑으니 이러한 아름다운 밤을 어찌하려오." 라는 뜻이다. 여기서 "가객만좌(佳客滿座)"라고 했을 때, 그 자리에 앉아 있는 사람들은 단종 이외에 박팽년, 성삼문, 하위지, 이개, 유성원, 복건자, 원자허 등을 가리키는 말이다. 이들은 모두 역사상의 실존인물들인데 어찌하여 그 곳에 함께 앉아 있는 원자허(元子虛)만이 꿈이나 빌려주는 가공적인 인물이 될 수 있단 말인가. 원자허는 그 곳에 앉아 있는 다른 인물들과 대등한 자격을 부여받고 앉아 있는 것이지 절대로 허구적인 인물은 아니기 때문에, 몽유자 원자허(元子虛) 또한 역사상(歷史上)의 실존인물(實存人物)로 간주할 수밖에 없다.

더욱이 작품의 내용을 보면 "그들은 대체로 이 세상의 호걸들로서 용모가 당당하고 풍채가 늠름하여 그의 가슴에는 고마(叩馬) · 도해(蹈海)의 뜻을 품었으며, 뱃속에는 경천(擎天) · 봉일(捧日)의 충성을 간직했다"라고 되어 있는데, 이것은 그 자리에 모인 사람들은 누구나 할 것 없이 단종에게 충성을 바치는 충신들이란 것을 암시해주고 있다. 다시 말해서 몽유자 원자허(元子虛)는 이 작품에서 그냥 꿈만 빌려주는 허구적인 인물이 아니라 세조 왕위 찬탈 사건이나 단종 복위 운동에 관련된 충신이라는 이야기고, 그러한 점에서는 좀처럼 그 정체를 알 수 없는 복건자 또한 단종 시대의 충신이란 점에서는 예외가 아니다. 그러니 몽유자 원자허(元子虛)를 임제(林悌)로 보았거나 임제(林悌)의 변신(變身)이라고 주장한 학설들은 모두 잘못되었다는 것이 저절로 증명되었다.

그리고 이 작품의 후반부를 보면 다섯 신하와 복건 쓴 사람이 각자 다 노래를 읊고 나서 마지막으로 자허에게도 한 수 읊으라고 차례를 돌린다. 또 원자허는 그들 틈에 끼어서 당당하게 울분을 토하는 노래 한 수를 읊고 있다. 만약에 몽유자 원자허가 가공인물이라면 어떻게 자기들과 똑같이 한 수 읊으라는 말을 할 수 있을 것이며, 더구나 가공인물인 원자허가 당당하게 사육신들과 마찬가지로 노래 한 수를 읊조릴 수 있다는 것인지 도무지 이해가 안 간다.

이런 것을 보면 원자허도 다섯 신하나 복건자와 마찬가지로 대등한 자격이 있고, 똑같은 역사상의 실존인물이고, 똑같이 단종에 대해서 충성을 바치는 충신이란 것을 암시해 주고 있는 것이다. 그런 의미에서 몽유자 원자허는 소설의 작자가 꿈이나 빌려주게 만든 허구적인 인물이 아니요, 엄연히 단종 복위운동 사건과 밀접하게 관련된 충신이요 역사상의 실존인물이란 점을 강조해두는 바이다.

또 이 작품 〈원생몽유록〉을 읽어보면 많은 인물들이 등장하는데, 그 인물들 가운데서 주인공은 단연 몽유자 원자허라고 할 수 있다. 만약에 작품의 주인공이 허구적 인물이라면 그 나머지 등장인물들도 허구적인 인물이 되어야지 실존인물이 될 수 없다는 것은 상식에 속하는 문제다. 그러니까 작품의 주인공 원자허가 꾸며낸 허구적 인물이라면 그 밖에 부수적인 인물들 즉 복건자, 왕 여섯 신하들도 허구적인 인물이라고 해석할 수밖에 없다. 왜냐하면 원자허를 허인(虛人)이라고 보았을 때 그 허인(虛人)과 함께 어울려 놀고, 대화하고, 노래 부른 다른 인물들 즉 왕, 복건자, 여섯 명의 신하들도 허인(虛人)이라고 볼 수밖에 없다는 논리가 성립되기 때문이다.

또 이러한 해석을 시도해 볼 수도 있다. 〈원생몽유록〉의 구조를 보면 "현실→꿈→현실(각몽)"의 환몽구조를 선택했는데, 몽유자 원자허가 꿈속에서 일어나는 사건에 대해서만 각몽 후에 기록했다면 그 몽유자를 꿈이나 빌려준 허구적인 인물이라고 해석할 수 있다. 그러나 이 작품의 주인공 몽유자는 꿈속에서 역사상의 실존인물인 왕과 여섯 신하와 더불어 함께 대화하고, 놀고, 노래 부르고 하면서 적극적으로 개입하고 있지 않는가. 그리고 실제로 일어났던 비극적 사건에 대하여 울분을 토로하고 있지 않는가. 그러니 원생몽유록에서의 주인공이요 몽유자인 원자허는 다른 인물들이 역사상의 실존인물들이었던 것과 마찬가지로 그도 역사상의 실존인물로 간주해야 마땅하다는 것을 다시 한 번 강조해 두는 바이다.

지금까지 제가들의 학설들을 보면 그 몽유자 元子虛의 정체에 대하여 임제설(林悌說(황패강, 차용주, 소재영)), 남효온설(南孝溫說(김태준)), 원호설(元昊說(이가원, 김준영, 김기동)), 원호의 꿈을 빌렸다는 차몽설(借夢說(장덕순, 유종국)), 생육신 元昊와는 아무런 관련이 없고 다만 원호(元昊)의 자(字)만 차용(借用)해서 작자가 만들어낸 허구적 인물설(虛構的 人物說(황패강)) 등 다양하기 이를 데 없다. 이러한 제가들의 학설 중에서 그 몽유자 원자허에 대하여 장덕순, 유종국의 차몽설(借夢說), 황패강의. 허구적 인물설(虛構的 人物說)은 전혀 다탕성이 없다는 것을 증명하여 보았고, 그 몽유자 원자허의 정체가 역사상(歷史上)의 실존인물(實存人物)임에는 틀림없는데, 과연 누구냐 하는 문제만 남는다고 하겠다. 좀 더 구체적으로 이야기하면 백호(白湖) 임제(林悌)인가 추강(秋江) 남효온(南孝溫)인가 관란(觀瀾) 원호(元昊)인가 하는 문제만 남는다는 것이다. 그러나 이 원생몽유록에 등장하는 모든 인물들의 정체를 규명하기 위해서는 몇 가지 전제 조건을 충족시켜야 한다는 점을 알아야겠다. 첫째, 역사상의 실존인물이어야 하고, 그것도 세조의 왕위 찬탈 사건과 단종 복위 운동에 관련된 사육신들 즉 병자사화(1456년)와 관련된 인물이어야 하고, 그렇지 않으면 생육신이나 그 생육신에 준하는 인물들이어야 한다.

왜냐하면 이 작품의 꿈의 세계에서 전개되는 일들이 단종과 사육신과 생육신들, 아니면 그에 준하는 인물들이 모여서 세조의 왕위 찬탈 사건을 성토하고 항거하고 울분을 토로하는 장면들로 구성되었기 때문이다. 둘째 몽유자 원자허 이외는 모두가 죽은 인물들이어야 한다. 심지어는 그 정체를 알 수 없는 복건자까지도 죽은 인물이어야지 생존 인물로 간주해서는 안 된다는 이야기다. 왜냐하면 몽유자 원자허가 꿈의 세계로 진입했다고는 하지만 단순한 꿈이 아니고 죽은 인물들만 모여서 있는 저승 세계를 묘사하고 있기 때문이다.

더욱이 복건자는 그 저승 세계에서 단종의 분부를 받고 원자허를 데려오는 안내자 역할을 하기 때문에 이 복건자 또한 사후의 인물이어야 하고 그 복건자가 생존 시에 적어도 몽유자 원자허를 만난 적이 있어서 그 얼굴을 알아볼 수 있는 인물이어야 한다는 점을 유의해야 될 것이다. 하여간에 〈원생몽유록〉의 주인공이면서 몽유자인 원자허(元子虛)의 실체가 임제(林悌)인가 남효온(南孝溫)인가 원호(元昊)인가 하는 점을 파악하기 위해서는 이 3분의 생애 곧 전기적 측면을 고찰해 보지 않을 수 없다. 그런데 원호(元昊)의 생애에 대해서는 이미 (2)에서 살펴보았기에 생략하고 임제와 남효온에 대해서만 『국어국문학자료사전』을 통하여 알아보고자한다.

임제(林悌) 1549(명종 4)~1587(선조 20). 조선 중기 때의 문인. 자는 자순(子順), 호는 백호(白湖)·풍강(楓江)·소치(嘯癡)·벽산(碧山)·겸재(謙齋). 본관은 나주(羅州). 절도사 진(晋)의 맏아들이다. 어려서부터 지나치게 자유분방하여 스승이 따로 없다가 20세가 넘어서야 성운(成運)을 사사하였다. 교속(敎束)에 얽매이기보다는 창루(娼樓)와 주사(酒肆)를 배회하면서 살았다. 23세에 어머니를 여의었으며, 이에 창루와 주사를 그만두고 한때 글공부에 뜻을 두어 몇 번 과거에도 응시하였으나 번번이 낙방하였다. 창루와 주사에서 벗어나 현실 세계로 뛰어든 그의 눈에는 부조리와 당쟁만이 가득 찼다. 22세 되던 어느 겨울날 호서(湖西)를 거쳐 서울로 가는 길에 우연히 지은 시가 성운에게 전해진 것이 계기가 되어 그를 스승으로 모셨다.

그로부터 3년간 학업에 정진하였는데 그때 〈중용〉을 800번이나 읽었다는 것은 유명한 일화이다. 1576년 28세에 속리산에서 성운을 하직하고, 생원·진사에 합격, 이듬해 알성시에 급제한 뒤 흥양현감·서도병마사·북도병마사·예조정랑을 거쳐 홍문관지제교를 지냈다. 서로 헐뜯고 비방하고 질시하면서 편당을 지어 공명을 탈취하려는 속물들의 비열한 몰골들이 그의 호방한 성격에 용납되지 않았다. 벼슬에 대한 선망과 매력, 흥미와 관심은 차차 멀어져가고 환멸과 절망과 울분과 실의가 가슴 속에 사무쳤다.

그러기에 10년간의 관직생활은 아무런 의의가 없었다. 벼슬에 환멸을 느껴 유람하였는데 가는 곳마다 숱한 일화를 남겼다. 기인이라 하고 또 법도에 어긋난 사람이라 하여 글은 취하되 사람은 사귀기를 꺼렸다. 서도병마사로 임명되어 임지로 부임하는 길에 황진이의 무덤을 찾아가 시조 한 수를 짓고 제사지냈다가 임지에 부임도 하기 전에 파직당한 것이나, 기생 한우(寒雨)와 주고받은 시조의 일화, 평양 기생과 평양 감사에 얽힌 로맨스도 유명하다. 성운이 세상을 등진 이래 지기(知己)가 끊어지고, 이리저리 방황하다 고향인 회진리에서 39세로 죽었다.

운명하기 전 여러 아들에게 "천하의 여러 나라가 제왕을 일컫지 않은 나라가 없었는데, 오직 우리나라만은 끝내 제왕을 일컫지 못하였으니, 이같이 못난 나라에 태어나서 죽는 것이 무엇이 아깝겠느냐!, 너희들은 조금도 슬퍼할 것이 없느니라"고 한 뒤 "내가 죽거든 곡을 하지 마라"는 유언을 남겼다. 칼과 피리를 좋아하고 방랑하며 술과 여인과 친구를 사귀었다. 호협한 성격과 불편부당을 고집하는 사람으로, 〈수성지(愁城誌)〉·〈야화(花史)〉·〈원생몽유록(元生夢遊錄)〉 등 3편의 한문소설이 있는데 그의 작품이 아니라는 설도 있다. 저서로는 〈임백호집〉 4권이 있으며 이밖에 황진이(黃眞伊)의 무덤 앞에서 읊은 시조 한 수 외 2수의 시조가 전한다.[27]

남효온(南孝溫) 1454(단종 2)~1492(성종 23). 생육신(生六臣)의 한사람. 조선 전기 단종 때의 문신으로 본관은 의령. 자는 백공(伯恭), 호는 추강(秋江)·행우(杏雨)·최락당(最樂堂)·벽사(碧沙). 영의정 재(在)의 5대손이고, 생원 전의 아들이다. 김종직(金宗直)의 문인으로 김굉필(金宏弼)·정여창(鄭汝昌) 등과 함께 수학했다. 인물됨이 영욕을 초탈하고 지향이 고상하여 세상의 사물에 얽매이지 않았으며, 김종직이 존경하여 이름을 부르지 않고 반드시 '우리 추강'이라 했다. 주계정(朱溪正)·심원(深源)·안응세(安應世) 등과 친교를 맺었다. 1478년(성종 9) 성종이 우토(雨土)의 재난으로 군신(君臣)들의 직언을 구하자, 25세의 나이로 장문의 상소를 올렸다.

그 내용은 첫째 남녀의 혼인을 제때에 치르도록 할 것, 둘째 지

---

27) 국어국문학 자료사전, 국어국문학편찬위원회편, 한국사전연구사, 1994, 12. 2469~ 2470쪽.

방 수령을 신중히 선택, 임명하여 민폐의 제거에 힘쓸 것, 셋째 국가의 인재 등용을 신중히 하고 산림(山林)의 유일(遺逸)도 등용할 것, 네째 궁중의 모리기관(謨利機關)인 내수사(內需司)를 혁파할 것, 다섯째 불교와 무당을 배척하여 사회를 정화할 것, 여섯째 학교 교육을 진작시킬 것, 일곱째 왕이 몸소 효제(孝悌)에 돈독하고 절검(節儉)하여 풍속을 바로잡을 것, 여덟째 문종의 비 현덕왕후(顯德王后)의 능인 소능(昭陵)을 복위할 것 등이었다.

소릉 복위는 세조 즉위 사실 자체와 그로 인하여 배출된 공신의 명분을 직접 부정한 것으로서 당시로서는 매우 모험적인 것이기 때문에 훈구파(勳舊派)의 심한 반발을 사서 도승지 임사홍(任士洪), 영의정 정창손(鄭昌孫) 등은 국문할 것을 주장했다. 이 일로 인하여 정부 당로자(當路者)들로부터 미움을 받게 되고, 세상 사람들도 그를 미친 선비로 지목하였다.

1480년 어머니의 명령에 따라 마지못하여 생원시에 응시, 합격하였으나 그 뒤 다시 과거에 나가지 않았다. 김시습이 세상의 도의를 위해 계획을 세우도록 권하였으나, 소릉이 복위된 뒤에 과거를 보러 나갈 것임을 말하였다. 소릉 복위 주장은 세조를 옹립한 정난공신(靖難功臣)들이 당시 집권하고 있었던 시기이기 때문에 용납되지 않았고, 다른 명목으로 박해하려 하였다. 그 뒤 벼슬을 단념하고 세상을 흘겨보면서 가끔 바른 말과 과격한 의론으로써 당시의 기휘(忌諱)에 저촉함을 조금도 꺼리지 않았다. 때로는 모악(母岳)에 올라가 통곡하기도 하고, 남포(南浦)에서 낚시질을 하기도 하며 신영희(辛永禧) · 홍유손(洪裕孫) 등과 죽림거사(竹林居士)로 맺어 술과 시로써 마음속의 울분을 달래었다.

산수를 좋아하여 국내의 명승지에 그의 발자취가 이르지 않은 곳이 없었다. 한편으로 "해와 달은 머리 위에 환하게 비치고, 귀신은 내 옆에 내려다본다."는 경심재명(敬心齋銘)을 지어 스스로 깨우치기도 하였다. 당시의 기휘에 속하였던 박팽년(朴彭年)·성삼문(成三問)·하위지(河緯地)·이개(李塏)·유성원(柳誠源)·유응부(俞應浮) 등 6인이 단종을 위하여 한 사실을 〈육신전(六臣傳)〉이라는 이름으로 저술하였다. 그의 문인들이 장차 큰 화를 당할까 두려워 말렸지만 죽는 것이 두려워 충신의 명성을 소멸시킬 수 없다 하여 〈육신전〉을 세상에 펴냈다.

죽은 뒤 1498년(연산군 4) 무오사화 때 김종직의 문인으로 고담궤설(高談詭說)로써 시국을 비방하였다고 그 아들을 국문할 것을 청하였다. 이듬해에는 윤필상(尹弼商) 등이 김종직을 미워한 나머지 그 문인이라는 이유로 미워하여 시문을 인출할 수 없다고 주장하였다. 1504년 갑자사화 때에는 소릉복위를 상소한 것을 난신(亂臣)의 예로 규정하여 부관참시(剖棺斬屍) 당하였다. 1511년(중종 6) 참찬관(參贊官) 이세인(李世仁)의 건의에 의하여 성현(成俔)·유효인(柳孝仁)·김시습(金時習) 등의 문집과 함께 비로소 간행하도록 허가를 받았다.

1513년 소릉복위가 실현되자 신원되어 좌승지에 추증되었고, 1782년(정조 6) 다시 이조판서에 추증되었다. 세상에서는 원호(元昊)·이맹전(李孟專)·김시습(金時習)·조여(趙旅)·성담수(成聃壽) 등과 함께 생육신으로 불렀다. 시호는 文貞이다. 저서로는 〈추강집(秋江集)〉〈추강냉화(秋江冷話)〉〈사우명행록(師友名行錄)〉〈귀신론(鬼神論)〉 등이 있다. 특히 〈사우명행록〉은 김종직의 문하의 여러 학자. 무인 및 그 밖에 김시습은 당시 인물 등의 전기적인 기록으로 학통과 사승관계를 그리고 그들의 언행을 밝혀주고 있다.[28)]

편의상 「국어국문학자료사전」의 내용을 그대로 인용해 보았거

---

28) 위의 책, 국어국문학자료사전, 667쪽.

니와, 그렇더라도 백호(白湖) 임제(林悌)와 추강(秋江) 남효온(南孝溫)의 생애와 활동 상황을 알아보는 데는 적합하다고 생각된다.

다음은 이가원(李家源)이 「이조한문소설선(李朝漢文小說選)」에서 번역한 〈원생몽유록(元生夢遊錄)〉에 의거하여 몽유자 원자허와 관련된 기록들을 추출해서 정리해 보고자 한다.

① 원자허라는 사람이 있었다. 그는 강개한 선비로 기개가 몹시 높아 세상에서 용납되지 못했으므로 여러 번이나 나은의 슬픔을 품었으며, 원헌의 가난을 견디지 못해서 아침이면 나가서 밭을 갈고, 저물면 돌아와서 옛 사람의 글을 읽되 바람벽을 뚫어서 이웃집 등불 빛을 이끌기도 하였거니와, 주머니 속에 반딧불을 넣어서 작은 빛을 빌리기도 하는 등 갖은 방법을 다 시험했다.

② 그는 일찍이 옛 역사책을 읽다가 역대 중에 나라가 망하려 하여 운명이 다하고 세력이 꺾이는 장면이 나올 때마다 책장을 덮고 흐느껴 울지 않은 적이 없었다. 그는 마치 자신이 그 시대를 만나서 그들이 이렇게 위급한 것을 보고도 힘이 모자라서 구출하지 못하는 듯싶었다.

③ 그는 수심 겨이 눈을 들어 보되 마치 천년의 불평한 기개를 품은 듯했다. 그는 그제야 휘하고 긴 휘파람 소리를 내며 시 일절(詩一絕)을 낭랑히 읊었다. '원한은 사무쳐서 강물마저 예지 않고 / 갈꽃도 단풍잎도 우수수 우는구나 / 이 곳은 분명히 장사(長沙)의 언덕이라 / 달빛은 희밝은데 임은 어디 거니나뇨.'

④ 자허는 어떻게 된 까닭임을 알 수 없어서 마음속으로 몹시 불안할 뿐이었다. 왕은 다음과 같이 말했다. 「내 일찍부터 경의 꽃다운 지조를 오랫동안 그리워하였소. 오늘 이 아름다운 밤에 우연히 만났으니 조금도 의아히 생각마오.」 자허는 그제야 일어서서 은혜를 감사하고 다시금 앉았다. 자리가 정해진 뒤에 그들은 서로 고금 국가의 흥망을 논하되 흥미진진하여 쉴 새 없었다.

⑤ 복건자는 읊기를 다 마치자 자허에게 그 차례를 돌렸다. 자허는 본래 강개한 사람이었으므로 곧 눈물을 흘리며 슬피 읊었다. '지난 일 아득하니 누구에게 묻단말고 / 거친 뫼 솟아있어 한 웅큼 흙이라니 / 원한은 깊을시구 정위새 싀어디어 / 영혼은 끊어지고 접동만 우는구나 / 고국이 어디메뇨 돌아갈 길 아득하이 / 강루에 높이 올라 하루를 노닐을 제/ 구슬픈 이 노래를 몇 가락 불러보자/ 갈꽃에 이즈러진 달 가을이 쓸쓸코녀.' 읊기가 끝나자 만좌는 모두 흐느껴 울었다.

여기에 인용한 ①②③④⑤는 〈원생몽유록(元生夢遊錄)〉에서 몽유자 원자허(元子虛)와 관련된 기록들만 따로 뽑아낸 것이다. 이러한 내용들이 임제의 생애와 일치하는가 남효온(南孝溫)의 생애와 일치하는가 元昊의 생애와 일치하는가 하는 점을 검토해 보면 몽유자 원자허의 정체는 저절로 밝혀질 것이다. 그러나 아무리 자세히 살펴보아도 몽유자 원자허가 임제나 남효온의 생애와 일치하는 것은 찾아볼 수 없는데, 어떻게 해서 몽유자 원자허(元子虛)를 임제(林悌)와 임제(林悌)가 가탁(假托)된 것이라고 하며 임제의 변신이라고 이야기할 수 있다는 것인지 견강부회라 아니할 수 없다.

그런 점에서는 추강을 모델로 해서 〈몽유록〉을 썼다고 하면서 몽유자 원자허(元子虛)를 추강(秋江) 남효온(南孝溫)이라 한 경우도 마찬가지다. 몽유자 원자허(元子虛)에 대한 묘사와 추강(秋江) 남효온(南孝溫)의 생애와는 전혀 일치하는 데가 없으니, 이 또한 견강부회라 아니할 수 없다. 인용 예문 ①을 보면 "원자허(元子虛)라는 사람이 있었다. 그는 강개한 선비로 기개가 높아 세상에서 용납되지 못했다"라고 했는데, 관란(觀瀾) 원호(元昊)의 자가 자허(子虛)요, 세조왕위찬탈 사건에 항거해서 벼슬을 버리고 고향 원주로 은거했으니 강개한 선비요 당시의 승자 세조 편에 선 것이 아니라 약자 단종 편에 서서 소외된 삶을 살았으니 세상에 용납되지 못했다는 점도 관란 원호의 생애와 일치한다.

그 다음 내용을 보면 "여러 번이나 나은의 슬픔을 품었으며, 원헌의 가난을 견디지 못해서 아침이면 나가서 밭을 갈고 저물면 돌아와서 옛 사람의 글을 읽었다"라고 되어 있다. 그러면 그 〈나은〉의 존재는 무엇인가? 그는 중국 당나라 말기의 어진 신하로 주전충(朱全忠)이 당나라 임금을 죽이고(서기 904~907) 새로 양(梁)나라를 세우자 오월왕을 권하여 양(梁)나라를 치게 하고 오월을 도와 활동한 인물이다.

그러니 주전충(朱全忠)이 당나라 임금을 죽이고 나라를 세워 임금이 되었을 때 그〈나은〉은 오월왕을 도와 양(梁)나라를 쳤던 것이고, 관란 원호는 세조가 먼저 임금을 죽이고 새로 왕위에 올랐는데, 그 세조를 쳐부수지 못했으니 〈나은지한(羅隱之恨)〉을 품었다고 했던 것이다. 그리고 그 〈원헌(原憲)〉의 존재는 무엇인가? 그 〈원헌〉은 중국 고대 나라의 청빈한 관원이요 공자의 제자라고 한다. 마찬가지로 관란 원호는 문종 때 직제학이란 벼슬까지 올라갔는데, 세조의 횡포가 심하고 왕위 찬탈 계획이 노골화되자 그 벼슬을 초개같이 버리고 고향인 원주 땅 송림(松林)으로 돌아와서 낮에는 밭 갈아 농사짓고 밤에는 어두운 등잔불 밑에서 글공부하는 가난한 생활을 하였다. 그런 점에서 중국 고대의 〈나은〉의 행적과 〈원헌〉의 생활 태도는 생육신 관란 원호의 행적이나 생활 태도에 그대로 부합된다고 하겠다.

②에는 "역사책을 읽다가 역대(歷代) 중에 나라가 망하려 하여 운명이 다하고 세력이 꺾이는 장면이 나올 때마다 책상을 덮고 흐느껴 울지 않은 적이 없다"라고 되어있다. 관란 원호는 세조가 득세하고 단종의 운명이 다하여 세력이 꺾였을 때, 고향 원주로 내려와서 통곡하고, 날마다 높은 산봉우리에 올라가서 단종이 계시는 서쪽 하늘을 우러러 보았다. 또 단종이 영월의 청령포로 유배되었

을 때는 제천시 송학면 사내평(思乃坪) 언덕 위에 〈관란정〉이라는 작은 정자를 지어놓고 날마다 단종이 계시는 영월 쪽에서 흘러오는 강물 결을 바라보면서 눈물로 세월을 보내었다. 그래서 원호 선생의 호도 강물 결을 바라다본다는 뜻을 함축하여 〈관란(觀瀾)〉이라 부르게 되었던 것이다.

더욱이 단종이 세상을 떠났을 때는 단종의 무덤 옆에 움막집을 지어놓고 부모상을 당했을 때처럼 상복을 입고 통곡하면서 3년의 상기를 마치었으니, 작품속의 몽유자 원자허와 역사상의 인물 생육신 원호와는 동일 인물이라고 아니할 수 없다. 또 "그는 마치 자신이 그 시대를 만나서 그들이 이렇게 위급한 것을 보고도 힘이 모자라서 구출하지 못하는 듯싶었다."라고 했는데, 작품속의 이러한 내용도 관란 원호 선생이 자신의 힘이 모자라서 단종을 구출해내지 못하고 안타까워했던 사실과 무엇이 다르단 말인가.

인용 예문 ③을 보면 "그는 수심 겨이 눈을 들어보되 마치 천년의 불평한 기개를 품은 듯했다"라고 되어 있는데, 관란 원호는 그가 생존 당시에 벌어지는 세조(世祖)의 왕위 찬탈 사건(王位 簒奪事件)에 대하여 울분과 불평을 토로하면서 일생을 마치었으니 여기에 해당하지만, 백호(白湖) 임제(林悌)는 그가 〈원생몽유록(元生夢遊錄)〉을 지었다고 하는 20세경 즉1568년(선조 원년) 전후에 집권 세력에 의해서 저지른 행태가 천년의 한과 불평을 품을 만한 사건이 과연 역사상에 있었는지, 있었으면 무슨 사건인지 몽유자 원자허를 임제(林悌)라고 주장하는 이들에게 묻고 싶다. 그리고 그 몽유자 원자허가 읊은 칠언절구의 한시를 보면 그 첫행에 "원한은 사무쳐서 강물마저 예지 않고"라 했는데, 관란(觀瀾) 원호(元昊)는 단종(端宗)이 왕위(王位)를 빼앗기고 또 비참한 죽음 당한 것을 보고 이렇게 읊을 수 있지만, 임제(林悌)는 그의 20세 전후에 그처럼 천추의 한이 되는 사건이 일어나지도 않았고 몸소 겪은 바도 없는데, 무엇을 보고 원한이 사무쳐서 강물마저 흐르지 않는다고 표현했다는 것인지 이해가 안 간다. 관란 원호의 입장에서는 너무나 원한이 맺혀 있었기 때문에 둘째 행에서는 "갈꽃도 단풍잎도 우수수 우는구나."라고 표현했던 것이다. 이 구절도 관란 원호는 평생 동안 단종을 생각하면서 울면서 지냈기에 해당하지만, '백호(白湖) 임제(林悌)'는 누구보다도 호방한 성격에 어려서부터 자유분방하게 지냈는데 무슨 원한 맺힌 사건이 있었기에 갈꽃도 단풍잎도 우수수 운다고 표현했다는 것인지 이해가 안 간다.

그리고 셋째 행에서는 "이곳은 분명히 장사의 언덕이라"고 했다. 그 장사(長沙)는 중국 호남성에 있는 지명인데, 그 옛날 한나라 문제 때에 바른말 잘하던 가의(賈誼)가 귀양 가 있던 유배지라고 한다. 이 부분도 관란 원호는 단종의 유배지 청령포에 가서 이런 노래를 읊을 수 있지만, 백호 임제는 그가 생존 당시 누구의 유배지에 가서 그 주인공을 생각하면서 이런 한시를 읊을 수 있다는 것인지 이해가 안 간다.

마지막 행을 보면 "달빛은 희밝은데 임은 어디 거니나뇨"라고 되어 있다. 이 구절도 관란 元昊의 입장에서는 영월 청령포에 있는 서강(西江)가에 가서 몽매에도 잊지 못하는 단종을 생각하면서 그 임을 찾아 '어디 거니나뇨'라고 노래할 수 있지만, 백호 임제의 입장에서는 어떤 〈임〉을 생각하면서 그런 한시를 지었다는 것인지 이해가 안 간다. 혹자는 백호(白湖) 임제(林悌)가 서도병마사로 임명되어 임지로 부임하는 길에 황진이의 무덤까지 찾아가 그 〈임〉을 노래했다고 강변할 수 있겠지만, 이 〈원생몽유록〉에 나타나는 임은 분명하게 〈단종〉이라고 이야기할 수는 있지만, 그 임을 황진이라고 이야기할 수는 없지 않는가.

④는 원자허(元子虛)가 단종과 여러 신하들이 있는 강루(江樓)로 찾아갔을 때 임금은 자허에게 "내 일찍부터 경의 꽃다운 지조를

오랫동안 그리워하였소.”라고 했는데, 이 부분도 생육신 원호에게는 그대로 해당하는 이야기이지만, 백호 임제에게는 가당치도 않은 말이다. 원호는 세조의 위협을 무릅쓰고 단종을 위하여 일편단심 지조를 지켰지만, 임제가 어느 임금을 위하여 일편단심 지조를 지켰기에 그런 이야기를 들을 수 있다는 것인지 황당하기 이를 데 없다. 그 다음 “자리가 정해진 뒤에 그들은 서로 고금 국가의 흥망을 논하되 흥미진진하여 쉴 새 없었다.”라고 되어 있는데, 그 자리는 죽은 단종과 사육신들이 앉아 있는 자리가 아닌가.

관란 원호는 그들과 동시대 인물이니까, 그 자리에 끼어 고금 국가의 흥망을 함께 논의할 수 있지만, 그보다 150여 년 뒤에 태어난 임제는 그 자리에 참석할 만한 자격조차 없다는 것을 알아야겠다. 이러한 내용들은 백호 임제 뿐만 아니라 그 자리에 추강 남효온으로 대치시킨다 하여도 황당하기 이를 데 없다는 점에서는 마찬가지다. 왜냐하면 이 자리는 단종과 사육신과 생육신과 이에 준하는 인물들이 모여서 세조 왕위 찬탈 사건을 논의하는 자리이지, 추강의 경우처럼 성종 때에 단종의 생모(生母) 현덕왕후(顯德王后) 권씨(權氏)의 능인 소능(昭陵)의 복위를 상소하였다가 곤욕을 치룬 사건을 논의하는 자리가 아니기 때문이다.

인용 예문 ⑤를 보면 “복건자는 읊기를 다 마치자 자허에게 그 차례를 돌렸다. 자허(子虛)는 본래 강개한 사람이었으므로 곧 눈물을 흘리며 슬피 읊었다”라고 되어 있는데, 생육신 원호는 세조(世祖)에게 한 평생을 항거하면서 살았기에 “강개한 사람”이란 이야기를 들을 수 있지만, 백호(白湖) 임제(林悌)는 어느 임금에게 그처럼 한평생 항거하면서 살았기에 “강개한 사람”이란 칭호를 들을 수 있단 말인가? 백호 임제는 단종과 사육신들이 모여 앉아서 한시 한편씩 읊은 자리에 참여하여서 함께 시를 읊을 만한 자격조차 없는 인물이다. 왜냐하면 임제는 단종 사건이 일어나고 110년 뒤에 출생한 인물이기 때문이다. 그런 점에서는 추강 남효온의 경우도 마찬가지다. 왜냐하면 단종 복위를 꾀하다가 사육신들이 죽음을 당했던 사건 즉 병자사화가 일어난 해가 1456년(세조 2년)인데, 추강 남효온은 1454년(단종 2년)에 출생해서 겨우 3살밖에 안 되는 강보에 싸인 어린 아이였기 때문이다. 다시 말하면 3살밖에 안 되는 어린아이로서는 〈원생몽유록(元生夢遊錄)〉에서의 주인공 몽유자 원자허의 역할을 수행할 수 없다는 것은 너무나 뻔한 상식 문제가 아니겠는가.

그리고 한시의 제 1행을 보면 "지난 일 아득하니 누구에게 묻는단 말가"라고 되어 있다. 이것은 사육신(死六臣) 사건 즉 병자사화 일어나고 얼마 안 있다가 이 작품이 씌어졌기 때문에 표면상으로 보면 앞뒤가 안 맞는 이야기 같다. 그러나 그 병자사화에서의 참극은 그들이 생존 시에 일어났던 것이고, 이 꿈의 세계에서는 단종이나 사육신들의 혼령들만 모여 앉아서 이러한 성토를 하는 것이니, 이승과 저승이 너무나 다르고 아득하기 때문에 누구에게 물어야 되느냐고 한탄했던 것이다.

그런 의미에서 그 비참하게 죽어간 혼령들만 모여 있는 곳을 제2행 "황산토일구(荒山土一丘)"란 말로 표현해서 그 주위 환경마저 황폐하고 처량하다는 느낌을 갖게 하였다. 그리고 제 3행에서는 "원한은 깊을시구 정위새 식어디어"라 했고, 제 4행에서는 "영혼은 끊어지고 접동만 우는구나"라고 했다. 여기서는 "원한은 깊다" "영혼은 끊어졌다"라고 했는데 이 또한 세조 왕위 찬탈 사건과 사육신들의 참살 당함을 직접 목격하고 체험한 관란 원호는 이런 이야기를 할 수 있지만, 그 사건이 일어나고 110년 이후에 출생한 임제 당시에는 이러한 비극적 사건이 일어나지도 않았고, 그러한 사건을 목격하거나 체험한 바도 없는데 어떻게 몽유자 원자허(元子虛)를 백호(白湖) 임제(林悌)를 가탁시킨 인물이라고 해석할 수 있다는 것인지 이해가 안 간다. 분명히 말하거니와 이 〈원생몽유록(元生夢遊錄)〉은 지은이가 몽유자로 변신해서 자신이 직접 보고 듣고 경험한 바를 꿈에 가탁하여 서술한 체험소설이다.

그리고 제 5행에서는 "고국이 어디메뇨 돌아갈 길 아득하이"라 했고, 제 6행에서는 "강루에 높이 올라 하루를 노닐은 제"라고 했는데, 이 또한 이승 세계가 아니라 죽은 이들만 모여 있는 저승 세계에서 몽유자 원자허가 보고 느끼고 경험한 바를 노래한 것이다. 또 제7행에서는 "구슬픈 이 노래를 몇 가락 불러보자"라고 했는데, 이 또한 생육신 원호의 입장에서는 세조 왕위 찬탈 사건에 대하여 평생 원한을 품고 살았으니까 이에 해당하지만, 그 사건보다 110년 뒤에 출생했던 백호(白湖) 임제(林悌)는 누구의 무슨 사건에 평생 원한을 품고 살았기에 구슬픈 노래를 몇 가락 불러보자고 했다는 것인지 이해할 수 없다.

마지막으로 제 8행에서는 "갈꽃에 이즈러진 달 가을이 쓸쓸코녀"라고 했는데, 여기서 〈이 즈러진 달〉과 〈늦가을〉이 갖는 상징적 의미는 이미 대세는 세조에게 기울어졌고, 단종의 시대는 종말이 다가왔다는 것을 암시적으로 표현했다고 보아야 한다.

지금까지 〈원생몽유록(元生夢遊錄)〉에서의 주인공 元子虛의 모든 것과 실제로 역사상의 인물 생육신 원호의 생애와 인물됨이 완전하게 부합된다는 것을 증명하여 보았고, 따라서 몽유자 원자허는 백호 임제나 추강 남효온이 아니라 생육신 관란 원호로 간주해야 된다는 것을 증명하였다. 그 다음은 누구보다도 그 정체가 불분명한 야복에 복건을 쓴 복건자가 과연 누구냐 하는 문제를 풀어보고자 한다. 지금까지 작자(作者) 임제설(林悌說)을 주장한 이들은 복건자를 추강 남효온이라 하였고, 작자(作者) 원호설(元昊說)을 주장한 사람들은 그 복건자를 연촌 최덕지라 하였다.

따라서 복건자가 남효온으로 밝혀지면 〈원생몽유록(元生夢遊

錄)〉은 임제(林悌)가 지은 것이 되고 그 복건자가 최덕지로 밝혀지면 〈원생몽유록(元生夢遊錄)〉은 元昊가 지은 것이 된다. 어떻든 이 문제를 해결하기 위해서는 앞에서 몽유자 원자허(元子虛)의 정체를 밝히기 위해서 사용했던 방법을 그대로 적용해 보고자 한다. 다시 말해서 이가원(李家源)이 「이조한문소설집(李朝漢文小說選)』에서 우리말로 번역한 〈원생몽유록(元生夢遊錄)〉에 의거하여 그 복건자와 관련된 기록들을 추출해 놓고 추강(秋江) 남효온(南孝溫)의 생애와 부합되는지, 연촌(烟村) 최덕지(崔德之)의 생애와 부합되는지 검증해 보겠다는 이야기다.

① 그는 야복(野服)에 복건을 썼으며, 정신이 맑고 눈썹이 빼어나 옛날 수양(首陽)의 유풍(遺風)을 지녔다. 그는 자허의 앞에 나와서 읍하며 「자허는 어찌 이렇게 늦게 오시나요. 전하께옵서 당신을 맞이하시려 하오」라 했다. 자허는 그가 메귀신이나 물귀신이 아닌가 의아해서 한참 머엉하니 답하지 못했다. 그러나 자허는 그의 얼굴이 고매하고 거동이 한아함을 보고는 자기도 모르는 사이에 마음 속으로 그가 기특한 사내임을 칭도해 마지않았다.

② 그 곁에는 다섯 사람이 모시고 있는데 모두 대부(大夫)의 옷을 입었으며 각기 계급의 차이가 나타났다. 그들은 대체로 이 세상의 호걸로서 용모가 당당하고 풍채가 늠름하여 그의 가슴에는 고마(叩馬) · 도해(蹈海)의 뜻을 품었으며, 뱃속에는 경천(擎天) · 봉일(捧日)의 충성을 간직했으니, 그들은 참으로 이른바 육척(六尺)의 고아(孤兒)를 부탁할 수도 있으려니와 백리의 사명을 맡길 만한 자였다.

③ 그들은 자허가 오는 것을 보고 일제히 마중 나왔다. 자허는 그들과 인사를 나누기 전에 먼저 왕에게 나아가 문안을 여쭙고 되돌아와서 자리가 각기 마련됨을 기다려서 맨 끝에 앉았다. 자허의 바로 윗자리에는 아까 같이 온 복건을 쓴 이였고, 또 그 윗자리에

는 다섯 사람이 차례로 앉았다.

④ 복건 쓴 이는 탄식하면서 「옛날 요(堯) · 순(舜) · 탕(湯) · 무(武)는 만고의 죄인인 줄 압니다. 그들로 말미암아 뒷세상에 여우처럼 아양 부려 임금의 자리를 뺏은 자 선위(禪位)를 빙자하고, 신하로서 임금을 치고서도 정의를 외쳤으니, 천년을 내려오면서 그의 남은 물결을 헤칠 길이 없사옵니다. 아아, 이 네 임금이야말로 도적의 시초가 되오리다.」 라고 했다. 말이 채 끝나기 전에 왕은 얼굴빛을 바로 하고 「아니요, 경은 이게 무슨 말이요. 네 임금의 덕을 지니고 네 임금의 시대를 만났다면 옳거니와, 네 임금의 덕이 없을 뿐더러 네 임금의 그 시대가 아니라면 아니 될지니, 저 네 임금이 무슨 허물 있겠소. 다만 그들을 빙자하는 놈들이 도적이 아니겠소.」라고 했다.

⑤ 다음엔 복건 쓴 사람이 머리를 긁으면서 길게 읊었다. '눈을 들어 멀리 보니 산하도 변했구나 / 임과 함께 귀양살이 설움도 하도 할사 / 흥망에 놀란 마음 애간장을 찢었구나 / 애절한 이 분통에 눈물은 그렁그렁/ 율리의 맑은 바람 도연명은 늙어가곤 / 수양산 차간 달에 백이가 굶주리네 / 한편의 청사 후세에 전하리니 / 천추의 선과 악이 이를 읽고 징계하리.'

인용 예문 ①②③④⑤는 〈원생몽유록〉에서 복건자와 관련된 기록만 따로 뽑아낸 것이다. 이러한 내용들이 추강(秋江) 남효온(南孝溫)의 생애와 일치하는가 연촌(烟村) 최덕지(崔德之)의 생애와 일치하는가 하는 점을 밝혀내면 그 복건자의 정체는 저절로 밝혀질 것이다. 추강(秋江) 남효온(南孝溫)의 생애는 앞에서 원자허(元子虛)의 정체를 밝힐 때에 이미 인용했지만, 그 중요한 부분만 요약 정리하면 다음과 같다.

㉮ 남효온은 1454년(단종 2년)에 출생해서 1492년(성종 23년)까지 생존했던 조선시대의 문인으로 생육신의 한사람이다. 김종직

(金宗直)의 문하생으로 김굉필 · 정여창 등과 함께 수학하였다. 그 인물됨이 영욕을 초탈하고 지향이 고상하여 세상의 사물에 얽매이지 않았으며, 김종직이 존경하여 이름을 부르지 않고 '우리 추강'이라 하였다.

㉯ 1478년(성종 9년) 성종이 군신들의 직언을 구하자 25세의 나이로 장문의 상소문을 올렸다. 그 상소문은 8가지 항목으로 되어 있는데, 그중에서 여덟째 항목이 문종의 비 현덕왕후의 능인 소능(昭陵)을 복위할 것을 청하는 내용이었다. 그러나 소릉의 복위는 세조의 즉위 사실 자체와 그로 인해 배출된 공신들의 명분을 부정하는 것으로서 훈구파의 심한 반발을 사게 되었다.

㉰ 1480년 어머니의 명령에 따라 마지못하여 생원시에 응시, 합격하였으나 그 뒤에 다시는 과거에 나아가지 않았다. 소릉의 복위 주장은 세조를 옹립한 정난공신(靖難功臣)들이 당시 집권하고 있었던 시기이기 때문에 용납되지 않았다.

㉱ 그 뒤 벼슬을 단념하고 세상을 흘겨보면서 바른말과 과격한 의론으로써 당시의 기위(忌諱)에 저촉함을 조금도 꺼리지 않았다. 때로는 모악(毋岳)에 올라가 통곡하기도 하고, 남포(南浦)에서 낚시질하기도 하며 신영희, 홍유손 등과 죽림거사로 맺어 술과 시로써 마음속의 울분을 달래었다.

㉲ 박팽년 · 성삼문 · 하위지 · 이개 · 유성원 · 유응부 등이 단종을 위하여 사절한 사실을 〈육신전〉이란 이름으로 저술하였다. 그의 문인들이 장차 큰 화를 당할까 말렸지만 죽는 것이 두려워 충신의 명성을 소멸시킬 수 없다 하면서 〈육신전(六臣傳)〉을 세상에 펴냈다. 1498년(연산군 4년) 남효온 대신 그의 아들을 국문하라는 비방이 있었으며, 1504년 갑자사화 때에는 소능복위(昭陵復位) 상소한 것을 난신의 예로 규정하여 부관참시 당하였다.

다음은 연촌(烟村) 최덕지(崔德之)의 생애와 활동 상황을 〈국어국문학자료사전〉과 〈한국인명대사전〉에 의거하여 요약 정리하면 다음과 같다.

㉮ 최덕지(崔德之)는 1384년(우왕 10년)에 출생해서 1455년(세조 1년)까지 생존했던 조선 초기의 문신으로 자를 우수(迂叟), 호를 연촌(烟村) 또는 존양당(存養堂)이라 하였다. 1405년(태종 5년)에 식년문과(式年文科)에 급제한 후 추천을 받아 사관(史官)이 되었고, 1409년 교서관정자(校書館正字)로서 원구단(圓丘壇)에서 기우제를 지낼 때에 오제제문(五帝祭文)을 준비 못하여 한때 투옥되었다.

㉯ 뒤에 감찰 등 삼사(三司)의 청요직(淸要職)을 거쳐, 외관으로 김제 군수, 남원 부사 등 여러 주군을 다스렸다. 남원 부사를 사퇴한 후 영암의 영보촌(永保村)에 내려가 학문연구에 몰두하였는데 이때 존양(存養)이라는 호를 사용하였다.

㉰ 1450년 문종이 즉위하자 그를 불러 예문관(藝文館) 직제학(直提學)에 임명, 그의 학문을 높이 평가하였으나 그는 아직 치사할 나이가 안 되었는데도 연로함을 이유로 사직하고 고향으로 내려갔다. 당시 풍습으로 볼 때 명예로운 직책을 사임하고 귀향하는 경우가 드물었으므로 동료들은 그의 높은 덕과 행동을 칭송하면서 다투어 시부를 지어주고 노자를 마련하여 주었다. 1455년 72세에 죽으니 영암의 주민들이 사당을 세워 제사하고 존양사(存養祠)라 이름 지었다. 그는 세종 때 배출된 많은 학자 중의 한사람으로서 정치적 격동에 휘말려 들지 않고 문신이자 학자로서 명예로운 삶을 마쳤다.

위에서는 추강(秋江) 남효온(南孝溫)의 생애와 연촌(烟村) 최덕지(崔德之)의 생애를 요약 정리했는데, 그것은 〈원생몽유록(元生夢遊錄)〉에서의 복건자의 행적과 부합되는 인물이 어느 분인지를 판가름해 보기 위해서였다. 먼저 인용 예문 ①을 보면 복건자는 야복을 입고 있었으며 정신이 맑고 눈썹이 뛰어나 수양(首陽)의 유풍(遺風)을 지녔다고 하였다. 몽유자 원자허(元子虛)가 그 꿈의 세계에 갔을 때 다섯 신하들은 모두 大夫의 옷을 입었으며 각기 계급의 차이가 나타났다고 했는데, 그 다섯 신하들은 관직에 있을 때에 참살 당했으니까 대부(大夫)의 옷을 입었지만, 복건자를 최덕지(崔德之)로 본다면 그는 1456년(세조 2년) 병자사화(丙子士禍)가 일어나기 전에 즉 1450년(문종 원년) 경에 이미 관직에서 물러나 고향에 은거해 있었으므로 야복(野服)을 입고 있을 수밖에 없었다고 생각한다.

그 다음은 수양(首陽)의 유풍(遺風)을 지녔다는 문제에 대하여 생각해보자. 그 수양산(首陽山)은 은(殷)나라의 절개를 지킨 신하 백이와 숙제가 숨어살면서 고사리를 캐먹으며 지냈다고 하는 곳이다. 이것은 연촌 최덕지가 1450년 문종 때에 예문관(藝文館) 직제학(直提學)에 임명되었으나 정치적 격동기가 다가올 것을 우려하여 연로함을 이유로 사직하고 고향에 은거했던 사실과 부합된다. 물론 추강(秋江) 남효온(南孝溫)의 경우도 모악(母岳)에 올라가 통곡하기도 하고, 남포(南浦)에서 낚시질 하며 신영회 · 홍유손 등과 죽림거사로 자처하면서 살았다고 하니, 그 수양(首陽)의 유풍을 지녔다고 하는 점에서는 남추강(南秋江)의 경우도 그대로 적용된다고 하겠다.

그리고 복건자는 자허의 앞에 나와서 읍하며 "자허는 어찌 이렇게 늦게 오시나요. 전하께옵서 당신을 맞이하시려 하오"라고 했다. 이러한 내용을 보면 복건자는 이미 죽은 단종과 함께 있다가 그의 분부를 받고 원자허를 맞이하러 나왔음이 분명하다. 왜냐하면 원자허(元子虛)가 강루(江樓)에 도착했을 때에 그 곳에는 이미 죽은 단종과 사육신 중에서 다섯 분이 원자허가 오기를 기다리고 있었기 때문이다. 다시 말하면 죽은 단종의 심부름으로 원자허(元子虛)를 맞이하러 나온 사람은 그 당시 죽은 사람일 수밖에 없다는 이야기다. 좀 더 구체적으로 이야기하면 살아있는 원자허(元子虛)가 잠이 들어서 꿈의 세계로 갔던 것이고, 그 꿈의 세계는 죽은 혼령들만 모여 사는 저승 세계였기 때문에 그 곳에 함께 있었던 복건자의 존재 역시 죽은 사람의 혼령일 수밖에 없다는 이야기다.

그러한 기준을 세우고 나면 연촌(烟村) 최덕지(崔德之)는 복건자가 될 수 있지만 추강(秋江) 남효온(南孝溫)은 복건자가 될 수없다. 최덕지는 1456년(세조 2년) 병자사화(丙子士禍)가 일어나기 앞서 1455년 72세의 나이로 타계했으니 복건자에 해당하는 인물이 될 수 있지만, 남효온(南孝溫)은 1454년에 출생해서 병자사화(丙子士禍) 당시 겨우 3세밖에 안 되는 어린아이요 이세상의 생존자였기 때문에 〈원생몽유록(元生夢遊錄)〉에서의 복건자가 될 수 없다는 것은 불문가지의 일이다. 즉 혼령 단종의 심부름을 나온 자는 혼령 복건자일 수밖에 없다는 논리가 성립되기 때문이다. 계속해서 그 다음 내용을 보면 "자허는 그가 메귀신이나 물귀신이 아닌가 의아해서 한참 머엉하니 답하지 못했다" 라는 구절이 나온다. 이것은 원자허가 복건자를 처음으로 만나는 장면인데, 그 주위 환경을 보면 "별안간 발자국 소리가 먼 곳으로 부터 가까이 들려왔다. 얼마 아니 되어 갈꽃 깊은 곳에서 아름다운 사내 하나가 나타났다" 라고 되어 있다. 그러니까 달밤 강가에서 그것도 갈꽃이 만발한 갈대 숲속에서 갑자기 나타난 어떤 사나이를 얼른 못 알아보는 것은 너무나 당연한 이야기인데, 황패강은 원자허(元子虛)가 복건자를 얼른 알아보지 못했으니 두 사람의 관계가 친구지간이 아니라고 하였다.

복건자에 대한 이박사(李博士)의 소론(所論)은 이도 오로지 『관란유고(觀瀾遺稿)』 소기(所記)에 의하고 타본(他本)을 고려(考慮)

치 않은 것이었다. 이박사(李博士)는 종래(從來)의 남효온설(南孝溫說)을 뒤엎고 연촌(烟村) 최덕지(崔德之)로서 지목(指目)하였다. 단종이 승하하였을 때 추강(秋江)의 나이 겨우 3세(歲) 밖에 되지 않았다는 점을 들어서 「어찌 단종(端宗)을 모시고 놀았을 수 있겠는가」하고 「소설이 아무리 허구(虛構)일지라도 벌써 자허(子虛)나 육신(六臣)이 모두 실존적인 인물이고 보면 복건자인들 어찌 그들과 같이 직접적으로 한 자리에서 놀던 인물이 아니겠는가」하고 연촌(烟村)이 복건자의 자격을 지닐 수 있다고 했다. 그러나 필자(筆者)의 소견(所見)으로는 다음의 몇 가지 이유로 연촌설(烟村說)에 동의할 수 없다.

첫째 「관란유고(觀瀾遊稿)」 소기(所記)만으로 「조야첨재(朝野僉載)』를 위시한 모든 「몽유록본(夢遊錄本)」에 명시된 남추강설(南秋江說)을 번복할 수 없다. 둘째 작품상(作品上) 복건자는 사자(死者)의 일인(一人)이다. 사자의 세계에서는 현세적(現世的)인 시간(時間)을 초월하고 격세(隔世)의 사자(死者)들이 얼마든지 일장(一場)에 모일 수 있는 것으로 관념되었다. ~중략~ 셋째 몽유록에서 원자허가 복건자를 처음 만난 장면을 보면 「子虛疑其爲山精水魅愕然無以應 然其形貌俊邁擧止閑雅 不覺暗暗稱奇」라 하였다. 이것에 의한다면 자허(子虛)는 복건자와 지면(知面)이 있는 사이가 아니다. 이때가 초대면(初對面)인 듯하다. 다만 복건자만은 일방적(一方的)으로 자허(子虛)를 알아보고, 「자허래하지 오왕봉요(子虛來何遲 吾王奉邀)」라고 말하였다. 복건자는 영계(靈界)의 인간이므로 생면부지(生面不知)의 인물을 알아볼 만한 신통(神通)을 가졌다고 보아서 그리 큰 모순은 없으리라고 생각한다. 이제 이박사(李博士)의 소설(所說)을 좇아서 원생(元生)을 원호(元昊)로, 복건자를 최연촌(崔烟村)으로 본다고 할지라도 元生이 복건자를 만났을 때 어찌하여 「몽매(夢寐)의 사이에도 서로 떠날 수 없을 만큼 막역(莫逆)의 벗」이었던 연촌을 전혀 못 알아보고 마치 생면부지(生面不知)의 사람을 대하듯이 하였을 것인가 자못 의문(疑問)을 갖게 한다. 그러므로 이 경우 원호(元昊)와 최덕지(崔德之) 양인의 관계는 이 작품에서 성립되지 않는다. 『원생몽유록(元生夢遊錄)』은 남추강(南秋江) 사후(死後)의 작품이다. 그러므로 '3세의 유아가 어떻게 단종(端宗)을 모시고 놀았을 수 있겠는가?」하는 말은 성립되지 않는다."[29]

황패강의 논설을 장황하게 인용해 보았거니와, 그의 논설은 상당히 타당성 있는 것 같으면서도 여러 가지 의문점이 제기되는 것은 무엇 때문인지 모르겠다.

그는 "첫째, 「관란유고(觀瀾遺稿)」 소기(所記)만으로 「조야첨재(朝野僉載)」를 위시한 모든 「몽유록본(夢遊錄本)」에 명시된 「남추강설(南秋江說)」을 번복할 수 없다"라고 하였다. 그렇다면 「관란유고(觀瀾遺稿)』 이외의 모든 판본의 원문 중에 복건자라는 말을 빼고 그 자리에 남추강이라는 말로 대치되었다는 것인지 문제를 제기하지 않을 수 없다. 물론 「관란유고」의 〈몽유록〉원문 중에도 복건자라고 되어 있었지 그 자리에 다른 인물 명으로 대치되지 않았고, 필자가 그밖에 다른 판본(板本)들을 일일이 섭렵하지 못했으니까 할 말은 없지만, 거기에도 〈몽유록〉원문 중에는 복건자라는 말이 그대로 표기되어 나왔을 것임은 미루어 짐작된다. 그러니까 그 〈몽유록〉을 읽은 후세 사람들이〈복건자〉의 정체를 밝히기 위하여 고민하다가 누군가 〈남추강(南秋江)〉이라 지목했을 수 있고, 그것을 또 다른 사람들이 무비판적으로 옮겨 적으면서 〈남추강설(南秋江說)〉이 만연하게 되었을 가능성은 얼마든지 있다. 그러나 〈원생몽유록(元生夢遊錄)〉의 원문 자체에 〈복건자〉라는 말이

29) 황패강, 앞의 논문, 18~19쪽.

빠지고 그 자리에 〈남추강(南秋江)〉이란 말로 대치되지 않았다는 것은 황패강 자신이 그의 논문 중에 제시한 〈장릉지(莊陵誌)〉 소재의 〈몽유록(夢遊錄)〉 원문을 보아도 능히 짐작할 수 있다. 그〈장릉지〉 소재의 〈몽유록〉 원문도 모두 〈복건자〉라는 말로 채워져 있었지 〈남추강(南秋江)〉이라 된 곳은 찾아볼 수 없었기 때문이다. 어떻든 〈몽유록(夢遊錄)〉을 읽은 어떤 사람이 최초에 무슨 근거로 그 복건자를 남추강(南秋江)으로 보아야 한다고 지목(指目)했는지 모르지만, 〈몽유록(夢遊錄)〉 작품의 원문이 〈복건자〉대신 〈남추강(南秋江)〉으로 적혀 있지 않는 한 그것을 잘못 이야기했을 가능성은 얼마든지 있다는 사실을 강조하고 싶다.

그 다음 내용을 보면 황패강은 "둘째 작품상 복건자는 사자(死者)의 일인(一人)이다. 사자(死者)의 세계에서는 현세적(現世的)인 시간(時間)을 초월하고 격세(隔世)의 사자(死者)들이 얼마든지 일장(一場)에 모일 수 있는 것으로 관념화되었다" 라고 했다. 여기 제시한 둘째의 내용은 이론상으로 아무런 하자가 없으며 타당하지 않은 점은 없다고 생각한다. 그러나 그 타당한 이론도 〈원생몽유록(元生夢遊錄)〉에 대입했을 때는 맞지 않는다는 사실을 알아야겠다. 황패강은 그 복건자를 죽은 사람으로 보아야 한다고 했는데, 병자사화(丙子士禍) 당시(當時) 사육신들이 도륙당하고 단종이 죽임을 당할 때는 추강(秋江) 남효온(南孝溫; 1454~1492)는 겨우 3살밖에 안 되었는데, 어떻게 그 좌석에 참여하여 토론을 벌일 수 있다는 것이며, 그 당시 엄연한 생존자(生存者)를 사자(死者)의 일인(一人)이라고 규정할 수 있단 말인가. 그래서 황패강은 이 〈원생몽유록(元生夢遊錄)〉을 추강(秋江) 남효온(南孝溫)이 죽은 다음에 임제(林悌)가 지었다고 했던 것이고, 그것을 합리화시키기 위하여 "사자(死者)의 세계(世界)에서는 현세적(現世的)인 시간을 초월하고 격세(隔世)의 사자(死者)들의 얼마든지 일장(一場)에 모일 수 있다”라고 하였다. 그러나 이 〈원생몽유록〉에서 꿈의 세계에서 만난 사람들은 단종 당시의 세조왕위찬탈 사건에 불만을 품고 울분을 토로하였던 것이지, 그 이후 1478년 성종 때 와서 추강 25세시에 문종의 비(단종의 생모)– 현덕왕후의 소릉(昭陵)을 복위시키라고 상소한 문제에 대하여 성토하는 자리가 아니란 점만은 분명히 인식해야 되겠다. 〈원생몽유록〉 어디를 봐도 단종 때 일어났던 〈세조왕위찬탈사건(世祖王位簒奪事件)〉에 대해서만 성토하고 울분을 토로했지 성종 때 있었던 〈소릉복위문제(昭陵復位問題)〉에 대하여는 일언반구의 언급도 없었는데 어떻게 추강(秋江)이 그 자리에 참여할 수 있다는 것인지 이해가 안 간다.

더 비근한 예를 한 가지 들어보자. 오늘날 A라고 하는 소설가가 〈몽유록〉 작품을 쓰면서 선조 때 정유재란 당시 원균의 문제에 대하여 그 책임 문제를 놓고 열띤 논쟁을 벌인다고 가정해 보자. 그 자리에 등장 인물은 그 전쟁을 치룬 당사자인 선조 임금이 앉아 있어야 하고, 장본인 원균이 앉아 있어야 하고, 그 밖에 이순신, 유성룡, 권율, 이억기, 의병장 곽재우나 당시 승군을 지휘했던 사명대사까지는 참여할 수 있지만, 그 이후 인조 때 일어난 병자호란에 관계되는 임경업이나 고종 때에 일어난 동학혁명의 우두머리 전봉준을 참여시켜서 열띤 토론을 벌이게 할 수는 없지 않는가. 마찬가지로 〈원생몽유록〉에서의 토론자들도 그 토론의 주제인 〈세조왕위찬탈사건(世祖王位簒奪事件)〉과 직접 간접으로 관련이 있는 인물들은 등장할 수 있지만, 이와는 전연 관계가 없고, 그 이후 성종 때 〈소릉복위문제(昭陵復位問題)〉와 관련이 있는 추강(秋江) 남효온(南孝溫)은 〈원생몽유록(元生夢遊錄)〉에서의 등장인물로 참여할 수 있는 자격이 없다는 점을 분명히 해둔다.

그리고 상기 인용문에서 황패강은 “원자허가 복건자를 처음 만나는 장면을 보면 자허와 복건자는 지면(知面)이 있는 사이가 아니다" 라고 했고, 이어서 "이박사의 소설(所說)을 좇아서 원생(元生)을 원호(元昊), 복건자(幅巾者)를 최연촌(崔烟村)으로 본다고 할지라도 원생이 복건자를 만났을 때 어찌하여 막역한 벗이었던 연촌을 전혀 못 알아보고 생면부지(生面不知)의 사람을 대하듯이 하였을까" 라고 의문을 제기하면서 원자허와 최연촌의 관계가 성립되지 않는다고 하였다. 다시 말하면 복건자를 추강 남효온으로 보아야지 연촌 최덕지로 보아서는 안 된다는 논리이다.

그러니까 생육신 원호(元昊)와 연촌 최덕지(崔德之)는 그들이 생존 시에 그렇게 친한 친구 사이였는데, 왜 꿈의 세계에서 두 사람이 만났을 때 연촌(烟村)은 자허(子虛)를 얼른 알아보았지만, 자허(子虛)는 연촌(烟村)을 얼른 못 알아보고 생면부지의 인물을 대하듯이 하였느냐는 물음이다. 이러한 질문에 대답하기 위해서는 우선 먼저 〈원생몽유록(元生夢遊錄)〉에 나타나는 배경부터 살펴보는 것이 순서일 것 같다. 그 부분을 인용해 보면 "그가 가다가 한 곳에 머무른즉 강언덕 위이었다. 긴 강은 둘러 흐르고, 모든 메는 어지러이 솟아 있었다. 때는 벌써 밤이 깊었는데 모든 소리는 숨을 죽이고 고요했다.

달빛은 낮처럼 밝으며, 물빛은 깁을 편듯하고 바람은 갈잎을 울리고, 이슬은 단풍 숲에 뚜욱뚜욱 떨어지곤 했다. ~중략~ 좌우를 돌아보며 바장이고 있을 즈음에 별안간 발자국 소리가 먼 곳으로부터 가까이 들려왔다. 얼마 아니 되어 갈꽃 깊은 곳에서 아름다운 사내 하나가 나타났다. ~중략~ 그는 자허의 앞에 나와서 읍하며 「자허는 어찌 이렇게 늦게 오시나요. 전하께옵서 당신을 맞이하시려 하오」라고 했다. 자허는 그가 메귀신이나 물귀신이 아닌가 의아해서 한참 머엉하니 답하지 못했다" 라고 되어 있다.

한마디로 지금 몽유자 원자허(元子虛)가 꿈의 세계에서 찾아간 곳은 단종이 유배 시에 머물러 있던 영월의 청령포이다. 그것은

"머무른 곳이 강언덕 위"라고 한 이야기나 "긴 강은 흘러 흐르고 모든 메는 어지러이 솟아있었다"는 배경묘사가 강원도 영월군 청령포의 지형과 같기 때문이다. 어떻든 황패강은 임제가 20세에 〈원생몽유록(元生夢遊錄)〉을 지었다고 했는데, 백호 임제가 20세 이전에 영월의 청령포를 현지 답사한 경험이 있는지 조차 의문스럽다. 또 신구문화사(新丘文化社)에서 나온 「국어국문학사전(國語國文學事典)」을 보면 "임제는 본관이 나주(羅州)이고 병마절도사 진(晋)의 아들이고, 소년 시절을 방탕한 생활로 보냈으나 20세부터 학문에 뜻을 두고 성운(成運)의 문하에서 수학했다."[30]라고 되어 있는데, 20세에 글공부를 시작한 임제(林悌)가 어떻게 해서 20세 때에 그 심오한 역사비판소설 〈원생몽유록(元生夢遊錄)〉을 지었다고 할 수 있는지 이해가 안 간다.

하여간에 〈원생몽유록(元生夢遊錄)〉의 공간적 배경은 영월의 청령포 강 언덕 위이고, 그 주위는 큰 강이 굽어 흐르면서 높은 산들이 병풍처럼 둘러서 있고, 갈대숲과 단풍 숲이 우거진 곳이었다. 그리고 시간적 배경은 가을철 단풍이 들 무렵 한밤중의 달밤이었다. 그 한밤중 달밤에 전혀 예기치 못했던 갈대 숲속에서 별안간 한 사나이가 나타났는데, 그 사나이의 정체를 얼른 알아보지 못했던 것은 당연한 이치가 아니겠는가. 더구나 원자허(元子虛)는 이 세상 사람이요 복건자는 저 세상 혼령인데, 생존 시에 아무리 친한 친구 사이었다하더라도 그 친구가 죽어서 혼령이 되어 갑자기 나타나면 그 상대를 얼른 못 알아보는 것이 당연한 이치이지, 그 혼령인 상대방을 얼른 알아봤다면 오히려 이상한 노릇이다.

그 복건자는 살아있는 사람이 아니라 혼령이었기 때문에 원자허는 그를 가리켜 "메귀신이나 물귀신이 아닌가 의아했다"라고 표

30) 국어국문학사전, 서울대학교 동아문화연구소편, 1974, 535쪽.

현했던 것이다. 그러면 생육신 관란 元昊와 연촌 최덕지(崔德之)가 어떤 사이의 친구였는지 1813년(순조 13년)에 간행한 『관란선생유고(觀瀾先生遺稿)』를 번역하여, 그 원본과 번역본을 합쳐서 만든 「생육신관란원호(生六臣觀瀾元昊)」라는 책에 의해서 정리해 보고자 한다.

① 선생이 일찌기 단종과 육신(六臣) 및 최연촌(崔烟村) 덕지(德之)를 모시고 강가에서 놀면서 시를 지어 화답하는 꿈을 꾸다가 깨었는데 느낀 바가 있어 글을 적고 이름하기를 〈몽유록〉이라 하니 비록 꿈속에서 일어난 일이라고 하나 그 뜻은 깊은 것이다.[31]

② 같은 시기에 영암(靈岩) 사람으로 최덕지(崔德之)라는 이가 역시, 벼슬을 내놓고 원주에 살면서 자기의 호를 연촌(烟村)이라 하였으며 조정의 명사들이 그에 대하여 서문 발문을 짓고 공도 추후로 발문을 지었다고 하는데 지금은 찾을 길이 없다.[32]

③ 열경(悅卿)은 현대에 있어서의 백이(伯夷)요 육신(六臣)은 현대의 방련(方練)이라 하고, 또 말하기를 연촌(烟村)과 무항(霧巷)은 육신(六臣)에 비하여 그 충절이 더욱 높은 것이다, 라고 하니, 아아 가히 고인(古人)에 대한 마땅한 논평이 아니겠는가. 여기서 말하는 무항(霧巷)은 관란공이 살던 곳이요, 연촌은 직제학(直提學) 최덕지(崔德之)를 말하는 것이다.[33]

④ 선생의 친구 직제학(直提學) 최덕지(崔德之)가 역시 연촌(烟村)으로 물러 나와서 살다가 일생을 마쳤다고 한다. 원주 사람들이 어찌 이를 알 것인가. 내가 장차 이것을 적으려 한다.[34]

⑤ 을해년에 화의군(和義君), 금성대군(錦城大君) 등 단종의 두

---

31) 생육신 관란 원호, 홍법원, 1980, 55쪽.

32) 위의 책, 62쪽.

33) 위의 책, 74쪽.

34) 위의 책, 86쪽.

숙부가 잇달아 귀양을 가고 단종이 왕위에서 물러나는 명이 있었는데 선생은 매월(梅月), 연촌(烟村)과 함께 시사(時事)를 논하다가는 문득 흐느끼다 그치니 다른 사람들은 이러한 일들을 알지 못하였다.[35)]

⑥ 명이(明夷)의 어려운 때를 당하여 기자(箕子)가 바르게 지낸 바를 본받아 그 자취를 감추고 큰선비의 명철한 길을 다하였다. 목숨을 바쳐 뜻을 이룸이 성근보(成謹甫) 등 제 충신과 택한 길은 달랐지만 가는 곳은 같았다. 후일에 신중하고 바르게 평가하는 사람이 말하기를 열경(悅卿; 김시습(金時習)의 자(字))은 지금의 백이요 육신(六臣)은 지금의 방효유(方孝儒) · 연자령(練子寧; 두사람 다 명나라 충신으로 절의를 지키다 죽은 사람임)이라 하고, 또 연촌(烟村)과 무항(霧巷)은 육신(六臣)에 비하여 도리어 그 절의가 높다고 하였는데 무항은 곧 공이요 연촌은 직제학 최덕지(崔德之)이다.[36)]

⑦ 원호는 단종 초년에 직제학으로 있었는데 치악산으로 물러갔다가 단종의 운이 다하고 세상을 떠나자 삼년 상복을 입고 문밖에 나오지 않았으며, 앉을 때면 반드시 동쪽을 향하고 누우면 반드시 머리를 동쪽으로 두니 이는 영월 장릉이 동쪽에 있는 까닭이었다. ~중략~ 최연촌(崔烟村) 덕지(德之) 역시 벼슬을 버리고 고향 원주로 돌아가니 세상 사람들은 이를 생육신에 비교하였다.[37)]

⑧ 단종이 승하하자 피눈물을 흘리며 3년간을 여막에서 기거하며 상을 치루었고, 무항(霧巷)으로 돌아와서는 움막에 숨어서 문을 굳게 닫고 사람을 만나지 않았으며, 앉거나 누우면 반드시 동쪽을 향하여 평생을 변함이 없었으니 그것은 영월 고을이 동쪽에 있고

35) 위의 책, 117쪽.

36) 위의 책, 장릉지, 136쪽.

37) 위의 책, 병자사화록, 240 ~ 241쪽.

장릉이 있기 때문이었다. 거처하는 곳을 무항(霧巷)이라 이름한 것은 최직학(崔直學) 덕지(德之)가 그의 거처하는 동리를 연촌(烟村)이라 한 것과 같은 의미였다.[38)]

⑨ 얼마 후에 단종이 승하하였다는 말을 듣고 곧 분상(奔喪)하고자 하였으나 관가(官家)의 제재가 매우 엄하여 뜻을 이루지 못하고 동쪽으로 장릉(莊陵)을 바라보고 통곡하며 3년을 마치는 즈음에 〈몽유록(夢遊錄)〉을 지어서 그의 감회를 지어서 그 감회를 서술하였다. 선생의 정충(精忠)은 일월과 같이 빛나고 대의는 가을 하늘보다 더 높았으니 아! 장하도다. 이 충절을 누가 우러러 보지 않겠는가.[39)]

⑩ 신등이 노릉사실(魯陵事實)을 살펴본즉 죽기를 맹세하고 뜻을 같이하여 자규루에 모이기로 한 사람이 있으니 그가 조여(趙旅)요 해를 향하고 벽을 대하고 앉아 있으면서 날마다 아침 해에 절한 사람이 있으니 그가 이맹전(李孟專)이요 앉으나 누우나 반드시 동쪽을 향하는 마음을 영월 하늘에 바친 사람이 있으니 그가 元昊요 마음은 바다 저편에서 노닐며 꿈속에서 흰 갈매기와 함께 날은 사람이 있으니 그가 성담수(成聃壽)입니다. 아아 네 신하의 곧은 충성 큰 절개야말로 그 마음은 사육신(死六臣)의 마음과 같은 것이며 그러한 일에 대처하기에는 도리어 사육신(死六臣)보다 더한 어려움이 있는 것으로서 그들의 행적은 김시습, 남효온의 행적과 같은 것입니다.[40)]

⑪ 한편으로 생각해 보면 청령포의 찬물이 목메어 흐르는 소리가 어제 같고 자규루(子規樓) 원통한 혼의 한 많은 울음소리가 지금도 생생하게 들리는데, 이 창절사에 군신을 함께 제사 드리는 자리에

---

38) 위의 책, 부록, 척유, 266쪽.

39) 위의 책, 조선충신관란원선생신도비, 131쪽.

40) 위의 책, 청향소략, 진사 柳膺睦 등, 197쪽.

두 신하만을 배향하고 네 신하에게는 미치지 못하니 신등이 부월의 중형을 받을 것을 무릅쓰고 성상의 위엄 앞을 번거롭게 하는 바입니다.[41)]

상기 인용 예문 중에 ①~⑧까지는 관란 원호와 연촌 최덕지가 동지적 관계이며 함께 원주 고을에 있으면서 단종을 위하는 충성심으로 일관했다는 것을 나타내주는 기록들이다.

①은 「관란유고」제 1권에 〈몽유록(夢遊錄)〉을 실어놓고, 그 말미에 발문 형식으로 적어놓은 것인데, 그 내용을 보면 〈원생몽유록(元生夢遊錄)〉에서의 몽유자는 원호(元昊)요, 복건자는 최덕지(崔德之)라는 것을 명시해 주었다.

②는 숭정후신유사월(崇禎後辛酉四月)이란 연대기가 적혀 있고, 영월부사 곽세익(郭世翼)이 지은 〈관란선생전(觀瀾先生傳)〉인데, 역시 발문 형식으로 〈전(傳)〉의 말미에 적혀있으며 두 분의 관계를 명시해 주었다.

③은 관란 선생 〈묘비명(墓碑銘)〉 본문 가운데 있는 내용인데, 관란 선생의 묘비는 1713년(숙종 39년) 12월에 세운 것이고, 그 묘비의 글은 대광보국숭록대부 의정부 영의정, 최석정(崔錫鼎)이 지은 것이고, 그 글씨는 대광보국숭록대부 의정부 우의정 조상우(趙相愚)가 쓴 것이다. 역시 이 〈묘비명〉에서도 관란 원호(元昊)와 연촌 최덕지(崔德之)와의 관계를 잘 설명해 주었다.

④에 대해서 설명하면 현재의 원주시 개운동에는 관란 선생의 충절을 표창하는 〈정려각(旌閭閣)〉이 세워졌고 그것은 단종과 사육신과 생육신들의 명예회복운동이 본격적으로 진행되던 숙종 때 세워졌다. 평산(平山) 신겹(申唊)이란 분이 그 〈정려각지(旌閭閣誌)〉

41) 위의 책, 청향소략, 진사 金京洛 등, 205쪽.

을 썼는데, 여기에서도 관란과 연촌의 관계를 잘 설명해 주었다.

⑤는 〈을축년남지일(乙丑年南至日)〉에 벽진(碧珍) 이태일(李泰一)이란 분이 쓴 관란선생의 〈유장(遺狀)〉인데, 그 이태일(李泰一)은 생육신 이맹전(李孟專)의 후손(後孫)이다. 이 글에서도 관란(觀瀾), 매월(梅月), 연촌(烟村)이 함께 모여 단종 때의 시사(時事)를 논하다가 흐느껴 울고 통곡하였다는 내용이 적혀있다.

⑥은 정조(正祖)의 어명(御命)으로 편집한〈장릉지(莊陵誌)〉에 있는 내용인데, 여기에서는 연촌(烟村)과 무항(霧巷)은 사육신(死六臣)에 비하여 그 절의가 높다 하였고 무항(霧巷)은 원호(元昊)요 연촌(烟村)은 최덕지(崔德之)라고 하였다.

⑦은 〈병자사화록(丙子士禍錄)〉에 있는 내용인데, 관란 원호(元昊)가 어떠한 분이고 연촌(烟村) 최덕지(崔德之)가 어떠한 분인가를 설명해 주었다. 여기서 최덕지(崔德之)의 고향을 원주라고 하였는데 이는 잘못이고, 최덕지(崔德之)의 고향은 영암(靈岩)이고 원주는 단종 문제로 은거했던 곳이라 생각된다.

⑧은 원주원씨 가승에서 발췌한 글인데, 원호는 자신이 살던 마을에 안개가 많이 끼어 무항(霧巷)이라 하였고, 최덕지(崔德之)는 자신이 은거했던 마을에 저녁연기가 아름다워 연촌(烟村)이라 하였다.

지금까지 ①~⑧항에 걸쳐 관란 원호(元昊)와 연촌 최덕지(崔德之)가 동지적 관계이며 막역한 친구라는 것을 증명해 보았다. 이 글 가운데는 숙종 때 영의정을 지낸 최석정이 지은 관란선생의 〈묘비명(墓碑銘)〉도 있고, 숙종의 어명으로 세워진 정려각 기문 〈정려각지(旌閭閣誌)〉도 있는데, 이처럼 역사적으로 신빙성 있는 글의 내용을 무시하고 황패강은 무슨 근거로 원호(元昊)와 최덕지(崔德之) 사이가 생명부지(生面不知)요 아무런 관계도 성립되지 않는다고 황당한 말을 하는지 모르겠다.

⑨에는 관란 원호 선생이 언제쯤 〈몽유록(夢遊錄)〉을 지었다는 시기가 밝혀져 있다. 단종이 돌아가시고 원호(元昊)가 그 무덤 옆에 가서 3년 상을 지냈는데, 그 상기를 마칠 즈음에 〈몽유록(夢遊錄)〉을 지었다는 것이다.

이것을 역사적으로 상고해 보면 단종이 즉위한 해가 1453년이고 단종이 세조에게 양위한 해가 단종 3년인 1455년이고, 단종이 승하한 해는 세조 3년인 1457년이었다. 그런데 관란 원호(元昊)가 단종의 3년 상기를 마친 해는 1459년이 되고 그렇게 보면 원호(元昊)는 1459년 그의 나이 63세 때 〈원생몽유록(元生夢遊錄)〉을 지었다. 그 후 몇 해를 더 사시다가 1463년(세조 9년) 67세를 일기로 관란은 생을 마치었다.

어떻든 추강 남효온(南孝溫)에 대하여 〈병자사화록(丙子士禍錄)〉에 있는 글을 인용해 보자. "남효온은 19세에 소릉(昭陵; 단종(端宗)의 모후(母后) 현덕왕후(顯德王后) 권씨(權氏)의 능(陵))을 복위하자는 상소를 올리고 출세할 것을 생각하지 않았으며 언제나 시국을 분개해 하며 혹은 산에가 통곡하다 돌아오곤 하였다. 위태로운 말과 과격한 의논은 당시 사람들이 화를 입을까 두려워 하였는데 그는 숨기거나 꺼리지 않았다. 연산군 10년 갑자(서기 1504)에는 그 화가 묘에까지 미쳤다."[42] 〈병자사화록(丙子士禍錄)〉에 실려 있는 글을 인용해 보았거니와 추강(秋江)이 현덕왕후소릉(顯德王后昭陵)을 복위하자고 상소를 올린 해가 1478년이니 이것은 원호(元昊)가 〈몽유록(夢遊錄)〉을 지은 해인 1459년보다 20년 이후에 일어난 사건이다.

그리고 추강은 1492년에 돌아가셨고 1504년 갑자사화 때는 소릉 복위 상소한 것을 난신(亂臣)의 예로 규정하여 부관참시(剖棺斬

42) 위의 책, 병자사화록, 240쪽.

屍)하였다. 만약에 추강(秋江) 남효온(南孝溫)이 복건자라고 본다면 그 〈원생몽유록(元生夢遊錄)〉에서 복건자의 활동이 대단하고 다른 인물들처럼 시국을 통탄하고 한시도 한편 짓는데, 왜 소릉 복위 상소문제와 자신이 부관참시 당한 억울한 문제에 대하여 일언반구의 언급조차 없다는 것인지 이해가 안 간다. 그것은 1478년의 소릉복위상소(昭陵復位上疏) 문제(問題)와 1504년 추강(秋江)이 부관참시(剖棺斬屍) 당한 문제가 발생하기 이전에 1459년 관란 원호에 의하여 〈원생몽유록(元生夢遊錄)〉이 지어졌다는 것을 증명해 주기 때문이다.

⑩ ⑪은 몽유자 원자허(생존자)이외에 죽은 혼령들 즉 단종, 복건자, 사육신의 혼령들이 모여 있었던 장소가 바로 영월 청령포에 있는 〈자규루(子規樓)〉라는 것을 설명하기 위하여 인용한 것이지 다른 의도는 없다.

그 다음은 〈원생몽유록(元生夢遊錄)〉에서 복건자와 관련된 부분을 추출해서 정리해 놓은 부분으로 다시 거슬러 올라가 논의해 보고자 한다. 인용 예문②를 보면 "그들은 대체로 이 세상의 호걸로서 용모가 당당하고 풍채가 늠름하여 그의 가슴에는 고마(叩馬) · 도해(蹈海)의 뜻을 품었으며, 뱃속에는 경천(擎天) · 봉일(捧日)의 충성을 간직했다."고 했는데, 이것은 단종과 사육신들이 세조에 의해서 죽임을 당하기 직전의 이야기다. 그래서 그들을 가리켜 이 세상의 호걸들로서 용모가 당당하고 풍채가 늠름하다고 하였다.

그때 추강(秋江) 남효온(南孝溫)은 겨우 나이 3살밖에 안 되었는데, 그에게 어찌 은나라 때의 백이(伯夷) · 숙제(叔齊)와 같이 고마(叩馬)와 춘추전국시대의 선비 노중연(魯仲連)과 같이 도해(蹈海)의 뜻을 품었다고 할 수 있단 말인가. 더구나 "그들의 뱃속에는 하늘을 고이고 해를 받들 충성을 간직하고 있었으며, 6척의 고아와 같은 어린 단종을 부탁할만하다"고 하였는데, 그 당시 태어난 지 3살밖에 안 되는 남추강(南秋江)한테 어떻게 경천 · 봉일의 충성을 품었다고 표현할 수 있다는 것인지 이해가 안 간다. 그리고 6척의 고아와 같은 어린 단종을 부탁한다는 이야기는 세종의 생존 시에 집현전 학사들에게 단종의 장래를 부탁했던 사실을 일컫는 것이니 이것은 남효온(南孝溫)이 태어나기 이전에 있었던 일 아닌가? 또 문종 또한 자신이 병약하여 오래 살지 못할 것을 알고 영의정 황보인(皇甫仁), 좌의정 남지(南智), 우의정 김종서(金宗瑞) 등에게 단종의 장래를 잘 보살펴 달라고 부탁한 바 있는데, 이 역시 단종 즉위 2년에 출생한 추강(秋江) 남효온(南孝溫; 1454~1492)에게는 가당치도 않은 이야기다. 세종이 죽고 문종도 죽고 단종이 임금 된 지 2년째 되던 해에 태어난 남효온(南孝溫)한테, 다시 말해서 태어나지도 않은 사람한테 어떻게 세종과 문종이 어린 왕자를 잘 보살펴달라고 부탁할 수 있다는 것인지 이해가 안 간다.

바로 이 부분이야말로 〈원생몽유록(元生夢遊錄)〉에 등장하는 인물들 원자허, 복건자, 사육신, 매월거사 등이 모두 생존해 있을 때의 시국형편을 놓고 이야기한 것이니, 그 당시 태어나지도 않았던 남추강(南秋江)이 그 자리에 참여할 수 없었다는 것은 너무나 명명백백하지 않는가.

복건자와 관련된 부분에서 인용 예문③을 보면 혼령들이 모여 앉았던 강루에서의 좌석 차례가 설명되었다. 제1상좌에는 단종, 그 다음은 생존 시의 계급 순서대로 박팽년, 성삼문, 하위지, 이개, 유성원 등이 앉았다. 그리고 세조왕위 찬탈 당시 벼슬자리에 있지 않았기 때문에 야복(野服)을 입은 복건자가 앉았고 말석에는 몽유자 원자허(元子虛)가 앉았다. 여기서 복건자를 남추강(南秋江)이라 한다면 그 연령으로 보아도 원자허의 윗자리에 앉을 수 없고, 관직의 등급으로 보아도 1480년 생원시에 응시하여 합격한 경험밖에 없는 추강(秋江) 남효온(南孝溫)이 집현전의 직제학까지 자낸 생육신 元昊보다 윗자리에 앉는다는 것은 어불성설이다. 그것은 추강(秋江)의 사후 세계를 그리면서 좌석 배치를 했다 하더라도 그때는 이미 관란(觀瀾) 원호(元昊)도 타계했다고 보기 때문에 원자허보다 윗자리에 앉는다는 것은 도저히 불가능한 이야기다.

그러니 이 〈원생몽유록(元生夢遊錄)〉에서의 복건자의 정체는 추강(秋江) 남효온(南孝溫)이 아니라, 이미 세조왕위찬탈 사건 당시 타계해서 저승사자가 되었던 연촌(烟村) 최덕지(崔德之)로 보아야 논리적 모순이 없게 된다.

그다음 인용 예문④ 보면 복건 쓴이가 탄식하면서 요(堯)·순(舜)·탕(湯)·무(武)를 만고의 죄인이라고 힐책하자, 왕은 얼굴빛을 바로하고 “아니요 경은 이게 무슨 말이요, 네 임금의 덕을 지니고 네 임금의 시대를 만났다면 옳거니와, 네 임금의 덕이 없을 뿐더러 네 임금의 그 시대가 아니라면 아니 될지니, 저 네 임금이 무슨 허물이 있겠소. 다만 그들을 빙자하는 놈들이 도적이 아니겠소.”라고 하였다. 이처럼 왕위를 찬탈한 세조와 그를 도와서 임금이 되게 한 정란공신(靖難功臣)들을 성토하는 자리에 3살밖에 안 된 추강(秋江)이 그것도 생존자로서 혼령들만 모여 있는 그 자리에 어떻게 참여할 수 있다는 것인지 이해가 안 간다.

인용 예문⑤를 보면 복건자가 머리를 긁으면서 한시 한편을 읊는다. 그 한시의 1행에서 “눈을 들어 멀리 보니 산하도 변했구나”라고 했는데, 이것은 단종의 시대가 가고 세조의 시대로 바뀌었음을 의미하는 것이지 소릉복위상소 사건과는 아무런 관계가 없는 이야기다. 2행에서는 “임과 함께 귀양살이 설움도 하도할샤”라고 했는데, 여기서 〈임〉은 단종이요. 그 단종과 함께 귀양살이하던 사람들은 단종복위 운동에 직접 간접으로 관련이 된 사람들이다. 그런데 어찌 3살밖에 안된 남추강(南秋江)이 단종(端宗)과 함께 귀양살이 했다는 말이 성립될 수 있단 말인가.

그리고 3행서는 단종이 망하고 세조가 홍한 것을 "홍망에 놀란 마음 애간장을 찢었구나"라 하였고, 4행에서는 세조왕위찬탈 사건이 너무나 분통해서 "애절한 이 분통에 눈물은 그렁저렁"이라고 하였다. 이것은 세조가 왕위찬탈한 것을 비난하는 것이지, 1504년 갑자사화 때 추강(秋江) 남효온(南孝溫)이 부관참시 당한 것을 원통해 하는 내용이 아니지 않는가.

5행에서는 "율리의 맑은 바람 도연명은 늙어가곤"이라고 했는데, 세조 왕위찬탈 당시 3살밖에 안된 추강이 어떻게 자신을 도연명에 비유하면서 늙어간다고 이야기 할 수 있단 말인가. 이것은 도연명이 중국 강서성에 있는 율리에서 은거생활을 했듯이 복건자[최덕지(崔德之)] 자신이 벼슬을 버리고 원주 땅 연촌(烟村)에 은거생활 했던 것을 도연명에 비유해서 읊은 것이다.

6행에서는 "수양산 차가운 달에 백이가 굶주리네."라고 했는데, 이것도 세조왕위찬탈 사건과 그 집권 세력 세조에 항거해서 원주 땅 연촌(烟村)에 은거했던 최덕지(崔德之)에게는 해당하지만 3살짜리 남추강(南秋江)한테는 상관없는 이야기다. 이것은 은나라에 절개를 지킨 백이(伯夷)가 수양산에 들어가 고사리를 캐먹으며 굶주리는 생활을 했듯이, 단종에게 절개를 지킨 복건자[최덕지(崔德之)]가 원주 연촌(烟村)에 은거생활을 하면서 가난하게 지냈던 생활을 사실적으로 묘사한 것이다.

7행에서는 "한편의 청사(靑史)가 후세에 전하리"라고 했는데, 이것은 세조의 왕권탈취 사건 음모를 아무리 숨기려 해도 당시에 있었던 사실을 그대로 기록한 청사(靑史; 원생몽유록(元生夢遊錄)) 한편이 후세까지 전해질 것이라는 이야기다. 그러한 예언은 그대로 들어맞아서 관란 원호가 지은 〈원생몽유록(元生夢遊錄)〉

한편이 오늘날까지 전해져서 우리들이 읽고 논란을 벌이는 것이 아니겠는가.

8행에서는 "천추의 선과 악이 이를 읽고 징계하리"라고 했다. 여기서 이를 읽고 징계한다는 말은 〈몽유록(夢遊錄)〉을 읽고서 징계한다는 말이고, 우리들은 이 〈몽유록(夢遊錄)〉을 읽고서 단종, 사육신, 생육신들은 선이요, 세조와 그 추종 세력들 즉 정란공신들은 악이란 사실을 분명하게 알았으니 이 8행에서 "천추의 선과 악이 이를 읽고 징계하리"라고 한 예언도 그대로 적중했던 것이다.

이처럼 역사 비판시를 노래한 복건자를 연촌 최덕지로 본다면 완전하게 들어맞는데, 이 복건자를 추강 남효온에 적용시키면 전혀 들어 맞지 않으니, 이 복건자를 어찌 남추강이라 계속해서 주장할 수 있단 말인가?

만약에 이 복건자를 남추강이라 본다면 자신이 그처럼 생명의 위협을 무릅쓰고 제기했던 소릉복위 문제와 죽어서도 추강에게 철천지 한을 맺게 했던 부관참시 문제는 왜 일언반구의 언급도 하지 않았으며 철저하게 외면했는지를 해명해야 한다. 바로 이것은 작품속의 복건자와 추강의 소릉복위 문제 · 부관참시 당한 문제 등이 전혀 상관관계가 없다는 것을 반증해 주는 좋은 예가 된다. 왜 이런 이야기를 하느냐 하면 다른 등장인물들은 직접적이든 간접적이든 자신과 관련된 사건들을 언급하면서 자신의 정체가 누구인가를 암시해 주고 있기 때문이다. 우선 왕이 부른 노래를 다시 한 번 살펴보자.

그는 "살았을 젠 임금이언만 싀어져서는 고혼뿐을/ 새 임금(세조)은 거짓이라 나를 높여 무엇하리"라 했는데, 여기서 〈나〉를 높였다는 이야기는 세조가 단종의 왕위를 찬탈한 다음에 단종을 높여서 상왕이라 했던 사실을 두고 일컫는 말이다. 다음은 제1좌의 인물이 부른 노래 가운데 "어린 임금 못 받듦은 내 재주 엷음이라"라는 구절이 나온다. 이것은 박팽년이 집현전 학사로서 훈민정음 창제에 참여했을 때 세종의 부탁을 받기도 했고, 문종 때에는 어린 단종을 잘 보살펴 달라고 문종의 부탁을 받았던 사실들을 상기시켜 준다. 그러나 선왕들의 그러한 고명들을 제대로 이행하지 못하고 단종 폐위 사건을 맞이하게 되었으니 "내 재주 엷음이라"라고 한탄할 수밖에 없었던 것이다.

이어서 "여태껏 살아 있어 천지도 무색코나"라는 구절이 나오는데, 이것은 진작 죽었어야 할 사람이 죽지 않고 살아있으니, 이러한 변을 당하고 천지도 무색하게 되었다는 이야기다. 박팽년은 31세 때 문과중시(文科重試)에 급제하였고, 39세 때는 세조가 즉위하자 경회루 연못에 투신자살하려 했으나 성삼문의 만류로 참았다. 그러다가 그 이듬해 40세 때는 형조참판(刑曹參判)이 되어 단종 복위를 꾀하다가 김질의 밀고로 체포되어 사형 당하였다. 이러한 사연이 있었기 때문에 박팽년은 "여태껏 살아있어 천지도 무색코나"라고 노래할 수 있었던 것이다.

다음 제2좌의 인물이 부른 노래 가운데는 "아버님 모시옵고 이 정의에 싀었다오"라는 구절이 나온다. 이것은 성삼문이 그의 아버지 성승(成勝)과 함께 1456년(세조 2년) 6월 1일에 세조가 상왕인 단종을 모시고 창덕궁에서 명나라 사신을 위한 잔치를 열기로 하자, 그날을 거사일로 정해서 단종 복위 운동을 몸소 실천에 옮겼던 사실을 두고 말한다. 다음 제3좌의 인물이 부른 노래 가운데는 "평생에 장한 기개 벼슬로서 더럽힐까"라는 구절이 나온다.

이것은 하위지가 1454년 〈세종실록〉을 편찬하는데 편수관으로 참여하였고, 경연에서 시강관(侍講官)으로 왕에게 경사(經史)를 강론하였다. 이듬해 1455년 집현전 부제학에서 예조참의로 전임되었고, 수양대군이 왕위에 오르자 예조참판에 승진되었으며, 세자우부빈객(世子右副賓客)을 겸하게 되었다. 세조의 즉위 후 그에게 교서를 내리는 등 잇단 부름을 받아 예조참판에 임명되었던 것이다. 그러나 하위지는 이러한 높은 벼슬자리 받는 것으로서 자기 몸을 더럽힐 수 없었기 때문에, 그리고 그의 본뜻은 진실로 단종을 위하는 일에 있었기 때문에 세조의 록을 먹는 것을 부끄럽고 더럽게 여겨, 세조가 즉위한 해부터의 봉록은 따로 한방에 쌓아두고 먹지를 않았다고 한다. 이러한 전후 사연들이 하위지를 상징해주는 제3좌의 노래 속에 그대로 반영되었던 것이다.

다음 제4좌의 인물이 부른 노래 가운데는 "죽을 제 시 한수는 말씨도 좋을씨구"라는 구절이 나온다. 이것은 이개가 죽을 때 "禹鼎重時生亦大 鴻毛輕處死猶榮 明發不寐出門去 顯陵松栢夢中靑"이란 한시 한수를 남기고 죽었던 사실을 두고 말한다. 다음 제5좌의 인물이 부른 노래 가운데는 "슬프다 집현전에 상공서(賞功書)를 기초했소."라는 구절이 나온다.

이것은 1453년(단종 1년) 10월 수양대군이 단종을 보좌하는 영의정 황보인, 좌의정 김종서 등 대신들을 살해하고 스스로 영의정부사 · 이조판서 · 내외병마도통사를 겸하여 정권을 잡은 뒤 백관을 시켜 자기의 功을 옛날 주나라 주공(周公)에게 비유하여 임금에게 포상하기를 청하고, 집현전에 명하여 정란록훈(靖難錄勳)의 교서를 기초하도록 하였다.

이때 집현전 학사들이 모두 도망하여 이를 피했는데, 당시 집현전 교리였던 유성원(柳誠源)만이 혼자 남아 있다가 협박을 당하여 기초하고는 집에 돌아와서 통곡하였다고 한다. 유성원의 이러한 사연이 제5좌의 인물이 부른 노래 가운데 "슬프다 집현전에 상공서(賞功書)를 기초하였소."라는 구절로 나타났던 것이다.

다음 씩씩한 무인이 부른 노래 가운데는 "시작이 잘못이라 썩은 선비 책하지 마오."라는 구절이 나온다. 이것은 1456년(세조 2년) 성삼문 · 박팽년 등이 단종 복위를 모의할 때 창덕궁에서 명나라 사신을 초청하는 날에 거사하기로 하고, 유응부(兪應孚)와 성승(成

勝; 성삼문의 아버지) 등을 별운검(別雲劒)으로 선정하여 그 자리에서 세조를 살해하고 단종을 세우기로 계획을 세웠던 일과 관련된다. 이때 유응부(俞應孚)는 그 거사 계획을 늦추지 말고 그대로 실천에 옮기자고 했던 것이고, 상삼문(成三問)과 박팽년(朴彭年)은 만전의 계책이 아니라고 하면서 굳이 말려 그 거사 계획이 실패로 돌아갔다. 그때 유응부(俞應孚)는 상삼문(成三問) · 박팽년(朴彭年) 등에게 "애닯다 썩은 선비들아, 그대들과 무슨 대사를 함께 한단 말이냐"라고 하면서 탄식해 마지않았다.

이처럼 〈원생몽유록(元生夢遊錄)〉에서의 등장인물들 즉 단종(端宗), 사육신(死六臣)들, 원호(元昊) 등은 자신들이 단종 복위운동 과정에서 몸소 체험했던 사건들을 모두 노래로 승화시켰는데, 왜 추강(秋江) 남효온(南孝溫)은 생명의 위험을 무릅쓰고 올렸던 소릉 복위상소 문제와 갑자사화 때 철천지한을 맺게 했던 부관참시 문제에 대하여 일언반구의 언급도 없고 철저하게 외면했단 말인가. 많은 사람들이 남추강(南秋江)이라고 지목하는 복건자는 이 비참한 사건과는 관계없이 엉뚱한 노래만 부르고 있다는 것을 증명하기 위하여 복건자가 부른 노래 전편을 여기에 인용하겠다.

"눈을 들어 멀리보니 산하도 변했구나/ 임과 함께 귀양살이 설움도 하도할샤/ 흥망에 놀란 마음 애간장을 찢었구나/ 애절한 이 분통에 눈물은 그렁저렁/ 율리의 맑은 바람 도연명은 늙어가곤/ 수양산 차가운 달에 백이가 굶추리네/ 한편의 청사 후세에 전하리니/ 천추의 선과 악이 이를 읽고 징계하리."

복건자가 부른 노래 전편을 인용해 보았거니와 만약에 복건자가 추강(秋江) 남효온(南孝溫)이라면 소릉복위문제(昭陵復位問題)와 부관참시문제(剖棺斬屍問題)는 철저하게 외면한 채 이렇게 엉뚱한 내용만 노래 부를 수 있단 말인가? 그것은 바로 원자허(元子虛)를 임제(林悌)로 보고 복건자를 남추강으로 본 제가들의 학설이 틀렸다는 것을 반증해 주는 것이다. 그런 의미에서 〈원생몽유록(元生夢遊錄)〉에서의 주인공이며 몽유자인 원자허(元子虛)는 바로 생육신 관란(觀瀾) 원호(元昊)요, 그 몽유자를 단종이 있는 자규루(子規樓)까지 안내해 갔던 복건자는 원호의 친구이면서 벼슬을 그만두고 잠시 원주 땅에 은거했던 연촌(烟村) 최덕지(崔德之)라는 것을 다시 한 번 밝혀두는 바이다.

그리고 마지막으로 〈원생몽유록(元生夢遊錄)〉의 끝부분에 「자허지우매월거사(子虛之友梅月居士)」가 맞느냐 「자허지우해월거사(子虛之友海月居士)」가 맞느냐 하는 문제를 따져보아야겠다. 여기서 전자가 맞는다면 매월거사(梅月居士)는 생육신 김시습(金時習)이 되면서 이 작품의 작자는 원호(元昊)가 되고, 후자가 맞는다면 해월거사(海月居士)는 조선 중기의 문신 황여일(黃汝一)이 되면서 이 작품의 작자는 임제(林悌)가 된다. 이 문제를 논의하기 이전에 黃浿江의 논문을 더 인용하면 〈원생몽유록〉의 본문은 「자허역경오즉내일몽야(子虛亦驚悟則乃一夢也)」까지이고, 「자허지우해월거사 문이통지왈(子虛之友海月居士 聞而痛之日)」 이하는 발(跋)과 제(題)에 해당하는 부분이라고 하였다. 그의 글을 계속해서 인용해 보면 "이미 앞에서 보아온 바와 같이 여기 해월거사(海月居士)가 「해월(海月)」과 「매월(梅月)」 두 가지로 나타남을 볼 수 있다. 즉 장서각본(藏書閣本) · 국립도서관본(國立圖書館本) · 추강집장릉지(秋江集莊陵志) · 육신전(六臣傳; 국역본(國譯本)) 등은 「해월(海月)」이고, 이가원박사본(李家源博士本)과 「관란유고(觀瀾遺稿)」는 『매월(梅月)」이다"[43]라고 하였다. 그러니까 〈해월(海

43) 황패강, 앞의 논문, 12쪽.

月)〉로 나타나는 문집은 장서각본 · 국립도서관본 · 추강집 · 장릉지 · 육신전 등이고 〈매월(梅月)〉로 나타나는 문집은 이가본(李家源本)과 관란유고(觀瀾遺稿)뿐이라는 이야기다. 그러나 〈해월(海月)〉로 기록된 문집이 〈매월(梅月)〉로 기록된 문집보다 숫적으로 많다 하더라도 〈자허(子虛)〉를 생육신 元昊로 보고, 〈해월(海月)〉을 선조 때의 문신 황여일(黃汝一)로 본다면 「자허지우해월거사(子虛之友海月居士)」란 문장은 성립될 수 없다. 왜냐하면 원호(元昊)는 1397년(태조 5년)에 태어났고, 황여일(黃汝一)은 1556년(명종 11년)에 태어났으니 그 출생 연대로 따져보면 160년의 차이가 나타나기 때문이다. 그러면 논의를 좀 더 심도있게 하기 위하여 황여일(黃汝一)에 대한 전기적 측면을 고찰해 보자.

황여일(黃汝一) 1556년(명종 11년~?), 조선 중기의 문신, 본관은 평해(平海), 자는 회원(會元), 호는 해월헌(海月軒) · 매월헌(梅月軒), 평해 출신, 응징(應澄)의 아들이다. 1576년(선조 9)에 진사가 되고 1585년 개종계별시문과(改宗系別試文科)에 을과로 급제하였다. 1588년 검열이 되었는데, 하번사관(下番史官)임에도 불구하고 출입하였다 하여 파직되었다.

1594년 형조정랑이 되고 곧 도원수 권율(權慄)의 종사관으로 내려갔는데, 얼마 뒤 도원수의 허락을 받고 일시 귀가하여 도원수와 함께 추고(推考) 당하였다. 1598년 사서에 이어 장령이 되고, 이듬해 장악원정을 역임하였다. 1601년 예천 군수가 되고 1606년 전적을 역임, 1611년(광해군 3) 길주 목사, 1617년 동래진병마첨절제사가 되었다. 평해의 명계서원(明溪書院)에 제향 되었다. 저서로는 ≪조천록(朝天錄)≫ ≪해월집≫ 14권 7책이 있다.[44)]

44) 한국민족문화 대백과사전, 한국정신문화연구원, 웅진출판사, 1994, 487쪽.

정신문화연구원에서 나온 「한국민족문화대백과사전(韓國民族文化大百科事典)」에서 인용해 보았거니와, 황여일(黃汝一)은 상기 사전의 내용을 보아도 조선 선조 때의 엄연한 역사적 인물이다. 또 지금까지 누누이 설명해 왔지만 〈원생몽유록(元生夢遊錄)〉에서의 주인공이며 몽유자인 원자허(元子虛)는 단종 때의 생육신 관란 원호(觀瀾 元昊) 임에 틀림없다.

그런데 원호(元昊)보다 160년 뒤에 태어난 황여일(黃汝一)이 어떻게 해서 원호(元昊)의 친구가 될 수 있단 말인가? 이것은 상식적으로 도저히 불가능한 이야기이기 때문에 다음과 같이 문제 제기해 볼 수 있다.

①작품 속의 원자허는 역사상의 실존인물 생육신 원호임에 틀림없는데, 〈해월(海月)〉은 〈매월(梅月)〉의 오기(誤記)라고 보는 경우, ②작품속의 〈해월(海月)〉은 조선 선조 때의 문신이며 역사적인 실존인물 황여일(黃汝一)이 틀림없는데, 원자허(元子虛)를 생육신 원호(元昊)가 아니라 작자가 꾸며낸 가공인물이라고 보는 경우 등 두 가지를 상정해 볼 수 있다. 여기서 ①의 경우는 필자가 본 논문에서 지루하다고 여길 정도로 반복해서 논증해왔기 때문에 생략하고 ②의 경우는 황패강(黃浿江)의 이론을 인용하면서 논의 해 보고자 한다.

㉮ 여기 원자허(元子虛)는 원호(元昊)의 자를 차용한 작품상의 인물이되 단종사(端宗事)를 전대(前代)에 있었던 위망운세사(危亡運勢事)로 돌아보아 강개(慷慨)할 수 있는 그런 시대의 인물이어야 한다. 그렇다면 원호(元昊)일 수 없다.

㉯ 「자허우해월거사(子虛之友海月居士)」로 볼 때 몽유자 자허(子虛)는 해월거사(海月居士)와 평교간(平交間)인 듯하다. 해월거사(海月居士)의 인물이 밝혀진다면 몽유자이자 작자일 수도 있는

자허(子虛)의 정체는 스스로 밝혀질 것이다. 물론 해월거사(海月居士)는 전게(前揭)한 바와 같이 몇 이본(異本)에는 『매월거사(梅月居士)」로 되어있다. 이박사(李博士)가 「매월거사(梅月居士)」라 쓴 이본만을 논거로 삼았기 때문에 원자허(元子虛)를 매월당(梅月堂) 김시습(金時習)과 동시대인(同時代人) 원호(元昊)로 추단(推斷)하기에 이르렀던 것이다.

㉰ 작중 인물의 좌차(座次)로 보아 자허(子虛)가 말석(末席)에 앉고 바로 위에 복건자가 앉았다. 자허(子虛)를 元昊로 본다면 비록 유명(幽命)을 달리하였다손 치더라도 연치(年齒)로 보나 단종위망시(端宗危亡時)의 경력으로 보나 복건자(남추강(南秋江)일 때)의 밑에 앉을 수는 없는 것이다.

㉱ 음영(吟咏)의 차서(次序)도 좌서(座序)에 따라 왕(王) · 박팽년(朴彭年) · 성삼문(成三問) · 이개(李塏) · 하위지(河緯地) · 유성원(柳誠源) · 복건자 · 자허(子虛)의 순이다. 이로써 보면 자허(子虛)는 원호(元昊)의 자(字)를 차용(借用)했을지언정 원호(元昊) 그 인물(人物)은 아닌 것이 적실(的實)하다. 어쩌면 이박사(李博士)의 당초의 지적(指摘)과 같이 원자허(元子虛)란 한낱 가칭(假稱)에 불과할지도 모른다. 「금화사몽유록(金華寺夢遊錄)」도 「성허(成虛)」라는 몽유자(夢遊者)를 내세웠는데 몽유자의 성명에 「허(虛)」자가 들어간 것은 그 인물이 애초 가탁(假托)된 허인(虛人)임을 시사하는 것이 아닐까?

억측(憶測)컨대 「원자허전(元子虛傳)」에서의 원자허(元子虛)는 몽유자 즉 꿈꾸는 이, 허구(虛構)하는 이로 작자 자신(作者 自身)이 스스로 드러나기를 꺼려서 그렇게 가탁(假托)한 인물인 듯이 보인다.[45]

45) 황패강, 앞의 논문, 21쪽.

인용 예문 ㉮ ㉯ ㉰ ㉱는 황패강(黃浿江)의 논문에서 인용한 것이다. 먼저 ㉮를 보면 몽유자 원자허(元子虛)는 원호(元昊)의 자(字)를 차용(借用)한 작품상의 인물이되 단종사(端宗事)를 돌아보면서 강개(慷慨)할 수 있는 인물이어야 하고, 그렇다면 몽유자 원자허(元子虛)는 원호(元昊)가 될 수 없다고 하였다. 하여간에 황패강(黃浿江)의 논리는 몽유자 원자허(元子虛)를 원호(元昊)의 자(字)를 차용(借用)한 작품상의 인물이라고 했는데, 임제(林悌)는 무엇 때문에 순수하게 가공인물을 내세울 수도 있었을 텐데 생육신 원호(元昊)의 자(字)를 차용(借用)했다는 것인지 그 이유를 명확하게 설명해야 한다.

그것을 설명하지 못하면 황패강(黃浿江)의 논리는 설득력이 없다. 그리고 생육신 원호(元昊)는 단종사(端宗事)를 돌아보면서 강개할 수 있는 인물이 아니라고 했는데, 세조가 왕위를 찬탈하고 단종을 유배시키고 참살케 한 행위에 대하여 원호(元昊)는 평생 동안 울분을 토로하고 눈물을 흘리면서 강개(慷慨)한 선비로 살아갔고, 그래서 후세인들이 원호(元昊)의 충절을 높이 사서 생육신이라는 칭호까지 붙여주었는데, 원호(元昊)가 강개지사(慷慨之士)가 아니라고 하는 것은 무슨 근거에 의한 것인지 묻고 싶다.

㉯에서는 "몽유자 원자허(元子虛)는 해월거사(海月居士)와 평교간(平交間)"이라고 하였다. 그런데 황패강(黃浿江)은 원자허(元子虛)는 작품상의 허구적(虛構的) 인물(人物)이요 해월거사(海月居士)는 역사상의 실존인물이라고 하였다. 여기서 의문 나는 것은 그 작자가 꾸며서 만든 허구적(虛構的)인 인물(人物)과 실제로 역사상에 존재했던 실존인물 사이에도 친구지간인 평교간(平交間)이 될 수 있다는 것인지 이해가 안 간다. 좀 더 직설적으로 이야기하면 허인(虛人)하고 실제 사람하고 친구지간이 될 수 있느냐 하는 물음이다.

㉰에서는 자허(子虛)를 원호(元昊)로 본다면 비록 유명(幽命)을 달리하였다손 치더라도 연치로 보나 경력으로 보나 추강(秋江)의 밑에 자허가 앉을 수는 없다고 하였다. 이러한 논리는 타당하다고 생각되며 그렇기 때문에 자허(子虛)의 윗자리에 앉아있는 복건자를 추강(秋江)으로 볼 수 없다는 것이 필자의 생각이다.

왜냐하면 작품 속의 복건자의 행적과 역사상의 추강(秋江)의 행적과는 부합되는 데가 한 가지도 없기 때문이다. 예를 들면 복건자가 자신의 처지와 감회를 노래한 한시에 "율리의 맑은 바람 도연명은 늙어가곤"이라고 읊은 구절이 있는데 추강(秋江)은 도연명처럼 은둔생활을 한 적도 없지 않는가. 더구나 39세라는 젊은 나이에 죽었으니 자기를 도연명에 비유하여 "도연명은 늙어가곤"이란 표현을 쓸 수 없다고 하는 것은 상식에 속하는 문제다. 그것은 늙은이가 될 때까지 살아보지 않은 사람이 어떻게 자기 자신을 늙어간다고 표현할 수 있다는 것인지 도무지 이해가 안 간다.

㉰에서는 좌서(座序)로 볼 때에 자허(子虛)는 원호(元昊)의 자(字)를 차용(借用)했을지언정 원호(元昊) 그 인물은 아니라고 하였다. 그렇다면 임제는 작자로서 허구적(虛構的)인 인물(人物)을 얼마든지 마음대로 만들어 낼 수 있고, 또 얼마든지 다른 사람의 이름을 차용(借用)할 수도 있었는데, 왜 하필이면 〈몽유록〉을 쓰면서 원호(元昊)의 자(字)를 차용(借用)했는지 그 이유부터 설명해야 한다. 또 임제(林悌)가 〈몽유록〉을 쓴 것이 사실이라면 직접 임제 자신의 꿈으로 〈몽유록〉을 쓸 일이지, 무엇 때문에 구차하게 원자허의 꿈을 빌어서 〈몽유록〉을 썼다는 것인지 이해가 안 간다.

혹시 〈몽유록〉을 쓰고서 멸문지화를 당할까봐 남의 이름을 차용(借用)하면서 남의 꿈을 빌었다고 가정해보자. 이러한 염려는 사건의 당사자인 세조가 살아있을 때 같으면 이해가 가지만, 그 사건이 일어나고 100여년이 지난 선조 때에 와서 무슨 변을 당할까봐 걱정이 되어 구차하게 남의 꿈과 남의 이름을 빌려서 〈몽유록〉을 썼단 말인가.

선조 때에 세조왕위찬탈 사건을 소재로 몽유록을 쓰면서 필화사건을 염려하여 남의 꿈과 남의 이름을 빌어서 임제(林悌)가 몽유록을 썼다면, 임제(林悌)는 그야말로 나약하고 비겁한 인간이라고 설명할 수밖에 없다. 임제는 그 성격이 호방하고 자유분방하고 집권세력의 눈치를 안보는 기개 높은 선비라고 알려졌고, 황패강(黃浿江)은 그를 가리켜 "의혈(義血)이 끓는 강개(慷慨)의 남아(男兒)"라고 칭송했는데, 그러한 호걸남아가 무엇이 겁이 나서 자신의 꿈으로 몽유록(夢遊錄)을 쓰지 못하고 남의 꿈을 빌어서 몽유록(夢遊錄)을 썼다는 것인지 이에 대한 해명이 없으면 〈원생몽유록(元生夢遊錄)〉을 임제(林悌)가 썼다고 하는 논리는 공허한 주장에 지나지 않는다.

황패강(黃浿江)은 이 문제에 대하여 "원자허(元子虛)는 몽유자(夢遊者) 즉 꿈꾸는 이 허구(虛構)하는 이로 작자 자신이 스스로 드러나기를 꺼려서 그렇게 가탁(假托)한 인물(人物)"이라고 하였다. 이러한 주장이 맞는다면 임제(林悌)는 무엇 때문에 자신의 이름이 드러나기를 꺼려했단 말인가? 〈원생몽유록(元生夢遊錄)〉의 내용을 검토해보면 그 정도 가지고는 당시의 집권자인 선조에게 노여움이나 미움을 살 정도로 지나친 언사(言辭)는 없다. 그런데도 작자인 임제(林悌)가 자기 자신을 드러내기를 꺼려해서 원자허(元子虛)라는 허구적(虛構的)인 인물(人物)을 만들어 놓고 거기에 가탁(假托)한 〈몽유록(夢遊錄)〉을 썼다면 임제(林悌)는 비겁쟁이라는 이야기인데, 어떻게 "의혈(義血)이 끓는 강개(慷慨)한 남아(男兒)"라고 설명할 수 있다는 것인지 논리적 모순이 이만저만이 아니다. 하여간에 황패강(黃浿江)은 원자허(元子虛)란 한낱 가칭(假稱)에 불과하다는 것이며, 몽유자의 성명에 〈허(虛)〉자가 들어간 것은 그 인물이 가탁(假托)된 〈허인(虛人)〉임을 시사하는 것이라고 하였다. 황패강(黃浿江)의 이러한 논리에 맞추어서 「자허지우해월거사(子虛之友海月居士)」라는 구절을 풀이해보자. 황패강(黃浿江)은 〈해월(海月)〉에 대하여 "해월거사(海月居士)는 실재인물(實在人物)"이다. 선조 대에 무술변무사(戊戌辨誣使) 일행(一行)으로 정사(正使) 이항복(李恒福), 부사(副使) 이정구(李廷龜)와 함께 서상관(書狀官)으로 명경(明京)에 다녀온 황여일(黃汝一) 바로 그 사람이다[46]라고 하였다.

그렇다면 황패강(黃浿江)은 원자허(元子虛)=허인(虛人), 해월(海月)=실재인물(實在人物)이라는 이야기인데 이처럼 허황된 주장이 어디 있는가? 허인(虛人)의 친구는 마찬가지로 허인(虛人)이기 때문에 허인(虛人)인 원자허(元子虛)의 친구 해월거사(海月居士)도 허인(虛人)이라고 해야 맞지, 어떻게 해월거사(海月居士)만은 실재인물(實在人物)이라고 설명할 수 있다는 것인지 이해가 안 간다. 분명히 말하거니와 황패강(黃浿江)의 주장대로 몽유자 원자허(元子虛)가 〈허인(虛人)〉임에 틀림없다면 그 허인(虛人)의 친구 해월거사(海月居士)도 허인(虛人)이지 실재인물(實在人物)이라고 할 수 없다. 더 나아가서 그 허인(虛人)인 원자허(元子虛)를 단종이 계신 곳까지 안내해 간 복건자(황패강(黃浿江)은 남추강(南秋江)이라 하였음)도 허인(虛人)이다.

왜냐하면 실재인물(實在人物)이 허인(虛人)의 안내자가 될 수는 없기 때문이다. 한걸음 더 나아가 허인(虛人)인 원자허(元子虛)와 허인(虛人)인 복건자와 함께 하룻밤을 지내면서 토론을 벌인 단종(端宗)과 사육신(死六臣)들도 역사상의 실재인물(實在人物)이 아니라 모두 허인(虛人)이라는 이야기가 된다. 왜냐하면 허인(虛人)은

---

46) 황패강, 앞의 논문, 21쪽.

실재인물(實在人物)과 함께 놀 수 없고, 실재인물(實在人物)은 허인(虛人)과 함께 놀 수 없다고 하는 것은 너무나 평범한 진리에 속하는 문제이기 때문이다.

우리들이 고소설이든 현대소설이든 그것을 허구(虛構)라고 하는 것은 그 소설에 등장하는 인물들이 허구적(虛構的) 인물(人物)들이요. 그 소설에 전개되는 사건들이 실제로 역사상의 사건과는 무관하게 전개되어 나가기 때문에 소설을 허구(虛構)라고 하는 것이다. 만약에 그 소설의 등장인물들이 주인공이든 기타 엑스트라이든 간에 모두가 역사상에 존재했던 실제 인물들만 등장시키고 그 등장인물들이 주고받는 대화나 전개되는 사건들이 실제 역사상에 있었던 일과 완전하게 부합된다면 이것은 소설의 형태만 빌렸을 뿐이지, 실은 소설이 아니라 한편의 역사책이라고 해야 할 것이다. 그런 점에서 〈원생몽유록(元生夢遊錄)〉은 그 몽유자 원자허, 복건자, 사육신들, 매월(해월)거사 할 것 없이 모두가 세조왕위찬탈사건(世祖王位簒奪事件) 당시 그 사건에 직접적으로 관련된 피해 당사자들이요 역사상의 실존인물(實存人物)들이다.

아울러 그 작품 속에서 주고받는 대화, 사건의 전개, 인물들의 성격 및 행동, 기타 설명으로 이루어진 지문까지 역사상에 존재했던 문제 그대로를 충실하게 기록하고 있다. 그런데 〈원생몽유록(元生夢遊錄)〉에 등장하는 인물들이 모두 역사상의 실존 인물들이요, 그 작품 속에 전개되는 모든 사건과 요소들이 실제 역사상의 상황과 완전하게 부합되는데, 그 작품 속에서 가장 중요한 인물인 주인공이면서 몽유자인 원자허(元子虛)만이 허구적 인물(虛構的人物)이고, 허인(虛人)이라고 하니 이야말로 허황된 주장이라 아니할 수 없다.

만약에 황패강(黃浿江)의 논리대로 이 작품의 주인공 원자허(元子虛)가 허인(虛人)이라면 그 나머지 등장인물들 즉 복건자, 단종,

사육신, 매월거사 등 모두가 허인(虛人)이 된다. 더 나아가서 그 허인(虛人)들끼리 몽유록(夢遊錄) 속에서 주고받은 대화, 등장 인물들이 한 자락씩 읊은 한시들, 아울러 숨 가쁘게 전개되는 사건들 모두가 실제 역사와는 아무런 관련이 없는 허구(虛構)라는 이야기가 된다. 그러나 앞에서 문제 제기했던 부분을 다시 상고해 보면 「자허지우해월거사(子虛之友海月居士)」가 아니라 「자허지우매월거사(子虛之友梅月居士)」라는 것이 분명해졌고, 이점만 솔직하게 인정한다면 〈해월(海月)〉이라고 했을 때에 생기는 엄청난 모순들이 전연 나타나지 않고 자연스럽게 해결된다. 그러면 왜 이러한 표기상의 차이점이 생겨났을까? 생각건대 〈매월거사(梅月居士)〉가 〈해월거사(海月居士)〉로 기록된 이본(異本)이 생긴 것은 그 옛날 누군가에 의해서 전사(轉寫)하는 과정에 흘림체로 쓴 것을 옮겨 적다보니 이러한 착오가 생겼던 것이고, 그처럼 오기(誤記)된 표기를 바로잡지 않고 그대로 인쇄하였기 때문에 오늘날처럼 여러 판본(板本)에 「자허지우해월거사(子虛之友海月居士)」라는 기록이 나타나게 되었던 것으로 헤아려진다. 이 문제에 대하여 더 이상의 논의는 그만두고 이제는 「자허지우매월거사(子虛之友梅月居士)」에서 그 매월(梅月) 거사(居士)가 역사상의 실존인물로서 누구인가를 분명히 해두자. 그는 〈원생몽유록(元生夢遊錄)〉에서는 몽유자(夢遊者) 원자허(元子虛)라는 주인공으로 나타났고, 실제 역사상에서는 생육신의 한 사람이었던 관란(觀瀾) 원호(元昊)의 친구요, 생육신의 한 사람이었던 매월당(梅月堂) 김시습(金時習)이라고 단언해 둔다.

(4) 결언(結言)

원생몽유록(元生夢遊錄)의 작자가 누구냐 하는 문제는 지금까지 임제설(林悌說), 김시습설(金時習說), 원호설(元昊說) 등 3가지 주장이 있었으며, 그 중에서도 임제설(林悌說)이 학계의 공인을 받아 완전히 굳혀져 가는 형편에 놓여 있었다. 여기서 김시습설(金時習說)은 장덕순(張德順)이 한번 제기해본 정도이고 그 타당성이 인정되지 않아 더 이상의 논란은 없었고, 다만 임제설(林悌說)과 원호설(元昊說)만이 논쟁의 초점이 되어왔다고 생각한다. 이러한 작자 문제를 해결하기 위해서 필자가 관심을 갖게 된 것은 이 작품의 주인공이며 몽유자인 원자허(元子虛)의 정체가 과연 누구냐 하는 문제이다.

또 한 가지는 元生이 꿈꾼 것을 기록했으면 〈원생몽유록(元生夢遊錄)〉이고 林生이 꿈꾼 것을 기록했으면 〈임생몽유록(林生夢遊錄)〉이라고 해야 되는데, 이 작품의 내용을 자세하게 살펴보면 원생(元生)이 꿈꾼 것을 기록한 것임에 틀림없었다. 그렇다면 원생(元生)이 꿈꾼 것을 기록한 〈원생몽유록(元生夢遊錄)〉의 작자는 당연히 元昊라고 해야지, 왜 임제(林悌)라고 하는지 강한 의문을 품게 되었다.

그런데 많은 학자들은 이 문제에 대하여 〈원생몽유록(元生夢遊錄)〉은 선조 때 사람 임제(林悌)가 지었고, 다만 그 몽유자인 元子虛는 꿈만 빌려준 虛構的 人物에 불과하다는 주장을 하였다. 또 어떤 학자는 〈원생몽유록(元生夢遊錄)〉의 작자는 임제(林悌)이고 그 몽유자 元子虛는 임제(林悌)의 변신이거나 임제(林悌)가 자기 자신을 假托한 인물이라고 하였다. 이러한 제가들의 학설이 공인을 받으려면 임제(林悌)가 왜 자신의 꿈으로 몽유록(夢遊錄)을 쓰지 못하고, 원자허(元子虛)라고 하는 허구적 인물(虛構的 人物)을 표면에 내세워 썼다는 것이며, 무엇 때문에 임제(林悌) 자신이 몽유자로 등장하지 못하고, 단종 때의 생육신(生六臣) 중의 한사람인 元昊의 행적을 빌어서 다시 말해서 자기 자신을 元昊에 가탁(假托)해서 몽유록을 썼다는 것인지, 이 문제에 대해서 합리적이고 분명한 해답을 하지 못하면 원생몽유록(元生夢遊錄)의 작자가 임제(林悌)라고 하는 학설은 한낱 허황된 주장에 불과하게 된다.

주지하다시피 이 〈원생몽유록(元生夢遊錄)〉은 1455년(단종 3년)에 있었던 세조왕위 찬탈 사건과 1456년(세조 2년)에 있었던 사육신들에 의한 단종 복위 운동 문제를 집중적으로 거론하면서 역사상의 진실을 밝혀내고 역사적인 교훈을 주려는 것이 그 주제라고 하겠다. 그런데 임제(林悌)가 20세 때〈원생몽유록(元生夢遊錄)〉을 썼다고 하는 해가 1568년(선조 원년)이고 세조왕위찬탈 사건이 일어난 해가 1455년(단종 3년)이니 그 시간적 거리가 무려 113년이나 떨어져 있다.

그렇다면 임제(林悌)는 단종 때에 일어난 세조왕위찬탈 사건을 소재로 110여년 뒤인 선조 때에 〈몽유록〉을 쓰면서 자신의 꿈으로 쓰지 못하고 남의 꿈을 빌려서 썼거나, 떳떳하지 못하게 남에게 가탁(假托)하여 〈몽유록〉을 썼다는 것인데, 이것이 사실이라면 임제(林悌)는 호걸남아가 아니라 비겁한 사람이라는 이야기가 된다. 황패강은 이 문제에 대하여 "원자허(元子虛)는 몽유자 즉 꿈꾸는 이 허구(虛構)하는 이로 작자 자신이 스스로 드러나기를 꺼려서 그렇게 가탁(假托)한 인물"이라고 하였다. 세조가 두 눈이 시퍼렇게 살았을 때도 사육신들은 단종 복위 운동을 하다가 비참하게 죽어갔고, 생육신들은 세조에 항거하면서 단종을 위한 절의를 지키느라고 평생을 핍박받으면서 살아갔는데, 임제는 110여 년 전에 일어난 사건을 소재로 글 한편을 쓰면서, 자기 자신이 표면에 드러나기를 꺼려해서 원자허라고 하는 허구적 인물(虛構的 人物)을 내세우고 그 허구적 인물(虛構的 人物)에 가탁(假托)해서 〈몽유록〉을 썼다고 하니, 그러한 임제(林悌)를 어찌 옹졸한 선비라고 이야기하지 않을 수 있겠는가? 그런데도 황패강은 임제(林悌)를 가리켜 "의혈(義血)이 끓는 강개(慷慨)의 남아(男兒)"라고 칭송했으니, 그야말로 이랬다 저랬다 해서 어느 것이 黃浿江의 정설인지 모르겠다.

이러한 문제들을 해결하기 위하여 필자는 (2)에서 세조왕위찬탈사건이 일어났던 시기의 시대적 배경과 단종 사건에 대하여 자세하게 살펴보았다. (3)에서는 〈원생몽유록(元生夢遊錄)〉에서의 주인공이며 몽유자인 원자허(元子虛)의 행적과 실제로 역사상에 존재했던 생육신 원호(元昊)의 행적이 부합될 것이라는 전제 아래 관란 元昊의 생애와 활동을 자세하게 조명하였다.

(4)에서는 원생몽유록(元生夢遊錄)에는 몽유자 원자허(元子虛)를 비롯해서 여러 인물들이 등장하는데, 이들 작품속의 인물들과 역사상의 실존 인물들과의 관계가 어떻게 정립되는가를 알아보기 위하여 그야말로 장황하게 논리를 전개해 나갔다. 그러한 과정에 이 원생몽유록(元生夢遊錄)의 등장 인물들은 주인공이든 엑스트라든간에 모두가 역사상에 존재했던 실존 인물들만 등장시켰다는 것을 알게 되었고, 그 등장 인물들이 주고받는 대화나 전개되는 사건들이 실제 역사상에 있었던 일과 완전하게 부합된다는 것을 알게 되었고, 그래서 이 작품은 소설의 형태만 빌렸을 뿐이지 세조왕위찬탈 사건에 대한 진실을 밝히려는 한편의 역사책이라고 보았다. 이처럼 장황한 논의를 거쳐 얻어진 결론은 〈원생몽유록(元生夢遊錄)〉에서의 등장인물들, 즉 몽유자인 원자허(元子虛)는 생육신의 한사람인 관란 元昊이고, 복건자는 그의 친구이면서 원주에 은거해 있던 연촌(烟村) 최덕지(崔德之)이고, 어린 임금은 단종(端宗)이고, 사육신들은 그 좌석 차례에 따라서 박팽년(朴彭年), 성삼문

(成三問), 하위지(河緯地), 이개(李塏), 유성원(柳誠源), 유응부(兪應孚) 등이고, 매월거사(梅月居士)는 관란 원호(元昊)의 친구이면서 생육신인 김시습(金時習)이란 사실을 알게 되었다. 따라서 〈원생몽유록(元生夢遊錄)〉의 작자 문제 또한 임제설(林悌說)은 설득력이 없다는 것을 부연하면서 이가원(李家源)이 제기했던 원호설(元昊說)을 다시 한 번 주장하는 바이다.

3. 원생몽유록(元生夢遊錄)에 대하여

세상에 성은 원씨요, 자는 자허(子虛)라는 이가 있으니 그는 비분강개하는 선비이다. 이 작품의 첫 머리에는 이렇게 시작되었는데, 여기서 원자허(元子虛)는 이 작품의 주인공이면서 몽유자(夢遊者)라고 하겠다. 그 주인공은 기개와 도량이 활달하고 사소한 일에 구애하지 않기 때문에 세상에 용납되지 못했다는 것이고, 또 여러 번 〈나은지한〉을 품었으며, 〈원헌지빈〉을 견디기 어려웠던 인물이라고 하였다.

그러면 나은(羅隱)은 어떠한 인물인가? 중국 당나라 말기의 어진 신하로 주전충(朱全忠)이 당나라 임금을 죽이고 새로 양나라를 세우자 오월왕을 권하여 양나라를 치게 했던 충의지사(忠義之士)이다. 그리고 원헌은 중국 고대 노나라의 청빈한 관원이요 공자의 제자라고 한다. 주인공 원자허(元子虛)는 낮에는 밭에 나가 농사를 짓고 밤에는 돌아와서 옛사람의 글을 읽는 선비로 가난하기 이를 데 없었다. 그는 일찍이 역사책을 읽다가 역대 왕조가 위태롭고 망하게 되면 국운이 옮겨지고 세력이 쇠퇴하게 되면 언제나 책을 덮고 눈물을 흘리면서 마치 자신이 그런 일을 당하는 것처럼 슬퍼하였다.

이러한 주인공 원자허는 중추가절 어느 달밤에 책을 펴놓고 보다가 피로하여져서 침상에 기대어 졸게 되었다. 그는 꿈속에서 몸을 가볍게 움직이며 바람을 타고 공중으로 올라갔는데, 마치 신선이 되어 날개를 펴고 날아가는 듯한 느낌을 받았다. 어느 곳인지 강가에 가서 멈추었는데, 주위에는 맑은 강물이 굽이굽이 흘러가고 여러 산들과 골들이 둘러 있었다. 때는 바야흐로 밤중이 되어 온 세상이 고요한데 달빛은 낮과 같이 황황하고 물결은 비단 같이 반짝이며 기러기는 갈대 숲속에서 울고 이슬은 단풍잎을 촉촉이 적시었다. 이때 원자허는 쓸쓸한 마음이 들어 사방을 둘러보고는 길게 휘파람을 불며 부질없이 시 한수를 읊었다.

이 시에서 원자허(元子虛)는 강물도 한스러워 목메어 울면서 못 흐른다 했고, 바로 여기는 장사(長沙)의 언덕이라 했고, 임의 혼령은 어디 갔느냐고 하면서 죽은 단종을 찾고 있었던 것이다. 그러면 장사(長沙)란 어떤 곳인가?

중국 호남성에 있는 지명으로서 옛날 한나라 문제 때에 바른 말 잘하던 신하 가의(賈誼)라는 사람이 태부(太傅)로 있던 곳이다. 그 당시 가태부(賈太傅)는 제후들이 강대해져서 제어하기 어렵고 나라가 어지럽게 된 것을 통탄하는 글을 이곳 장사 땅에서 올렸다고 한다.

이처럼 시 한수를 읊고 나니, 갈대 꽃 밭 깊숙한 곳에서 홀연히 한 사람의 헌칠한 사나이가 다가오는데, 그는 복건을 쓰고 야복(野服)을 입고 있었다. 그러면 복건이란 무엇인가? 옛날 도복(道服)에 갖추어서 머리에 쓰던 쓰개의 한가지로, 검은 헝겊으로 위는 둥글고 삐죽하게 만들었다. 그리고 뒤쪽으로 넓은 자락이 길게 늘어지고 양옆에 끈이 달려 둘러매게 되어 있는데, 옛날 은사(隱士)들이 즐겨 썼던 두건(頭巾)을 일컫는 말이다.

그 복건자의 외양묘사를 보면 이목이 청수(淸秀)하며 패기 있고 늠름한 모습이 수양산의 옛 선비와 같았다고 되어 있다. 여기서 수양산이라는 이름은 중국의 산서성 영제현과 하수성 노룡현과 우리나라 황해도 등 여러 곳에 있는데, 어느 곳에나 백이, 숙제를 제사 지내는 사당이 있다. 이 작품에서 수양산의 옛선비는 중국의 백이, 숙제를 가리키는 것이고, 백이, 숙제는 무왕이 세운 주(周)나라 땅에서 나는 곡식을 먹기 싫다고 하여 수양산(首陽山)에 들어가 고사리를 채취해 먹다가 죽은 충의지사(忠義之士)들이다.

이때 복건자가 앞으로 다가와 허리를 굽혀 인사하면서 "자허는 어찌하여 이렇게 더디 오십니까. 우리 임금님께서 맞아오라는 분부십니다."라고 먼저 말을 건넸다.

그런데 문제는 그 복건자의 정체가 확실하지는 않지만 죽은 단종이 심부름을 보낸 저승사자란 점이다. 그래서 원자허(元子虛)는 사람을 얼른 알아보지 못하고 산귀신이나 물귀신이 아닌가 라고 생각하면서 대답을 빨리 하지 못했다. 그러나 가만히 본즉 그 복건자의 모습은 준수고매하고 행동에 여유가 있고 우아함으로 이상하게 생각하면서도 그를 따라갔다는 것이다.

백 여보쯤 따라가니 강가에 높은 정자가 있고 그 위에 한 사람이 난간에 기대어 앉아 있는데 의관 등 모든 것이 임금의 모습을 하고 있었다. 또한 그 곁에 다섯 사람이 있었는데, 모두가 이 세상 사람들(역사적인 실존인물)로서 풍신이 당당하고 정신이 양양했다. 그 다섯 사람들은 가슴에는 말을 멈추고 바다에 뛰어들 의리(고마도해지의(叩馬蹈海之義))를 감추고 있었으며, 뱃속에는 하늘을 고이고 해를 받들 충성((경천봉일지충(擎天捧日之忠))을 간직하고 있으니, 이들이야말로 어린 왕자를 부탁하고 한 나라의 운명을 맡길 만한 인물이었다. 여기서 말을 멈추게 한다는 것은 중국 주나라 무왕이 은나라를 치러 갈 때에 백이, 숙제가 감연히 나서서 말을 멈추고 간하던 사실을 말한다.

또 바다에 뛰어든다는 것은 중국 춘추전국시대에 위나라와 조나라에서 강한 진나라 임금을 황제로 받들려고 할 때 제나라 선비 노중연(魯仲連)이 분개하면서 "그를 황제로 모시면 나는 동해 바다에 뛰어들어 죽고 말겠다."고 반대하던 사실을 인용하였다. 자허는 이들 다섯 사람과는, 인사를 나누지 않았고, 안으로 들어가 왕 앞에 알현한 다음 물러나와 맨 끝자리에 무릎을 꿇고 앉았다.

자허(子虛)의 위쪽에는 복건자가 앉았고 그 위로 다섯 사람이 차례로 앉았는데, 왕이 말하기를 "일찍부터 그대의 훌륭한 소문을 듣고 한번 만나보고 싶은 마음이 간절하였는데, 이와 같이 좋은 밤에 반가이 만나게 된 것이니 의아하게 생각지 마시오."라고 하였다. 그 뒤를 이어 복건자는 한숨짓고 탄식하면서 말하기를 "요(堯), 순(舜), 우(禹), 탕(湯) 이후로 세상을 농락하는 자들이 왕위를 물려받는다고 빙자하여 신하로서 임금을 치면서도 어떤 명분을 붙였으며, 이러한 일들이 오랜 동안 두고두고 되풀이 되는 동안에 끝내는 바로 잡을 수 없게 되었다. 아아! 이러한 일들은 네 임금 때에 발단된 것이다"라고 하였다.

이 말을 듣고 왕이 낯빛을 엄숙히 하면서 말하기를 "아니 될 말 그것이 무슨 말이요, 네 임금 같은 성군이 있고, 또 그 시대라면 몰라도 네 사람의 성군이 없고 그 시대가 아니라면 네 임금에게 무슨 죄가 있겠는가, 다만 명분을 내세우고 빙자하여 임금을 친 자들에게 죄가 있는 것이다."라고 하였다. 임금은 다시 좋은 손님이 자리를 같이 하였고, 달 밝고 바람이 맑고 시원하다는 날씨를 이야기한 다음, 입고 있던 비단 옷을 벗어주면서 강촌(江村)에 가서 술을 사오라고 하였다.

술이 두어 순배 돌아갔을 때에 임금은 좌중을 둘러보며 "경들은 각기 생각하고 뜻한 바를 말해서 원통한 한을 풀어 달라." 고 하였고 여섯 신하들은 말하기를 대왕께서 노래를 지으시면 신등이 이에 화답하겠다고 하였다.

왕이 초연한 안색으로 옷깃을 바로 하면서 노래 불렀는데, 그 임금의 노래 속에는 "살아서는 임금이되 죽어서는 고혼이네/ 새 임금은 거짓 임금 상왕이란 겉으로만 높인 것을"이라는 구절이 있고, "6,7인의 신하들과 같이 있으니, 고혼이나마 의지가 되는구나."라는 구절이 있다. 이처럼 임금이 노래를 부르니 다섯 사람이 각각 노래 한 구절씩을 불렀는데, 제1좌의 인물이 부른 노래 가운데는 "어린 임금 보좌 못한 것이 한스럽다."는 구절이 나온다.

이것은 박팽년이 집현전 학사로서 훈민정음 창제에 참여했을 때 세종의 부탁을 받기도 했고, 문종 때에는 어린 단종을 잘 보살펴 달라고 부탁을 받았던 사실들을 상기시켜 준다. 그 다음에는 "지금 와서 생각하니 하늘 땅 보기에도 부끄러워/ 후회로다 왜 그 당년에 일찍이 도모하지 못하였던고."라는 구절이 나온다.

이러한 내용들은 박팽년의 전기적 사실과 부합된다고 본다. 박팽년은 31세 때 문과중시(文科重試)에 급제하였고, 39세 때는 세조가 즉위하자 경회루 연못에 투신자살하려 했으나 성삼문의 만류로 참았다. 그러다가 이듬해 40세 때에는 형조참판(刑曹參判)이 되어 단종 복위를 꾀하다가 김질의 밀고로 체포되어 사형 당하였다. 그 당년에 일찍이 도모하지 못한 것을 후회스럽다고 하는 것은 너무나 당연하다고 본다.

그 다음 제2좌의 인물이 부른 노래 가운데는 "가여워라 죽어서도 절의를 굳게 지킨 이름은 남으리"란 구절이 나오는데, 이것은 단종 복위운동을 꾀하다가 몸은 비록 죽더라도 그 절의를 지킨 이름은 영원히 남을 것이라는 것을 의미해 준다. 이어서 "부자가 함께 의를 취하고 인을 이룩했다"는 구절이 나온다. 이것은 성삼문이 그의 아버지 성승과 함께 1456년(세조 2년) 6월 1일에 세조가 상왕인 단종을 모시고 창덕궁에서 명나라 사신을 위한 잔치를 열기로 하자, 그날을 거사일로 정해서 단종 복위 운동을 몸소 실천에 옮겼던 사실을 두고 말한다.

다음 제3좌의 인물이 부른 노래 가운데는 "벼슬이 높다 한들 장한 절개 굽힐 소냐"라는 구절이 나온다. 이것은 하위지와 관련되는데, 그는 1454년 「세종실록」을 편찬하는데 편수관으로 참여했고, 경연에서 시강관(侍講官)으로 왕에게 경사(經史)를 강론하였다. 이듬해 1455년 집현전 부제학에서 예조참의로 전임되었고, 수양대군이 왕위에 오르자 예조참판에 승진되었으며, 세자우부빈객

(世子右副賓客)을 겸하게 되었다. 세조의 즉위 후 그에게 교서를 내리는 등 잇단 부름을 받아 예조참판에 임명되었던 것이다. 그러나 하위지는 이러한 높은 벼슬자리 받는 것으로서 자기 몸을 더럽힐 수 없기 때문에, 그리고 그의 본뜻은 진실로 단종을 위하는 일에 있었기 때문에, 세조의 록을 먹는 것을 부끄럽고 더럽게 여겨, 세조가 즉위한 해부터의 봉록은 따로 한방에 쌓아두고 먹지를 않았다고 한다. 이러한 전후 사연들이 하위지를 상징해 주는 제3좌의 노래 속에 그대로 반영되었던 것이다.

다음 제4좌의 인물이 부른 노래 가운데는 "죽을 때 지은 시한 수는 말씨가 바르고 착하다/ 능히 두 마음 가진 사람들을 부끄럽게 할 수 있었다네"라는 구절이 나온다. 이것은 이개가 "禹鼎重時生亦大 鴻毛輕處死猶榮 明發不寐出門去 顯陵松柏夢中靑"이란 한시 한수를 남기고 죽었던 사실을 두고 말한다. 다음 제5좌의 인물이 부른 노래 가운데는 "기나긴 앞날에 부끄러움을 씻기 어려운 것은 / 일찍이 집현전에서 상주는 글을 쓴 일이구나"라는 구절이 나온다.

이것은 1453년 (단종 1년) 수양대군이 단종을 보좌하는 영의정 황보인, 좌의정 김종서 등 대신들을 살해하고 스스로 영의정 부사, 이조판서, 내외병마도통사를 겸하여 정권을 잡은 뒤 백관을 시켜 자기의 공을 옛날 주나라 주공(周公)에게 비유하여 임금에게 포상하기를 청하고, 집현전에 명하여 정란록훈(靖難錄勳)의 교서를 기초하도록 한 사실과 연관된다. 이때 집현전 학사들이 모두 도망하여 이를 피했는데, 당시 집현전 교리였던 유성원만이 혼자 남아 있다가 협박을 당하여 기초하고는 집에 돌아와서 통곡하였다고 한다. 이러한 사연이 제5좌의 인물이 부른 노래 가운데 "일찍이 집현전에 상공서(賞功書)를 기초하였오"라는 구절로 나타났던 것이다. 그 다음은 복건자가 머리를 긁적거리면서 다음과 같이 노래하였다. "눈을 들어 산하를 바라보니 옛 모습과 달라졌고/ 신정(新亭)에 함께 모여 초나라 죄수의 슬픔을 맛보았다네./아차하면 흥하고 망하니 놀란 마음 창자가 찢어지고/ 누가 충신이고 간신인지 분통이 터져 눈물이 쏟아지네/ 율리(栗里)의 맑은 바람에 도원량(陶元亮)이 늙었고/ 수양산 차가운 달에 백이, 숙제가 굶주렸다오/ 그래도 한 편의 야사(野史)가 후세에 전해져서 / 천추에 두고두고 선악의 교훈이 될 수 있으리"

복건자는 노래를 다 읊고 그 순서를 원자허(元子虛)에게로 돌렸다. 자허는 원래 세상 일을 분개하고 한탄하는 사람이라 눈물을 닦고 슬픈 음성으로 노래하였다. 원자허의 한시는 제1행을 보면 "지난 일 아득하니 누구에게 묻는단 말고"라고 되어 있다. 이것은 사육신 사건 즉 병자사화(丙子士禍)가 일어나고 얼마 안 있다가 이 작품이 쓰여졌기 때문에 표면상으로 보면 앞뒤가 안 맞는 이야기 같다. 그러나 병자사화의 참극은 그들이 생존 시에 일어났던 것이고, 이 꿈의 세계에서는 단종이나 사육신들의 혼령들만 모여 앉아서 이러한 성토를 하는 것이니, 이승과 저승이 너무나 다르고 아득하기 때문에 누구에게 물어야 되느냐고 한탄했던 것이다.

그런 의미에서 그 비참하게 죽어간 혼령들만 모여 있는 곳을 제2행 "황산토일구(荒山土一丘)"란 말로 표현해서 그 주위 환경마저 황폐하고 처량하다는 느낌을 갖게 하였다. 그리고 제3행에서는 〈한심(恨深)〉이란 말이 나오고 제4행에서는 〈혼단(魂斷)〉이라는 말이 나온다. 이 말뜻은 "원한은 깊다", "영혼은 끊어졌다"라는 의미인데, 이 또한 세조 왕위 찬탈 사건과 사육신들의 참살 당함을 직접 목격하고 체험한 관란 원호는 이런 이야기를 할 수 있지만, 그 사건이 일어나고 110여년 이후에 출생한 임제 당시에는 이러한 비극적 사건이 일어나지도 않았고, 그러한 사건을 목격하거나 체험한 바도 없는데, 어떻게 몽유자 원자허를 임제(林悌)를 가탁시킨 인물이라고 해석할 수 있다는 것인지 이해가 안 간다.

그리고 제5행에서는 "고국에는 언제나 돌아갈고"라고 했고, 제6행에서는 "강루에 올라 이날을 같이 지내네"라고 했는데, 이 또한 이승세계가 아니라 죽은 이들만 모여 있는 저승세계에서 몽유자 원자허가 보고 느끼고 경험한 바를 노래한 것이다. 특히 제6행에서는 "강루차일유(江樓此日遊)"라고 했는데 단종 때 생존한 인물이 아니고 , 선조 때 생존한 백호(白湖) 임제(林悌)가 어떻게 그 자리에 참여해서 함께 노닐 수 있다는 것인지 이해가 안 간다.

또 제7행에서는 "슬프고 처량한 노래 두서너 곡을 마치니"라고 했는데, 이 또한 생육신 원호 입장에서는 세조 왕위 찬탈 사건에 대하여 평생 원한을 품고 살았으니까 이에 해당하지만, 그 사건보다 110년 뒤에 출생했던 백호(白湖) 임제(林悌)는 누구의 무슨 사건에 평생 원한을 품고 살았기에 슬프고 처량한 노래를 두서너 곡조 불러보자고 했다는 것인지 이해가 안 간다.

마지막으로 제8행에서는 "갈대꽃에 이즈러진 달 쓸쓸한 가을이로세"라고 했는데, 여기서 '이즈러진 달'과 '늦가을'이 갖는 상징적 의미는 이미 대세는 세조에게 기울어졌고, 단종의 시대는 종말이 다가왔다는 것을 암시적으로 표현했다고 보아야 한다.

다음 씩씩한 무인(武人)은 "슬픈지고 썩은 선비들이여 함께 일을 성취할 수 없다"고 하면서 검을 빼들고 일어나 춤을 추는데, 비통한 그의 노래는 다음과 같다. "바람이 적막하고 쓸쓸함이여/ 나뭇잎이 찬 물결에 떨어지도다./ 칼을 어루만지며 휘파람을 길게 부니/ 하늘엔 북두칠성이 찬란하고 / 살아서는 충성과 효도를 다하고 / 죽어서는 씩씩한 넋이 되련다/ 이 내 마음을 무엇에 비길 건가. 중천에 떠 있는 밝고 맑은 하나의 달이로다/ 아아 애당초 잘못된 계획이라 /썩은 선비를 책망해서 무엇하리"

여기서 애당초 계획이 잘못 되었다는 이야기와 썩은 선비들을 책망하는 말투는 유응부의 다음 사건과 관련된다.

1456년(세조 2년) 성삼문, 박팽년 등이 단종 복위를 모의할 때 창덕궁에서 명나라 사신을 초청하는 날에 거사하기로 하고, 유응부(俞應孚)와 성승(成勝) 등을 별운검(別雲劍)으로 선정하여 그 자리에서 세조를 살해하고 단종을 세우기로 계획을 세웠던 일과 관련된다고 하겠다. 이때 유응부는 그 거사 계획을 늦추지 말고 그대로 실천에 옮기자고 했던 것이고, 성삼문과 백팽년은 만전의 계획이 아니라고 하면서 굳이 말려 그 거사 계획이 실패로 돌아갔다. 이때 유응부는 성삼문, 박팽년 등에게 "애닯다 썩은 선비들아, 그대들과 무슨 대사를 함께 한단 말이냐"라고 하면서 탄식해 마지않았다.

유응부의 노래가 채 끝나기도 전에 달은 구름에 가리우고 비가 뿌리고 바람이 몰아치며 다급한 우레 소리가 크게 진동하니 모두들 어느 사이엔가 흩어진다. 자허 역시 놀라서 잠에서 깨어보니 한바탕 꿈이었다.

자허의 친구 매월거사(梅月居士; 또는 해월거사(海月居士))가 이 말을 듣고 통탄하며 하는 말이 "대저 자고 이래로 임금이 혼미하고 신하가 어두우면 결국 나라를 망하게 한 일이 많았다. 그런데 나라의 형편을 보면 임금은 현명하시고 여섯 사람의 신하들은 모두 충의의 신하이다. 이런 임금과 신하가 있는데도 이렇게 참혹한 일이 있을 수 있겠는가. 아아 형세가 이렇게 만든 것이니 하늘에 돌릴 수밖에 없는 일이다. 그런데 선한 이를 복주고 악한 자에게 화를 주는 것이 하늘의 도리가 아니겠는가. 도대체 하늘에도 돌릴 수 없다면 아득하고 막막하여 이 이치를 알 수가 없구나. 하늘과 땅은 유유한데 뜻있는 선비들의 한을 더하기만 할 뿐이다"라고 하면서 다음과 같이 시를 지어 화답하였다.

이 화답시(和答詩)를 보면 "한연쇄동작(寒烟鎖銅雀)/ 추초몰장화(秋草沒章華)"란 구절이 나온다. 여기서 동작대(銅雀臺)는 악부 상화가사(樂府相和歌辭)의 이름이다. 위무제(魏武帝)가 임종 때 기첩(妓妾)에 대한 사랑이 간절하여 무제가 죽은 후 그것을 애석하게 생각한 기첩이 군은(君恩)을 추모하여 읊은 노래라고 한다. 그리고 장화대(章華臺)는 초나라의 아름다운 궁전을 가리키는 말로 중국의 하남성 여양현 동쪽에 있다고 하는데, 여양대(汝陽臺) 또는 황화대(皇華臺)라고 한다. 또 작품의 말연(末聯)에는 "월명상수활(月明湘水闊) / 수청죽지가(愁廳竹枝歌)"라는 구절이 나온다. 여기서 상강은 중국 호남성에 있는 강이며 순(舜)임금의 왕비인 아황(娥皇), 여영(女英)이 물에 빠져 수신(水神)이 되었다는 곳이다.

또 초나라 충신 굴원(屈原)이 이 강가에 살면서 구가(九歌)를 지어 불렀는데, 다시 이것을 모방하여 죽지가(竹枝歌)를 지어 불렀다는 전설이 전한다. 모두가 임금을 보필하고 나라를 근심하는 노래라고 한다. 이 작품은 꿈에서 보고 듣고 느낀 점을 적은 몽유록(夢遊錄)이지만, 그 꿈의 세계는 단종과 사육신과 복건자의 혼령들만 모여 있는 저승세계였다. 그리고 사육신들은 모두 사대부(士大夫) 복장을 하고 있었으며, 은둔생활을 하는 복건자만이 평민복인 야복(野服)을 입고 있었다.

노래를 부르는 차례 또한 계급에 따라 이루어졌으니, 철저하게 이 세상의 질서를 따르고 있었으며, 죽은 자를 먼저 예우하고 산 자는 나중에 부르게 했다. 그들이 부른 노래의 내용 또한 작중인물이 체험한 역사적 사실과 부합된다는 점에서 이 작품은 우리나라 역사소설의 효시라 해도 무방하다고 본다.

II. 원생몽유록(元生夢遊錄)의 작가 문제

1. 원생몽유록(元生夢遊錄)의 작가 문제

조선 왕조는 개국 초부터 왕위 계승 문제를 둘러싼 골육상쟁(骨肉相爭)의 갈등이 빈발하였다. 그러다가 제 7대 임금인 세조 2년 6월에 단종 복위 운동이 사전에 발각되어 또 한번 유례없는 대참극을 빚었던 것이다. 조선조 오백 년간의 문치(文治)와 무공(武功)으로 눈부신 업적을 남겼던 세종대왕은 재위(在位) 33년 만에 승하하였고, 그 뒤를 이어 즉위한 문종(文宗)은 역시 어질고 훌륭한 임금이었으나 병약(病弱)했던 관계로 3년 3개월 만에 승하하였다. 그래서 12세 밖에 안 되는 왕세자 단종이 어린 나이로 즉위하였는데, 이 때부터 단종의 숙부들에 의한 왕위 쟁탈전이 본격화 되기에 이르렀다.

그 중에서 첫째 숙부인 수양대군(首陽大君) 유(瑈)는 일찍부터 정치에 뜻을 두고 호시탐탐 기회를 노리는 야심가였고, 둘째 숙부인 안평대군(安平大君) 용(瑢)은 풍류에만 몰두하는 호사형(豪士型)으로서 이들 두 대군(大君)이 왕자(王子)의 신분(身分)을 배경으로 각축전을 벌이었다. 이러한 와중에 안평대군은 학문에 조예가 깊고 선비를 좋아해서 문인들은 안평대군에게 모여 들었고, 수양대군은 야망과 수완이 뛰어나서 무인들은 그에게 많이 모여 들었다. 1453년(단종원년) 10월에 수양대군(首陽大君)과 그의 추종자들은 재빨리 기선을 잡고 이른바 계유정란(癸酉靖難)이란 정변을 일으켰는데, 이 때 삼의정(三議政) 중에서 지용이 가장 뛰어난 김종서(金宗瑞)를 먼저 제거하였다. 이어서 선대왕(先大王)의 고명대신(顧命

大臣)들을 남김없이 살해하고, 친제(親弟)인 안평대군(安平大君)을 "도당(徒黨)을 모아 불궤(不軌)를 꾀했다"는 죄목으로 유배(流配)시켜 사사하였다. 그런 다음 수양대군(首陽大君)은 스스로 영의정(領議政)이 되고 이·병조판서(吏·兵曹判書) 겸 내외병마도통사(內外兵馬都統使)에 올라 정권(政權)과 병권(兵權)을 한 손에 거머쥐고, 정인지(鄭麟趾), 신숙주(申叔舟), 권람(權覽), 한명회(韓明澮) 등 심복들을 요직에 배치하였다.

이러한 상황 아래 단종은 1455년(단종 3) 윤 5월 수양대군(首陽大君)에게 양위하게 되었고, 비록 선양(禪讓)의 형식을 취하였다고 하지만, 계략으로써 왕위(王位)를 찬탈한 세조에 대하여 몇몇 구신(舊臣)들은 반감을 일으키지 않을 수 없었다. 특히 왕년에 집현전 학사로서 세종의 권총(眷寵)을 받던 성삼문(成三問), 형조참판 박팽년(刑曹參判 朴彭年), 직제학 이개(直提學 李塏), 예조참판 하위지(禮曹參判 河緯地), 사예 유성원(司藝 柳誠源) 등과 성삼문(成三問)의 부친 성승(成勝), 무인 유응부(武人 兪應孚) 등은 상왕(上王)으로서 수강궁(壽康宮)에 있던 단종(端宗)의 복위(復位)와 반역파(反逆派)의 숙청을 꾀하고 그 기회를 엿보고 있었다.[47)]

1456년(세조 2) 병자(丙子) 6월 1일 세조는 상왕과 더불어 창덕궁(昌德宮)에서 연회를 베풀고, 명(明)나라에서 책명사(册命士)로 나온 윤봉(尹鳳)과 김흥(金興) 양사(兩使)를 접대하게 되었는데, 이 자리에서 성삼문(成三問)과 박팽년(朴彭年)은 연회장 내의 일을 맡고 유응부(兪應孚)와 성승(成勝), 박정(朴靖)이 별운검(別雲劍)을 서게 되었는데 이 때 세조 부자를 한꺼번에 참살하고 상왕 단종을 복위시키려 하였다.

그러나 이러한 거사 계획은 김질(金礩), 정창손(鄭昌孫) 등에 의

47) 「韓國史」, (近世前期篇), 震檀學會, 乙酉文化社, 1977. 94쪽.

하여 밀고됨으로써 사전 발각되었고, 모의전모(謀議全貌)가 드러나게 되어 상왕(上王) 복위(復位) 계획은 완전 수포로 돌아갔다. 세조는 곧 성삼문 등을 국문하고 참형을 가하였으나 모두 굽히지 않으므로 성삼문, 박팽년, 유용부, 이개는 작형(灼刑)으로 주살하고 하위지는 살육되고 유성원은 자신의 집에서 자살하였으니 이들을 세칭 사육신이라 한다. 또한 여파는 상왕 단종에게도 미쳐 노산군(魯山君)으로 강봉되었고, 군사 50여 명의 호위 아래 지금의 영월 청령포에 강제 유배된지 3년만에 살해(殺害)되는 비운을 당하였다. 세조실록에는 주모자 17명, 연루자 100여명, 희생자 10,000여명에 이른다고 적혀 있으니, 그야말로 공전절후(空前絕後)의 대참극이기도 하려니와 세상에서는 이 끔직한 사건을 가리켜 '병자사화(丙子士禍)' 또는 '사육신의거사건(死六臣義擧事件)'이라 부르고 있다.

이제까지 병자사화(丙子士禍)의 개요에 대하여 장황하게 설명하였거니와, 그 이유는 본고에서 논의하려는 「원생몽유록(元生夢遊錄)」의 배경과 제재가 병자사화(丙子士禍) 또는 사육신의거(死六臣義擧) 사건(事件)이고, 작품 속에서는 그 사건 당사자들의 혼령들이 모여서 세조의 왕위 찬탈 문제를 성토하는 것이 주제로 되어 있기 때문이다. 그렇기 때문에 이 작품의 등장 인물들은 병자사화(丙子士禍)를 직접 겪은 당사자들이나 직 · 간접으로 영향받은 인물이어야 하고 이 작품의 제작 시기도 병자사화(丙子士禍) 직후에 쓰여진 것으로 보아야지, 이 사건보다 100여 년이 지난 선조 때로 잡을 수 없다는 것이 필자의 생각이다.

그것은 이 작품의 본문에 "子虛之友梅月居士聞而痛之曰大抵自古昔以來主暗臣昏卒至傾覆者多矣 今觀其主想必賢明之主也 其六人者皆亦忠義之臣也"라는 구절이 나오기 때문이다. 여기 인용문에서 "지금 나라의 형편을 보면 임금은 현명하시고 여섯 사람의 신하들은 모두 충의의 신하이다"라고 한 것은 어디까지나 작품의 지은이가 병자사화(丙子士禍) 당시 그 사건을 바라보고서 서술한 것이지, 임제가 선조 때 자기 생존 당시의 사건을 보고 서술한 것도 아니고, 임제가 선조 때를 살면서 100여 년 전에 일어났던 사육신 사건을 회상하면서 서술한 문장도 아니라는 것을 증명해 주기 때문이다. 그렇게 해석할 수밖에 없는 것은 인용문의 앞부분에 "자고석이래(自古昔以來)"란 말이 나오고, "기주(其主)"가 단종을 의미하기 때문에 "금관(今觀)"의 "금(今)"은 같은 단종시대를 가리키는 시간의 부사로 보아야 하기 때문이다.

다시 말해서 "금관기주상필현명지주야(今觀其主想必賢明之主也)"라는 구절에서 "금관(今觀)"이란 말은 "지금 본다"는 뜻이지, "지금 보았다"는 말은 성립되지 않는다는 것이고, 여기서 "현명지주(賢明之主)"는 단종(端宗)을 가리키는 말이지, 선조(宣祖)를 가리키는 말이 아니라는 것을 유의해야겠다.

이러한 원생몽유록(元生夢遊錄)의 작자(作者) 문제(問題)에 대하여 김태준은 그의 「조선소설사(朝鮮小說史)」에서 "백호(白湖) 임제(林悌)가 추강(秋江) 남효온(南孝溫)의 인격을 사모하여 추강을 모델로 하고 원생몽유록(元生夢遊錄)을 지어 추강(秋江)의 경우를 슬퍼했다"[48] 는 주장을 하였다. 그런가 하면 장덕순은 그의 「국문학통론(國文學通論)」에서 "몽유자(夢遊者) 원자허(元子虛)를 원호(元昊)로 본다면 원호(元昊)나 남추강(南秋江)이나 모두 동봉(東峰)과는 동시대의 생육신들인 것이다. 더욱 동봉과 추강은 특별한 교분이 있었으니 추강을 모델로 한 작품을 원호의 꿈을 빌어 매월당(梅月堂)이 썼다는 것도 근리(近理)하려니와 동일한 군주에 대한 일편단심의 신하들이 유명을 달리하였을 때 꿈에서라도 해후할 기

48) 김태준, 조선소설사(학예사, 1932), 76쪽.

회를 노린 것은 오직 잔명(殘命)을 보존하는 신하들의 염원(念願)이었을 것이다"[49]라고 하였다.

또 차용주는 「한국고소설연구(韓國古小說硏究)」라는 책에서 "작품(作品)은 작자(作者)의 사상, 감정이 반영된 것임을 전제한다면 작품 속의 등장하는 인물 가운데 작자의 사상, 감정을 직접 전달하고 관찰을 대역(代役)하는 인물이 있게 마련인데, 몽유계(夢遊系)에서는 몽유자(夢遊者)가 작자를 대역(代役)하는 인물이 된다. ~중략~ 임백호(林白虎)가 「원생몽유록(元生夢遊錄)」의 작자였다면 그의 호방(豪放)한 성격은 역시 몽유록(夢遊錄)에 등장하는 몽유자(夢遊者)의 성격과 일치함을 알 수 있다."[50] 라고 하였다.

원생몽유록(元生夢遊錄)의 작자를 임제로 보는 이들은 대체로 김태준이 「조선소설사(朝鮮小說史)」에서 이야기한 내용을 그대로 답습하고 있는 실정이다. 김태준과 장덕순은 추강(秋江) 남효온(南孝溫)의 인격을 사모하여 추강(秋江)을 모델로 원생몽유록을 썼다고 했는데, 그렇다면 원생몽유록의 등장 인물 가운데 추강 남효온과 비슷한 인물이라도 있어야 되지 않겠는가. 대부분의 연구자들이 작품 속에 등장하는 정체 불명의 복건자를 추강 남효온이라 지목했는데, 그 복건자의 행색, 언행, 성격을 보면 추강과는 한군데도 닮은 데가 없으니 문제라 아니할 수 없다.

형설출판사에서 나온 「한국문학작가론(韓國文學作家論)」이란 책을 보면 황패강이 「남효온론(南孝溫論)」을 자세하게 적어 놓았는데, 그 남효온론을 읽고 원생몽유록(元生夢遊錄)의 복건자에 관한 사항을 읽어 보면 두 인물 사이에는 상관 관계가 없고 전연 별개의 인물이란 것을 확인할 수 있게 된다. 그러니 원생몽유록의 등

---

49) 張德順, 「國文學通論」 (新丘文化社, 1969), 293쪽.

50) 車溶柱,夢遊錄系小說의 構造的 特徵, 「韓國古小說硏究」 (二友出版社,1983), 161~162쪽.

장 인물 복건자를 추강 남효온을 상징했다거나 모델로 삼았다고 하는 기존 학설들은 시정되어야 마땅하다고 본다.

그리고 대부분의 연구자들이 작품 속에 등장하는 주인공이며 몽유자(夢遊者)인 원자허(元子虛)는 임제를 가탁시킨 인물이라 했고, 복건자(幅巾者)는 추강(秋江) 남효온(南孝溫)을 상정한 인물이라 했다는 것은 주지의 사실이다. 그 복건자와 추강 남효온과의 관계는 이미 상론하였기에 그만두고, 이제는 주인공이며 몽유자인 원자허를 임제를 가탁시킨 인물, 임제를 대역(代役)하는 인물, 임제 자신의 변신이라고 주장하는 학설에 대하여 검증해 보자.

그 검증 작업을 하기 전에 차용주의 논문을 다시 인용해 보면, 그는 작품 속에 등장하는 인물 가운데는 작자의 사상, 감정을 직접 전달하고 관찰을 대역하는 인물이 있게 마련이라고 하였다. 특히 몽유계(夢遊系)에서는 몽유자(夢遊者)가 작자(作者)를 대역(代役)하는 인물이라고 하였으니, 이 말을 뒤집어 보면 원생몽유록(元生夢遊錄)에서 그 몽유자(夢遊者) 원자허(元子虛)의 행동과 성격이 생육신(生六臣) 관란 원호(元昊)의 생애 · 사상과 일치하면 원생몽유록(元生夢遊錄)의 작자는 원호(元昊)가 되고, 그 몽유자(夢遊者)의 행동과 성격이 선조(宣祖) 때 임제(林悌)의 생애 · 사상과 일치하면 원생몽유록(元生夢遊錄)의 작자는 임제가 된다는 사실을 강조한 것이다.

그런데 필자는 국학자료원에서 나온 「한국고소설(韓國古小說)의 시각(視角)」이란 책에서 원생몽유록(元生夢遊錄)의 몽유자(夢遊者) 원자허(元子虛)는 관란 원호(元昊)의 생애와 사상과 일치하고 백호 임제와는 전혀 무관하다는 것을 논증한 바 있다.[51] 그런데 차용주의 논문에서 문제점은 "임백호가 원생몽유록(元生夢遊錄)의

---

51) 元容文, 元昊와 元生夢遊錄 「韓國古小說의 視角」 (國學資料院, 1996)

작자였다면, 그의 호방(豪放)한 성격은 역시 몽유록(夢遊錄)에 등장하는 몽유자(夢遊者)의 성격과 일치한다"고 말한 점이다. 다시 말하면 몽유자 원자허(元子虛)의 성격과 원생몽유록(元生夢遊錄)의 작자인 임제(林悌)의 성격과 일치한다는 것이고, 그 일치한 점은 두 인물이 호방한 성격을 지녔다는 점에서 그렇게 볼 수 있다는 것이다.

그러나 필자의 생각으로는 임제의 성격이 자유호방하다는 점에서는 긍정하지만, 몽유자(夢遊者) 원자허(元子虛) 성격이 자유호방하다고 하는 것은 전혀 핀트가 안 맞는 이야기라고 본다. 원생몽유록(元生夢遊錄)을 보면 원자허(元子虛)의 인물됨을 "원자허자강개사야(元子虛者慷慨士也)" "자허원래강개인야(子虛元來慷慨人也)"라고 소개했는데, 비분강개의 인물 원자허와 자유호방한 인물 임제가 어떻게 해서 같다는 것인지 이해가 안 간다.

금성 출판사에서 나온 국어 사전을 찾아보면 〈비분강개〉는 "슬프고 분한 느낌이 마음 속에 가득 차 있다"라고 되어 있고, 〈자유호방하다〉에서 〈자유〉는 "남에게 구속을 받거나 무엇에 얽매이지 않고 제멋대로 행동하는 것"이라 되어 있고, 〈호방하다〉는 "의기가 장하여 작은 일에 거리낌이 없다"라고 되어 있다. 이처럼 두 낱말의 뜻이 확연하게 다른데 어떻게 비분강개하는 원자허(元子虛)와 자유호방한 임제(林悌)의 성격이 같다고 이야기할 수 있는지 이해가 안 간다.

① 그의 문집을 보면, 그가 적지 않은 승속(僧俗)들과 공담(空談)을 나누고 진관(眞觀)을 힘 쓴 것을 볼 수 있다. 그는 주사청루(酒肆靑樓)의 창기와도 거리낌 없이 교제하였는데 황진이(黃眞伊)와 일지매(一枝梅)와의 이야기는 이미 널리 알려진 것이고, 문집에 오른 시작품 가운데도 그와 같은 자취를 꽤 볼 수 있다. 백호는 단순

히 책상 위에서 글귀나 쓰다듬는 한갓된 선비가 아니다. 그는 문인(文人)이면서도 승마 · 패검(乘馬 · 佩劍)을 즐긴 호기찬 대장부의 면모도 지녔다. 당쟁(黨爭)과 소리(小利)에 눈이 어두운 당대의 선비 따위는 눈에 차지 않았으며, 베풀 길 없는 웅지(雄志)를 달래며 답답한 마음을 시와 술에 의탁(依託)하였고, 팔도강산을 두루 편력(遍歷)하고 자적(自適)하였다.[52)]

② 또한 젊은 시절 학문에 정진할 기회를 잃고 주사창루(酒肆娼樓)에 출입하며 호탕불기(豪宕不羈)의 풍류 생활로 젊음과 낭만을 사루고 자적(自適)한 일면을 〈의마부(意馬賦)〉 자서(自序)에서 볼 수 있다. 여기서 보면 초년에 실학(失學)하고 나이 20세가 되어서야 비로소 학문에 뜻을 두었으니 이 때가 1568년 선조(宣祖) 1년 무진년(戊辰年)이다. ~중략~ 1568년은 백호가 일찍이 실학(失學)하여 방탕하다가 과거를 뉘우치고 20세가 되어 비로소 학문에 뜻을 두니 이 때부터 22세까지는 출세(出世)를 위한 문학공부(文學工夫)를 하였다.[53)]

인용문 ①, ②는 백호 임제가 어떠한 사람인가를 알아보려는 의도에서 따온것이다. ①에서 황패강은 임제를 가리켜 주사청루의 창기와도 거리낌없이 교제하는 인물이라 하였고, 문인이면서도 승마(乘馬)와 패검(佩劍)을 즐긴 호기찬 대장부라고 하였다. ②에서 채경자는 임제를 주사창루에 출입하며 호탕불기(豪宕不羈)의 풍류생활(風流生活)로 젊음과 낭만을 사른 사람이라 하였다. 이처럼 주사창루를 거리낌없이 드나들고 풍류생활로 젊음과 낭만을 불사른 호기찬 대장부 백호 임제와 그와는 달리 원생몽유록(元生夢遊錄)에서 세조(世祖) 왕위(王位) 찬탈과 육신(六臣)의 죽음에 항거하면서 비통해마지 않는 비분강개지사 원자허(元子虛)가 그 성격이 같

52) 黃浿江, 元生夢遊錄「韓國古典小說作品論」(集文堂,1990), 142쪽.
53) 蔡敬子, 白湖林悌硏究, 圓光大大學院碩士學位論文, 1991, 7~8쪽.

다고 이야기하고, 심지어는 "원생몽유록(元生夢遊錄)에 나오는 강개지사 즉, 자허(子虛)도 바로 위와 같은 백호의 분신"[54]이라고까지 이야기하고 있으니 한마디로 어이없다는 생각이 든다.

또 병자사화(丙子士禍)가 일어난 해가 1456년(세조 2)이고, 임제가 원생몽유록(元生夢遊錄)을 지었다는 해가 1568년(선조 원년)인데 무려 110여년의 시간적 거리가 있다. 그 충의로운 역사적 사건 사육신 이야기를 110여년 뒤에 기술하면서 임제는 무엇이 무서워서 꿈의 형태를 빌어서 썼으며, 그것도 자신의 꿈으로 쓰지 못하고 구차하게 단종 때의 생육신(生六臣) 원호(元昊)의 꿈을 빌어서 썼다는 것인지 이해가 안 간다.

그처럼 호기찬 대장부요 호탕불기의 쾌남아(快男兒)요 자유호방한 문인 임제의 성격으로서는 직접 임생의 꿈으로 들어갈 일이지 원호(元昊)에 가탁하여 원생의 꿈을 빌어서 쓰는 구차한 짓은 안 했을 것이다.

또 원주원씨 시중공계(또는 관란계) 족보가 최초로 만들어 진 것이 1739년 영조 때인데, 족보도 없고 아무런 기록도 없던 시절에 20세 된 임제가 원호(元昊)의 자를 어떻게 알아내서 자허(子虛)라는 이름을 밝히면서 몽유록(夢遊錄)을 썼다는 것인지 해명할 방법이 없다. 족보도 없었고 출판 인쇄문화도 발달하지 않았던 선조 때에 20세 된 임제(林悌)가 남의 조상 원호(元昊)의 자(字)가 자허(子虛)라는 것을 알았다는 것 자체가 믿겨지지 않는 사실이다. 그런 의미에서 필자는 원생몽유록(元生夢遊錄)의 작자를 임제라고 하는 임제설을 부정하고, 그것을 증명하기 위하여 원생몽유록(元生夢遊錄)의 내용을 정확하게 알아야 한다는 전제 아래 우선 먼저 작품 내용을 소개한다.

---

54) 黃浿江, 앞의 책, 143쪽.

(1) 원생몽유록(元生夢遊錄)의 내용

세상에 성은 원씨(元氏)요, 자는 자허(子虛)라는 이가 있으니 그는 비분강개하는 선비이다. 이 작품의 첫머리는 이렇게 시작되었는데 여기서 원자허(元子虛)는 이 작품의 주인공이면서 몽유자(夢遊者)라고 하겠다. 그 주인공은 기개와 도량이 활달하고 사소한 일에 구애하지 않기 때문에 세상에 용납되지 못했다는 것이고, 또 여러 번 〈나은지한(羅隱之恨)〉을 품었으며 〈원헌지빈(原憲之貧)〉을 견디기 어려워했던 인물이라고 하였다. 그러면 나은(羅隱)은 어떠한 인물인가? 중국 당나라 말기의 어진 신하로 주전충(朱全忠)이 당나라 임금을 죽이고 새로 양나라를 세우자 오월왕을 권하여 양나라를 치게 했던 충의지사(忠義之士)이다.

그리고 원헌(原憲)은 중국 고대 노나라의 청빈한 관원이요 공자의 제자라고 한다. 주인공 원자허(元子虛)는 낮에는 밭에 나가 농사를 짓고 밤에는 돌아와서 옛사람의 글을 읽는 선비로 가난하기 이를 데 없었다. 그는 일찍이 역사책을 읽다가 역대 왕조가 위태롭고 망하게 되며 국운이 옮겨지고 세력이 쇠퇴하게 되면 언제나 책을 덮고 눈물을 흘리면서 마치 자신이 그런 일을 당하는 것처럼 슬퍼하였다.

이러한 주인공 원자허(元子虛)는 중추가절 어느 달밤에 책을 펴놓고 보다가 피로하여져서 침상에 기대어 졸게 되었다. 그는 꿈속에서 몸을 가볍게 움직이며 바람을 타고 공중으로 올라갔는데 마치 신선이 되어 날개를 펴고 날아가는 듯한 느낌을 받았다. 어느 곳인지 강가에 가서 멈추었는데, 주위에는 맑은 강물이 구비구비 흘러가고 여러 산들과 골들이 둘러 있었다.

때는 바야흐로 밤중이 되어 온 세상이 고요한데 달빛은 낮과 같이 황황하고 물결은 비단같이 반짝이며 기러기는 갈대 숲속에서 울고 이슬은 단풍잎을 촉촉이 적시었다. 이때 원자허(元子虛)는 쓸쓸한 마음이 들어 사방을 둘러보고는 길게 휘파람을 불며 부질없이 시 한 수를 읊었다. 이 시에서 원자허(元子虛)는 강물도 한스러워 목메어 울면서 못 흐른다 했고, 바로 여기는 장사(長沙)의 언덕이라 했고, 임의 혼령은 어디 갔느냐고 하면서 죽은 단종을 찾고 있었던 것이다.

그러면 장사(長沙)란 어떠한 곳인가? 중국 호남성에 있는 지명으로서 옛날 한나라 문제 때에 바른 말 잘하던 신하 가의(賈誼)라는 사람이 태부(太傅)로 있던 곳이다. 그 당시 가태부(賈太傅)가 제후들이 강대해져서 제어하기 어렵고 나라가 어지럽게 된 것을 통탄하는 글을 이곳 장사 땅에서 올렸다고 한다. 이처럼 시 한 수를 읊고 나니, 갈대꽃 밭 깊숙한 곳에서 홀연히 한 사람의 헌칠한 사나이가 다가오는데 그는 복건을 쓰고 야복(野服)을 입고 있었다. 그러면 복건이란 무엇인가? 옛날 도복에 갖추어서 머리에 쓰던 쓰개의 한 가지로 검은 헝겊으로 위는 둥글고 삐죽하게 만들었다. 그리고 뒤쪽으로 넓은 자락이 길게 늘어지고 양옆에 끈이 달려 둘러매게 되어 있는데, 옛날 은사(隱士)들이 즐겨 썼던 두건(頭巾)을 일컫는 말이다.

그 복건자의 외양묘사를 보면 이목이 청수(淸秀)하며 패기 있고, 늠름한 모습이 수양산의 옛 선비와 같았다고 되어 있다. 여기서 수양산이라는 이름은 중국의 산서성 영제현과 하수성 노룡현과 우리나라 황해도 등 여러 곳에 있는데, 어느 곳에나 백이, 숙제를 제사지내는 사당이 있다. 이 작품에서 수양산의 옛선비는 중국의 백이, 숙제를 가리키는 것이고 백이, 숙제는 무왕(武王)이 세운 주(周)나라 땅에서 나는 곡식을 먹기 싫다고 하여 수양(首陽)에 들어가 고사리를 채취해 먹다가 죽은 충의지사(忠義之士)들이다.

이때 복건자가 앞으로 다가와 허리를 굽혀 인사하면서 “자허는 어찌하여 이렇게 더디 오십니까. 우리 임금님께서 맞아오라는 분부십니다"라고 먼저 말을 건넸다. 그런데 문제는 그 복건자의 정체가 확실하지는 않지만 죽은 단종이 심부름을 보낸 저승 사자란 점이다. 그래서 원자허(元子虛)는 사람을 얼른 알아보지 못하고 산귀신이나 물귀신이 아닌가 라고 생각하면서 대답을 빨리하지 못했다. 그러나 가만히 본즉 그 복건자의 모습은 준수고매하고 행동에 여유가 있고 우아함으로 이상하게 생각하면서도 그를 따라갔다는 것이다.

백여보쯤 따라가니 강가에 높은 정자가 있고 그 위에 한사람이 난간에 기대어 앉아 있는데, 의관 등 모든 것이 임금의 모습을 하고 있었다. 또한 그 곁에 다섯 사람이 있었는데, 모두가 이 세상 사람들(역사적인 실존인물)로서 풍신이 당당하고 정신이 양양했다. 그 다섯 사람들은 가슴에는 말을 멈추고 바다에 뛰어들 의리(叩馬蹈海之義)를 감추고 있으며, 뱃속에는 하늘을 고이고 해를 받들 충성(擎天捧日之忠)을 간직하고 있으니, 이들이야말로 어린 왕자를 부탁하고 한나라의 운명을 맡길 만한 인물들이었다.

여기서 말을 멈추게 한다는 것은 중국 주나라 무왕이 은나라를 치러 갈 때에 백이, 숙제가 감연히 나서서 말을 멈추고 간하던 사실을 말한다. 또 바다에 뛰어든다는 것은 중국 춘추전국 시대에 위나라와 조나라에서 강한 진나라 임금을 황제로 받들려고 할 때 제나라 선비 노중연(魯仲連)이 분개하면서 "그를 황제로 모시면 나는 동해 바다에 뛰어들어 죽고 말겠다"고 반대하던 사실을 인용하였다. 자허는 이들 다섯 사람과는 인사를 나누지 않았고, 안으로 들어가 왕 앞에 알현한 다음 물러나와 맨 끝자리에 무릎을 꿇고 앉았다.

자허(子虛)의 위쪽에는 복건자가 앉았고 그 위로는 다섯 사람이 차례로 앉아있는데, 왕이 말하기를 "일찍부터 그대의 훌륭한 소문을 듣고 한번 만나 보고 싶은 마음 간절하였는데, 이와 같이 좋은 밤에 반가히 만나게 된 것이니 의아하게 생각지 마시오"라고 하였다. 그 뒤를 이어 복건자는 한숨 짓고 탄식하면서 말하기를 "요(堯), 순(舜), 우(禹), 탕(湯) 이후로 세상을 농락하는 자들이 왕위를 물려받는다고 빙자하며 신하로서 임금을 치면서도 어떤 명분을 붙였으며, 이러한 일들이 오랜 동안 두고두고 되풀이 되는 동안에 끝내는 바로 잡을 수 없게 되었다. 아아! 이러한 일들은 네 임금 때에 발단된 것이다"라고 하였다.

이 말을 듣고 왕이 낯빛을 엄숙히 하면서 말하기를 "아니 될 말 그것이 무슨 말이요, 네 임금 같은 성군이 있고 또 그 시대라면 몰라도 네 사람의 성군이 없고 그 시대가 아니라면 네 임금에게 무슨 죄가 있겠는가. 다만 명분을 내세우고 빙자하여 임금을 친 자들에게 죄가 있는 것이다"라고 하였다. 임금은 다시 좋은 손님이 자리를 같이 하였고, 달 밝고 바람이 맑고 시원하다는 날씨를 이야기한 다음, 입고 있던 비단 옷을 벗어주면서 강촌(江村)에 가서 술을 사오라고 하였다.

술이 두어 순배 돌아갔을 때에 임금은 좌중을 둘러보며 "경들은 각기 생각하고 뜻한 바를 말해서 원통한 한을 풀어달라"고 하였고, 여섯 신하들은 말하기를 대왕께서 노래를 지으시면 신등이 이에 화답하겠다고 하였다.

왕이 초연한 안색으로 옷깃을 바로 하면서 노래 불렀는데, 그 임금의 노래 속에는 "살아서는 임금이되 죽어서는 고혼이네/ 새 임금은 거짓 임금 상왕이란 겉으로만 높인 것을"이라는 구절이 있고, "6,7인의 신하들과 같이 있으니/ 고혼이나마 의지가 되는구나"라는 구절이 있다.

이처럼 임금이 노래를 부르니 다섯 사람이 각각 노래 한 구절씩을 불렀는데, 제1좌의 인물이 부른 노래 가운데는 "어린 임금 보좌 못한 것이 한스럽다"는 구절이 나온다. 이것은 박팽년이 집현전 학사로서 훈민정음 창제에 참여했을 때 세종의 부탁을 받기도 했고, 문종 때에는 어린 단종을 잘 보살펴 달라고 부탁을 받았던 사실들을 상기시켜 준다. 그 다음에는 "지금 와서 생각하니 하늘 땅 보기에도 부끄러워/ 후회로다 왜 그 당년에 일찍이 도모하지 못하였던고"라는 구절이 나온다.

이러한 내용들은 박팽년의 전기적 사실과 그대로 부합된다고 본다. 박팽년은 31세 때 문과중시(文科重試)에 급제하였고, 39세 때는 세조가 즉위하자 경회루 연못에 투신 자살하려 했으나 성삼문의 만류로 참았다. 그러다가 이듬 해 40세 때에는 형조참판(刑曹參判)이 되어 단종 복위를 꾀하다가 김질의 밀고로 체포되어 사형당하였다. 이처럼 단종 복위 운동이 실패로 돌아갔으니 하늘 땅 보기에도 부끄럽다고 하였던 것이고, 거사 계획을 뒤로 미루었다가 김질의 밀고로 실패하였으니, 그 당년에 일찍이 도모하지 못한 것을 후회스럽다고 하는 것은 너무나 당연하다고 본다.

그 다음 제 2좌의 인물이 부른 노래 가운데는 "가여워라 죽어서도 절의를 굳게 지킨 이름은 남으리"란 구절이 나오는데, 이것은 단종 복위 운동을 꾀하다가 몸은 비록 죽더라도 그 절의를 지킨 이름은 영원히 남을 것이라는 의미이다. 이어서 "부자가 함께 의를 취하고 인을 이룩했다"는 구절이 나온다. 이것은 성삼문이 그의 아버지 성승(成勝)과 함께 1456년(세조 2) 6월 1일에 세조가 상왕인 단종을 모시고 창덕궁에서 명나라 사신을 위한 잔치를 열기로 하자, 그날을 거사일로 정해서 단종 복위운동을 몸소 실천에 옮겼던 사실을 두고 말한다.

다음 제3좌의 인물이 부른 노래 가운데는 "벼슬이 높다 한들 장한 절개 굽힐소냐"라는 구절이 나온다. 이것은 하위지와 관련되는데 그는 1454년 「세종실록」을 편찬하는데 편수관으로 참여하였고, 경연에서 시강관(侍講官)으로 왕에게 경사(經史)를 강론하였다. 이듬해 1455년 집현전 부제학에서 예조참의로 전임되었고, 수양대군이 왕위에 오르자 예조참판에 승진되었으며 세자우부빈객(世子右副賓客)을 겸하게 되었다.

세조의 즉위 후 그에게 교서를 내리는 등 잇단 부름을 받아 예조참판에 임명되었던 것이다. 그러나 하위지는 이러한 높은 벼슬자리 받는 것으로서 자기 몸을 더럽힐 수 없었기 때문에, 그리고 그의 본뜻은 진실로 단종을 위하는 일에 있었기 때문에 세조의 록을 먹는 것을 부끄럽고 더럽게 여겨, 세조가 즉위한 해부터의 봉록은 따로 한방에 쌓아두고 먹지를 않았다고 한다. 이러한 전후 사연들이 하위지를 상징해 주는 제3좌의 노래 속에 그대로 반영되었던 것이다.

다음 제4좌의 인물이 부른 노래 가운데는 "죽을 때 지은 시 한 수는 말씨가 바르고 착하다/ 능히 두 마음 가진 사람들을 부끄럽게 할 수 있었다네"라는 구절이 나온다. 이것은 이개가 죽을 때 "禹鼎重時生亦大 鴻毛輕處死猶榮 明發不寐出門去 顯陵松柏夢中靑"이란 한시 한 수를 남기고 죽었던 사실을 두고 말한다.

다음 제5좌의 인물이 부른 노래 가운데는 "기나긴 앞날에 부끄러움을 씻기 어려운 것은/ 일찍이 집현전에서 상 주는 글을 쓴 일이구나"라는 구절이 나온다. 이것은 1453년(단종 1년) 10월 수양대군이 단종을 보좌하는 영의정 황보인, 좌의정 김종서 등 대신들을 살해하고 스스로 영의정 부사, 이조판서, 내외병마도통사를 겸하여 정권을 잡은 뒤 백관을 시켜 자기의 공을 옛날 주나라 주공(周公)에게 비유하여 임금에게 포상하기를 청하고, 집현전에 명하여 정란록훈(靖難錄勳)의 교서를 기초하도록 한 사실과 연관된다.

이 때 집현전 학사들이 모두 도망하여 이를 피했는데, 당시 집현전 교리였던 유성원만이 혼자 남아 있다가 협박을 당하여 기초하고는 집에 돌아와서 통곡하였다고 한다. 이러한 사연이 제5좌의 인물이 부른 노래 가운데 "일찍이 집현전에서 기초하였오"라는 구절로 나타났던 것이다. 그다음은 복건자가 머리를 긁적거리면서 다음과 같이 길게 노래하였다.

"눈을 들어 산하를 바라보니 옛모습과 달라졌고/ 신정(新亭)에 함께 모여 초나라 죄수의 슬픔을 맛보았다네/ 아차하면 흥하고 망하니 놀란 마음 창자가 찢어지고/ 누가 충신이고 간신인지 분통이 터져 눈물이 쏟아지네/ 율리(栗里)의 맑은 바람에 도원량(陶元亮)이 늙었고/ 수양산 차가운 달에 백이, 숙제가 굶주렸다오/ 그래도 한 편의 야사(野史)가 후세에 전해져서 천추에 두고두고 선악의 교훈이 될 수 있으리"

복건자는 노래를 다 읊고 그 순서를 원자허(元子虛)에게로 돌렸다. 자허(子虛)는 원래 세상 일을 분개하고 한탄하는 사람이라 눈물을 닦고 슬픈 음성으로 노래하였다.

원자허의 한시에 제1행을 보면 "지난 일 아득하니 누구에게 물단말가"라고 되어 있다. 이것은 계유정란(癸酉靖難)과 병자사화(丙子士禍)가 일어나고 얼마 안 있다가 이 작품이 쓰여졌기 때문에 표면상으로 보면 앞뒤가 안 맞는 이야기 같다. 그러나 병자사화(丙子士禍)에서의 참극은 그들이 생존시에 일어났던 것이고, 이 꿈의 세계에서는 단종이나 사육신들의 혼령들만 모여 앉아서 이러한 성토를 하는 것이니, 이승과 저승이 너무나 다르고 아득하기 때문에 누구에게 물어야 되느냐고 한탄했던 것이다. 그런 의미에서 그 비참하게 죽어 간 혼령들만 모여 있는 곳을 제2행 "황산토일구(荒山土一丘)"란 말로 표현해서 그 주위 환경마저 황폐하고 처량하다는 느낌을 갖게 하였다.

그리고 제3행에서는 〈한심(恨深)〉이란 말이 나오고 제4행에서는 〈혼단(魂斷)〉이라는 말이 나온다. 이 말뜻은 "원한은 깊다" "영혼은 끊어졌다"라는 의미인데, 이 또한 세조 왕위 찬탈 사건과 사육신들의 참살당함을 직접 목격하고 체험한 관란 원호는 이런 이야기를 할 수 있지만, 그 사건이 일어나고 100여 년 이후에 출생한 임제(林悌) 당시에는 이러한 비극적 사건이 일어나지도 않았고 그러한 사건을 목격하거나 체험한 바도 없는데 어떻게 몽유자 원자허를 임제를 가탁시킨 인물이라고 해석할 수 있다는 것인지 이해가 안 간다.

그리고 제5행에서는 "고국에는 언제나 돌아갈고"라고 했고, 제6행에서는 "강루에 올라 이 날을 같이 지내네"라고 했는데 이 또한 이승 세계가 아니라 죽은 이들만 모여있는 저승 세계에서 몽유자 원자허가 보고 느끼고 경험한 바를 노래한 것이다. 특히 제6행에서는 "강루차일유(江樓此日遊)"라고 했는데 단종 때 생존한 인물이 아니고, 선조 때 생존한 백호(白湖) 임제(林悌)가 어떻게 그 자리에 참여해서 함께 노닐 수 있다는 것인지 이해가 안 간다.

또 제7행에서는 "슬프고 처량한 노래 두서너 곡을 마치니"라고 했는데 이 또한 생육신 원호의 입장에서는 세조왕위 찬탈사건에 대하여 평생 원한을 품고 살았으니까 이에 해당하지만, 그 사건보다 100년 뒤에 출생했던 백호(白湖) 임제(林悌)는 누구의 무슨 사건에 평생 원한을 품고 살았기에 슬프고 처량한 노래를 두서너 곡조 불러 보자고 했다는 것인지 이해가 안 간다.

마지막으로 제 8행에서는 "갈대꽃에 이즈러진 달 쓸쓸한 가을이로세"라고 했는데, 여기서 '이즈러진 달'과 '늦가을'이 갖는 상징적 의미는 이미 대세는 세조에게 기울어졌고, 단종의 시대는 종말이 다가왔다는 것을 암시적으로 표현했다고 보아야 한다.

다음 씩씩한 무인(武人)은 "슬픈지고 썩은 선비들이여 함께 일을 성취할 수 없다"고 하면서 검을 빼들고 일어나 춤을 추는데, 비통한 그의 노래는 다음과 같다.

"바람이 적막하고 쓸쓸함이여/ 나무잎이 찬 물결에 떨어지도다/ 칼을 어루만지며 휘파람을 길게 부니/ 하늘엔 북두칠성이 찬란하고/ 살아서는 충성과 효도를 다하고/ 죽어서는 씩씩한 넋이 되련다/ 이내 마음을 무엇에 비길건가/ 중천에 떠 있는 밝고 맑은 하나의 달이로다/ 아아 애당초 잘못된 계획이라/ 썩은 선비를 책망해서 무엇하리"

여기서 애당초 계획이 잘못 되었다는 이야기와 썩은 선비들을 책망하는 말투는 유응부의 다음 사건과 관련된다. 즉 1456년(세조 2) 성삼문, 박팽년 등이 단종 복위를 모의할 때 창덕궁에서 명나라 사신을 초청하는 날에 거사하기로 하고, 유응부(俞應孚)와 성승(成勝) 등을 별운검(別雲劍)으로 선정하여 그 자리에서 세조를 살해하고 단종을 세우기로 계획을 세웠던 일과 관련된다고 하겠다. 이 때 유응부는 그 거사 계획을 늦추지 말고 그대로 실천에 옮기자고 했던 것이고, 성삼문과 박팽년은 만전의 계책이 아니라 하면서 굳이 말려 그 거사 계획이 실패로 돌아갔다. 이 때 유용부는 성삼문, 박팽년 등에게 "애닯다 썩은 선비들아, 그대들과 무슨 대사를 함께 한단 말이냐"라고 하면서 탄식해 마지 않았다.

유응부의 노래가 채 끝나기도 전에 달은 검은 구름에 가리우고 비를 뿌리고 바람이 몰아치며 다급한 우뢰 소리가 크게 진동하니 모두들 어느 사이엔가 흩어진다. 자허 역시 놀라서 잠에서 깨어보니 한바탕 꿈이었다.

자허의 친구 매월거사(梅月居士, 또는 해월거사(海月居士))가 이 말을 듣고 통탄하며 하는 말이 "대저 자고 이래로 임금이 혼미하고 신하가 어두우면 결국 나라를 망하게 한 일이 많았다. 그런데 지금 나라의 형편을 보면 임금은 현명하시고 여섯 사람의 신하들은 모두 충의의 신하이다.(今觀其主想必 賢明之主也其六人者皆亦忠義之臣也) 이런 임금과 신하가 있는데도 이렇게 참혹한 일이 있을 수 있겠는가. 아아 형세가 이렇게 만든 것이니 하늘에 돌릴 수 밖에 없는 일이다. 그런데 선한 이를 복주고 악한 자에게 화를 주는 것이 하늘의 도리가 아니겠는가. 도대체 하늘에도 돌릴 수 없다면 아득하고 막막하여 이 이치를 알 수가 없고나. 하늘과 땅은 유유한데 뜻 있는 선비들의 한을 더하기만 할 뿐이다."라고 하면서 다음과 같이 시를 지어 화답하였다.(宇宙悠悠徒增志士之恨耳以詩和之曰)

이 화답시(和答詩)를 보면 "한연쇄동작/추초몰장화(寒烟鎖銅雀/秋草沒章華)"라는 구절이 나온다. 여기서 동작대(銅雀臺)는 악부상화가사(樂府相和歌辭)의 이름이다. 위무제(魏武帝)가 임종 때 기첩(妓妾)에 대한 사랑이 간절하여 무제가 죽은 후 그것을 애석하게 생각한 기첩(妓妾)이 군은(君恩)을 추모하여 읊은 노래라고 한다. 그리고 장화대(章華臺)는 초나라의 아름다운 궁전을 가리키는 말로 중국의 하남성 여양현 동쪽에 있다고 하는데, 여양대(汝陽臺) 또는 황화대(皇華臺)라고 한다.

또 작품의 말연(末聯)에는 "월명상수활/수청죽지가(月明湘水闊/愁聽竹枝歌)"라는 구절이 나온다. 여기서 상강은 중국 호남성에 있는 강이며 순(舜)임금의 왕비인 아황(娥皇), 여영(女英)이 물에 빠져 수신(水神)이 되었다는 곳이다. 또 초나라의 충신 굴원(屈原)이 이 강가에 살면서 구가(九歌)를 지어 불렀는데, 다시 이것을 모방하여 죽지가(竹枝歌)를 지어 불렀다는 전설이 있다. 모두가 임금을 보필하고 나라를 근심하는 내용의 노래라고 한다. 하여간에 이 작품은 꿈에서 보고 듣고 느낀 점을 적은 몽유록(夢遊錄)이지만, 그 꿈의 세계는 단종과 사육신과 복건자의 혼령들만 모여 있는 저승 세계였다. 그리고 사육신들은 모두 사대부(士大夫) 복장을 하고 있었으며 은자생활(隱者生活)을 하는 복건자만이 평민복인 야복(野服)을 입고 있었다.

노래를 부르는 차례 또한 계급에 따라 이루어졌으니 철저하게 이 세상의 질서를 따르고 있었으며, 그들이 부른 노래의 내용 또한 작중 인물들이 체험한 역사적 사실과 부합된다는 점에서 이 작품은 우리나라 역사소설의 효시라 해도 무방하다고 본다.

(2) 원호(元昊)의 생애와 인물됨

원호(元昊, 1396~1463)는 자(子)가 자허(子虛)요, 호는 무항(霧巷) 또는 관란(觀瀾)으로 원주인(原州人)이다. 고려조(高麗朝) 국자진사(國子進士) 문하시중(門下侍中) 홍필(弘弼)은 고조부이며 중정대부(中正大夫) 종부사령(宗簿寺令) 광명(廣明)은 증조부이고 부친 헌(憲)은 후에 병조판판(兵曹判判)과 익흥군(益興君)에 추종되었다. 이처럼 원호(元昊)의 가계(家系)를 적어보았거니와 진사(進士) 함라(咸羅) 남궁원(南宮垣)이 적은 〈행상(行狀)〉을 보면 다음과 같이 적혀 있다.

"우리 장헌대왕(莊憲大王=世宗大王) 4년 계묘(癸卯)에 문과에 급제하여 벼슬길에 들면서 여러 요직과 청백한 직책을 역임하여 그 이름을 높였으며 문종조(文宗朝)에 와서는 벼슬이 집현전 직제학에 이르렀다. 아아 당시에는 인재가 성하고 학문하는 선비도 많았는데 선생이 영주의 최고 선발에 뽑히고 고문의 반열에 참가하여 의논하고 생각하는 데에 보탬이 되었으니 그의 인품을 미루어 알 수 있는 일이다. 문종이 승하하시고 단종이 왕위를 계승하니 이 때의 나라 사정은 마치 옛날 중국의 성왕(成王)이 어린 나이로 周나라를 계승하여 왕실이 위태롭고 불안해하던 시기와 같은 것이었다. 이때에 선생께서는 기미를 미리 예측하고 병을 구실로 하여 관직을 사퇴하고 원주 남촌으로 돌아가 거처하면서 그 동리의 이름을 무항(霧巷)이라 하니 명철한 군자가 아니면 어찌 이렇게 할 수 있었을 것인가."[55]

인용문을 보면 원호(元昊)는 장헌대왕(莊憲大王) 4년 계묘(癸卯)에 문과에 급제했다고 되어 있는데, 그것은 1423년 세종 5년 관란의 나이 26세 때에 해당한다. 문종이 승하하고 단종이 즉위하니 이때 나라의 형편이 어렵게 되자 병을 구실로 관직을 사퇴하고 원주 남촌으로 돌아왔다고 했는데, 이 때 元昊는 혼자서 고향으로 돌아온 것이 아니고, 그 당시 홍문관(弘文館) 교리(校理)였던 둘째 아들 효염(孝濂)도 함께 벼슬을 버리고 원주(原州) 송림(松林)으로 돌아왔다. 이처럼 부자(父子)가 함께 벼슬을 버리고 원주 고향으로 돌아온 해는 1453년(단종 원년) 10월 계유정란(癸酉靖難)이 일어나기 직전이었다고 생각한다.(기미를 미리 예측하고 병을 구실로 하여 관직을 사퇴하고 원주 남촌으로 돌아갔다고 되어 있음) 그 원주의 남쪽으로 돌아가 거처하면서 그 동리의 이름을 무항(霧巷)이라고 했다고 하니, 바로 그 마을 이름의 유래도 원호(元昊)의 호를 본따서 바뀐 것이라 해야겠다.

1455년(단종 3) 화의군, 금성대군 등 단종의 두 숙부가 잇달아 귀양가게 되고 단종은 왕위에서 물러나게 되니, 관란은 매월당 김시습, 연촌, 최덕지 등과 함께 시국 문제를 논의하면서 우울한 나날을 보냈다. 1456년(세조 2)에는 육신들이 단종복위운동을 꾀하다가 화를 입어 죽고 단종은 노산군으로 강봉되어 영월의 청령포로 물러나는 사태가 벌어졌다. 이에 관란은 단종대왕의 발자취를 따라 영월의 청령포로 달려갔으나 도강할 배편도 없었고 국법이 지엄하여 접근할 방법도 없었기 때문에 앙천 탄식하였다.

그래서 영월에서 서쪽으로 떨어진 곳에 사내평(思乃平)이라는 곳이 있는데 그 곁으로 강이 흘러가고 강 옆에 언덕이 있어서 지대가

55) 元容奭, 「生六臣觀元昊」(弘法院, 1980), p.65.

높으므로 멀리 영월쪽을 바라볼 수 있었다. 여기에 흙을 쌓아 대를 만들고 나무로 정자를 짓고 정자 이름을 관란정(觀瀾亭)이라 하였다. 이제 그 관란의 의미를 상고해 보면 단종이 계신 곳에서 흘러오는 강물결을 바라본다는 뜻이 함축되어 있는 것이다. 관란은 날마다 자신이 만든 정자에 올라가 단종을 생각하는 연주지사를 노래하면서 단종이 계신 곳을 우러러 바라보고 눈물로 세월을 보냈다. 그리고는 앉아 있거나 누워 있거나 반드시 동쪽을 향하였는데, 그 동쪽은 바로 단종 임금이 계신 곳을 의미하기 때문이다.

"단종이 세상을 떠나게 되자 선생은 슬프고 그리운 마음 참을 길 없어 묘소 옆에 여막을 짓고 아침 저녁으로 곡하고 절하면서 마치 부모상을 치루듯이 3년 상기를 치뤘으며 복제(服制)가 끝난 후에는 다시 고향인 원주로 돌아갔는데 예전 살던 곳을 버리고 깊은 산중 궁벽한 곳으로 들어가서 흙을 쌓아 움막을 만들고 거적으로 창을 가리우고 살면서 하늘과 해를 보지 않으니 사람들과 만나는 일이 드물었다. 대개 그 종적을 감추고 자신을 일반 사람으로 생각하지 않으려 하였기 때문이었다."[56]

단종이 세상을 떠난 해는 1457년(세조 3)이고, 그 소식에 접한 관란 원호는 그 화가 자신에게 미칠 것을 생각하지 않고 영월로 달려갔던 것이다. 그래서 백덕산 아래 흙을 모아 집을 짓고 부친상을 당한 것처럼 3년의 상기를 마치었다. 그러한 연유로 그 곳의 동명(洞名)이 토실(土室)로 바뀌어 지금까지 불려지게 되었다. 그 당시 원호는 이곳 토실(土室)의 큰바위에다가 〈치악산(雉岳山) 제명록(題名錄)〉이라고 하여 단종에게 충성을 바쳤던 사람들의 이름을 새겨 놓았다. 치악산에 있는 제명록에는 원공관란(元公觀瀾)이 맨 첫째요, 그 다음이 조여(趙旅) 어계공(漁溪公), 그 다음이 이수형

56) 위의 책, 行狀, 66쪽.

(李秀亨) 도촌공(桃村公)이다. 성명 아래에 각기 별호를 표시하고 아래 쪽에는 경태년(景泰年) 삼월기망(三月旣望)에 치악산 입석(立石)에 쓰다라고 하였는데 년자 위에 한자가 빠져있다. 눌옹(訥翁) 이광정공(李光庭公)은 육신(六臣)이 죽은 무렵이라고 단언하니 무엇을 상고하여 그렇게 단정한 것인지 알 수 없다.

그러나 이것을 근거로 하면 경태칠년(景泰七年) 병자(丙子)가 된다.[57] 이러한 기록을 근거로 한다면 제명록에 서명하고 돌에 새긴 해가 1456년(세조 2, 丙子)이라는 이야기인데, 이때부터 눌옹, 조여(趙旅), 이수형(李秀亨) 3분은 영월군 수주면 무릉리 백덕산 아래에 모여 시국을 논의하고 한탄했다는 이야기가 된다.

"친구되는 사람이 마침 본도 관찰사로 부임해서 선생을 가뵈려고 했는데, 선생이 세상 사람들과 만나지 않으려 하는 것을 알고 있었으므로, 모든 의장(儀仗)을 생략하고 한 대의 수레로 달려와 말에서 내려 흙집 밖에서서 선생의 자를 부르며 찾았다. 선생이 이상하게 생각하여 거적문을 열고 보니 과연 예전에 친구였던 사람이 귀하게 되어 찾아온 것이었다. 선생이 손을 휘저어 물리치며 말하기를 「자네와 나는 처세가 다르니 만나보지 않으련다.」하니 친구는 부끄러워 물러가고 말았다. 또 그의 장조카인 원성군(原城君) 효연(孝然)이 수종하는 사람들을 물리치고 맨발로 문밖에 꿇어 앉아 뵙기를 청하였는데, 선생은 문을 막고 들이지 아니하고 엄하게 책망하여 돌려 보냈다. 그 역시 세조를 도운 정사공신(靖社功臣)이었기 때문이다. 세조께서 그의 명성을 듣고 중히 여기어 호조참의의 관직으로 불렀으나 끝내 왕명에 응하지 않고 숨어서 나아가지 않았다.[58]

관란은 이처럼 외부 사람들과의 접촉을 끊고 세상과는 등지고 살

57) 위의 책, 雉岳山 題名錄, 80쪽.

58) 위의 책, 行狀, 66~67쪽.

았는데, 이러한 생활 태도를 후손들은 불출문외(不出門外) 부접친우(不接親友) 하였다고 적어놓았다. 또 〈관란선생행장(觀瀾先生行狀)〉에서는 종신토록 숨고 묻혀 있으면서 조정에서 불러도 나아가지 아니하고 앉으면 반드시 동쪽을 향하여 앉고 누워도 반드시 동쪽으로 머리를 두며, 맹세코 서쪽을 향하여 새 임금을 섬기지 않으니, 이것은 바로 중국의 기자가 새로운 임금의 신하가 되지 않았던 일과 같은 것이며 白夷가 수양산에 들어가 고사리 캐던 일과 함께 아름답고 빛나는 일이라고 적어놓았다.

이러한 충절이 인정되어 1699년(숙종 25)에는 원주의 송림에 정려문이 세워졌고 1784년(정조 8)에는 자헌대부 이조판서(資憲大夫 吏曹判書) 겸 지경연의금부사(知經筵義禁府事) 홍문관(弘文館) 예문관(藝文館) 대제학(大提學) 춘추관(春秋館) 성균관사(成均館事) 및 오위도총부(五衛都摠府) 도총관(都摠管)에 추증되고 정간(貞簡)이란 시호를 받았으며, 생육신으로 추앙되었다. 1703년(숙종 29)에 원주의 칠봉서원(七峰書院)에 배향되고 이듬해에 함안의 서산서원(西山書院) 그 후 영천의 용계서원(龍溪書院) 등에 배향되었다.

(3) 임제(林悌)의 생애와 인물됨

임제(林悌)는 1549년(명종 4) 11월 20일 오도병마절도사(五道兵馬節度使)를 지낸 부친 진(晋)과 모친 남원(南原) 윤씨(尹氏) 사이의 5남 3녀 중의 장남으로 태어났다. 휘는 제(悌), 자는 자순(子順), 나주의 회진인(會津人)으로 풍강(楓江), 백호(白湖), 벽산(碧山), 소치(嘯癡), 겸재(謙齋) 등의 별호를 썼다. 부친 진(晋)은 1546년(명종 1) 21세로 무과(武科)에 급제하여 선조 때는 장흥부사(長興府使)를 거쳐 그 이후 오도절도사(五道節度使), 훈련원판관

(訓練院判官) 평안병사(平安兵使) 제주목사(濟州牧使) 등을 역임한 전형적인 무인(武人)이었고, 모친은 좌참찬(左參讚) 윤효손(尹孝孫)의 4세손인 남원윤씨(南原尹氏)였으니, 그 가계를 보면 남들이 부러워할 만한 혁혁한 가문의 소생이었다.

그렇더라도 임제에 관한 기록은 야사나 구전에 전하는 단편적인 것들이 있고, 그 자신이 쓴 〈의마부(意馬賦)〉 서(序)에 자신에 관하여 서술한 짧은 글이 있고, 임서(林㥠)의 발문(跋文)에 행장(行狀)의 편린이 보이고, 허목(許穆)의 〈기언(記言)〉 권(卷) 45〈외가묘문유사(外家墓文遺事)〉 중에 〈임정랑묘갈문(林正郎墓碣文)〉[59] 이 있어 그의 행장을 말해준다. 바로 그 〈林正郎墓碣文(임정랑묘갈문)〉에 "공은 타고난 재질이 절등하여 하루에 수천 言을 외울 뿐 아니라 문장이 호탕했고 시에 특장이 있었다"라고 되어있는데, 이것은 백호(白湖)의 재능이 그만큼 뛰어나다는 것과 성품이 호탕하고 시문(詩文)을 잘했다는 것을 증명해 주는 이야기가 된다.

> "임백호의 소년 시절에 대한 기록은 거의 없다. 다만 우계(牛溪) 성혼(成渾, 1535~1598) 이 어린 임제를 만난 일이 있었는데 '어느 가문의 자제인가' 하고 물었더니 조금도 서슴치 않고 '저는 이름없는 평민의 집 자제입니다' 라고 대답하여 주위 사람들을 의아케 했고, 우계 성혼을 감탄케 하여 평생 문우로 삼는 계기가 되었다고 전하는데, 어릴 때부터 사대부의 탐탁치 않은 면들을 보고 분개하면서 자라난 소년시절이었다."[60]

이처럼 소년 시절에 대한 기록은 자세치 않으나 백호집(白湖集) 권4(卷四) 〈의마(意馬)〉라는 글을 통하여 자신의 신상에 관한 사항을 털어놓았다.

---

59) 黃浿江, 앞의 책, 136쪽.

60) 金智勇, 林悌論, 「古時調作家論」 (白山出版社,1986), 169쪽,

"나 임제는 성질이 거칠고 뻣뻣한 사람이라 어린 시절에 공부를 하지 않고 자못 호협하게 놀기를 일삼아 기방이며, 술집으로 발길이 미치지 않는 곳이 없었다. 나이 이십이 가까워 비로소 배움에 뜻을 두게 되었다. 그러나 힘써 배운 것이라곤 글귀를 교묘하게 다듬고 정무(程文)을 지어 사람의 눈을 현혹하며 당세에 이름을 얻고자 하는데 지나지 못했다. 그 후 여러 번 과장(科場)에서 낙방하고 세속에 맞는 취향이 적어 홀연 멀리 노닐 생각이 일어났다."[61)]

인용문은 임제가 자신의 신상에 관하여 솔직담백하게 털어놓은 자전적(自傳的)인 이야기다. 어린 시절에 공부를 하지 않고 호협하게 놀기를 일삼았다는 것이며, 기방이며 술집에 드나들기를 즐겨했다는 것이다. 여기서 눈에 띄는 구절은 나이 20세가 가까워 비로소 배움에 뜻을 두게 되었다는 사실이다. 이처럼 20세 때에 학문의 세계에 들어간 임제가 바로 그 20세 때 원생몽유록을 지었다고 황패강은 이야기 하고 있으니 꿈같은 이야기로 밖에 들리지 않는다.

"초년에 그는 유탕한 한때를 보내다가 20세에 비로소 학문을 뜻하였으니 이때가 선조(宣祖) 1년(1568년) 즉 무진년(戊辰年)으로 〈원생몽유록〉의 무진(戊辰)과 상통하는 데가 있다. 만약 동 〈몽유록〉 상의 연기에 틀림이 없다면 임제가 20세, 황해월이 13세 되는 이때를 제작의 연대로 잡을 수 있을 것이다. 그렇다면 이때를 전후하여 어디선가 두 사람이 자리를 같이 하고 친숙하게 지낼 기회가 있어야 한다. 그러나 현전하는 문헌의 기록은 그것을 밝힐 도리가 없다."[62)]

---

61) 신호열 · 임형택 공역, 「白湖全集(하)」(창작과 비평사, 1997), 641쪽.
62) 黃浿江, 앞의 책, 136쪽.

제일 믿겨지지 않는 것은 20세에 글 공부를 시작한 임제가 바로 그 20세 때 〈원생몽유록〉을 지었다고 하는 주장이다. 그 때는 황해월(黃海月) 13세 되는 해인데, 13세 되는 해월(海月)이 임제가 지은 〈원생몽유록〉을 보고, 거기에 발문(跋文)과 제시(題詩)를 붙였다고 하니, 이 또한 믿을 수 없는 사실이다. 그 당시 임제는 자기의 고향 전남 나주에 살 때이고, 황여일은 자기의 고향 경북 평해에 살고 있을 때다. 황여일(黃汝一)은 1576년(선조 9)에 진사가 되었다고 하니, 바로 그 진사가 된 다음에 몽유록의 발문을 썼다고 한다면 어느 정도 이해하겠다.

다시 임제 이야기로 돌아오면 1563년(명종 18) 15세 때는 경주 김씨 만균(萬均)의 따님과 결혼하였다. 그리고 1568년(선조 원년) 20세 때는 비로소 학문에 뜻을 두었다는 사실이 〈의마부(意馬賦)〉 서(序)에 나타났다.[63] 1570년 22세 때 가을에는 대곡(大谷) 성운(成運)을 스승으로 삼고 배움을 청하였다. 그런데 〈의마부(意馬賦)〉 서(序)를 보면 "그 학습한 바 또한 조장회구(雕章膾句)에 지나지 못하고 과문(科文)에 힘을 써서 유사(有司)의 눈을 현혹시키고 당시에 이름을 노리는 그런 것이었다. 그 후 과장(科場)에서 누차 실패하고 세속의 취향에 맞지 않아 홀연히 원유(遠遊)의 뜻이 일어났다."[64]라고 되어 있는데, 이것은 임제의 나이 20세에서 22세 사이의 일을 이렇게 적어 놓은 것으로 생각된다.

왜냐하면 이 문제에 대하여 황패강은 "당대의 고일(高逸)한 은사(隱士)였고 백호(白湖)가 마음속으로부터 북면(北面)한 대곡(大谷)으로부터의 수학(授學)을 당세지명(當世之名)을 꾀하는 학문[65]이

63) 林悌, 〈意馬賦〉 「白湖集」 卷四 "某豪人耳早歲失學類事俠遊 娼樓酒肆 浪迹將遍年垂二十始志于學"

64) 신호열 · 임형택 공역, 앞의 책, 1045쪽.

65) 黃浿江, 앞의 책, 137쪽.

라고 말했을 리 없기 때문이고, 채경자(蔡敬子) 또한 "1568년은 백호가 일찍이 실학(失學)하여 방탕(放蕩)하다가 과거를 뉘우치고 20세가 되어 비로소 학문(學文)에 뜻을 두니 이때부터 22세까지는 出世를 위한 문학공부(文學工夫)를 하였다."[66]고 서술해 놓았기 때문이다.

그래서 "홀연히 원유(遠遊)의 뜻이 일어났다."고 해서 찾아 간 곳이 대곡(大谷) 성운(成運) 선생이 거처하던 속리산(俗離山)이었다고 보아야 한다. 이러한 사정을 임제는 1570년 가을 천리어(千里魚)가 되어 책상 아래서 한 때 뵈올 기회를 얻고 조용히 모시고 앉았더니 떠나가고 싶지않은 마음이 생겼다고 했던 것이다. 1571년(선조 4) 23세 때에는 모친상을 당해서 고향으로 돌아와야 했고 1573년(선조 6) 25세 때 겨울에는 다시 속리산으로 들어가 대곡(大谷) 선생을 배알하였다. 이때의 심정을 임제는 "비록 인사에 구애 되는 바 있어 풍진 사이에 분주하였으되, 향모(向慕)의 마음은 어찌 일찍이 하루라도 책상 아래에서 떠날 때가 있었겠는가"라고 하면서 스승에 대한 존모(尊慕)의 정을 다하였다. 그가 스승인 대곡 선생을 평상시 얼마나 존경하고 흠모하였는가는 대곡 선생이 돌아가셨을 때 쓴 만시(挽詩)를 보면 알 수 있다.

> 한 언덕과 또 한 골짜기
> 산은 높고 물은 흐르누나
> 사람은 흰 구름과 더불어 머물고
> 사람은 가서 흰 구름에 머무르네
> 흰 구름은 날아가 하늘가로 사라지고
> 해가 지면 혼자서 돌아와 바위 밑에서 자네
> 이 어른 한번 가면 다시 오지 못하는데

66) 蔡敬子, 앞의 논문, 8쪽.

향초 장막엔 먼지가 나고 산월이 밝아오네.[67]

이 어른 한번 가면 다시 못오는데 향초 장막에는 먼지가 나고 산월(山月)이 밝다고 하였다. 스승을 생각하면서 인생무상(人生無常)이라는 허무감을 절실하게 나타냈다고 본다. 임제는 속리산에 들어가 대곡선생(大谷先生)에게 3년 동안 중용(中庸)을 배웠고, 속리산을 떠날 때에 지었다고 하는 칠언이구(七言二句)는 후세 사람들에게 많은 깨달음을 주는데, 인용해보면 다음과 같다.

"임제는 속리산에 들어가 중용(中庸)을 팔백독(八百讀)을 하고 얻은 글귀가 '도불원인인원도, 산비리속속리산(道不遠人人遠道, 山非離俗俗離山)'이다. 이는 중용의 말을 쓴 것이다."[68] 1575년(선조 8) 27세 때는 당시 전라 감사로서 왜구의 침입에 대비하여 나주에 주둔해 있던 박계현(朴啓賢)의 막하에 들어가고 이후부터 박계현과의 사귐이 깊어져서 수창한 시를 많이 남겼다. 1576년(선조 9) 그의 나이 28세 때는 생원(生員), 진사(進士) 양시(兩試)에 합격하였으며, 이듬해인 1577년 1월에는 대곡(大谷)을 배사(拜辭)하고 속리산을 나와 9월에 문과급제(文科及第)하였다. 이해 11월 3일 과거(科擧)에 합격(合格)한 기쁜 소식을 가지고 제주목사(濟州牧使)로 계신 부친을 찾아갔는데 다음 해 3월 3일 풍포(楓浦)로 돌아올 때까지 약 4개월 간의 견문(見聞)과 우감(偶感)을 상세히 기록한 작품이 〈남명소승(南溟小乘)〉[69]이라고 한다. 이 때 그의 호방하고 낭만적인 기질은 한시 20여 수를 남기게 되었는데 "귤을 노래함" "탐라의 기생과 놀다" "영랑곡(迎郎曲)" "송랑곡(送郎曲)"

67) 大谷先生挽「一丘復一壑 山高而水流 人與白雲住 人去白雲留 白雲有時天際去 日暮獨歸巖 下宿 斯人 一去不再來 蕙帳塵生山月白(白湖集卷一 五言長律)

68) 신호열 · 임형택 공역, 앞의 책, 1046쪽.

69) 蔡敬子, 앞의 논문, 9쪽.

등이 당시의 재미나던 상황을 증명해 주는 작품들이다.

제주도에서 귀경하던 길에 남원(南原)에 들러 광한루(廣寒樓)에서 시회(詩會)를 가졌다. 부사(府使) 손여성(孫汝誠)을 비롯하여 옥봉(玉峰) 백광훈(白光勳, 손곡(蓀谷) 이달(李達) 등이 그 때에 어울렸던 문인(文人)들이다. 이 시회에서 수창한 시들을 뒤에 모아 「용성수창집(龍城酬唱集)」이란 이름으로 간행했다는 것이고, 이 책이 서울에 유포되니 유명해져서 종이 값을 올리게 했다는 전설이 전한다. 그 당시 동서붕당이 생겨 갈등이 심해졌는데, 백호(白湖)는 자유분방하여 무리에서 초탈한데다가 다른 사람 섬기기를 즐겨하지 않았기 때문에 벼슬은 현달하지 못했다고 한다.

1579년(선조 12) 31세 때는 고산도찰방(高山道察訪)이 되고, 그 때 북관에 나가 양사언(楊士彦), 허봉(許封), 차천락(車天輅) 등과 교유하면서 가학루(駕鶴樓)에 올라 수창한 시가 한 권의 책으로 엮어졌다. 이처럼 고산찰방(高山察訪)으로 있을 때 전운관(戰運官)으로 그 지역을 왕래하며 기행시 및 〈황초령(黃草嶺)〉 〈장가행(長歌行)〉 등 많은 시편을 남긴다.[70] 1580년 (선조 13) 32세 때는 서도병마평사(西道兵馬評事)로 부임하고 1582년(선조 15) 34세 때는 해남현감(海南縣監)으로 부임한다. 이 무렵 “임제는 병법(兵法)을 좋아하여 보검(寶劍)을 차고 준마를 타고 하루 수 백리를 달리곤 하였다. 북평사(北評事)로부터 서평사(西評事)로 옮길 때 일부러 어사(御使)의 전도(前導)를 범해서 탄핵을 받았다.”(택당집(澤堂集))[71]는 기록도 있다. 1583년(선조 16) 35세 때는 평안도(平安道) 도사(都事)로 부임하는데 유몽인(柳夢寅)의 「어우야담(於于野談)」에 의하면 임제가 평안도사가 되어 임지로 가다가 황진이의

70) 신호열, 임영택 공역. 앞의 책, 1049쪽.

71) 위의 책, 1050쪽.

묘에 치제(致祭)하여 조정 대신들의 비난을 받았다[72]고 되어 있다.

청초(靑草) 우거진 골에 자난다 누었난다
홍안(紅顔)을 어듸두고 백골(白骨)만 묻혔난다
잔(盞) 잡아 권할이 없으니 그를 서러워 하노라

임제가 황진이의 무덤으로 찾아가서 술까지 올려가면서 불렀다고 하는 너무나 유명한 시조다. "청초 우거진 골에 자는 것이냐 누워 있는 것이냐" 황진이의 죽음을 안타까워하면서 산 사람을 대하듯이 묻고 있는 것이다. "홍안을 어디 두고 백골만 묻혀 있느냐" 역시 황진이의 죽음이 안타깝다는 이야기인데, 홍안과 백골을 대조시켜 살아있을 때의 황진이가 절세 미인이었음을 상기시켜 주고 있다.

"잔잡아 권할 이 없으니 그것이 이렇게 서럽다."는 종장에서는 앞 부분 "잔잡아 권할 이"에 대한 해석에 이견이 있다. 하나는 황진이가 살아 있으면 술잔을 잡고 임제에게 권해줄 사람이라는 뜻이고, 또 한 가지는 임제가 술잔을 잡고 권해주고 싶은 사람이라는 뜻의 두 가지 해석이 가능하다. 그 어느 쪽으로 해석하든 황진이가 죽어서 없다는 사실이 안타깝고 서럽다는 뜻을 나타낸다는 점에서는 일치한다고 하겠다. 병법을 좋아하여 보검을 차고 준마 타기를 좋아하여 하루에 수백 리를 달렸다고 하는 호걸남아 임제로서는 양반의 체면 따위는 벗어 던지고 능히 이처럼 호기있는 시를 노래했을 만하다. 임제의 연보를 참고해 보면 1584년(선조 17) 36세 때는 임기를 마쳤고, 그 다음 흥양현감(興陽縣監)으로 부임한 사실도 있고, 마지막 관직으로는 조조정랑(曹曹正郎) 겸 사국지제교(史

72) 今松都大路邊 有眞伊墓 林悌爲之平安都事 過松都 爲文祭于其墓 卒被朝評 (柳夢寅於于野談)

局知製敎)를 지냈다고 되어있는데, 김지용(金智勇)은 다음과 같이 전국 유람을 하다가 생을 마친 것으로 적어 놓았다.

"그는 조정 대신의 지탄을 받은 뒤부터는 관계에서 일체 발을 빼고 오직 산을 찾고 물을 물어 천하를 주유편력하되 관북으로는 경흥(慶興), 경성(鏡城) 땅까지, 서북으로는 의주(義州)와 만포진(滿浦津)까지 그것도 험한 산고개를 넘고 백두산 깊은 골짜기를 꿰뚫어 다니면서 오유산수하였고 호남으로는 해남과 그리고 제주도로, 영남으로는 진위(振威)와 동래(東萊)를 누비며 다녔고 대관령을 넘어 영동지방을 두루 밟으면서 간 곳마다 시요 이르는 곳마다 노래였다."[73]

이처럼 전국 방방곡곡을 유람하면서 가는 곳마다 시를 남기고 이르는 곳마다 노래를 남겼으니 당대의 호걸 남아요 풍류 시인이라 할 만하다. 이러한 풍류시인이 남녀 관계에 있어 삼강오륜의 법도를 따르는 고고한 자세를 지녔다면 도리어 이상하지 않겠는가. 함경도를 유랑하면서 기생 한우(寒雨)와 주고 받은 시조는 너무나 잘 알려졌고, 심물제(沈勿齊)의 「기인기사록(奇人奇事錄)」에는 평양 기생 일지매(一枝梅)와의 연애담이 다음과 같이 실려 전한다.

"모란봉 밑 부벽루 곁에 애교스럽고 요염한 얼굴에다 시와 부의 재능이 당시 교방에서 제일이 된다고 하는 유명한 기생 일지매가 있어서 전국을 들어도 눈에 맞는 남자가 없고 또 아름다운 인연의 남자가 없음을 한하였다. 그 어느 하루 밝은 달밤 신선한 바람에 고요히 혼자 앉아 수심에 쌓여 있을 때 어물상(魚物商)으로 변장한 임백호는 정원에 뛰어들어 일지매가 읊는 글귀마다 화답하고 시로써 일지매(一枝梅)를 경동시켜서 드디어 좋은 인연을 맺었다."[74]

---

73) 金智勇, 앞의 책, 172쪽.

74) 金台俊, 「增補朝鮮小說史」(學藝社, 1939), 75쪽. 金智勇 論文에서 재인용.

이제까지 임제의 생애와 인물됨을 알아보기 위하여 전기적인 측면을 자세하게 고찰하였다. 이러한 고찰만 통해서도 임제가 어떠한 인물인지는 저절로 밝혀졌다. 그렇더라도 역대 제가들의 인물평을 들어봄으로써 보다 정확한 지식을 얻을 수 있다고 본다.

① 공은 성품이 산천을 유람하기를 즐겨하여, 일찍이 속리산에 들어가 대곡(大谷) 선생을 스승으로 섬겼다. 당시 인사들이 모두 공을 법도의 바깥으로 보고서 그 취할 바는 문사뿐이라고 하였으나 이찬성 이이(李珥), 허학사 봉(葑), 양사군(楊使君) 사언(士彦) 같은 분들은 그 기기(奇氣)를 허여하였다.(허목(許穆)의 임정랑묘갈문(林正郎墓碣文))

② 군은 무예를 업으로 하는 가정에서 태어나 인물이 얽매이지를 않고 출중하였다. 젊어서는 재주를 드날리며 강개한 마음에 연대(燕代)의 기풍을 사모하여 때로 기방(妓房) · 주사(酒肆)에서 자유분방하게 노니는가 하면 가끔 슬픈 노래로 강개한 기분에 잠기기도 하니 사람들은 영문조차 헤아릴 수 없었다. ~중략~ 중년에 이르러는 문득 스스로 깨달아 차츰 유협(遊俠)에 대해 언급하기를 꺼려했으며, 마침내 서사(書史)에 몰두하게 되었다. 그리고 명산을 두루 유람하여 자신의 분방호일(奔放豪逸)한 기운을 북돋아 시에다 토해냈다.(이항복(李恒福)의 백호집서(白湖集序))

③ 임백호(林白湖) 제(悌)는 기상이 호방하여 검속당하기를 싫어했다. 병으로 장차 죽음에 임해서 여러 아들들이 슬피 통곡을 하자 그가 말하기를 '사해의 여러 나라에서 칭제(稱帝)를 하지 않는 자가 없거늘 유독 우리나라는 終古로 해보지 못했다. 이런 누방(陋邦)에 살다가 가는데 그 죽음을 애석해할 것이 없다.' 하고 곡을 못하도록 명하였다.(이익(李瀷)의 성호전설(星湖傳說))

④ 호반(虎班)의 기질을 다분히 가지고 있었다. 실제로 그의 가계(家系)를 보면 세세무과(世世武科) 출신의 호반의 혈통을 가지고

있었다. 호호탕탕(浩浩蕩蕩)한 그의 천품은 이와 같은 그의 혈통에서 온 것인지도 모른다. ~중략~ 그는 사대모화(事大慕華)의 기풍이 미만한 조선왕조 사회에서 보기 드문 자주 의식의 소유자였다. 그리하여 당시의 선비들은 그를 '법도 밖의 사람'으로 여겨 경원하였다. 그는 봉건사회에서 찾아보기 힘든 자유인이었다. 당쟁과 일체의 당여(黨與)에서 초연하였다. 그 스스로 산야를 찾아 남북강토를 주유하였고 주사(酒肆)를 전전하면서 강개(慷慨)의 뜻을 달래었다.(황패강(黃浿江)의 원생몽유록(元生夢遊錄))

⑤ 그의 시〈마우가(馬牛歌)〉는 이런 기상을 작품으로 설명하여 주는 좋은 실례가 된다. 동시에 임백호는 울적한 시대적 감정을 시문으로 해학하고 술로 달래면서 때로 기녀들과 연정을 나누며 살아간 멋있는 사람이었다. 그러다가 때로는 국방의 허술함을 통탄하면서 그 대책을 촉구하며 궁궐과 대신들을 힐책하는 시를 쓰는 우국지사이기도 했다.(김지용(金智勇)의 임제론(林悌論))

⑥ 고결(高潔)하고도 감상적(感傷的)인 풍류시인(風流詩人) 백호(白湖)는 천질인 방랑벽과 관료 생활에 대한 회의와 염증 그리고 혼탁한 시사(時事)에 강개를 느껴 그의 나이 32세에 문득 팔도표유(八道瓢遊)에 나선다. 백호(白湖)의 방랑이 시작된 직접적인 동기는 그가 31세 되던 해 은사(恩師)인 대곡(大谷) 선생이 이듬해에는 불이지우(不二之友)인 박계현(朴啓賢)의 연이은 타계로 인생의 무상함을 느꼈기 때문이다. 그러한 슬픔에 여의치 않은 관직 생활을 자의반 타의반에 의해 사퇴하고 그의 정신적 방랑이 시작된 것이다.(채경자(蔡敬子)의 백호임제 연구(白湖林悌 硏究))

임제에 대한 인물평을 알아보기 위하여 6분의 논설를 인용했는데 ①에서 허목(許穆)은 임제를 가리켜 당시의 인사들이 법도의 바깥 인물로 보고 취할 바는 문사뿐이라고 하였다. ②에서 이항복은 연대(燕代)의 기풍을 사모하여 기방(妓房)과 주사(酒肆)에서 자유분방하게 노니는가 하면 슬픈 노래로 강개한 기분에 잠기기도 하니 사람들은 영문조차 헤아릴 수 없다고 하였다. ③에서 이익은 기상이 호방하여 검속 당하기를 싫어하는 인물이라고 하였다.

④에서 황패강은 그의 가계를 보면 세세무과(世世武科) 출신의 호반의 혈통을 가지고 있었으며, 호호탕탕한 임제의 천품은 그러한 혈통에서 온 것이라 하였다. ⑤에서 김지용은 임백호는 울적한 시대적 감정을 시문으로 해학하고 술로 달래면서 때로는 기녀들과 연정을 나누며 살아간 멋있는 사람이라고 하였다. ⑥에서 채경자는 풍류시인 백호(白湖)는 천질(天質)인 방랑벽과 관료 생활에 대한 회의와 염증, 혼탁한 시사에 대한 강개를 느껴 팔도표유(八道瓢遊)에 나섰다고 하였다.

이러한 제가들의 설을 종합해 보면 백호 임제는 누구에게 검속당하기를 싫어하는 법도 바깥의 인물 즉 자유호방인, 시와 술과 여자를 좋아했던 풍류시인, 방랑벽이 있어 전국 유람을 즐겨했던 여행가, 관료생활과 혼탁한 시사(時事)에 염증을 느껴 현실에 불만이 많았던 강개지사였다고 정리된다.

(4) 몽유자 원자허(元子虛)와 생육신 원호(元昊)

원생몽유록의 작자 문제는 무엇보다도 이 작품의 주인공이면서 몽유자인 원자허(元子虛)의 정체와 성격을 바르게 파악한다면 저절로 해결되리라 본다. 또 이 작품의 내용을 고찰해 보면 단종과 육신 문제가 집중적으로 논의 되었고, 그 이후 임제가 생존시까지 100년 동안에 발생한 중요한 사건에 대해서는 일언 반구의 언급이 없었기 때문에, 그 등장 인물과 지은이도 1456년 병자사화(丙子士禍)에 직간접으로 관여 되었던 인물이 아니면 이 작품의 등장 인물이나 작자가 될 수 없다는 것을 인식해야 되겠다.

많은 논의자들이 이 작품의 주인공이면서 몽유자인 원자허(元子虛)를 임제를 가탁시킨 인물, 임제의 변신(變身), 임제가 꿈을 빌린 허구적 인물이라고 설명하면서 그 작자를 임제라고 하였다. 여기서 원자허(元子虛)를 임제를 가탁시킨 인물이나 임제의 변신이라고 본 것은 작품 속의 원자허의 행적 · 성격 · 사상 등이 선조 때 임제의 행적 · 성격 · 사상과 일치한다는 것을 강조한 것이 된다. 임제가 단순히 원호(元昊)의 꿈만 빌렸다고 한 것은 몽유자 원자허(元子虛)와 생육신 원호(元昊)는 동일 인물이라는 이야기고, 꿈만 빌린 허구적 인물이라고 한 것은 원자허(元子虛)와 원호(元昊)와는 아무런 상관 관계가 없다는 것을 강조한 것으로 받아들여진다.

하여간에 원생몽유록(元生夢遊錄)의 주인공 원자허(元子虛)의 행적 · 성격 · 사상 등이 원호(元昊)와 같은가 임제(林悌)와 같은가를 검증하기 위해서 두 분의 생애와 인물됨을 앞 단락에서 자세히 소개하였다. 그러니 이 문제를 판가름하기 위해서는 원생몽유록의 몽유자 원자허(元子虛)의 행적과 성격과 사상을 추적하면서 원호와 임제의 전기적 측면을 대입시켜 보면 저절로 판명될 것이다. 이러한 작업을 수행하기 위하여 홍법원(弘法院)에서 나온 「생육신 관란 원호(生六臣 觀瀾 元昊)」라는 책에서 국역된 〈원생몽유록(元生夢遊錄)〉에 의거하여 몽유자 원자허(元子虛)와 관련된 기록들을 우선 먼저 소개한다.

① 세상에 성은 원씨요 이름은 자허(子虛)라는 이가 있으니 그는 비분강개(悲憤慷慨)하는 선비이다. 기개와 도량이 활달하고 사소한 일에 구애하지 않기 때문에 세상에 용납되지 못하여 여러 번 나은(羅隱)의 한을 품고 원헌(原憲)의 가난을 견디기 어려웠다. 아침에 나가 밭을 갈고 밤에는 돌아와서 옛사람의 글을 읽는데 등불이

없어 벽을 뚫고 개똥벌레를 주머니에 넣어서 등불을 대신하는 등 온갖 괴로움과 고생을 겪지 않은 것이 없었다.

② 일찍이 역사책을 읽다가 역대 왕조가 위태롭고 망하게 되며 국운이 옮겨지고 세력이 쇠퇴하게 되면 언제나 책을 덮고 눈물을 흘리면서 마치 자신이 그런 일을 당하는 것처럼 슬퍼하였다. 중추가절 밝은 달 아래에서 책을 펴 놓고 보다가 밤은 늦고 정신이 피로하여 침상에 기대어 졸았다.

③ 이때에 길게 휘파람을 불며 부질없이 시 한 수를 읊었다.

강물도 한스러워 목매어 못 흐르고
갈대꽃 단풍 잎엔 찬바람 불어오네
알겠노라. 여기는 장사 땅 언덕인데
임의 혼령 어디갔나 달빛만이 밝게 비치네.

恨入長江咽不流
荻花楓葉冷颼颼
分明認是長沙岸
月白英靈何處遊

④ 앞으로 다가와서 허리를 굽혀 인사하는 말이 「자허는 어찌하여 이렇게 더디 오십니까? 우리 임금께서 맞아 오라는 분부십니다」라고 하였다. ~중략~ 강가에 높은 정자가 있고 그 위에 한 사람이 난간에 기대어 앉아 있는데 의관 등 모든 것이 임금의 모습이었다. 또한 그 곁에 다섯 사람이 임금을 모시고 있는데 모두가 이 세상 사람들로서 풍신이 당당하고 정신이 양양하여 가슴에는 말을 멈추고 바다에 뛰어들 의리를 감추고 있었으며 뱃속에는 하늘을 고이고 해를 받들 충성을 간직하고 있었다.

⑤ 자허는 다섯 사람과는 인사를 하지 않고 안으로 들어가 왕 앞에 알현한 다음 다시 물러나와 서 있다가 모두가 좌정한 다음에야 맨 끝자리에 무릎을 꿇고 앉았다. 자허의 위쪽에는 복건을 쓴 사람이요 그 위로는 다섯 사람이 차례로 앉아 있는데 자허는 어찌된 영문을 알 수 없어 매우 불안하게 생각하였다. 왕이 말하기를 「일찍부터 그대의 훌륭한 소문을 듣고 한 번 만나보고 싶은 마음 간절하였는데 이와같이 좋은 밤에 반가이 만나게 된 것이니 의아하게 생각하지 마시오.」라고 하였다.

⑥ 「그만 두자 좋은 손님이 자리를 같이 하고 있으니 다른 쓸 데 없는 논란은 할 것 없다. 달이 밝고 바람이 맑고 시원하니 이 밤을 어떻게 지냈으면 좋겠는가」하며 입고 있던 비단 옷을 벗어 강촌에 가서 술을 사오라 하였다. 술이 두어 순배 돌아 갔을 때에 왕이 술잔을 들고 좌중에 있는 여섯 사람을 둘러 보며 목매인 소리로 말하기를 「경들은 어찌 각각 생각하고 뜻한 바를 말하여 원통한 한을 풀려고 하지 않는가」라고 하니…….

⑦ 복건 쓴 사람이 노래를 다 읊고 나서 자허에게로 돌린다. 자허는 원래 세상 일을 분개하고 한탄하는 사람이라 눈물을 닦고 슬픈 음성으로 다음과 같이 노래를 불렀다.

지나간 일을 누구에게 물어 보리
황폐하고 처량한 산에는 흙 언덕이 하나 뿐일세
깊은 한은 精衛의 죽음이요
애닯은 넋은 두견의 수심이네.
고국에는 언제나 돌아갈고
강루에 올라 이날을 같이 지내네
슬프고 처량한 노래 두서너 곡을 마치니
갈대꽃에 어스름달이 비친 쓸쓸한 가을이로세.

往事凭誰問
荒山土一丘
恨深精衛死
魂斷杜鵑愁
故國何時返
江樓此日遊
悲凉歌數闋
殘月荻花秋

시 읊는 소리가 그치니 좌중이 모두 슬픈 기색으로 눈물을 흘린다.

⑧ 자허의 친구 매월거사(梅月居士)가 이 말을 듣고 통탄하여 하는 말이 ~중략~ 선생이 일찍이 단종과 육신(六臣) 및 최덕지(崔德之)를 모시고 강가에서 놀면서 시를 지어 화답하는 꿈을 꾸다가 깨었는데 느낀 바가 있어 글을 적고 이름하기를 몽유록이라 하니 비록 꿈속에서 일어난 일이라고는 하나 그 뜻은 깊은 것이다.

인용문 ①에서 ⑧까지는 〈원생몽유록(元生夢遊錄)〉에서 몽유자 원자허(元子虛)와 관련된 기록들만 뽑아서 정리한 것이다. 이러한 내용들이 원호의 행적 사상 성격과 일치하는가 아니면 임제의 행적 사상 성격과 일치하는가를 검증해 보려는 것이다. 만약에 원자허(元子虛)와 관련된 기록들이 원호(元昊)와 일치하면 이 작품의 작자는 원호(元昊)가 되는 것이고, 임제(林悌)와 일치하면 이 작품의 작자는 임제(林悌)가 된다고 할 수 있다.

이러한 검증을 하기 전에 논의의 편의를 위해서 다시 한번 원호의 행적을 요약해보자. 원호가 1423(세종 5) 26세 때 문과에 급제하기 전까지는 주로 원주의 고향집에서 살았다.

문과에 급제한 후 계속해서 관직에 머물러 있다가 문종 때에는 집현전 직제학까지 올라갔다. 그리고 단종 초년에는 자신은 물론 홍문관 교리였던 둘째 아들 효렴과 함께 관직을 사퇴하고 고향 원주로 은거했는데 그것은 수양대군이 득세하고 정변을 일으킬 조짐을 보였기 때문이다. 원주로 돌아와서는 날이면 날마다 마을 가까이에 있는 높은 산봉우리에 올라가 단종이 있는 서울 쪽의 서쪽 하늘을 우러러 보면서 단종을 생각하느라고 눈물로 세월을 보냈다. 단종이 영월 청령포로 유배되었을 때 그 당시는 영월에 속하고 현재는 제천시에 속하는 사내평 언덕 위에 관란정(觀瀾亭)을 짓고 항상 임금이 계신 곳에서 흐르는 강물결을 자꾸 바라보면서 세월을 보냈다. 그래서 강물을 바라본다는 뜻에서〈관란(觀瀾)〉이라고 자호(自號)하였다.

단종이 승하했을 때에는 단종묘 옆에 여막을 짓고 상복을 입고 3년 상을 지냈었다. 상기를 마친 다음에는 또다시 깊은 산골짜기로 들어가 흙담을 쌓아 움막집을 짓고 살면서 세상과는 인연을 끊었다. 그러면서도 돌아갈 때까지 앉으면 반드시 동쪽을 향해 앉고 누워도 반드시 머리를 동쪽으로 두었으니 그것은 단종이 계신 장릉이 동쪽에 있었기 때문이다.

이러한 행적을 보면 관란 원호는〈충신불사이군(忠臣不事二君)〉의 유교 이념을 평생 몸소 실천했던 충사상을 지닌 인물이라 할 수 있고, 그 성격은 불의와 타협하지 않는 대쪽 같은 선비이고, 세조가 왕위에 오르기 위해 일으켰던 계유정란(癸酉靖難)과 병자사화(丙子士禍)에 대하여 평생 동안 불평불만을 품고 살았던 강개지사(慷慨之士)라 할 수 있다.

인용 예문 ①을 보면 "세상에 성은 원씨요 이름은 자허(子虛)라는 이가 있으니 그는 비분강개(悲憤慷慨)하는 선비이다."라고 되어 있고, 한문 원문에는 "세유원자허자 강개사야(世有元子虛者 慷慨士也)"라고 되어 있다. 여기서 "세유원자허자(世有元子虛者)"는 이 몽유록을 지을 당시의 세상을 가리키는 것이다. 임제가 지은이라면 임제가 생존했던 선조 때의 세상이고 원호가 지은이라면 원호가 생존했던 세조 때의 세상인 것이다. 그런데 그 세상 이야기의 내용은 선조 때의 사건이 아니고 세조 때에 일어났던 병자사화(丙子士禍)를 주제로 하고 있으니 이 문장 하나만 보아도 몽유록의 지은이가 元昊라고 하는 것은 자명해졌다. 예를 들면 임제가 선조 때에 살면서 단종이나 세조 시대라고 하는 과거를 회고해 이야기 하면서 "세상에 원자허(元子虛)라는 사람이 있으니……"하고서 말할 수는 없지 않는가. 그것은 마치 오늘날 세종 때의 김종서를 이야기 하면서 "세상에는 김종서라고 하는 사람이 있으니……"라고 말할 수 없는 것과 마찬가지이다. 그것을 맞게 이야기하려면 "옛날에 김종서라고 하는 사람이 있었는데……"라고 해야 문법에 맞는 문장을 썼다고 볼 수 있다.

또 원자허(元子虛)는 강개한 선비라고 했는데 임제(林悌)나 원호(元昊)나 강개지사(慷慨之士)라고 하는 점에서는 일치하는 면이 있다. 그러나 임제는 자기가 살던 시절의 관료 생활에 대한 회의와 염증, 그리고 동서붕당으로 나뉘어 싸우는 혼탁한 시사에 대하여 분개를 느낀 강개지사였고, 원호는 세조의 왕위찬탈과 사육신 참살 사건에 분개를 느껴 강개지사가 되었으니, 누가 몽유자 원자허(元子虛)의 성격과 같은지는 더 이상의 설명이 불필요한 정도다.

그 다음 원자허와 관련된 사항을 보면 그는 기개와 도량이 활달하고 사소 한 일에 구애하지 않기 때문에 세상에 용납되지 못하였다는 것이고, 여러 번 나은(羅隱)의 한을 품고 원헌(原憲)의 가난을 견디기 어려웠다고 하였다. 여기서 원자허는 기개와 도량이 활달하고 사소한 일에 구애되지 않았다고 했는데, 이 점에서는 임제의 경우나 원호의 경우나 모두 해당한다. 그러나 "세상에 용납되지 못하였다는 점"에서는 원호에게만 해당되지 임제에게는 해당되지 않는다. 왜냐 하면 원호는 승자인 세조편에 서서 왕위찬탈 사건에 동조했어야 세상에 용납되는데, 그와는 반대로 약자인 단종 편에 서서 평생 동안 세조와 맞섰으니 당시 세상에 용납될 리가 없었기 때문이다. 그러나 임제의 경우는 권문세가 집안에 태어나서 주사(酒肆)와 기방(妓房)만 드나들면서 호탕하게 놀았고, 또 방랑벽이 있어 전국 방방곡곡을 누비면서 여행하였고, 상당히 많은 기행시를 남겼는데, 이런 분을 세상에 용납되지 못했던 사람으로 보는 것은 어불성설이다.

그 옛날에도 이익은 "기상이 호방하여 검속당하기를 싫어했다"하였고, 이항복은 "당시의 인사들이 모두 공을 '법도 밖의 사람'으로 여겨 그 취할 바는 문사뿐"이라고 하였으니, 당시 세상에 용납되지 못한 사람이 아니라 당시 세상을 마음대로 좌지우지하면서 살아갔던 인물로 보아야 한다.

그리고 원자허(元子虛)는 나은(羅隱)의 한을 품고 원헌(原憲)의 가난을 견디기 어려웠다고 하였다. 그러면 나은(羅隱)이란 어떠한 인물인가. 그는 중국 당나라 말기의 어진 신하로 朱全忠이 당나라 임금을 죽이고(904~907), 새로 양(梁)나라를 세우자 오월왕을 권하여 양(梁)을 치게 하고 오월왕을 도와 활동했던 인물이다. 여기서 원호(元昊) 시대(時代)는 세조(世祖)가 어린 단종(端宗)을 죽이고 새 임금이 되었으니, 원호(元昊)도 당나라 말기의 어진 신하 나은(羅隱)처럼 누군가 도와서 세조(世祖)를 쳐야 하는데 그러한 거사를 못했으니 〈나은지한(羅隱之恨)〉을 품었다고 할 수 있다. 그러나 임제(林悌) 시대(時代)는 이신벌군(以臣伐君)하는 사건이 일어나지도 않았고, 누구를 도와서 쳐야할 대상도 없었는데 어떻게 임제(林悌)가 나은지한(羅隱之恨)을 품고 살았던 인물이라고 할 수 있다는 것인지 이해가 안 된다.

또 원헌(原憲)은 어떠한 인물인가? 그는 중국 고대 노나라의 청빈한 관원이요 공자의 제자라고 한다. 가정이 몹시 가난했기 때문에 후세에 선비의 곤궁을 이야기할 때는 〈원헌지빈(原憲之貧)〉이란 말로 대치하였다. 그러면 원호(元昊)와 임제(林悌) 두 집안의 가정 사정을 검토해 보자. 원호(元昊)의 부친 원헌(原憲)은 고려말 미관말직을 지냈던 한미한 집안 사람이고, 임제(林悌)의 부친 임진(林晋)은 1546년(명종 원년) 21세 때 무과(武科)에 급제하고 선조 때는 장흥부사(長興府使)를 지냈다. 그 이후에도 벼슬이 누진하여 오도절도사(五道節度使), 훈련원판관(訓練院判官), 평안병사(平安兵使), 제주목사(濟州牧使) 등을 역임한 전형적 무인(武)人이다. 이처럼 권문세가에 태어났기 때문에 "어린 나이에 失學을 하고 자못 협유(俠遊)를 일삼아 창루(娼樓), 주사(酒肆)에 분방하게 자취가 미쳤는데 나이 20에 들어서 비로소 학(學)에 뜻을 갖게 되었다.(의마부서(意馬賦序))"[75] 는 글을 남기게 되었다.

그 다음 1577년(선조 10) 29세 때 文科에 급제하고 제주목사(濟州牧使)로 계신 부친을 뵈러 갈 때 "동자를 시켜 행장을 꾸리는데 다만 어사화 한 송이에 현금(玄琴) 1장(張), 보검(寶劍) 한 자루 뿐이었으며, 부친이 집에 두고 키우시는 호총마(胡驄馬)를 타고 떠났다"는 기록도 있다. 그런데도 임제를 가리켜 원헌지빈(原憲之貧)을 겪은 인물이라 할 수 있다는 것인지 몽유록의 작자를 임제라고 주장하는 이들에게 묻고 싶다.

인용 예문 ①을 보면 "아침에 나가 밭을 갈고 밤에는 돌아 와서 옛사람의 글을 읽는데 등불이 없어 벽을 뚫고 개똥벌레를 주머니에 넣어서 등불을 대신하는 등 온갖 괴로움과 고생을 겪지 않은 것이 없었다."라고 되어 있는데, 이러한 원자허(元子虛)의 생활 모습은 1423년 원호(元昊)의 나이 26세 때 문과(文科)에 급제하기 이전의 생활모습을 그대로 묘사한 것이고, 1453년(단종 원년) 그의 나이 58세 때 직제학 벼슬을 버리고 고향 원주로 은거한 다음의

75) 신호열 · 임형택 공역, 앞의 책, 1044.

생활 모습을 여실하게 반영한 것이다. 주사(酒肆)와 창루(娼樓)를 드나들면서 호협(豪俠)하게 놀고 부친(父親)을 뵈러 갈 때에 호총마(胡驄馬)를 타고 다니던 임제(林悌)를 가리켜 몽유자 원자허(元子虛)의 생활모습과 같다고 이야기할 수는 없는 것이다.

인용 예문②를 보면 "일찍이 역사책을 읽다가 역대 왕조가 위태롭고 망하게 되며 국운이 옮겨지고 세력이 쇠퇴하게 되면 언제나 책을 덮고 눈물을 흘리면서 마치 자신이 그런 일을 당하는 것처럼 슬퍼하였다."라고 되어 있다. 원자허의 이러한 역사 의식과 비통한 생활 태도도 임제와 같은가 원호와 같은가 생각해 보자. 여기서 역대 왕조가 위태롭고 망하게 되었다는 이야기는 아무런 이유없이 왕위를 뺏긴 단종을 비유하기 위한 것이고, 국운이 옮겨지고 세력이 쇠퇴하게 되었다는 이야기는 세조가 왕위에 오르고 단종이 물러나게 되었다는 것을 비유하기 위한 것이다.

이러한 역사적 사실들을 슬퍼하면서 책을 덮고 눈물을 흘린다고 했는데, 생육신 원호(元昊)와 그 외 김시습(金時習)을 위시한 생육신들은 이러한 세조 왕위 찬탈 사건에 분개하면서 눈물을 흘리고, 마치 자신이 그런 일을 당한 것처럼 비통해 하면서 살아 왔지만, 임제가 살았던 선조시대는 이러한 비극적 사건이 일어나지도 않았고, 임제가 그처럼 어떤 사건에 분개하면서 눈물을 흘리며 살아간 적도 없고, 더구나 선조 때 생존한 임제로서는 110여년 전에 일어났던 단종의 비극적 사건에 대하여 마치 자신이 그런 일을 당한 것처럼 슬퍼했다는 이야기는 전혀 가당치도 않다는 것을 알아야 한다. 만약에 임제가 비록 선조 시대를 살아갔지만 단종의 명예 회복운동을 조금이라도 했다거나 상소문 한 장이라도 올린 사실이 있다면 필자는 수긍할 것이다.

또 사육신들에 대한 명예 회복 운동을 했다거나 아니면 생육신들에 대한 명예회복운동을 했다거나 그렇지 않으면 그분들에 대한 연민의 정을 나타내는 글귀 한 구절이라도 남겼다면 임제를 단종 사건에 비분강개하면서 살아 갔던 인물로 대접할 것이다. 몽유록 속의 원자허의 삶의 태도와 역사상의 실존 인물 임제의 생활 태도와는 어느 한 가지도 닮은 것이 없는데 어떻게 원자허(元子虛)를 임제(林悌)를 가탁시킨 인물로 볼 수 있다는 것인지 견강부회라 아니할 수 없다.

인용 예문 ③은 주인공 원자허가 꿈의 세계로 들어 가서 영월의 청령포 강가에 이르러 시 한 수 읊은 것을 인용한 것이다. 그 첫행을 보면 "강물도 한스러워 목메어 못 흐른다"고 했고, 둘째 행에서는 "갈대꽃 단풍잎엔 찬바람 불어 오네"라고 하였다. 원자허가 읊은 이러한 한시의 내용은 관란 원호가 노래한 "간밤의 우던 여흘 슬피 우러 지내여다/ 이제야 생각하니 님이 우러 보내도다/ 져 물이 거스러 흐르고져 나도 우러녜리라"라고 하는 연군 시조를 그대로 옮겨다 놓았다는 느낌이 들 정도다

셋째 행에서는 "알겠노라 여기는 장사의 땅 언덕인데"라고 되어 있다. 여기서 〈장사〉는 중국 호남성(湖南省)에 있는 지명으로 옛날 굴원이나 가의(賈誼)가 쫓겨나서 방황하던 곳이다. 그 가의라는 사람이 장사(長沙)의 태부(太傅)로 있으면서 제후(諸侯)들이 강대하여 제어하기 어렵고 나라가 어지러운 것을 통탄하는 글을 올린 사실이 있다고 한다. 이런 내용들은 수양대군(首陽大君)의 세력이 강대해져서 제어하기 어려웠던 사실과 결부되고, 그 수양대군에게 제거되어 단종이 영월 청령포에 유배되었던 사실과 연관된다고 하겠다. 그러니 당시 세조 왕위 찬탈과 단종 및 육신(六臣)들의 비극적 사건을 직접 목도하고 체험했던 관란 원호는 이러한 노래를 부를 수 있지만, 이 사건이 일어나고 100여년 이후에 생존했던 임제는 이러한 노래를 부를 생각조차 하지 않았던 것으로 이해된다.

그것은 임제가 몽유록을 지었다고 하는 1568년 그의 나이 20세

때로 보나 그 이후 포의시절(布衣時節)에 지었다고 하는 1576년 28세 때로 보나 임제가 이런 노래를 부르지 않았다는 점에서는 마찬가지 해석이 나온다. 그 누구보다도 자신이 경험하고 목격한 사실에 대하여 시 읊기를 즐겨했고 또 현실 비판의식이 강했던 임제가 이처럼 몽유록을 썼을 정도의 역사의식이 있었다면 단종의 비참한 죽음을 주제로 한 시조나 한시 한 편 남기지 않았을 리 없다고 보는 것이 필자의 생각이다.

더구나 넷째 행에서는 "임의 혼령 어디 갔나 달빛만이 밝게 비치네"라고 했는데, 여기서 임의 혼령은 단종의 혼령이란 것을 알아야 한다. 그렇게 본다면 관란 원호는 단종을 〈임〉이라 부를 수 있지만, 백호 임제는 〈단종〉을 임이라 부를 수 없다. 조선 시대 사대부들은 자기가 생존한 시대의 임금을 〈임〉이라 부르면서 시를 썼으니, 이것이 임제의 연군시임에 틀림없다면 이 작품에서의 〈임〉은 단종이 아니라 선조로 보아야 한다는 해석이 나오기 때문이다.

인용 예문 ④를 보면 단종의 분부를 받고 복건자가 원자허를 찾아 나섰는데, 그 첫 대면에서 "자허(子虛)는 어찌하여 이렇게 더디 오십니까, 우리 임금께서 찾아 오라는 분부십니다."라고 하였다. 이러한 내용을 보면 복건자(幅巾者)는 평소부터 원자허를 잘 알고 지내던 지기(知己)임에 틀림없다.

왜냐 하면 원자허가 어떻게 생겼는지 알아 볼 수 없는 사람을 단종이 심부름꾼으로 내보냈을 리 없겠기 때문이다. 그런데 원생몽유록을 임제가 지었다고 임제설(林悌說)을 주장하는 이들은 복건자를 추강 남효온(秋江 南孝溫)으로 보고 몽유자 원자허를 백호 임제로 본다. 반면에 그 몽유록을 원호가 지었다고 원호설(元昊說)을 주장하는 이들은 복건자를 연촌 최덕지(烟村 崔德之)로 보고 몽유자 원자허를 관란 원호로 보고 있다.

여기서 임제설을 주장한 전자(前者)를 보면 추강 남효온은 1454

년에 나서 1492년에 타계했고 백호 임제는 1549년에 나서 1587년에 타계했으니, 추강이 죽고서도 60여년 있다가 임제가 출생했는데, 어떻게 단종이 추강 남효온(복건자)을 시켜 백호 임제(몽유자)를 맞아 오라고 분부할 수 있으며, 추강(秋江)이 어떻게 백호(白湖)를 알아 보고 옛 친구를 대하듯이 "자허는 어찌하여 이렇게 더디 오십니까, 우리 임금(단종)께서 맞아 오라는 분부십니다."라는 말을 건넬 수 있다는 것인지 의심스럽지 않을 수 없다.

그러나 원호설을 주장한 후자(後者)를 보면 연촌 최덕지(烟村 崔德之)는 1384년에 나서 1455년에 타계했고, 관란 원호는 1396년에 나서 1463년에 타계했으니 동시대를 살아간 인물이요, 더구나 두 분은 벼슬을 버리고 원주로 은거해서 서로 친밀하게 지내면서 時事를 의논하는 사이였으니, 복건자를 연촌 최덕지로 보고 몽유자를 관란 원호(觀瀾 元昊)로 보는 것은 너무나 당연하다고 생각한다. 그리고 "우리 임금께서 맞아 오라는 분부십니다"라고 할 때 우리 임금은 단종이니 그를 평생 모시고자 세조에게 항거했던 원호를 찾아 오라는 이야기는 설득력이 있지만 단종 사건이 일어난 해와 임제가 생존한 시기는 그 시간적 거리가 100여년이 넘는데, 단종이 무슨 명목으로 생면부지의 임제를 맞아 오라고 분부를 했다는 것인지 도무지 이해가 안간다. 그리고 "강가에 높은 정자가 있고 그 위에 한 사람이 난간에 기대어 앉아 있는데 의관 등 모든 것이 임금의 모습이었다"라고 되어 있는데, 여기서 임금의 모습을 한 이는 죽은 단종이고 그 정자는 단종이 근심스럽고 적막하면 자주 찾아가 심회를 달래던 관풍매죽루(觀風梅竹樓)를 지칭하는 것이며, 이 누각에서 단종이 자규시(子規詩)를 지었기 때문에 이 누각을 자규루(子規樓)라고도 한다.[76)]

76) 梁彦錫, 「夢遊錄小說의 敍述類型研究」(國學資料院, 1996), 208쪽.

또한 그 곁에는 "다섯 사람이 임금을 모시고 있는데, 모두가 이 세상 사람들로서 정신이 양양하여 가슴에는 말을 멈추고 바다에 뛰어들 의리를 감추고 있으며, 뱃속에는 하늘을 고이고 해를 받들 만한 충성을 간직하고 있었다"라고 되어 있다. 여기서 임금을 모시고 있었던 5사람들은 제가들이 박팽년, 성삼문, 이개, 하위지, 유성원의 죽은 혼령으로 보았기에 더 이상의 부연 설명은 하지 않겠다. 그리고 모두가 이 세상 사람들로서 정신이 양양하다고 했는데, 이 세상 사람들이라는 이야기는 작자가 꾸며서 만든 허구적 인물이 아니라 이 세상에 살아 있을 때에 역사상의 실존 인물이었다는 것을 분명히 하기 위하여 그렇게 서술한 것이다.

그 다음 가슴에는 말을 멈추고 바다에 뛰어들 의리를 감추고 있었다는 말은 원생몽유록 본문에 "흉장고마도해지의(胸藏叩馬蹈海之義)"라 되어 있고, "배속에는 하늘을 이고 해를 받들 만한 충성을 간직하고 있었다"는 말은 "복온경천봉일지충(腹蘊敬天捧日之忠)"이라고 되어 있다. 전자(前者)에서 고마(叩馬)는 말고삐를 붙잡고 만류하는 동작으로 주나라 무왕(武王)이 은나라를 치러 갈 때에 백이 · 숙제가 표연히 나서서 말고삐를 붙잡고 신하로서 임금을 치는 일이 옳지 않다고 간했던 사실을 일컫는 말이고, 도해(蹈海)는 바다에 자기 몸을 던진다는 의미로서 중국 춘추 전국시대 노중연(魯仲連)은 제나라의 의사(義士)인데, 진나라에 조국이 망하게 되면 자기는 바다에 몸을 던질지언정 진나라의 신하는 되지 않겠다[77]고 한 고사(故事)를 인용한 것이다.

후자(後者)에 "경천봉일지충(敬天捧日之忠)"은 하늘을 떠받치고 해를 받들 만한 충성을 간직했다는 뜻이니 그야말로 신하로서 임금에 대한 절대 충성의 의미가 들어 있다. 여기서 "고마도해지의

---

77)신호열 · 임형택 공역, 앞의 책, 863쪽.

(叩馬蹈海之義)"와 "경천봉일지충(敬天捧日之忠)"을 간직한 사람들은 물론 박팽년, 성삼문, 하위지, 이개, 유성원 등 5신하의 충성심을 나타낸 것이지만, 더 확대 해석하면 그들과 자리를 함께한 몽유자(夢遊者)나 복건자(幅巾者)에게도 해당되는 말들이다. 그런데 원생몽유록의 작자를 임제라고 하는 이들은 복건자를 추강 남효온, 몽유자 원자허를 백호 임제라 보고 있다.

그러나 세조가 왕위를 찬탈한 해는 1455년(단종 3)이고 사육신들이 참변을 당한 병자사화(丙子士禍)가 일어난 해는 1456년(세조 2)인데, 추강 남효온은 1454(단종 2)년에 출생했고, 백호 임제는 1549년 (명종 4)에 출생했다. 그런데 1456년(세조 2)에 발생한 병자사화(丙子士禍) 문제를 집중적으로 문제 삼는 원생몽유록 작품에 어떻게 해서 당시 나이 겨우 3살 밖에 안되는 남추강이 등장할 수 있으며, 더구나 100여년 뒤에 출생한 임제가 사육신들의 혼령들과 자리를 함께 하면서 "고마도해지의(叩馬蹈海之義)"와 "경천봉일지충(敬天捧日之忠)"을 간직한 충신 대접을 받을 수 있다는 것인지 이해가 안간다.

비근한 예를 들어 현재 어떤 작가가 1398년에 일어 났던 제1차 왕자의 난(정도전의 난)과 1400년에 일어났던 제2차 왕자의 난(박포의 난)을 주제로 몽유록을 쓴다고 가정해 보자.

이 자리에 이들 왕자의 난리와는 전혀 관계가 없고 1434년에 동북 방면의 6진을 개척하는데 큰 공을 세운 김종서(金宗瑞) 등장시켜 함께 토론을 벌이게 할 수 있다는 것인지 묻고 싶다. 조선 초기 왕자의 난에 김종서를 등장시켜 토론을 벌일 수 없다면 마찬가지로 세조 때 일어난 병자사회에 그 당시 나이 3살 밖에 안되는 남효온을 등장시킬 수 없다는 것은 상식에 속하는 문제다. 더구나 그 자리는 죽은 혼령들만 모여 있는 자리기에 3살된 생존자 남추강이 참여할 수 없다는 것은 뻔한 노릇 아닌가.

인용 예문 ⑤를 보면 "왕 앞에 알현한 다음 다시 물러나와 서 있다가 모두가 좌정한 다음에야 맨 끝 자리에 무릎을 꿇고 앉았다. 자허의 위쪽에는 복건을 쓴 사람이요 그 위로는 다섯 사람이 차례로 앉아 있었다."라고 되어 있다. 그 좌석 차례를 자세히 살펴 보면 제1상좌에는 단종, 그 다음은 생존시의 계급 순서대로 박팽년, 성삼문, 하위지, 이개, 유성원 등이 앉아 있다. 그리고 세조 왕위 찬탈 당시 벼슬자리에 있지 않았기 때문에 야복(野服)을 입은 복건자가 앉았고, 말석에는 몽유자 원자허가 앉았다.

여기서 복건자를 남추강이라 한다면 그 연령으로 보아도 원자허의 윗자리에 앉을 수 없고, 관직의 등급으로 보아도 1480년 생원시에 응시하여 합격한 경험밖에 없는 추강 남효온이 집현전의 직제학까지 지낸 생육신 원호보다 윗자리에 앉는다는 것은 어불성설이다.

그것은 추강의 사후 세계를 그리면서 좌석 배치를 했다 하더라도 그 때는 이미 관란 원호도 타계했다고 보기 때문에 원자허보다 윗자리에 앉는다는 것은 도저히 불가능한 이야기다.[78]

또 이러한 좌석 배치는 철저하게 생존 시의 관직과 계급을 고려해서 배치한 것이기 때문에 그 작가를 임제로 보아도 임제 윗 자리에 남효온이 앉을 수는 없다. 왜냐하면 남효온은 벼슬하지 않아 관직이 없는 사람이고 임제는 문과에 급제한 다음 흥양현감, 서도병마사, 북도병마사, 예조정랑을 거쳐 홍문관 지제교를 지낸 사람인데, 어떻게 남효온이 임제보다 윗자리에 앉을 수 있단 말인가.

그 다음 내용을 보면 왕이 말하기를 "일찍부터 그대의 훌륭한 소문을 듣고 한 번 만나보고 싶은 마음 간절하였는데 이와 같이 좋은 밤에 반가이 만나게 된 것이니 의아하게 생각지 마시오"라고 되어

---

78) 元容文, 앞의 논문, 532쪽.

있다. 또 이 부분을 원문에서 찾아 보면 "子虛莫能測甚不自安王鳳蘭香深慕薄雲良宵邂逅無相訝也"라고 되어 있다. 필자는 여기 한문 원문 중에서도 "왕봉문란향심모(王鳳聞蘭香深慕)"라는 구절에 주목하려고 한다. 왕은 틀림없는 단종이고, 단종이 일찍부터 그대의 훌륭한 소문을 듣고 몹시 사모했다고 하는 이야기는 단종과 동시대 인물인 원호를 보고서는 할 수 있는 이야기지만 단종 사건이 일어나고 100여년 이후에 출생한 임제를 대하고서는 "내 일찍부터 그대의 훌륭한 소문을 들었다"는 말법은 성립되지 않는다는 것을 알아야 한다.

좀더 심하게 이야기 하면 단종이 자기보다 100여년 이후에 출생한 생면부지의 임제한테 "왕봉문란향심모(王鳳聞蘭香深慕)"라는 이야기를 할 수 있느냐는 물음이다. 특히 여기서 "그대의 훌륭한 소문"이란 단종에게 충성을 바친 "충신불사이군(忠臣不事二君)"의 뜻을 함축하고 있는데 임제가 충절을 바쳤다고 하면 그의 생존 당시의 임금 선조가 되어야지 그보다 100여년 앞선 시대의 임금 단종이 될 수 없다는 것을 분명히 해야겠다.

인용예문 ⑥을 보면 "그만 두자 좋은 손님이 자리를 같이 하고 있으니 다른 쓸데 없는 논란은 할 것 없다"라 하였고, 왕이 술잔을 들고 좌중에 있는 6사람을 둘러보며 목메인 소리로 말하기를 "경들은 어찌 각각 생각하고 뜻한 바를 말하여 원통한 한을 풀려고 하지 않는가"라고 하였다. 전자(前者)를 보면 "좋은 손님이 자리를 같이 했다"고 했는데, 이것은 단종의 이야기이고, 그 단종은 평생동안 충절을 지키고 세조에게 항거한 원호 보고는 좋은 손님이라 표현할 수 있지만, 임제는 단종에게 충절을 표시한 바도 없고 그가 생존시에 단종을 위하여 아무것도 한 일이 없는 생면부지의 사람인데 어찌 임제를 보고서 "좋은 손님"이라 지칭할 수 있다는 것인지 이해가 안 간다.

후자(後者)를 보면 단종이 "경들은 어찌 각각 생각하고 뜻을 말하여 원통한 한을 풀려고 하지 않는가"라고 하였다. 여기서 단종은 생육신 원호를 자기의 신하라고 생각하였으니까 〈경〉이라 할 수 있지만 단종보다 100여년 이후에 생존하고 자기의 신하도 아닌 임제를 대하여는 〈경〉이라 할 수 없다는 것은 분명하지 않는가. 더구나 원호는 평생 동안 세조에게 원통한 한을 품고 살았던 사람이기에 단종이 "원통한 한을 풀려고 하지 않는가"라고 권유할 수 있지만, 임제는 누구에게 원통한 일을 당하지도 않았고, 더구나 세조 왕위찬탈 사건에 대하여 원통한 한을 품고 살지도 않았는데, 어떻게 단종이 임제와 마주 앉아서 그런 대화를 나눌 수 있다는 것인지 이해가 안 간다.

인용 예문 ⑦을 보면 "복건을 쓴 사람이 노래를 다 읊고 나서 자허에게로 돌린다. 자허는 원래 세상 일을 분개하고 한탄하는 사람이라 눈물을 닦고 슬픈 음성으로 다음과 같이 노래 불렀다"라고 되어 있다. 여기 인용문을 보면 "자허는 원래 세상 일을 분개하고 한탄하는 사람"이라고 소개하였다. 여기서 세상일이란 세조 왕위찬탈 사건과 병자사화를 두고서 일컫는 말이다. 그런데 어떻게 몽유자 원자허를 그 당시의 사건 당사자도 아니요 참여자도 아니요 목격자도 아니요 세조 왕위 찬탈사건에 대하여 분개하고 한탄한 사람도 아닌 임제로 해석할 수 있다는 것인지 견강부회라 아니할 수 없다.

다음 원자허가 노래한 한시를 보면 제1행에서는 "지나간 일을 누구에게 물어 보리"라 하였고 제2행에서는 "황량하고 처량한 산에는 흙 언덕이 하나뿐일세"라고 하였다. 제1행에서 지나간 일이란 세조 왕위찬탈과 병자사화 사건을 두고 말하는 것이다. 그러니 세상이 온통 세조 천하가 되었는데 어디 가서 이런 사실들을 이야기할 수 있겠느냐는 물음이다. 제2행에서 "황산토일구(荒山土一

丘)"라 표현한 것은 단종을 위하다가 비참하게 죽어간 사람들이 묻혀 있는 언덕을 의미한다고 본다.

제3행에서는 "깊은 한은 정위(精衛)의 죽음이요"라 했고, 제4행에서는 "애닯은 넋은 두견의 수심이네"라고 하였다. 전자(前者)에서 정위(精衛)는 전설적인 새의 이름이다. 중국에서 전해지는 말에 의하면 옛날 염제(炎帝) 딸이 동해에 빠져 죽어 이 새가 되었는데, 항상 서산의 나무와 돌을 물어다 바다를 메우는 시늉을 했다고 한다. 그 동해에 빠져 죽은 것이 얼마나 한이 되었으면 죽어서 정위새가 되어 나무와 돌을 물어다 바다를 메우는 시늉을 했는지 능히 짐작된다.

후자(後者)에서 두견(杜鵑)에 대하여는 "蜀之後主名杜宇 號望帝讓位鼈靈望帝自逃後欲復位不得死化爲鵑每春月間晝夜悲鳴蜀人聞之曰我望帝魂也"라는 전설이 있다. 여기서 별령은 蜀나라 망제의 신하인데 망제는 그 별령에게 양위하게 되었고, 그것이 정당한 절차로 이루어지지 않았기 때문에 망제는 도망가서 복위하려다 죽었고, 그 죽은 넋은 두견새가 되어 밤낮으로 슬피 운다는 것이다.

하여간에 생육신 원호는 세조의 왕위찬탈과 병자사화 때 참혹하게 죽은 신하들을 위하여 정위의 한과 두견(杜鵑)의 수심을 품고 살아 갔지만, 임제의 생애를 보면 이러한 한과 근심을 지니면서 살아간 사람이 아닌데, 몽유자 원자허를 백호 임제의 변신으로 보는 것은 잘못이라고 이야기하지 않을 수 없다.

그리고 제5행은 "고국하시반(故國何時返)"이라 하였고 제6행은 "강루차일유(江樓此日遊)"라고 하였다. 여기서 전자에 대하여 "고국에는 언제 돌아 갈고"라고 번역했는데, 필자는 "고국은 언제 다시 돌이킬고"라고 해서 세조 시대를 퇴치하고 단종시대를 다시 재건하자는 의미가 담긴 것으로 해석한다. 또 후자에서 "강루차일유(江樓此日遊)"의 〈차일(此日)〉은 〈이날〉이나 〈오늘〉의 뜻인데, 그것은 단종이 서거하고 육신 외 많은 신하들이 참살을 당한 직후의 시간을 의미하는 것이지, 그보다 100여년 뒤 임제가 생존했던 선조 시대를 의미하는 시간 개념이 아니라는 것을 알아야겠다. 어떻든 단종 사건을 염두에 두고서 "강루에 올라 이날을 같이 지내네"라고 했는데, 그당시 태어나지도 않은 임제가 어떻게 그 자리에 참여해서 사육신들과 함께 노닐 수 있다는 것인지 이해가 안 간다.

또 제7행에서는 "슬프고 처량한 노래 두서너 곡을 바치니"라고 했는데, 이 또한 생육신 원호의 입장에서는 세조 왕위 찬탈 사건에 대하여 평생 원한을 품고 살았으니까 이에 해당하지만, 그 사건보다 100여년 이후에 출생한 백호 임제는 누구의 무슨 사건에 평생 원한을 품고 살았기에 슬프고 처량한 노래를 불러보자고 했다는 것인지 이해할 수 없다. 마지막으로 제8행의 "잔월적화추(殘月荻花秋)"는 이즈러진 달에 갈대꽃이 피는 가을이라는 뜻이니까 계절적으로 보나 그 당시의 시간적 배경으로 보나 대세는 이미 세조에게 기울어졌고 단종의 시대는 종말이 다가왔다는 것을 암시적으로 표현했다고 보아야 한다.

인용 예문 ⑧을 보면 "자허의 친구 매월거사가 이말을 듣고 통탄하여 하는 말"이라 되어 있고, 한문으로 된 원문에는 "자허지우매월거사문이통지왈(子虛之友梅月居士聞而痛之曰)"이라고 되어 있다. 여기서 "자허지우매월거사(子虛之友梅月居士)"가 맞느냐 "자허지우해월거사(子虛之友海月居士)"가 맞느냐 하는 것이 큰 쟁점으로 되어 있고, 매월거사(梅月居士)가 맞으면 원생몽유록의 작자는 원호가 되고, 해월거사(海月居士)가 맞으면 원생몽유록의 작자는 임제가 된다. 요컨데 자허지우매월거사(子虛之友梅月居士)가 되었든 자허지우해월거사(子虛之友海月居士)가 되었든 "聞而通之曰"이라고 되어 있으니까 자허(子虛)와 거사(居士)와는 동시대 인물이어야 하고, 같은 마을에 살았거나 같은 마을에 살지는 않더라도 같은 자리에 있었다는 것만은 부정할 수 없다. 그런 점에서 자허를 원호로 보고 매월거사를 김시습으로 보면 두 분은 동시대 인물이요 같은 생육신으로 교류가 활발했으니까 자허지우매월거사(子虛之友梅月居士)란 말은 그대로 성립된다.

또 자허를 임제(林悌)로 보고 해월거사(海月居士)를 황여일(黃汝一)로 보았을 때, 임제는 1549년에 출생했고 황여일은 1556년에 출생했으니 동시대 인물이라 할 수 있다. 그러나 황패강의 논리대로 말하면 임제가 원생몽유록을 지었다고 하는 해가 1568년 (선조 원년) 임제의 나이 20세 때이고 황여일의 나이 13세 때이니, 전라남도 나주에 사는 20세 된 임제와 경상북도 평해에 사는 13세 된 황여일이 같은 자리에 있으면서 한 사람은 원생몽유록을 짓고 또 한사람을 그 몽유록의 발문(跋文)과 제시(題詩)를 썼다고 하는 주장은 논리적으로 맞지 않는다. 그렇기 때문에 자허지우매월거사(子虛之友梅月居士)란 말은 성립되어도 자허지우해월거사(子虛之友海月居士)란 말을 성립될 수 없다는 것을 밝혀 둔다. 또 한 가지 의문되는 것은 13세 밖에 안 된 황여일(黃汝一)이 자기 자신을 일컬어 〈해월거사(海月居士)〉라 자칭하면서 이 글을 썼겠느냐 하는 물음이다.

이러한 주장은 〈원생몽유록(元生夢遊錄)〉의 본문 가운데 "子虛之友梅(海)月居士 聞而通之曰……"이란 구절에 근거한 것인데, 여기서 梅月居士가 되었든 해월거사(海月居士)가 되었든 이러한 칭호는 제3자나 남들이 김시습이나 황여일을 지칭할 때에 부르는 칭호이지, 본인이 자기 자신을 〈해월거사(海月居士)〉라 자칭하면서 글쓰는 경우는 없다는 것을 알아야겠다. 더구나 13세 밖에 안된 황여일이 자기를 〈해월거사(海月居士)〉라 자칭하면서 썼을 리는 만무한 것이고, 황여일이 13세 때 과연 그러한 별호를 사용했는지

조차 의문스럽다. 비근한 예로 육당 최남선(六堂 崔南善)의 글을 보나 춘원 이광수(春園 李光洙)의 글을 보나 남들이 그들을 가리켜 육당이니 춘원이니 하는 것이지, 본인 스스로가 자기의 글을 쓰면서 "육당이 말하기를……." 또는 "춘원이 말하기를…….."하면서 글쓴 경우는 없다는 것을 알아야 하겠다.

하여간에 황여일의 13세 때는 〈해월거사(海月居士)〉라는 칭호도 사용하지 않았을 것으로 사료되기에, 13세 때 황여일이 〈원생몽유록(元生夢遊錄)〉의 발문(跋文)과 제시(題詩)를 썼다고 하는 주장은 시정되어야 마땅하다고 본다.

또 삼성출판사에서 나온 『새우리말큰사전』을 보면 〈거사(居士)〉의 뜻에 대하여 다음과 같이 3가지로 설명해 놓았다. ①(불) 출가(出家)하지 아니한 사람으로서 불교의 법명(法名)을 가진 사람, ②(유) 도덕과 학예가 도저하면서도 숨어 살며 벼슬을 하지 않은 선비, ③(속) 아무일도 아니하고 놀고 지내는 사람이라 하였고, 〈불명(佛名)〉으로 당호(堂號) 따위 뒤에 붙이어 처사(處士)의 뜻을 나타내는 칭호라 하였다. 그렇다면 "자허지우매월거사(子虛之友梅月居士)"가 맞는 것인지, "자허지우해월거사(子處之友海月居士)"가 맞는 것인지 김시습(金時習)과 황여일(黃汝一)의 전기적 측면을 고찰해 보면 저절로 밝혀질 것이다.

㉮ 김시습(金時習)은 1435년(세종 17)에 태어나서 1493(성종 24)까지 생존한 조선 초기의 문인이며, 한문 소설 〈금오신화(金鰲神話)〉의 작자이다. 자는 열경(悅卿), 호는 설잠(雪岑), 벽산청은(碧山靑隱), 청한자(淸寒子), 동봉(東峰), 췌세옹(贅世翁), 매월당(梅月堂) 등이 있었으나 동봉과 매월당으로 많이 호칭되어 왔다. 본관은 강릉, 무반가계(武班家系)로 충순위(忠順衛)를 지낸 김일성(金日省)의 아들로 서울에서 태어났다.

생후 8개 월에 벌써 글자를 알았고, 3세에는 능히 글을 지었으며, 5세에는 세종에게 불려가서 왕에게 글을 지어 바쳐 칭찬을 받을 정도로 뛰어난 재질이 있었다고 한다. 김반(金泮), 윤상(尹祥)의 문하에서 수학하고 21세 때에 삼각산 山寺에서 독서하던 중 세조가 왕위를 찬탈했다는 소식을 듣고 비분강개한 마음에 중이 되어 세상을 버리고 일생을 은자로 마쳤다. 경주 금오산(金鰲山)에 복거한 31세까지 10년 동안 전국 각처를 유랑했는데, 이 동안에 지은 시편은 〈매월당시사유록(梅月堂詩四遊錄)〉에 수록되어 있다.

금오산에서 37세까지 있었는데, 이 시기에 성리학(性理學)과 불교(佛敎)에 대해서 연구하는 한편 〈금오신화(金鰲神話)〉를 지었던 것으로 보인다. 37세 때에 상경하여 49세까지 성동(城東)에 거처를 정하고 남의 농토를 빌어 스스로 농사를 지으며 살았다. 이 때 환속(還俗)하여 결혼까지 하고 출임(出仕)할까 했으나 다시 현실에 불만을 품고 관동 지방으로 은둔하였다. 그 이후 계속 어려운 생활을 하면서 산수 간을 방랑하다가 59세를 일기로 충청도 홍산 무량사에서 일생을 마쳤다.

이같이 그는 현실과 이상 사이의 갈등 속에서 일생을 넘겼는데, 그의 사상과 문학은 이러한 고민에서 우러난 것이었다. 성리학을 받아들여 주기론적(主氣論的)인 방향으로 발전시켰고, 민생을 중시하는 민본 · 애민적(民本 · 愛民的)인 사상가였다. 그리고 불교와 노장사상을 자신의 현실주의적인 입장으로 해석했으며, 그 비합리적이고 허무주의적인 측면을 비판했다. 이러한 사상은 그의 시편과 산문을 통해서 표현되고 있다. 그의 유저(遺著)로 〈금오신화(金鰲神話)〉와 〈매월당집〉 〈매월당시사유록〉 등이 있다. 〈매월당집〉은 그의 시문집으로, 현재 이산해(李山海)가 서문을 쓴 계유자본(癸酉字本) 23권 11책과 1927년에 활자본으로 간행된 23권 6책 및 19권 9 책의 사본, 그리고 별도로 〈매월당고(梅月堂藁)〉가 알려져 있

다.[79)]

㉯ 황여일(黃汝一)은 명종 11년(1556년) 10월 21일 평해군(平海郡) 사동(沙銅; 현, 경북 울진군 기성면 사동리(現, 慶北 蔚珍郡 箕城面 沙銅里))에서 출생하였다. 1549년에 출생한 임제보다 7세 연하다. 그러나 이 두 사람은 서로 통하고 의합하는 데가 있었다. 이에 관하여는 이광정(李光庭)의 〈묘갈명(墓碣銘)〉의 문면에 소상하다. 해월은 22세 때 성균관(成均館)에 입학하여 차오산(車五山), 임백호(林白湖)와 더불어 문장과 시율에서 백중(伯仲)하였다고 한다. 앞에서 인용한 이유원의 신도비의 문면에도 "그 두 사람과 나란히 몰고 나아갔다."고 쓰고 있다. 그는 20세에 구봉 김수일(龜峰 金守一; 학봉(鶴峰)의 형))의 딸을 취하고, 화산 도시(花山 道試)에서 〈치술령부(鵄述嶺賦)〉를 지어 맨 윗자리를 차지했다.

21세에 임백호와 함께 진사, 22세에 성균관(成均館)에 입학, 30세에 對策으로 을과에 올라 예문관(藝文館) 검열(檢閱)에 천거되었다. 31세에 사가(賜暇) 호당(湖堂) 이후 예문관봉교(禮文館奉敎), 고산도찰방(高山道察訪)을 지냈다. 임진왜란이 일어나자 그는 형조정랑, 병조정랑 겸 지제교, 감운사를 지냈다. 1594년 9월 권율(權慄)의 종사(從事)가 되어 전란에 직접 참군하였다. 1598년 5월 정응태(丁應泰)의 무구(誣構)를 진변(陳辨)하기 위하여 명경(明京)에 다녀왔다. 1599년 5월에 장악원정(掌樂院正), 1601년 예천군수(醴泉郡守), 47세에 부인 의성김씨(義城金氏)의 상을 당하고, 49세에 완산이씨(完山李氏)를 계부인(繼夫人)으로 맞았다. 이추(李樞)의 딸이요, 약포(藥圃) 정탁(鄭琢)의 외손녀(外孫女)다. 영주군수(永川郡守)로 있을 때 『포은집(圃隱集)』을 교간(校刊)했다. 광해군대(光海君代)에 들어와 길주목사(吉州牧使), 창원부사(昌原府

79) 서울대학교 동아문화연구소 편, 「국어국문학사전(신구문화사, 1989), 157쪽.

使), 동래부사(東萊府使), 공조참의지제교(工曹參議知製敎)를 지냈다. 1622년(광해 14) 4월 2일 67세를 일기로 졸하였다. 뒤에 가선대부(嘉善大夫)·이조참판겸동지(吏曹參判兼同知)·경연(經筵)·의금부(義禁府)·춘추관(春秋館)·성균관사(成均館事)·홍문관제학(弘文館提學)·예문관제학(藝文館提學)·세자 좌부빈객(世子 左副賓客)을 추증(追贈)받았다.[80)]

이제 김시습(金時習)과 황여일(黃汝一)에 대하여 자세한 내력을 알아보았거니와 이 두 분 중에 누가 〈거사(居士)〉라는 칭호를 들을 수 있는지 따져보자.

첫째로 거사는 불교용어로서 출가(出家)하지 않은 사람으로 불교의 法名을 가진 사람이라고 하였다. 여기서 김시습(金時習)은 21세 때 삼각산 중흥사에서 독서하던 중 세조가 왕위를 찬탈했다는 소식을 듣고 비분강개한 마음에 중(僧)이 되어 전국 각처를 유랑했으니 법명을 가질 수 있고 〈거사(居士)〉라는 칭호를 들을 수 있지만, 황여일(黃汝一)은 한번도 불교에 입문한 적도 없으니 〈거사(居士)〉라는 칭호는 맞지 않는다.

둘째로 유교에서는 도덕과 학예가 도저하면서도 숨어살면서 벼슬하지 않는 선비를 지칭하는 것이라 하였다. 여기서 도덕과 학예가 도저하다는 면에서는 김시습(金時習)이나 황여일(黃汝一)이나 모두 해당하지만, 학문이 뛰어나면서도 숨어살면서 벼슬하지 않고 지낸 선비라 하는 점에서는 김시습(金時習)은 해당되는데, 황여일(黃汝一)은 해당되지 않는다. 김시습(金時習)은 37세 때에 상경하여 49세까지 성동에 거처를 정하고 남의 농토를 빌어 농사를 짓기도 하고, 또 환속하여 결혼까지 하고 출사하려고 했으나 다시 현실에 불만을 품고 은둔했으니 〈거사(居士)〉라는 소리를 들을 수 있

80) 황폐강, 앞의 책, 134쪽.

지만, 황여일(黃汝一)은 21세에 임백호(林白湖)와 함께 진사(進士) 벼슬을 한 다음 승승장구 벼슬이 올라가서 여러 가지 고관 대작을 두루 역임했으니 〈거사(居士)〉라는 칭호는 해당되지 않는다.

셋째로 속어에서는 아무 일도 아니하고 놀고 지내는 사람을 〈거사(居士)〉라 하였다. 여기서도 김시습(金時習)은 중노릇이나 하면서 은둔 생활을 하거나 산수간을 방랑하다가 59세를 일기로 세상을 떠났으니 〈거사(居士)〉란 말이 해당되지만, 황여일(黃汝一)은 21세에 進士로 벼슬길에 나아간 다음 한 평생을 고관대작 노릇만 하다가 돌아갔으니 〈거사(居士)〉란 칭호는 걸맞지 않는다고 하겠다. 넷째는 佛名으로서 堂號 따위 뒤에 붙이어 처사의 뜻을 나타내는 칭호라 하였다. 여기에도 김시습(金時習)은 평생을 중노릇하며 불교적인 행적이 있으니까 해당하지만, 황여일(黃汝一)은 불교 근처에도 간 사실이 없으니 〈거사(居士)〉란 칭호를 붙일 수 없다. 한마디로 〈매월거사(梅月居士)〉라는 칭호는 성립되지만, 13세 된 소년에게 〈해월거사(海月居士)〉라는 칭호는 성립될 수 없는데, 어떻게 그 문장을 "자허지우해월거사(子虛之友海月居士)"로 읽어야 하는지 이해가 안 간다.

해월거사(海月居士) ; 자허(子虛)는 사마상여(司馬相如)의 「자허부(子虛賦)」에서 유래한 말로 가공적인 존재임을 뜻하고 있다.

자허의 성을 원씨로 한 것도 원래 가공적인 인물이라는 의미로 해석되는 것이다. 해월거사(海月居士)는 바다 속의 달이란 포착할 수 없는 대상이듯 역시 실제 인물이 아니라는 의미를 내포하고 있다. 곧 가공의 인물인 자허의 벗으로 해월거사(海月居士)를 설정한 것이다.[81]

임형택의 논설을 인용했는데, 이 글에서의 핵심은 원자허(元子

81) 신호열 · 임형택 공역, 앞의 책, 871쪽.

虛)도 가공의 허구적 인물이요 매(해)월거사(梅(海)月居士)도 가공의 허구적 인물이란 것이다. 여기서 큰 문제점은 많은 논의자들이 주인공이면서 몽유자인 원자허(元子虛)를 임제(林悌)를 가탁시킨 인물, 또는 임제(林悌)의 변신으로 보았기 때문에 그 동안의 원생몽유록의 작자를 임제(林悌)라 했는데, 그러한 논거를 부정하고 원자허(元子虛)를 순수한 가공인물로 취급한다면 원생몽유록의 작자를 임제라고 했던 기존의 학설들은 일거에 무너지고 마는 결과가 되고 만다.

다시 말해서 몽유자 원자허(元子虛)를 임제(林悌)의 변신으로 보지 않고 순수한 허구적 인물로 본다면 원생몽유록(元生夢遊錄)의 작자를 임제(林悌)라고 했던 가장 큰 논거가 없어진다는 이야기이다. 또 이 작품에 등장하는 인물들을 살펴보면 주인공이면서 몽유자인 원자허와 그밖에 단종 · 박팽년 · 성삼문 · 하위지 · 이개 · 유성원 · 유응부 등이 등장하고 그 당시 생존 인물로 매(해)월거사(梅(海)月居士)가 등장하고 있다. 그런데 문제는 단종 · 박팽년 · 성삼문 · 하위지 · 이개 · 유성원 · 유응부 · 해월거사(海月居士; 임형택은 해월거사를 가공인물이라 했음) 등은 모두 역사 상의 실존인물이고, 정작 이 작품의 주인공이면서 몽유자인 원자허(元子虛)는 꾸며서 만든 가공인물이라 할 수 있다는 것인지 논리적으로 설명되지 않는다는 점이다.

몽유록계 소설의 구조상 꿈꾼이 즉 몽유자는 생존한 실존 인물이고 그 몽유자가 꿈의 세계에서 만난 인물들은 가공인물이었다면 이해가 되는데, 거꾸로 꿈꾼이 (현실계의 생존자)는 가공인물이고, 그 가공인물이 꿈의 세계에서 만난 인물들은 모두 역사상의 실존 인물들이라고 하니 이상하다는 생각을 아니할 수 없다. 그것도 몽유자 원자허(元子虛)가 꿈의 세계에 들어가서 그 곳에 있는 단종과 사육신들의 행동과 성격을 보고 느낀 대로 단순히 객관적으로 서술하는 데 그쳤다면 몽유자 원자허(元子虛)를 가공인물이라 보아도 무방하다. 그러나 이 작품에서의 원자허(元子虛)는 역사상의 실존 인물 단종과 대화하고 또 역사상의 실존 인물 사육신들이나 복건자와 대등한 자격으로 함께 분노하고 토론하고 한시를 짓고 세조 왕위 찬탈과 병자사화(丙子士禍) 사건에 대해 성토하는데, 어떻게 원자허(元子虛)만이 따로 떨어져서 가공인물이 될 수 있다는 것인지 이해가 안 된다.

만약에 원자허(元子虛)가 가공인물이라면 그 원자허(元子虛)와 함께 놀고 술 마시고 시 짓고 세조 왕위 찬탈사건을 성토했던 단종 · 사육신들 · 복건자 · 매(해)월거사(梅(海)月居士) 등도 모두 꾸며서 만든 가공인물이라고 해야 논리적으로 모순이 없다. 예를 들면 복건자가 단종의 심부름으로 원자허(元子虛)를 맞이하러 나와서 그 첫 대면 장면에 "자허는 어찌하여 이렇게 더디 오십니까. 우리 임금님께서 맞아 오라는 분부십니다"라고 하는 대화가 나온다.

여기서 그 복건자의 정체를 최덕지로 보든 남효온으로 보든 역사상의 실존인물이 틀림없는데 그 실존인물 복건자가 가공인물 원자허(元子虛)한테 "자허(子虛)는 어찌하여 이렇게 더디 오십니까"라는 인사말을 건넬 수 있다는 것인지 묻고 싶다. 더구나 우리 임금님은 단종을 가리키는 것인데, 그 역사상의 실존 인물 단종이 무엇 때문에 역사상의 실존인물 복건자에게 심부름을 시켜가면서 가공인물 원자허(元子虛)를 맞아오라고 분부했다는 것인지 해명할 방법이 없다.

이러한 모든 문제점을 해결하는 방법은 이 소설의 주인공이면서 몽유자인 원자허(元子虛)는 단종 · 사육신들 · 복건자 · 매(해)월거사(梅(海)月居士) 등 다른 인물들과 대등한 자격의 역사상의 실존인물 생육신 관란 元昊라고 해야 된다는 것을 강조해 둔다. 마찬가지로 자허지우 매(해)월거사(子虛之友 梅(海)月居士)에서 그 거사의 존재는 허구적인 가공인물도 아니요 선조 때의 문신 해월 황여일(文臣 海月 黃汝一)도 아니요, 똑같은 생육신 매월당 김시습을 지칭하는 인물이라는 것도 아울러 강조해 둔다.

(5) 결언(結言)

그 동안에 거론된 원생몽유록(元生夢遊錄)의 작자 문제는 임제설(林悌說), 김시습설(金時習說), 원호설(元昊說) 등 세 가지 주장이 있었다. 그 중에서 김시습설(金時習說)은 장덕순(張德順)이 제기한 바 있는데 그 이후 이를 밑받침할 만한 자료나 근거가 나오지 않아 사실상 없었던 이야기처럼 되어 버렸다. 그러다가 이가원(李家源)이 한 때 원호설(元昊說)을 제기한 바 있고 이에 대하여 황패강(黃湨江)이 반론을 펴면서 임제설(林悌說)을 주장한 다음 이 임제설(林悌說)은 학계의 정설로 굳어져가는 형편에 있다. 그러나 임제설을 주장하는 이들의 논의는 비합리적인 점이 많고, 억지 주장을 한 곳이 많고, 자체 모순이 많다는 사실을 알게 되었다.

하여간에 임제설을 주장하는 논거는 주로 문헌학적 연구나 이본연구에 의존하고 있는데, 필자는 이러한 연구 방법이 잘못되었거나 부정하려는 것은 아니다. 그러나 이러한 비본질적 연구보다는 작품 자체의 구조 파악과 문장 해석에 의거하는 본질적 연구가 더 중요하다고 생각한다. 작품 읽기를 자세하고 분명하게 하면 이 작품의 제작 시기와 지은이가 자연스럽게 밝혀진다는 이야기이다. 한마디로 이 작품의 제작 시기는 그 구조 · 내용 · 문체 · 말법 등을 살펴볼 때 세조 생존시에 지어졌다는 것이 확연하게 드러난다.

이러한 문제들을 밝혀내기 위해서는 작품의 내용을 파악하는 것이 중요하다고 생각했고, 그래서 제 2장에서는 원생몽유록(元生夢

遊錄)의 내용을 요약 설명하면서 간간히 필자의 의견을 개진하였다. 그리고 몽유록계 소설에서 꿈꾼이 즉 몽유자는 작자 자신을 대변하는 것이므로 임제설(林悌說)을 주장하는 이들은 원생몽유록의 몽유자 원자허(元子虛)를 임제(林悌)를 가탁시킨 인물이라 하거나, 임제의 변신이라 하거나, 아니면 임제 자신이라고 보았던 것이다.

또 어떤이는 이 작품의 지은이는 임제(林悌)인데 원자허(元子虛)는 단순히 꿈만 빌려준 인물이라 하였다.

그러나 임제의 사상이나 성격으로 미루어 볼 때 자기 꿈으로 몽유록을 쓰지않고 구차하게 남의 꿈을 빌려가면서 몽유록계 소설을 쓸 인물은 아니라고 하였다. 어떻든 몽유자 원자허의 행적 · 사상 · 성격 등이 임제의 것과 같으면 원생몽유록(元生夢遊錄)의 지은이는 임제가 되고 원호의 것과 같으면 이 작품의 지은이는 원호가 된다. 이러한 사실들을 검증하기 위해서 (2)에서는 원호의 생애와 인물됨을 살펴보았고, (3)에서는 임제의 생애와 인물됨을 살펴보았다.

그결과 원호의 행적은 단종이 즉위한 다음부터 원호 자신이 서거할 때까지 자신에게 주어진 집현전 직제학이란 벼슬까지 버려가면서 오로지 단종의 뒤를 쫓아 다니며 그를 지성으로 섬기는 신하였다는 것을 알게 되었다. 때문에 원호는 〈충신불사이군(忠臣不事二君)〉의 유교이념을 몸소 실천했던 충사상(忠思想)을 지닌 인물이요, 그 성격은 불의와 명리에 타협하지 않는 조선 시대의 대쪽 같은 선비이고, 세조가 왕위에 오르기 위해 저질렀던 계유정란(癸酉靖難)과 병자사화(丙子士禍)에 대하여 평생 동안 분노하면서 불평불만을 토로하면서 살았던 강개지사(慷慨之士)였다는 사실을 알게 되었다.

반면에 임제의 행적은 세세무과(世世武科) 출신(出身) 호반의 혈통을 가진 인물로서 젊어서부터 말년까지 주사(酒肆)와 기방(妓房)

에 드나들기를 즐겨했고 평안도도사(平安道都事) · 예조정랑(禮曺正郎) 등 고관대작을 두루 역임했으며, 관직을 사퇴한 다음에는 천질(天質)인 방랑벽을 발휘하여 전국 방방곡곡의 명산대천을 두루 편람하면서 풍류시와 기행시를 많이 남긴 기인(奇人)이었다는 것을 알게 되었다. 그래서 백호(白湖) 임제(林悌)는 ① 누구에게 검속당하기를 싫어하는 법도 바깥의 인물 즉 자유호방인 ② 시와 술과 여자를 즐겨했던 풍류시인 ③ 방랑벽이 있어 전국 유람을 몸소 실천했던 여행가 ④ 관료생활과 혼탁한 시사(時事)에 염증을 느껴 현실에 불만이 많았던 강개지사(慷慨之士)였다고 정의 내린 것이다.

그리고 (4)에서는 몽유자 원자허(元子虛)와 생육신 원호와의 관계를 살펴보았는데, 그러한 작업을 수행하기 위해 먼저 원생몽유록(元生夢遊錄) 작품 속에서 원자허(元子虛)의 행적 · 성격 · 대화 등과 관련있는 사항을 따로 추출하여 별도로 정리하였다. 그 결과 작품 속의 몽유자 원자허(元子虛)는 오로지 단종만을 위했던 인물, 충신불사이군(忠臣不事二君)의 정절(貞節)과 충사상(忠思想)을 지닌 인물, 세조왕위 찬탈 사건에 분노하고 항거하면서 평생 불평불만을 표시했던 강개지사였다는 사실을 알게 되었다. 그렇다면 몽유자 원자허(元子虛)가 임제(林悌)를 상징한 인물인가, 원호(元昊)를 상징한 인물인가 하는 점은 굳이 판단을 내리지 않더라도 자명(自明)해졌다고 본다.

한마디로 몽유록계 소설에서 꿈꾼이 즉 몽유자는 바로 그 작품을 지은이라 할 수 있고, 원생몽유록의 주인공이면서 몽유자인 원자허(元子虛)는 생육신 관란 원호(元昊)의 행적 · 사상 · 성격 등과 일치하기에 원생몽유록(元生夢遊錄)의 작자는 관란 원호(元昊)라고 감히 주장하는 바이다. 특히 각몽 이후에 나오는 구절 "자허지우 매(해)월거사(子虛之友 梅(海)月居士"에서 그 〈거사(居士)〉의 존재가 누구였는가가 문제였는데, 이 또한 매월당 김시습이지, 해월 황여일(海月 黃汝一)이 아니라는 사실을 밝혀보았다.

그 거사(居士)의 의미를 국어사전에서 찾아보면 ① (불) 출가(出家)하지 않은 사람으로서 불교의 법명(法名)을 가진 사람, ② (유) 도덕과 학예가 도저하면서도 숨어 살며 벼슬을 하지 않은 선비, ③ (속)아무일도 아니하고 놀고 지내는 사람이라 하였고, ④ 〈불명(佛名)〉으로서 당호(堂號) 따위 뒤에 붙이어 처사(處士)의 뜻을 나타내는 칭호라고 되어 있다. 그런데 임제가 20세 때 원생몽유록을 짓고, 황여일(黃汝一)이 13세 때 거기에 대한 발문과 제시를 썼다고 하는데, 매월거사(梅月居士)란 말은 성립되지만 해월거사(海月居士)란 말은 성립되지 않는다는 것이 증명되었다. 그러니 매자(梅字)냐 해자(海字)냐 하는 문제를 놓고 더 이상의 논란은 없었으면 좋겠다.

2. 원생몽유록(元生夢遊錄)의 등장인물 연구

원생몽유록의 핵심 소재는 세조의 단종에 대한 왕위 찬탈사건이다. 1453년(단종 원년) 10월에 수양대군과 그 추종자들은 이른바 계유정란(癸酉靖難)이란 정변을 일으켰는데, 이 때 삼정승 중에서 지용이 뛰어난 김종서(金宗瑞)를 먼저 제거하였다. 그리고 선대왕(先大王)의 고명대신(顧命大臣)들을 살해하고 안평대군(安平大君)에게도 반역의 죄목을 씌워 살해하였다. 그리고 1455년(단종 3년)에는 단종이 수양대군에게 양위하였는데, 선양(禪讓)의 형식을 취하였지만 사실은 강압에 의하여 왕위를 빼앗긴 것이다.

이에 집현전 학사로서 세종의 총애를 받았던 성삼문(成三問), 형조참판 박팽년(朴彭年), 직제학 이개(李塏), 예조참판 하위지(河緯地), 사예(司藝) 유성원(柳誠源) 등과 성삼문의 아버지 성승(成勝), 무인 유응부(俞應孚) 등은 단종의 복위운동을 전개하고 그 기회를 엿보았다. 1456년(세조 2년) 병자(丙子) 6월 1일 세조는 상왕과 더불어 창덕궁에서 연회를 베풀고 명나라 사신들을 접대하게 되어 있었다. 이 자리에서 성삼문과 박팽년은 연회장 내의 일을 맡고, 유응부와 성승 등은 별운검(別雲劍)을 서게 되었는데, 이 때 세조를 참살하고 단종을 복위시키려 했던 것이다.

그러나 이 거사는 김질의 밀고에 의하여 발각되었고, 단종을 복위시키려는 계획은 수포로 돌아갔다. 이로써 성삼문, 박팽년, 유응부, 이개, 하위지는 주살되고, 유성원은 자기 집에서 자살하였다. 또한 이 사건으로 인하여 단종은 노산군(魯山君)으로 강봉되고, 군사 50여 명의 호위 아래 영월의 청령포로 유배되었다가 죽임을 당하였다. 이처럼 끔찍한 사건을 세상에서는 병자사화(丙子士禍) 또는 사육신의거사건(死六臣義擧事件)이라 일컬었던 것이다. 바로 이러한 단종 복위 운동 또는 병자사화를 꿈에 가탁해서 역사적 기술을 한 것이 원생몽유록이다.

이 작품의 등장인물에는 몽유자, 복건자, 단종, 박팽년, 하위지, 성삼문, 이개, 유성원, 유응부, 매월거사 등 많은 인물이 등장하는데, 여타 인물에 대하여는 이론(異論)이 없고, 몽유자, 복건자, 매월거사 등에 대하여는 의견이 대립되어 있다. 그래서 이 글에서는 몽유자, 복건자, 매월거사의 정체를 밝히는데 중점을 두고자 한다. 왜냐하면 몽유자를 생육신 원호로 보면 이 작품의 지은이는 원호가 되고, 몽유자를 백호 임제로 보면 작품의 지은이는 임제가 되기 때문이다.

마찬가지로 복건자를 연촌(烟村) 최덕지(崔德之)로 보면 지은이는 원호가 되고, 복건자를 추강(秋江) 남효온(南孝溫)으로 보면 지은이는 임제가 된다. 매월거사를 김시습(金時習)으로 보면 작품의 지은이는 원호가 되고, 이것을 해월거사(海月居士)로 읽어서 황여일(黃汝一)로 보면 작품의 지은이는 임제가 된다. 원생몽유록의 미해결 과제는 그 작자가 누구이냐 하는 문제인데, 지금까지 제기된 학설로는 김태준(金台俊)의 임제설(林悌說), 장덕순(張德順)의 金時習說), 이가원(李家源)의 원호설(元昊說) 등이 있다. 이 중에서 김시습 설은 타당성이 인정되지 않아 더 이상 찬동하는 사람이 없는데, 김태준의 임제설과 이가원의 원호설은 논란이 종식되지 않은 상태다. 그래서 이 글에서는 등장인물 세 분의 정체를 밝힘으로써, 종국적으로는 그 작자 문제를 해결해 보려는 것이 주된 목적이라고 하겠다.

(1) 작품의 구조와 내용 소개

몽유록이 꿈을 가탁(假託)한 소설 양식이라고 했을 때, 그것은 한 이야기 내부에 꿈이야기가 들어 있음으로써 일종의 액자소설

(額字小說)의 형태가 된다. 액자소설이란 하나의 이야기 속에 하나 또는 여러 개의 이야기가 포용되는 형상을 이루는 소설을 일컫는다. 몽유록의 액자소설 형태를 도식화 하면 다음과 같다.

入夢前	入夢中	覺夢後
도입부	내부 이야기	종결부

몽유록은 단일사건 곧 몽중 '교유'라고 하는 사건의 서술을 목적으로 하고 있다는 점에서 단일액자의 형태이다.[82] 몽유록의 일반적 구조에 대하여 알아보았거니와, 원생몽유록도 입몽전 이야기, 입몽중 이야기, 각몽후 이야기 구조로 되어 있다. 이제 각 부문별로 전개된 이야기를 요약해서 소설 이해에 도움을 주고자 한다.

1. **입몽전** : 세상에 성은 원씨요 자(字) 는 자허(子虛)라는 이가 있으니 그는 비분강개하는 선비이다. 기개와 도량이 활달하고 사소한 일에 구애되지 않기 때문에 세상에 용납되지 못하여 여러 번 나은(羅隱)의 한을 품고 원헌(原憲)의 가난을 견디기 어려웠다. 일찍이 역사책을 읽다가 역대 왕조가 위태롭고 망하게 되며 국운이 옮겨지고 세력이 쇠퇴하게 되면 언제나 책을 덮고 눈물을 흘리면서 마치 자신이 그런 일을 당하는 것처럼 슬퍼하였다.

2. **입몽중 이야기** : 어느 곳인지 강가에 가서 멈추는데 주위에는 맑은 강물이 흘러가고, 여러 산들과 골들이 둘러 있었다. 때는 바야흐로 밤중이 되어 만물이 고요한데, 달빛은 낮과 같이 황황하고 물결은 비단같이 반짝이며 기러기는 갈대숲에서 울고 이슬은 단풍

82) 柳鍾國, 夢遊錄小說研究, 亞細亞 文化社, 1987년, 29쪽.

잎을 적시는데 쓸쓸한 마음이 들어, 길게 휘파람을 불며 시 한 수를 읊었다.

> 강물도 한스러워 목메어 못 흐르고
> 갈대꽃 단풍잎엔 찬바람 불어오네.
> 알겠노라 여기는 장사 땅 언덕인데
> 임의 혼령 어디 갔나 달빛만이 밝게 비치네. – 몽유자

홀연히 한 사람의 헌칠한 사나이가 다가오는데 복건을 쓰고 야복(野服)을 입고 이목이 청수(淸秀)하여 패기 있고 늠름한 모습이 마치 수양산의 옛 선비와 같았다. 앞으로 다가와서 허리를 굽혀 인사하며 하는 말이 "자허는 어찌하여 이렇게 더디 오십니까? 우리 임금님께서 맞아오라는 분부십니다."라고 하였다. ~중략~ 강가에는 높은 정자가 있고 그 위에 한 사람이 난간에 기대어 앉아 있는데 의관 등 모든 것이 임금의 모습이었다.

그 곁에 다섯 사람이 임금을 모시고 있는데 모두가 이 세상 사람들로서 풍신이 당당하고 정신이 양양하며 가슴에는 말을 멈추고 바다에 뛰어들 의리를 감추고 있었다. 자허는 다섯 사람과는 인사를 하지 않고 안으로 들어가 왕 앞에 알현한 다음 다시 물러나와서 있다가 모두가 좌정한 다음에 맨 끝자리에 무릎을 꿇고 앉았다.

왕이 말하기를 "일찍부터 그대의 훌륭한 소문을 듣고 한번 만나보고 싶은 마음 간절하였는데, 이와 같이 좋은 밤에 반가이 만나게 된 것이니 의아하게 생각하지 마시오."라고 하였다. ~중략~ 술이 두어 순배 돌아갔을 때에 왕이 술잔을 들고 좌중에 있는 여섯 사람을 둘러보며 목 메인 소리로 말하기를 "경들은 어찌 각각 생각하고 뜻을 말하여 원통한 한을 풀려고 하지 않는가."라고 하니 여섯 사람이 말하기를 "대왕께서 노래를 지으시면 신등이 이제 화답하

겠습니다."라고 하였다.

강의 파도소리 목 메이어 끝없이 흘러가고
나의 회포 길고 길어 너와 같도다.
살아서는 임금이되 죽어서는 고혼이네.
새 임금은 거짓 임금 상왕(上王)이란 겉으로만 높인 것을
옛적의 백성들 지금은 모두 남의 나라 백성인데
6, 7인의 신하들과 같이 있으니
고혼이나마 의지가 되는구나
이 밤이 무슨 밤인고
강촌 누대 위에 함께 올랐는데
구슬픈 파도 소리 맑은 달빛
나의 수심만 더해주네.
슬픈 노래 한 곡조 속에
하늘과 땅만은 예나 다름없이 유유하고나

임금이 노래를 마치니 다섯 사람이 각각 노래 한 구절씩을 불렀다.

3. **각몽후 :** 자허의 친구 매월거사(梅月居士)가 이 말을 듣고 통탄하여 하는 말이 "대저 자고 이래로 임금이 혼미하고 신하가 어두우면 결국 나라를 망하게 한 일이 많았다. 그런데 지금 나라의 형편을 보면 임금은 현명하시고 여섯 사람의 신하들은 모두 충의의 신하이다. 이런 임금과 신하가 있는데도 이렇게 참혹한 일이 있을 수 있겠는가. 아아 형세가 이렇게 만든 것이니 하늘에 돌릴 수밖에 없는 일이다. 그런데 선한 이를 복주고 악한 자에게 화를 주는 것이 하늘의 도리가 아니겠는가." ~이하 생략~

(2) 작가의식과 작품의 주제 문제

흔히 문학작품은 그 작품을 지은이의 사상과 감정을 형상화 시킨 것이라고 한다. 이것을 달리 표현하면 작가의 사상, 감정을 잘 파악한다면 그 사람의 작품을 잘 이해할 수 있다는 이야기가 된다. 그러기에 유교사상을 가진 이는 그 작품 속에 충효사상이나 삼강오륜의 윤리의식이 들어 있고, 불교사상을 가진 이는 작품 속에 자비사상이나 보살정신이 들어있고, 기독교사상을 가진 이는 그의 작품 속에 하나님의 말씀이나 신앙 생활의 기쁨을 노래하는 내용이 들어있다.

조선시대는 억불숭유 정책에 의하여 유교를 국시로 삼았고, 그 유교는 그 시대 사람들의 보편적인 이념과 생활방식이 되었다. 공맹사상을 으뜸으로 삼았고 삼강오륜을 실천궁행하였다. 이 유교사상은 인(仁)으로써 모든 도덕을 일관하는 이념으로 삼아 수신제가, 치국평천하를 인생의 목표로 삼았다. 이러한 유교사상이 배어있는 실례를 노계 박인로 작품에서 들어보고자 한다.

> 아비ᄂᆞᆫ 나ᄋᆞ시고 어미ᄂᆞᆫ 치옵시니
> 昊天罔極이라 갑흘길이 어려우니
> 大舜의 終身誠孝도 못다한가 ᄒᆞ노라

시조 작품 〈오륜가(五倫歌)〉의 부자유친(父子有親) 항목을 인용해 보았다. 이 항목은 삼강오륜 중에서도 맨 처음에 나오는 것이니, 그만큼 부자간의 천륜 관계를 중시한 것이라 하겠다. 노계는 유년 시절에 대자연의 꿈속에 안겨 산야의 뻐꾸기를 벗삼아 노닐면서 대시인의 꿈을 키워 나갔다고 한다. 그가 만년에 전원에 묻혀 살면서 그 유명한 노계가사 7편을 짓고, 시조 60여 수를 창작한 것도 이러한 유년 시절의 정서적 생활이 밑받침되어 나타난 결과이리라. 윗 작품에서 초장은 〈부생모육지은(父生母育之恩)〉에 대해서 노래했고, 중장은 호천망극이라 즉 넓은 하늘과 같이 끝이 없어서 갚을 길이 없다는 것이고, 종장은 종신토록 정성과 효도를 다했던 순임금도 그 은혜 갚기를 못다 하고 말았다는 이야기다.

노계는 이 작품을 통해서 위대한 순임금도 효도를 못다 하고 말았으니 평범한 우리 인간들은 더 열심히 효도해야 된다는 것을 강조했다고 보아진다. 노계가 이처럼 효사상을 강조한 것은 바로 그의 이념이나 인생관이 유교사상에 젖어있고, 특히 효를 중시하는 사상이 몸에 배어 있었기에 가능했을 것이다.

> 어둠이 짙은 땅 위에/ 문을 열고 솟아오른
> 환한 웃음.
>
> 이 도량에 오면/ 마음을 태워 밝히는
> 얼굴이 보입니다.
>
> 어둠 속에서/ 멀리 빛나는
> 미소 앞에/ 3천 배를 올립니다.
>
> 모두 다 거두어 주시는 님 앞에
> 지난 날을 사루며/ 한마음 깨친 것
>
> 진솔한 것은 법(法)이라
> 청정한 것은 승(僧)이라/ 공양을 받습니다.
>
> 길 몰라 애태울/ 길을 밝혀주시고

마음 아픈 자의 숨결/ 사람마다/ 다시 보게 하시는

내 안의 님이시여
올리는 향불을/ 받아 주시옵고
마음 속 있는/ 새벽의/ 어둠을 가르시옵고
곱고도 해맑은
환한 눈웃음으로
온누리 비춰주소서. — 환한 미소, 전문

작가의식과 작품 내용과의 관계를 알아보기 위하여 박광태의 〈환한 미소〉를 인용하였다. 불교적 색채를 띤 시를 의도적으로 찾아본 것이다. 이 작품의 지은이 박광태 시인은 불교 신자다. 그가 불교인이라는 것은 그의 작품집에 불교적 색채를 띤 시들이 많다는 데서도 증명된다.

예를 들어보면 〈광릉 오색닥다구리〉〈인연〉〈법문이 넘실대는 푸른 바다야〉〈연꽃이듯〉〈부처님 오신 날에〉〈사월 초파일에〉〈근심 한 덩이 떠나보냈다〉〈신륵사 다층전탑 앞에서〉〈신륵사의 새벽을 열면〉〈동해바다에서 해돋이를 보며〉, 〈도량석〉〈구도의 길〉〈새벽 예불〉〈운문사에서〉〈범패 소리〉〈상원사 가는 길〉〈출가 수행자〉〈부처님 마음〉〈세월 따라 살아가는 인생〉 등 불교와 관련된 작품이 너무 많다. 그리고 그 작품 속에는 일반인들이 이해하기 어려운 불교 전문 용어를 많이 사용하고 있다는 데서 그가 얼마나 불교의 세계에 심취해 있는지가 그대로 증명되는 것이다.

이 작품의 제목이 〈환한 미소〉이다. 그러면 그 환한 미소를 짓는 주체는 누구란 말인가? "어둠이 짙은 땅 위에/ 문을 열고 솟아오른/ 환한 웃음"을 짓는 이는 누구란 말인가? 그 다음을 보면 "이 도량에 오면/ 마음을 태워 밝히는/ 얼굴이 보인다."라고 하였다.

여기서 '도량'이라는 말은 석가가 성도한 땅을 말하고, 일반적으로 불도를 닦는 곳이란 의미로 쓰인다. 그러니까 이 도량에 온다는 이야기는 '절'에 온다는 뜻으로 이해하면 된다. 절에 왔을 때, 마음을 태워 밝히는 얼굴이 보인다고 했는데, 그것은 부처님의 얼굴이 보인다는 의미로 받아들여야 한다.

그 다음 연에는 "어둠 속에서/ 멀리 빛나는/ 미소 앞에"라는 내용이 있는데, 이때도 부처님의 미소를 이처럼 표현했다고 보는 것이다. 왜냐 하면 그 '미소' 앞에 3천 배를 올린다고 했기 때문이다. 필자는 일반인이나 신도들이 부처님 앞에 가면 삼배나 사배를 올리고, 좀 믿음이 두터운 사람은 백팔 배를 올리는 것으로 알고 있다. 3천 배 올리는 사람은 아주 드물 것이라 상상되는데, 3천 배를 올리는 이는 스님이나 아주 독실한 불교 신자일 것이라는 생각이 든다. 박광태 시인의 신심(信心)이 어떠한지를 그대로 예증해 주는 대목이다.

그 다음에는 "진솔한 것은 법(法)이고, 청정한 것은 승(僧)이다"라고 하였다. 절에는 세상에서 가장 귀중한 보배가 되는 세 가지 보배(三寶)를 모신다. 첫째가 불보(佛寶)다. 불이란 부처님으로 우리 인생과 우주의 참다운 진리를 깨달으신 분이다. 둘째는 법보(法寶)다. 법이란 우리 인생과 온 우주의 참다운 진리이다. 이러한 진리가 우리 인생과 우주에 꽉 차 있으나 우리는 눈이 어두워 그것을 깨닫지 못한다. 셋째는 승보(僧寶)이다. 승이란 부처님께서 깨달은 진리대로 수행하는 부처님의 제자들이다. 이 부처님의 제자인 스님이 우리 인생에게 보람된 길을 제시해 주시니, 이 또한 귀중한 보배가 되는 것이다. 이처럼 귀중한 보배이니까 박광태 시인이 진솔한 것은 법(法)이라 하고, 청정한 것은 승(僧)이라 한 말은 불자가 아니더라도 충분히 이해가 되고도 남는다.

그 다음 제6연은 기도문이나 발원문 형태를 취하였다. 길을 몰라

애태우는 사람에게 길을 밝혀 달라 하였고, 마음 아픈 자의 숨결을 다시 보게 해주십사고 청원하였다. 제7연에서는 올리는 향불을 받아 주시옵고, 마음속의 어둠을 갈라 달라고 하였고, 곱고도 해맑은 웃음으로 온 누리를 밝게 비춰 달라고 하였다. 그러니까 항상 환한 미소를 짓는 부처님 앞에 여러 가지 청원을 드리는 것으로 이 작품은 끝을 맺었다.

거듭 말하거니와 이런 작품을 통해서는 박광태 시인은 독실한 불교 신자이고, 항상 부처님의 존재를 가슴속에 담고 살고, 그러한 믿음을 시적으로 형상화 시키는 일에 누구보다도 열심히 노력하고 있다는 것을 알게 해준 데에 의의가 있다고 본다.

태초에 말씀이 있어
그 말씀이 육신이 되고

참 빛으로 이 땅에 온
길과 진리, 생명이신

예수는
그리스도시요
하나님의 본체로다.   – 로고스, 전문

기독교 신자로서 하나님이나 예수님을 형상화한 작품을 예로 들어보았다. 지은이 정순량은 1976년 「대구매일신문」 신춘문에에 시조로 당선했고, 같은 해 「시조문학」에 작품 〈향일화〉로 추천을 완료했다. 그러니까 등단 이후 30여 년 간 꾸준히 작품 창작을 해오고 문단 활동을 해왔으니, 그의 시조에 대한 열정이 어느 정도인지는 미루어 짐작된다. 정순량 시인은 평생 교회를 다니고, 교회

내에서는 중요한 직책을 맡아서 수행한 신앙인이다. 덕망과 존경의 대상인 장로직을 수행하고 현재도 원로 장로로서 맡은 바 직분을 다하고 있다.

정순량 시인은 그의 신앙시조집 「일어나 빛을 발하라 큰 빛살로 퍼져라」에서 "힘들고 어려울 때 그 짐을 예수님께 맡기고 그리스도의 평안을 누리는 신앙생활의 감격과 기쁨을 찬양하고, 더불어 살아가야 할 이 세상에서 빛과 소금의 역할을 다하려는 신앙인으로서의 고뇌와 다짐을 시조작품으로 표현하려고 했습니다."라고 말한 바 있는데, 이번의 아홉 번째 시조집도 그런 맥락에서 기독교 신앙이 배경이 되고, 신앙과 시조를 조화시키고 합일시키려 한 점이 눈에 띤다.

상기 예로 든 작품 〈로고스〉는 요한복음의 내용을 축약해 놓은 것 같다. 성경 요한복음의 첫머리에 "태초에 말씀이 계시니라. 이 말씀이 하나님과 함께 계셨으니, 이 말씀은 곧 하나님이시니라."라고 되어 있고, 그 다음 14절을 보면 "말씀이 육신이 되어 우리 가운데 거하시매 우리가 그 영광을 보니 아버지의 독생자의 영광이요"라고 되어 있는데, 상기 작품의 초장은 이러한 내용들을 축약시켜 표현한 것이다.

요한복음 1장 9~10절에는 "참빛 곧 세상에 와서 각 사람에게 비취는 빛이 있었나니, 그가 세상에 계셨으며 세상은 그로 말미암아 지은 바 되었으되"라는 구절이 있는데, 이것은 상기 작품의 중장과 관련이 있는 것 같다. 그리고 어떤 책을 보면 "말씀"은 "말씀, 진술, 연설, 교리, 명예의 뜻이 있지만, 영원성, 인격성, 신성을 부각시킴으로써 계시의 완성자이시자 곧 그가 그리스도임을 말한다."라고 되어 있다.

위의 작품 종장에서도 "예수는/ 그리스도시오/ 하나님의 본체로다"라고 한 것을 보면 예수가 어떤 분이신가를 밝히기 위하여 이 작품을 쓴 것으로 이해된다. 예수가 곧 하나님이요 하나님이 곧 예수라는 해석이 가능하다. 이러한 작품을 보면 정순량 시인은 시조라는 형식에 기독교 신앙이라는 내용을 담는데, 부단히 노력하고 실제로 성공을 거둔 것으로 평가된다.

이제까지 작가의 사상과 그들의 작품과의 상관성 관계를 설명하기 위하여 노계 박인로의 〈오륜가〉, 박광태의 〈환한 미소〉, 정순량의 〈로고스〉를 예로 들어 설명하였다. 그렇다면 원생몽유록의 작자라고 알려진 관란 원호는 어떠한 인물인가. 그의 행적이나, 사상, 인생관 등을 알아보면 그의 작품세계도 미루어 짐작할 수 있을 것이다.

원호(元昊)는 1397년(태조 5) 병조참판에 추증된 부친 원헌(元憲)의 둘째 아들로 지금의 원주시 개운동 송림에서 태어났다. 선생의 휘는 호(昊)요, 자는 자허(子虛)이고, 호는 관란(觀瀾) 또는 무항(霧巷)이라고 한다. 그는 글짓기를 좋아하여 많은 한시와 산문을 저술했는데, 후에 손자의 필화사건 때문에 모두 불살라 버렸다. 이처럼 자신의 저술과 소장한 책을 모두 불살라 버린 것은 바로 세조에 대한 저항심 때문이었다. 그는 1423년 (세종5) 계묘에 과거급제 하였고, 문종 조에는 벼슬이 집현전의 종3품인 직제학(直提學)까지 올랐는데, 단종이 어린 나이로 왕위를 계승한 후 나라의 일이 어지럽고 위태롭게 되자 벼슬을 버리고 고향에 내려가 있었다. 그리고 치악산 아래에다 흙을 모아 집을 짓고 낮이면 항상 높은 봉에 올라 단종을 생각하는 마음으로 서천(西天)을 바라보고 밤이면 하늘을 우러러 단종의 만수무강을 기원하였다. 그때 오르던 산봉우리는 그 후 왕을 바라본다는 의미에서 망왕봉(望王蜂)이라 불렸다고 전한다.

1455년(단종 3) 화의군 금성대군 등 단종의 두 숙부가 잇달아 귀양 가게 되고 단종은 왕위에서 물러나게 되니, 선생은 매월당 김시습, 연촌 최덕지 등과 함께 시국 문제를 논의하면서 우울한 나날을 보냈다. 1456년(세조 2)에는 육신들이 단종 복위운동을 꾀하다가 화를 입어 죽고 단종은 노산군으로 강봉 되어 영월의 청령포로 물러나는 사태가 벌어졌다. 이에 선생은 단종의 발자취를 따라 영월의 청령포로 달려갔으나 국법이 지엄하여 접근할 방법이 없었다.

그 이후 나라의 통제가 더욱 심해져서 가까이 갈 수 없으므로 현재 제천에서는 가장 북쪽이고 영월에서는 서쪽인 송학면 장곡리 사내평(思乃坪) 이란 곳으로 거처를 옮기었다. 그 옆으로 남한강 물이 청청한 물줄기로 굽이쳐 흘러가고 강 옆에는 층암절벽을 이룬 높은 지대가 있었다. 바로 그 높은 곳에서는 저 멀리 청령포를 바라다볼 수 있으므로 돌을 모아 대를 만들고 나무로 정자를 지어 그 이름을 관란정(觀瀾亭)이라 했다. 그 의미를 상고해 보면 단종이 계신 곳에서 흘러오는 강물결을 바라다본다는 뜻이다.

선생은 그 이후 날마다 정자에 올라가 단종이 계신 곳을 우러러 바라보면서 눈물로 세월을 보냈다. 그리고는 앉아 있거나 누워 있거나 반드시 동쪽을 향하였는데, 그 동쪽은 단종이 계신 곳이고, 그러한 태도는 바로 단종에 대한 일편단심의 충성을 나타내는 것이다.

그 뒤 1457년(세조 3) 단종이 영월에서 세상을 떠날 때는 뇌성벽력과 비바람이 몰아쳤고 검은 안개가 자욱하게 끼는 기상이변이 일어났다. 그것은 나라 안에 큰 변이 일어날 때는 하늘마저 무심할 수 없다는 반증을 보여주는 것이다. 관란 원호는 그 화가 자신에게 미칠 것을 생각하지 않고 홀로 피눈물을 흘리면서 영월의 백덕산 아래에 흙을 모아 집을 짓고 단종을 위해서 삼년상을 지내었다. 그래서 그곳의 마을 이름이 토실(土室)로 바뀌어 지금까지 불리고 있다.

관란 원호는 이처럼 한평생 단종을 생각하고 위하는 마음에서 오로지 단종의 그림자만 따라다니면서 살았다고 할 수 있다. 서울에서 벼슬을 사임하고 고향 원주로 돌아와서는 날마다 높은 산봉우리에 올라가 단종이 계시는 서천(西天)을 바라보는 것으로 일과를 삼았다. 단종이 영월로 유배된 다음에는 그 강줄기의 하류에 관란정을 지어놓고 날마다 그곳에 올라가 단종이 계시는 영월 쪽에서 흘러오는 강물을 바라보았다. 선생의 호가 관란(觀瀾)이라 불리는 것도 이러한 사연과 깊은 관계가 있을 것이다.

단종이 세상을 떠났을 때는 단종묘가 가까운 마을에 토실을 짓고서 부모의 3년상을 치루 듯이 3년상을 마치었다. 그리고 그 이후에도 움막집을 짓고 살면서 이 세상과는 인연을 끊고 은거 생활을 하였다. 이러한 관란의 생활 태도는 바로 유교의 삼강오륜 정신을 그대로 실천한 것이다. 머릿속에 관념적으로만 있는 것이 아니라 실제 행동으로 옮겨서 충사상(忠思想)의 모범을 보여준 것이다. 단종에 대해서는 충절 정신을 나타냈지만 세조에게는 반대로 저항 정신을 나타낸 것이다. 관란은 손자의 필화사건 때문에 자신의 저술을 불태워 버렸지만 다행이 두 편의 작품이 남아 전한다.

瞻彼東岡　松葉滄滄
采之擣之　療我飢腸
目渺渺兮天一方　懷黯黯兮雲五光
嗟夷齊邈焉寡儔兮　空摘翠於首陽
世皆忘義徇祿兮□　□□□而徜徉　　　– 歎世事

저 멀리 동쪽 언덕을 바라보니/ 솔잎 새파랗게 우거졌네.
그 솔잎 따다 찧어서/ 주린 이의 창자 요기나 하여볼까

눈은 가물가물 하늘 저 멀리로 달리는데
마음은 어둡고 침침하며 구름은 하늘을 가득히 덮었구나.
백이 숙제 높은 절개 뉘 있어 짝이 되리
수양산에서 고사리 캐던 일
세상사람 모두가 의를 저버리고 녹을 따르니
□ □ □ 헤맨다네.

[각주] 이 탄세사는 관란선생이 일찍이 집현전에 있으면서 문학과 덕망이 세상에 높이 알려져 있었는데, 단종께서 왕위를 계승하자 여덟 왕자가 강성하여 인심이 불안하여지매 이 노래를 지은 것이다.

여기 인용문은 '각주'라 해도 좋고 '해설'이라 표현해도 좋다. 누가 붙였는지 모르지만 작품의 창작 연대는 분명하게 밝혀졌다. 단종께서 왕위를 계승하자 여덟 왕자가 강성해지고 인심이 불안해졌다는 것을 보면, 1453년 단종이 즉위한 해부터 1455년 세조에게 양위한 시기까지, 그 사이에 이 〈탄세사〉가 지어졌을 것으로 추정된다. 이 기간은 관란 원호가 직제학이란 벼슬을 사임하고 고향인 원주에 내려와 있을 때이다.

상기 작품에서 "저 멀리 동쪽 언덕을 바라보니/ 솔잎 새파랗게 우거졌네."라 하였고, 그 솔잎을 따다 찧어서 주린 배를 채워본다고 하였는데, 바로 이런 내용은 관란이 벼슬을 버리고 고향 원주에 은거해 있을 때의 심정을 노래한 것이다. 벼슬 자리에 있으면서 잘 먹고 잘 사는 처지라면 이러한 내용을 표출할 수는 없었다고 본다. 그 다음에도 "눈은 가물가물"이라 했고, "마음은 어둡고 침침하다"고 했다. 이 또한 시적 자아의 이야기이지만 관란 자신의 생활 생태를 그대로 나타낸 것이다.

그 다음 백이숙제의 높은 절개 뉘가 있어 짝이 되겠느냐고 했는데, 그 백이숙제처럼 높은 절개를 지킨 이는 바로 관란 원호 자신이다. 관란은 직제학이란 벼슬을 과감하게 버리고 고향 원주로 돌아옴으로써 단종에 대한 군신지의(君臣之義)를 지켰기 때문이다. 백이숙제가 수양산에서 고사리 캐먹고 살았듯이 관란 원호는 원주의 치악산에서 솔잎이나 따먹고 살았기 때문이다.

그런데 세상 사람들은 의(義)를 져버리고 녹(祿)을 따르고 있으니, 이 세상 돌아가는 것을 탄식할 수밖에 없었던 것이 관란의 입장이라고 생각한다. 지금까지 관란 원호의 행적을 열거하고 그가 남긴 작품 1편을 감상하였다. 그의 사상과 이념을 한마디로 표현하면 충신불사이군(忠臣不事二君)의 정신이다. 더 직접적으로 표현하면 단종에 대한 충사상(忠思想)이다.

그러면 백호 임제는 어떠한 인물인가. 그 인물됨에 대하여는 백사 이항복이 쓴 〈백호집 서〉에 잘 나와 있다.

군은 무예를 업으로 하는 가정에서 태어나 인물이 얽매이지를 않고 출중하였다. 젊어서는 재주로 드날리며 강개한 마음에 연대(燕代)의 기풍을 사모하여 때로 기방(妓房)·주사(酒肆)에서 자유분방하게 노니는가 하면 가끔 슬픈 노래로 강개한 기분에 잠기기도 하니, 사람들은 영문조차 헤아릴 수 없었다.[83)]

인용문을 통해서 보면 백호의 성격은 무엇에 얽매이는 것을 싫어하고 자유분방하다는 것이다. 자기가 하고 싶으면 무엇이든지 마음대로 한다는 이야기다. 그리고 기방과 주사에서 자유분방하게 노닐었었으니, 호걸남아요 쾌남아라 할 만하다. 그리고 그의 성격이 비분강개하는 점도 있으니, 능히 〈원생몽유록〉처럼 비분강개하

83) 신호열·임형택 공역, 역주 백호전집(하), 창작과 비평사, 1997년, 936쪽.

는 내용의 작품을 쓸 수도 있었으리라. 그런 점에서 몽유록의 성격을 알아보는 것도 좋은 참고가 될 것이다.

'몽유록'이란 문자 그대로 풀이하면 "꿈속에 놀았던 일의 기록"이라는 뜻이다. 그러나 이 낱말은 가탁적(假託的) 발화(發話) 어사(語辭)이다. 몽유록은 어떤 작품이든지 간에 실제 꿈꾼 기록이 아니다. 몽유록 작품들은 꿈 현상(現象)의 외형만 빌었을 뿐 작품의 의미 내용은 현실을 비판하고, 혹은 이상추구(理想追求)를 지향하고, 도덕적 삶의 방법이나 자세를 제시하기도 한다. 꿈이라는 위장의 기제(機制)를 무릅쓰는 수법이란 이른바 가탁(假託)의 기법으로 고대 서사문학 상의 수사법의 일종인 우언(寓言)의 수사방식과 밀접히 관련되어 있다. 우언이란 표면상으로는 인물, 행위, 배경 등 통상적인 요소들을 다 갖추고 있는 이야기임과 동시에 그 이야기 이면에 역사적, 정신적, 도덕적 의미가 전개되도록 꾸미는 수사방식에 의한 글이다.[84)]

위의 인용문을 보면 '몽유록'은 꿈 현상의 외형만 빌었을 뿐, 작품의 의미내용은 현실을 비판하고, 이상추구를 지향하고, 도덕적 삶의 방법이나 자세를 제시한다고 하였다. 그런데 여기서 현실을 비판한다고 한 것은 그 작자가 생존했던 시기 즉 당대의 현실을 비판한다는 것이지, 110년 전의 역사적 사건이나 그 이전의 사건에 의협심을 느껴서 비판한다는 이야기는 아니다.

백호 임제는 선조 때의 인물로 정치인이요 시인이요 풍류남아이다. 그가 비판한 것은 어디까지나 선조 때의 당쟁이나 사회적 부조리를 비판하고 강개한 것이지, 그가 생존했던 시기보다 110년 전

84) 柳鍾國, 앞의 책, '머리말'에서 인용함.

의 역사적 사건 즉 세조의 왕위찬탈 사건을 비판한 것은 아니라는 점을 분명히 해둔다.

공은 성품이 산천을 유람하기를 즐겨하여, 일찍이 속리산에 들어가 대곡선생(大谷先生)을 스승으로 섬겼다. 당시 인사들이 모두 공을 법도의 바깥으로 보고서 그 취할 바는 문사(文詞)뿐이라고 하였으나 이찬성 이이(李珥), 허학사 봉(許篈), 양사군 사언(楊使君 士彦) 같은 분들은 그 기기(奇氣)를 허여하였다 한다. ~중략~ 벼슬은 예조정랑 겸 사국지제교(史局知製敎)에 이르러 만력 15년(1587) 8월 11일 돌아가시니 나이 39세였다.[85)]

윗글은 허목(許穆)이 지은 임정랑(林正郎) 묘갈문(墓碣文)에서 인용한 것이다. 백호는 성품이 산천 유람하기를 즐겨하고, 속리산에 들어가 대곡선생을 스승으로 삼았다고 하였다. 공을 법도의 바깥으로 본다 하였고 특히 율곡 이이 같은 이는 그의 기기(奇氣)를 허여한다고 하였다. 임백호 선생의 인물됨을 잘 나타내주는 대목이라고 생각한다.

송도(松都)의 명기 진이(眞伊)는 여협(女俠)이다. 화담 문하에서 놀았는데 만년에는 남자의 의복을 입고 금강산을 두루 유람하였다. 임종에 다다라 집안 사람에게 당부하기를 '내 성질이 번화한 것을 좋아하니 죽으면 대로변에다 묻어 달라' 고 하였다. 지금 송도에 진이 묘가 있는데 백호가 평안도 도사(都事)로 나갈 적에 글을 지어 그 묘에 제사를 지냈다. 마침내 조정의 비판을 받았다.[86)]

---

85) 신호열 · 임형택 공역, 앞의 책, 947쪽.

86) 위의 책, 955쪽.

위의 인용문은 유몽인(柳夢寅)의 「어우야담(於于野談)」에 실려 전한다. 백호 임제가 평안도 도사로 갈 때 개성에서 황진이 묘를 찾아가 술잔을 올리고 지었다는 시조는 너무 유명하다. "청초 우거진 골에 자는다 누었는다/ 홍안을 어디 두고 백골만 무쳤난이/ 잔 잡아 권할 이 업스니 그를 슬허하노라."

시조를 인용했는데 '자는다, 누었는다, 무쳤난이'라고 연속적으로 무덤을 향하여 묻는 말 속에는 풍류남아의 가슴에 흐르는 애절한 심정이 잘 나타나 있다. 그리하여 준비하여 가지고 온 술을 따라 들고 권하고 싶으나 황진이는 이미 무덤 속에 있으니 인생무상을 슬퍼하지 않을 수 없었을 것이다.[87)]

임제는 이 문제로 해서 벼슬 자리에서 해임되었다고 하니, 그의 자유분방하고 호걸남아다운 성격을 미루어 짐작케 된다. 임제에게는 인물을 제목으로 해서 쓴 시, 승려와 교류한 불교적 색채를 지닌 시, 여행에서의 느낌을 적은 기행시 등이 많은데 호방, 쾌활한 시풍으로 해서 많은 독자의 마음을 끌었을 것이다. 그의 한시 작품 1편을 인용해 보겠다.

한명회(韓明澮)는 세조(世祖) 때의 최고 공신인데 포의(布衣)로 떨치고 일어나 상당부원군(上黨府院君)의 봉(封)을 받았다. 지금 그의 무덤이 청주(淸州) 서쪽 60리 밖에 있는데 이곳을 지나가다가 감회가 있어 짓다.

> 남아의 죽고 사는 일 필경은 의리에 달렸나니
> 정도(正道)냐 권도(權道)냐 성인이나 아는 거지
> "죄 있는 자 벌했노라." 강태공(姜太公)의 자기 변론
> 그대의 공적은 어떻게 평가될까?

---

87) 최장수, 고시조해설, 세운문화사, 1977년, 188쪽.

過韓明澮墓

男兒生死義之歸　事或權經聖者知
伐罪有辭周尙父　如君功業定何其[88)]

임제의 한시 중에서 '한명회'를 주제로 해서 지은 작품을 인용하였다. 그러면 한명회란 어떤 인물인가? 그는 1415년(태종 15)에 태어나서 1487년(성종 18)에 돌아갔다. 1452년(문종 2)에 음보(蔭補)로 경덕궁직(敬德宮直)이 되고, 친구인 교리(校理) 권남(權擥)의 주선으로 수양대군에게 가담하여 무사(武士) 홍달손(洪達孫) 등 30여 명을 추천, 그의 심복을 삼게 했다. 1453년(단종 1) 계유정란(癸酉靖難)에 수양대군을 도와 군기녹사(軍器錄事)가 되고, 정란공신(靖難功臣) 1등으로 사복시(司僕寺) 소윤(小尹)에 올랐다. 1455년 세조가 즉위하자 좌부승지(左副承旨)에 승진, 이 해 가을 좌익공신(左翼功臣) 1등으로 우승지가 되었다.

이듬해 성삼문 등 사육신의 단종 복위 운동을 좌절시키는데 중요 역할을 담당하고 그들의 주살(誅殺)에 적극 협조함으로써 도승지(都承旨)로 승진하였다. 1457년 이조판서에 올라 상당군(上黨君)에 봉해졌다. 1461년에 상당부원군에 진봉되었고, 이듬해 우의정에 이어 1463년 좌의정을 거쳐 1466년 영의정이 되어 병으로 사임한 바 있다. 1469년(예종 1) 영의정에 복직하였다.[89)] 이처럼 한명회는 단종을 양위시키고, 사육신 등을 주살시키는데 결정적 역할을 한 주동인물이다.

그런데 임제는 한명회의 무덤을 지나면서 그냥 지나치지 않고 시 한수 읊어 자신의 감회를 피력하였다. 작품의 결구(結句)를 보면 "그대의 공적은 어떻게 평가될까"라고 하여, 공적이 있다는 것을

---

88) 신호열 · 임형택, 앞의 책, 264쪽.
89) 한국인명대사전, 신구문화사, 1983, 988~ 989쪽.

용인했으니, 이러한 임제가 어떻게 단종에게 충성심을 보이고, 사육신의 억울함을 개탄한 〈원생몽유록(元生夢遊錄)〉을 지을 수 있었다는 것인지. 지은이가 임제라고 주장한 사람들에게 되묻고 싶다.

(3) 등장인물들에 대한 탐구

등장인물들 중에서 여타 인물에 대하여는 이론(異論)이 없고, 몽유자(夢遊者), 복건자(幅巾者), 매월거사(梅月居士) 등에 대하여는 서로 해석하는 것이 다르다. 이 세 인물을 누구라고 해석하느냐에 따라서 작품의 지은이도 달라지게 되어있다. 몽유자를 생육신 원호로 보면 이 작품의 지은이는 원호가 되고, 몽유자를 백호 임제로 보면 작품의 지은이는 임제가 된다.

복건자를 연촌 최덕지로 보면 지은이는 원호가 되고, 복건자를 추강 남효온으로 보면 지은이는 임제가 된다. 매월거사를 김시습으로 보면 작품의 지은이는 원호가 되고, 이것을 해월거사(海月居士)로 읽어서 황여일(黃汝一)로 보면 작품의 지은이는 임제가 된다. 그래서 본 단락에서는 이 세 인물의 정체를 밝혀 작자가 누구인지를 점검하려는 것이다.

1) 원자허(元子虛)는 누구인가?

원생몽유록(元生夢遊錄)을 펼쳐보면 첫 머리에 "세상에 성은 원씨요, 자(字)는 자허(子虛)라는 이가 있으니, 그는 비분강개하는 선비이다. 기개와 도량이 활달하고 사소한 일에 구애하지 않기 때문에 세상에 용납되지 못하여 여러 번 나은(羅隱)의 한을 품고 원헌(原憲)의 가난을 견디기 어려웠다. 아침에 나가 밭을 갈고 밤에는 돌아와서 옛 사람의 글을 읽는데 등불이 없어 벽을 뚫고 개똥벌레를 주머니에 넣어서 등불을 대신하는 등 온갖 괴로움과 고생을 겪지 않은 것이 없었다."라는 소개의 글이 나온다. 이 부분은 소설의 주인공이요 핵심 인물인 몽유자(夢遊者)가 어떠한 인물인지를 먼저 밝힌 것이다.

그 몽유자의 성(姓)은 원(元)씨요 자(字)는 자허(子虛)라고 하였다. 작자가 임제라고 주장하는 이들은 몽유자의 존재는 임제를 가탁시킨 인물이라고 한다. 그렇다면 이 부분이 "세상에 성(姓)은 임(林)씨요 자(字)는 자순(子順)이라고 하는 이가 있으니"라고 바꿔어야 한다. 그 몽유자는 비분강개하는 선비라 소개했는데, 누구를 향해서 비분강개했느냐가 문제다. 원호는 단종의 왕위를 찬탈한 세조에게 비분강개했지만, 임제는 정치(政治) 권력(勸力)을 부정적으로 보고 합리적 세계관에 대하여 회의를 품었다고 했으니, 그가 생존했던 당시의 현실 즉 선조 때의 사회적 모순에 대하여 비분강개했던 것이다.

다시 말해서 세조 때의 병자사화(丙子士禍)나 사육신 의거에 대하여 비분강개한 것이 아니라는 이야기다. 그리고 몽유자는 세상에 용납되지 못하여 나은(羅隱)의 한을 품고, 원헌(原憲)의 가난을 견디기 어려운 사람이라고 하였다. 그러면 '나은의 한'이란 어떠한 사건인가? 나은은 중국 당나라 말기의 어진 신하로 주전충(朱全忠)이 당나라 임금을 죽이고 새로 양(梁)나라를 세우자 오월왕을 권하여 양을 치게 했던 인물이다. 마찬가지로 원호의 경우는 수양대군이 단종을 죽이고 새로이 왕위에 올라 세조가 되었고, 그 세조를 몰아내는 일에 뜻을 같이했으니, '나은의 한'을 품고 살았다는 이야기가 맞지만, 임제 때는 왕위 찬탈 사건도 없었고, 그 사건에 한을 품고 살 만한 역사적 사실이 없었으니, 임제와 몽유록의 원생과는 아무런 관계가 없다, 그런데 어떻게 몽유자에 대하여 임제를 가탁시킨 인물이라 할 수 있다는 것인지 번지수가 너무 맞지 않는다.

다음은 '원헌의 가난'이 누구에 해당되는지 알아보자. 원헌은 중국 고대 노(魯)나라의 청빈한 관원이요 공자의 제자라고 한다. 원호는 왕위에서 쫓겨난 단종 편에 줄 서 있었으니, 그야말로 호구지책(糊口之策)이 어려웠을 것이다. 작품 속에서는 "아침에 나가 밭을 갈고 밤에는 돌아와서 옛사람의 글을 읽는데, 등불이 없어 벽을 뚫고 개똥벌레를 주머니에 넣어서 대신하였다."고 소개하였다. 이 부분도 원호는 벼슬을 팽개치고 치악산에 숨어 살았으니, 소설 속의 인물과 동일 하지만, 임제와는 비슷한 점도 없는 별개의 인물이다.

임제는 그의 연보에 "어린 나이에 실학(失學)을 하고 자못 협유(俠遊)를 일삼아 창루(娼樓) · 주사(酒肆)에 분방하게 자취가 미쳤는데, 나이 20세에 들어서 비로소 학(學)에 뜻을 갖게 되었다." 라 되어 있고, "공(公)은 병법(兵法)을 좋아하여 보검(寶劍)을 차고 준마를 타고 하루 수백 리를 달리곤 하였다. 북평사(北評事)로부터 서평사(西評事)로 옮길 때 일부러 어사(御史)의 전도(前導)를 범해서 탄핵을 받았다."[90]라고 되어 있다. 임제의 인물됨에 대하여 알아보았는데, 소설 속의 몽유자와 역사 속의 임제는 이처럼 판이하게 다른데, 그 몽유자에 대하여 임제를 가탁시킨 인물이라 주장하는 것은 논리가 성립되지 않는다.

더구나 원주원씨 시중공계 족보를 처음 발간한 해가 1739년(영조 15) 여름인데, 1549년(명종 4)에 출생해서 1587년(선조 20)에 돌아가신 임제가 어떻게 원호의 자(字)가 자허(子虛)라는 것을 알아내고 고증해서 소설을 썼다는 것인지 도무지 이해할 수 없다.

---

90) 신호열 · 임형택, 앞의 책, 1,050쪽.

작품은 작자의 사상 · 감정이 반영된 것임을 전제한다면, 작품 속의 등장하는 인물 가운데 작자의 사상 · 감정을 직접 전달하고 관찰을 대역(代役)하는 인물이 있게 마련인데, 몽유록계(夢遊錄系)에서는 몽유자(夢遊者)가 작자를 대역(代役)하는 인물이 된다. ~중략~ 임백호(林白湖)가 〈원생몽유록(元生夢遊錄)〉의 작자였다면, 그의 호방한 성격은 역시 몽유록에 등장하는 몽유자의 성격과 일치함을 알 수 있다.[91)]

차용주의 논문을 인용했는데, 작품은 작자의 사상 · 감정을 반영한다는 이야기는 백번 맞는 말이다. 그렇다면 원생몽유록 속에 깔려 있는 사상과 감정이 원호의 사상과 감정에 일치하지, 임제의 사상과 감정에는 괴리(乖離)가 심한데, 이 문제를 어떻게 설명할 것인지 답변을 해야 할 것이다. 그리고 몽유록계에서는 몽유자가 작자를 대역(代役)하는 인물이 된다는 말도 맞는다. 그리고 한다는 말이 임제의 호방한 성격은 몽유록에 등장하는 몽유자의 성격과 일치한다고 하였다.

여기서 임백호의 성격이 호방하다는 것은 제가들의 의견과 일치한다. 그러나 원생몽유록의 주인공 몽유자의 성격은 전혀 호방한 데가 없다 그 몽유자의 성격은 처음부터 끝까지 세조의 왕위찬탈 사건에 대하여 비분강개하고 있는 것이다. 호방한 성격과 비분강개하는 성격은 전혀 다르다는 것을 강조하는 바이다. 그 다음에는 〈원생몽유록〉에 이런 구절이 나온다.

① 일찍이 역사책을 읽다가 역대 왕조가 위태롭고 망하게 되며 국운이 옮겨지고 세력이 쇠퇴하게 되면 언제나 책을 덮고 눈물을

91) 車溶柱, 夢遊錄系 小說의 構造的 特徵, 「韓國古小說 研究」(二友出版社, 1983), 161~ 162쪽.

흘리면서 마치 자신이 그런 일을 당하는 것처럼 슬퍼하였다.[92)]

② 나 임제는 성질이 거칠고 뻣뻣한 사람이라 어린 시절에 공부를 하지 않고 자못 호협하게 놀기를 일삼아 기방이며, 술집으로 발길이 미치지 않는 곳이 없었다. 나이 이십이 가까워 비로소 배움에 뜻을 두게 되었다. 그러나 힘써 배운 것이라곤 글귀를 교묘하게 다듬고 정문(程文)을 지어 사람의 눈을 현혹하며 당세에 이름을 얻고자 하는데 지나지 못했다. 그 후 여러 번 과장(科場)에서 낙방하고 세속에 맞는 취향이 적어 홀연 멀리 노닐 생각이 일어났다.[93)]

인용문 ①은 원생몽유록의 본문 중에서 몽유자가 자신의 정체를 밝히기 위하여 기술한 내용이다. 그는 '역사책을 읽다가 역대 왕조가 위태롭고 망하게 되며' 라 했는데, 이 내용은 단종이 어린 나이에 왕위에 올랐으나, 항상 세조와 그를 추종하는 무리들에게 위협을 느낀다는 것을 빗대어 표현한 것이다. 그 다음 '국운이 옮겨지고 세력이 쇠퇴하게 되면' 이라 했는데, 이것은 세조의 세력이 왕성해지고 단종의 세력이 쇠퇴해져서 왕권이 단종에서 세조에게로 옮겨진 사실을 빗대어 나타낸 것이다. 그 다음 '책을 덮고 눈물을 흘리면서 자신이 그런 일을 당한 것처럼 슬퍼하였다' 는 내용은 관란 원호가 실제로 그런 삶을 살았으니 원호의 생애와 일치하고, 그러한 삶을 살았기에 후세에 생육신으로 추대되고, 정간공이란 시호를 받기에 이르렀다고 본다.

인용문 ②는 임제가 지은 〈의마(意馬)〉라는 글에서 인용하였다. 다시 말해서 임제가 스스로 자신이 어떠한 인물인가를 세세하게 소개하고 있는 것이다. 핵심적인 것은 자신이 거칠고 뻣뻣한 성격

92) 원용석, 「생육신 관란원호」, 홍법원, 1980, 44쪽.

93) 신호열 · 임형택 공역, 앞의 책, 641쪽.

을 가진 사람이란 것이다. 호협하게 놀기를 일삼아 기방이나 술집을 자주 드나들었다는 이야기다. 과거 시험에도 여러 번 낙방한 경험이 있고, 세속과는 맞지 않아서 멀리 노닐 생각이 일어났다는 것이다. 그야말로 원생몽유록의 몽유자의 성격과는 전혀 다른 인간형이다. 그런데도 몽유자에 대하여 임제를 가탁시킨 인물이라 해석하는 학자들이 많으니 놀라운 일이다.

③ 강가에 높은 정자가 있고 그 위에 한 사람이 난간에 기대어 앉아 있는데 의관 등 모든 것이 임금의 모습이었다. 또한 그 곁에 다섯 사람이 임금을 모시고 있는데 모두가 이 세상 사람들로서 풍신이 당당하고 정신이 양양하며 가슴에는 말을 멈추고 바다에 뛰어들 의리를 감추고 있으며, 뱃속에는 하늘을 고이고 해를 받들 충성을 간직하고 있으니, 진정 이들이야말로 어린 왕자를 부탁하고 한 나라의 운명을 맡길 만한 인물들이었다. 자허가 당도하는 것을 보고 모두 나와서 맞이한다. 자허는 다섯 사람과는 인사를 하지 않고 안으로 들어가 왕 앞에 알현한 다음 다시 물러 나와서 있다가 모두가 좌정한 다음에야 맨 끝자리에 무릎을 꿇고 앉았다.[94]

인용문 ③은 〈원생몽유록〉 본문 중에서 자허와 관련된 부분을 인용한 것이다. '강가에 높은 정자가 있고 그 위에 한 사람이 난간에 기대어 앉았다.'고 했는데, 그 한 사람이란 왕위를 빼앗기고 죽임을 당한 단종을 가리킨다. 의관 등 모든 것이 임금의 모습이었다고 했으니 재론할 필요가 없는 것이다. 그런데 그 곁에 다섯 사람이 임금을 모시고 있다고 하였다. 그 다섯 사람이란 유응부를 제외한 박팽년, 성삼문, 이개, 하위지, 유성원의 죽은 혼령들이다.

94) 원용석, 앞의 책, 45~46쪽.

이들은 모두 이 세상 사람들로서 풍신이 당당하고 정신이 양양하며 가슴에는 말을 멈추고 바다에 뛰어들 의리를 감추고 있으며 뱃속에는 하늘을 고이고 해를 받들 충성을 간직하고 있다는 것이다. 여기서 이 다섯 혼령들을 이 세상 사람이라 분명 한 것은 이들이 가공적 인물, 또는 허구적 인물이 아니라 역사상에 실제로 존재했던 실존인물이란 것을 밝혀두기 위한 조처였을 것이다. 이들이야말로 어린 왕자를 부탁하고 한 나라의 운명을 맡길 만한 인물들이란 것이다. 그래서 죽음을 무릅쓰고 단종을 옹위했던 것이고 그 결과 참혹한 죽임을 당해서 사육신으로 남게 되었던 것이다. 그런데 이 몽유자 원자허에 대하여 임제를 가탁시킨 인물로 보는 학자들만 있는 것이 아니라, 아예 허구적 가공인물로 보는 이도 있어 그의 견해를 인용한다.

그 중 하나가 허구적 주인공 원자허(元子虛)를 역사적 실존 인물 원호(元昊)로 오해하고, 그를 작가라고까지 착각하게 된 혼란이다. 이와 같은 오해와 착란은 무엇보다도 사실과 허구가 결합된 작품구조를 잘못 이해한 데서 비롯된 것이지만, 원호의 자(字)가 자허(子虛)인데다가 그가 능히 사육신의 원혼을 꿈속에서 만날 수 있는 인물이었다는 점 때문에 일어난 착오이기도 했다. 그리하여 원호의 후인들은 이 작품이 원호가 실제로 겪은 꿈 이야기를 자술한 것으로 보고 그의 문집에 싣기도 하였으며, 어떤 야사집(野史集)의 편찬자는 이 작품을 수록하면서 백호의 저작임을 명기(明記)하면서도 작중 인물 원자허는 바로 원호라고 못 박기도 하였다.[95)]

정학성은 허구적 주인공 원자허를 역사적 실존인물 원호로 오해하고, 그를 작가라고까지 착각하여 혼란스럽다고 하였다. 그렇다

---

95) 정학성, 원생몽유록 연구, 「우쾌제 편, 원생몽유록」(도서출판 박이정, 2002), 103쪽.

면 정학성의 논리대로 몽유자 원자허를 허구적 인물이라 간주하자. 허구적 인물이란 작가가 임의로 만들어낸 가짜라는 이야기와 통한다. 그렇다면 그 가짜 인물이 작품의 모두(冒頭)에 왜 "세상에 성은 원씨요 자는 자허라는 이가 있으니 그는 비분강개하는 선비이다."라고 원호선생의 신분을 그대로 차용해서(借用)해서 소개했는지 밝혀야 한다. 성이 원씨요 자가 자허이고 비분강개하는 선비는 바로 생육신 원호를 지칭하는 내용이기 때문이다.

그 원자허는 역대 왕조가 위태롭게 되고 국운이 옮겨지고 세력이 쇠퇴하게 되면 언제나 책을 덮고 눈물을 흘린다고 했는데, 생육신 원호는 자나 깨나 단종만 생각한 인물이니까 가능한 이야기이지만, 그 가짜 인물이 단종과 무슨 관계가 있어 책을 덮고 눈물을 흘린다는 것이며, 마치 자기 자신이 그 일을 당한 것처럼 슬퍼한단 말인가? 그 가짜 인물이 어떻게 단종을 알아보고 의관 등 모든 것이 임금의 모습이었다는 말을 할 수 있는가? 그 높은 정자에 앉아 있던 인물들이 원자허가 당도하자 모두 나와서 맞이했다고 되어 있는데, 그 실존 인물인 사육신의 혼령들이 어떻게 허구적인 가짜 인물을 예를 갖추어 모두 일어나서 맞이했다는 것인지 도무지 이해가 안 간다.

다음은 단종의 혼령이 몽유자 원자허를 보고서 한 말이다. "일찍부터 그대의 훌륭한 소문을 듣고 한번 만나보고 싶은 마음 간절했는데, 이와 같이 좋은 밤에 반가이 만나게 된 것이니 의아하게 생각지 마시오." 단종이 그 가짜 인물을 언제 보았다고 그대의 훌륭한 소문을 듣고 한번 만나보고 싶다는 말을 할 수 있단 말인가? 이런 말은 단종이 진작부터 몽유자 원자허를 알고 있었다는 이야기고, 단종 자신에게 충성을 다한다는 사실을 알고 있었기에 그대의 훌륭한 소문을 듣고 한번 만나보고 싶다는 이야기를 했던 것이다. 생면부지 모르는 사람한테 그것도 가짜 인물한테는 도저히 건넬 수 없는 이야기이다. 한마디로 몽유자 원자허를 허구적 인물이라 본 것은 큰 오해이고 착각이란 것을 다시 강조하는 바이고, 몽유자 원자허는 역사상의 실존인물 관란 원호와 동일 인물이란 것을 거듭 강조한다.

④ 왕이 여기서 초연(愀然)한 안색으로 옷깃을 바로하고 슬픔을 참지 못하여 이렇게 노래하였다. “강의 파도 소리 목 메이며 끝없이 흘러가고/ 나의 회포 길고 길어 너와 같도다./ 살아서는 임금이되 죽어서는 고혼이네./ 새 이금은 거짓 임금 상왕(上王)이란 겉으로만 높인 것을/ 옛적의 백성들 지금은 모두 남의 나라 백성인데/ 六, 七인의 신하들과 같이 있으니/ 고혼이나마 의지가 되는구나.” [96]

몽유자 원자허의 정체를 밝히기 위하여 다시 〈원생몽유록〉의 본문을 인용하였다. 위의 따옴표 속의 번역시는 임금 단종이 읊은 것을 현대어로 번역한 것이다. 그 시 속에는 “새 임금은 거짓 임금 상왕이란 겉으로만 높인 것”이라고 하였다. 여기서 새 임금은 단종의 왕위를 찬탈한 세조이고 그 새 임금은 거짓 임금이라고 하였다. 단종의 입장에서는 능히 이렇게 이야기할 수 있다. 또 상왕이란 단종 자신을 가리키는 말이다. 1455년 수양대군의 측근자인 한명회 · 권남 등이 선위(禪位)를 강요하자 단종은 수양대군에게 왕위를 물려주고 상왕(上王)이 되었기 때문이다. 그러나 단종은 이미 실권을 빼앗긴 터이니, 상왕이란 겉으로만 높인 것이란 말을 할 수 있었던 것이다.

그리고 위의 시를 보면 “6, 7인의 신하들과 같이 있으니.”란 구절이 나온다. 당시 이 시회(詩會)의 자리에 참석한 사람은 앞에서

96) 원용석, 앞의 책, 48쪽.

이야기한 박팽년, 성삼문, 이개, 하위지, 유성원 등 다섯 사람 외에 복건자와 몽유자가 참석한 상태다. 죽은 혼령 복건자까지 합치면 신하는 육인(六人)이 되고, 생존해 있는 몽유자 원자허까지 합치면 신하의 숫자가 칠인(七人)이 된다.

단종은 이들을 모두 자기의 신하라고 불렀다. 몽유자 원자허를 역사적 인물 원호로 보면 단종의 신하가 맞지만, 임제로 보면 단종의 신하가 될 수 없다. 사육신 의거 사건이 터지고 110여 년 이후에 태어난 임제는 그 자리에 동참할 수도 없고, 단종이 자기 신하라 여길 수도 없는 것이다. 하물며 생면부지의 허구적 인물한테 단종이 신하라 불렀을 리는 만무한 것이다. 이러한 시구(詩句)의 내용을 보아도 몽유자 원자허는 역사상의 실존인물 관란 원호가 틀림없다고 본다.

⑤ 자허는 원래 세상 일을 분개하고 한탄하는 사람이라 눈물을 닦고 슬픈 음성으로 다음과 같이 노래를 불렀다. "지나간 일을 누구에게 물어보리/ 황폐하고 처량한 산에는 흙 언덕이 하나뿐일세/ 깊은 한은 정위의 죽음이요/ 애닯은 넋은 두견의 수심이네./ 고국에는 언제나 돌아갈꼬./ 강루에 올라 이 날을 같이 지내네/ 슬프고 처량한 노래 두서너 곡을 마치니/ 갈대꽃에 어스름달이 비친 쓸쓸한 가을이로세." [97]

몽유자 원자허의 정체를 밝히기 위하여 몽유자와 관련 있는 내용을 다시 인용하였다. 원자허는 원래 세상 일을 분개하고 한탄하는 사람이라고 하였다. 여기서 세상 일이란 '병자사화' 또는 '사육신의거사건'을 가리킨다.

이 사건은 1456년(세조 2) 6월 세조는 상왕과 더불어 창덕궁에서 연회를 베풀고 명나라 사신을 접대하게 되어 있었는데, 이 자리

97) 위의 책, 52쪽.

에서 세조 부자를 한꺼번에 참살하고 상왕 단종을 복위 시키려다, 실패하고 모두 죽임을 당한 사육신 사건을 가리킨다. 이 사건에 분개하고 한탄하는 사람이 생육신 관란 원호라면 맞지만, 그 사건이 터질 당시 아직 이 세상에 태어나지도 않은 임제가 어떻게 그 자리에 참여하여 분개하고 한탄하고 눈물을 흘리고 슬픈 음성으로 노래를 부를 수 있다는 것인지 몽유자를 선조 때의 선비 백호 임제라고 주장하는 이들에게 묻고 싶다.

그의 문집을 보면, 그가 적지 않은 승속(僧俗)들과 공담(空談)을 나누고 진관(眞觀)을 힘쓴 것을 볼 수 있다. 그는 주사청루(酒肆靑樓)의 창기와도 거리낌 없이 교제하였는데 황진이(黃眞伊)와 일지매(一枝梅)와의 이야기는 이미 널리 알려진 것이고, 문집에 오른 시작품 가운데도 그와 같은 자취를 볼 수 있다. 백호는 단순히 책상 위에서 글귀나 쓰다듬는 한갓된 선비가 아니다. 그는 문인이면서도 승마(乘馬) · 패검(佩劍)을 즐긴 호기 찬 대장부의 면모도 지녔다. 당쟁(黨爭)과 소리(小利)에 눈이 어두운 당대의 선비 따위는 눈에 차지 않았으며, 베풀 길 없는 웅지(雄志)를 달래며 답답한 마음을 시와 술에 의탁(依託)하였고, 팔도강산을 두루 편력(遍歷)하고 자적(自適)하였다.[98]

원생몽유록의 몽유자 원자허가 백호 임제라고 강하게 주장하는 황패강의 논문을 인용하였다. 임제는 승속들과 공담을 나누고 주사청루의 창기와 거리낌 없이 교제하고, 황진이와 일지매와의 이야기가 유명하다는 것이다. 그는 승마와 패검을 즐긴 호기 찬 대장부의 면모를 지녔고, 팔도강산을 두루 편력하고 자적하였다는 것이다. 임제를 이렇게 소개해 놓고서 세상일에 비분강개하고 한탄

98) 黃浿江, 元生夢遊錄, 「韓國古小說 作品論」, 集文堂, 1990, 142쪽.

하고 눈물 흘리고 슬픈 노래만 부르는 몽유자 원자허와 같다고 이야기하고 있으니, 그야말로 기가 찰 노릇이다. 관란 원호는 병자사화 또는 사육신의거 사건에 비분강개했지만, 백호 임제는 당쟁과 소리(小利)에 어두운 선조 때의 선비들에 대하여 비분강개한 것이다. 위의 황패강 논문에서 그렇게 밝혀 놓았다. 그러니 몽유자 원자허를 선조 때의 백호 임제라고 주장하는 황패강의 논설은 수정되어야 마땅하다.

그리고 몽유자가 노래한 위의 인용시를 보면 "고국에는 언제나 돌아갈고/ 강루에 올라 이 날을 같이 지내네."라고 하였다. 전구(前句)에서 '고국'이란 단종이 통치하던 시대를 말한다. 사실 역사를 단종 시대로 되돌려 놓기는 어려운 것이다. 그래서 고국에는 언제 돌아가느냐고 한탄조의 노래를 부르고 있는 것이다. 그리고 후구(後句)에서는 강루(江樓)에 올라 이날을 같이 지낸다고 하였다. 여기서도 그 자리에 함께한 몽유자를 원호로 보면 아무런 문제가 없지만, 선조 때의 임제로 보면 아직 태어나지도 않은 사람이 어떻게 죽은 단종과 죽은 사육신들과 자리를 같이할 수 있다는 것인지 논리적으로 설명이 안 된다.

2) 복건자(幅巾者)의 정체

원생몽유록에 등장하는 인물들은 역사적 실존 인물이어야 한다. 그것도 세조 왕위찬탈 사건과 단종 복위운동에 관련된 사육신들 즉 계유정란(癸酉靖難)과 병자사화와 관련된 인물이어야 하고, 그렇지 않으면 생육신이나 그 생육신에 준하는 인물들이어야 한다. 왜냐 하면 이 작품의 꿈의 세계에서 전개되는 일들이 단종과 사육신과 생육신들, 아니면 그에 준하는 인물들이 모여서 세조의 왕위찬탈사건을 성토하고 항거하고 울분을 토로하는 장면들로 구성되었기 때문이다. 그러한 전제 아래 본 단락에서는 복건자의 정체를 밝히는데 주력하고자 한다.

지금까지 작자(作者) 임제설(林悌說)을 주장한 이들은 복건자를 추강 남효온이라 하였고, 작자(作者) 원호설(元昊說)을 주장한 이들은 그 복건자를 연촌 최덕지라 하였다. 따라서 복건자가 남효온으로 밝혀지면 〈원생몽유록〉은 임제가 지은 것이 되고, 그 복건자가 최덕지로 밝혀지면 〈원생몽유록〉은 원호가 지은 것이 된다.

① 조금 있으니 갈대꽃 밭 깊숙한 곳에서 홀연히 한 사람의 헌칠한 사나이가 다가오는데 복건(幅巾)을 쓰고 야복(野服)을 입고 이목이 청수(淸秀)하며 패기 있고 늠름한 모습이 마치 수양산의 옛 선비와 같았다. 앞으로 다가와서 허리를 굽혀 인사하며 하는 말이 "자허(子虛)는 어찌하여 이렇게 더디 오십니까. 우리 임금님께서 맞아 오라는 분부십니다."라고 하였다. 자허는 그 사람이 산신령이나 물의 정령(精靈)이 아닌가 하여 놀라운 마음에 무어라 대답을 하지 못하였다.

위의 인용문 ①은 원생몽유록 중에서 원자허와 복건자가 상면하는 장면을 따온 것이다. 그 복건자의 외양이 키가 헌칠한 사나이고, 복건(幅巾)을 쓰고 야복(野服)을 입고, 이목이 청수하며 패기 있고, 늠름한 모습을 지녔다고 하였다. 이러한 외양 묘사만 보고는 복건자를 최덕지로 보아야 할지 남효온으로 보아야 할지 판가름되지 않는다. 그러나 바로 다음에 "늠름한 모습이 바로 수양산의 옛 선비와 같았다."라는 구절이 나온다. 여기서 수양산의 옛 선비는 백이(伯夷)와 숙제(叔齊)를 가리키는 말이다. 이들은 발(發; 뒤에 주나라 무왕이 됨)이 군사를 일으켜 주왕(紂王)을 치려하자 말고삐를 잡고서 치지 말라고 간하였다. "신하로서 군주(주왕(紂王)

을 가리킴)를 침이 인(仁)이라 하겠는가."라고 하면서 말렸던 것이다.

그 후 발(發)은 주왕(紂王)을 죽이고 천하를 통일하니, 드디어 은(殷)은 망하고 주(周)나라가 일어나 종주국이 되었고 발(發)은 무왕(武王)이 되었다. 그러나 이렇듯이 신하가 임금을 죽이는 것을 부끄럽게 여긴 백이, 숙제는 "의(義)를 지키기 위해서 주(周)나라의 곡식을 먹지 않겠다."고 하며 수양산(首陽山)으로 들어가 고사리를 캐어 먹고 목숨을 이어가다가 마침내 굶어 죽었다.[99] 이처럼 백이, 숙제는 신하로서 임금을 치는 것을 못 마땅하게 생각하여 수양산으로 들어가 고사리를 캐 먹다가 굶어 죽었다. 그러면 상기 인용문의 "수양산의 옛 선비"와 같다고 한 말이 최덕지에 해당되는가? 남효온에 해당 되는가 논증해 보자.

명이(明夷)의 어려운 때를 당하여 기자(箕子)가 바르게 지낸 바를 본받아 그 자취를 감추고 큰 선비의 명철한 길을 다하였다. 목숨을 바쳐 뜻을 이룸이 성근보(成謹甫) 등 제 충신과 택한 길은 달랐지만 가는 곳은 같았다. 후일에 신중하고 바르게 평가하는 사람이 말하기를 열경(悅卿; 김시습의 자)은 지금의 백이(伯夷)요 육신(六臣)은 지금의 방효유(方孝孺) · 연자령(練子寧; 두 사람 다 명나라 충신으로 절의를 지키다 죽은 사람)이라 하고 또 연촌(烟村)과 무항(霧巷)은 육신(六臣)에 비하여 도리어 그 절의가 높다고 하였는데 무항은 곧 公이요 연촌은 직제학 최덕지(崔德之)이다.[100]

상기 인용문은 「생육신 관란 원호」란 책에 게재된 〈장릉지(莊陵誌)〉에서 따온 것이다. 이 장릉지는 정조 때에 왕명으로 편집한

99) 崔長洙, 古時調解說, 世運文化社, 1977, 36쪽.
100) 生六臣 觀瀾元昊, 弘法院, 136쪽.

글이라 되어 있다. 그 장릉지에 김시습은 지금의 백이요, 사육신은 지금의 방효유·연자녕이요 원호와 최덕지는 사육신에 비하여도 그 절의가 더 높다고 평가하였다. 그러니 원생몽유록 작품 속에서 "마치 수양산의 옛 선비와 같았다."고 묘사한 복건자는 연촌 최덕지를 지칭한 것이 분명하다. 남효온도 단종에 대한 충성도를 논하면 최덕지에 버금가지만, 그의 생애가 수양산의 옛 선비 백이·숙제와 같은 생활을 하지 않았다는 점에서 복건자로 지목하기가 어렵다는 이야기다.

그리고 위의 인용문을 보면 복건자가 앞으로 다가와서 허리를 굽혀 몽유자에게 인사를 했다는 구절이 나온다. 이 부분도 복건자 최덕지가 몽유자 원자허에게 허리를 굽혀 인사했다는 말은 이야기가 되지만 복건자 남효온이 몽유자 임제에게 허리 굽혀 인사했다는 말은 문장 자체가 성립 안 된다.

왜냐 하면 추강 남효온이 생존 시에 백호 임제는 이 세상에 태어나지도 않았기 때문이다. 태어나지도 않은 사람한테 남효온이 어떻게 허리 굽혀 인사할 수 있단 말인가? 설사 원생몽유록이 선조 때 임제가 지었다고 가정하더라도 임제가 남효온에게 허리 굽혀 인사했다는 말은 되지만, 거꾸로 남효혼이 자기보다 110년 뒤에 태어난 임제 앞으로 다가가서 허리 굽혀 인사했다는 말은 전혀 성립이 안 된다. 원생몽유록이 소설 작품이지만 그 소설을 연구한 논문까지 소설처럼 써서 발표하는 행태는 우리 학계에서 사라져야 한다.

(가) 남효온은 1454년(단종 2)에 태어나서 1492년(성종 23)까지 생존했던 조선시대의 문인으로 생육신의 한 사람이다. 김종직(金宗直)의 문하생으로 김굉필·정여창 등과 함께 수학하였다. 그 인물됨이 영욕을 초탈하고 지향이 고상하여 세상의 사물에 얽매이지 않았으며, 김종직이 존경하여 이름을 부르지 않고 '우리 추강'이

라 하였다.[101]

(나) 임제는 1549년(명종 4)에 태어나서 1587년(선조 20)에 돌아가셨다. 조선 중기 때의 문인. 자는 자순(子順), 호는 백호(白湖)·풍강(楓江)·소치(嘯癡)·벽산(碧山)·겸재(謙齋), 본관은 나주(羅州), 절도사 진(晉)의 맏아들이다. 어려서부터 지나치게 자유분방하여 스승이 따로 없다가 20세가 넘어서야 성운(成運)을 사사하였다. 교속(敎束)에 얽매이기보다는 창루(娼樓)와 주사(酒肆)를 배회하면서 살았다.[102]

남효온은 단종 때 태어나서 성종 때 돌아가셨고, 임제는 명종 때 태어나서 선조 때 돌아가셨다. 태어난 해를 기준으로 하면 두 분의 출생연도가 95년 차이가 난다. 그런데 95년 먼저 태어난 복건자 남효온이 자기 생존 시에 아직 태어나지도 않은 몽유자 임제한테 허리를 굽혀 인사를 했다니, 만화나 소설을 보는 느낌이 든다. 어떻게 아직 태어나지도 않은 미래의 인물한테 허리를 굽혀가면서 인사를 할 수 있단 말인가?

그리고 위의 〈원생몽유록〉의 인용 부분을 보면 복건자와 몽유자는 이전부터 서로 아는 사이라는 것이 말투에서 느껴진다. 생면부지 모르는 사람한테 "자허는 어찌하여 이렇게 더디 오십니까."라고 원망조로 이야기할 수는 없기 때문이다. 그리고 복건자는 임금 단종의 심부름으로 몽유자 원자허를 마중 나온 것이다. 복건자가 "우리 임금님께서 맞아 오라는 분부십니다." 여기서도 몽유자를 원호로 보면 단종이 맞아 오라는 이야기가 맞는데, 몽유자를 임제로 보면 아직 이 세상에 태어나지도 않은 임제를 단종이

101) 「국어국문학자료사전」, 국어국문학편찬위원회, 한국사전연구사, 1994, 667쪽.
102) 위의 책, 2469쪽.

무엇 때문에 맞아 오라는 분부를 내렸다는 것인지 분명히 밝혀야 한다.

복건자도 최덕지로 보면 아무런 무리가 없는데, 병자사화(1456년) 당시 3살 밖에 안 되는 추강 남효온한테, 단종이 어떻게 심부름을 시킬 수 있다는 것인지, 복건자가 추강 남효온이라고 주장하는 사람들한테 이 자리를 빌어 정중하게 질문을 한다.

인용문을 다시 보면 "자허는 그 사람(복건자)이 산신령이나 물의 정령(精靈)이 아닌가"하여 무어라 대답을 하지 못하였다. 다시 말해서 몽유자를 원호로 보고 복건자를 최덕지라 하면 두 사람은 친구 사이인데 왜 몰라보았느냐 하는 것이 작자를 임제라고 주장하는 사람들이 근거로 제시하는 문장이다.

이것에 의한다면 자허(子虛)는 복건자와 지면(知面)이 있는 사이가 아니다. 이때가 초대면(初對面)인 듯하다. 다만 복건자만은 일방적(一方的)으로 자허(子虛)를 알아보고 "자허래하지 오왕봉요(子虛來何遲 吾王奉邀)"라고 말하였다. 복건자는 영계(靈界)의 인간이므로 생면부지(生面不知)의 인물을 알아볼 만한 신통력(神通力)을 가졌다 보아서 그리 큰 모순은 없으리라고 생각한다. 이제 이박사(李博士)의 소설(所說)을 좇아서 원생(元生)을 원호(元昊)로 복건자를 최연촌(崔烟村)으로 본다고 할지라도 원생(元生)이 복건자를 만났을 때 어찌하여 "몽매(夢寐)의 사이에도 서로 떠날 수 없을 만큼 막역(莫逆)의 벗"이었던 연촌을 전혀 못 알아보고 마치 생면부지(生面不知)의 사람을 대하듯이 하였을 것인가 자못 의문(疑問)을 갖게 한다. 그러므로 이 경우 원호(元昊)와 최덕지(崔德之) 양인의 관계는 이 작품에서 성립되지 않는다. 〈원생몽유록(元生夢遊錄)〉은 남추강(南秋江) 사후(死後)의 작품이다. 그러므로 "4세의 유아가 어떻게 단종(端宗)을 모시고 놀을 수 있겠는가"하는 말

은 성립되지 않는다.[103)]

황패강의 논문을 인용했는데, 자허(子虛)는 복건자와 지면(知面)이 있는 사이가 아니고 초대면(初對面)이라 하였다. 원생(元生)이 복건자를 만났을 때 어찌하여 몽매(夢寐)의 사이에도 서로 떠날 수 없을 만큼 막역(莫逆)한 벗인데, 왜 연촌(烟村)을 못 알아보고 생면부지의 사람을 대하듯이 하였느냐는 의문을 제기하였다. 그러면서 복건자는 일방적으로 자허를 알아보았는데, 그 복건자는 영계의 인간이니까 가능했을 것이라고 하였다. 이 경우 원호(元昊)와 최덕지(崔德之)의 관계는 성립될 수 없다는 것이 그의 주장의 핵심이다.

이 말은 몽유자를 원호(元昊)로 볼 수 없고 복건자를 최덕지(崔德之)로 볼 수 없다는 것이다. 그러나 내 생각에는 이 장면에서 몽유자 원자허가 복건자 최덕지를 얼른 못 알아본 것은 당연하다고 본다. 두 분이 아무리 친한 사이었다 하더라도 복건자는 영계의 인간 즉 귀신이요, 몽유자 원자허는 살아있는 현세의 인간이니, 아무리 친구 사이었다 하더라도 죽은 귀신을 첫눈에 알아보지 못하는 것은 당연하다.

물론 무당이나 점쟁이는 귀신의 존재를 알아볼 수 있겠지만 원자허 즉 원호는 당시 산 사람으로서 평범한 인간이다. 그런데 어떻게 귀신을 잘 못 알아보았다고 문제를 삼는가? 나는 그것을 트집 잡는 황패강이 이상하다고 생각한다. 이 세상에 귀신을 보고서 누구인지 잘 알아보는 사람이 있으면 나와 보라고 이야기하고 하고 싶다.

더구나 두 분이 첫 대면 한 곳이 인간이 사는 마을이 아니고 첩첩산중이라고 하였다. 맑은 강물이 흐르고 여러 산들과 골이 둘러 있

103) 黃浿江, 林悌와 元生夢遊錄, 「檀國大 論文集」 第四輯, 1970, 18~19쪽.

다고 하였다. 밤중이 되어 만물이 고요한데 달빛은 황황하고 물결은 비단같이 반짝이고 기러기는 갈대 숲속에서 울고 있다고 하였다. 아무리 달밤이라 하더라도 아닌 밤중 첩첩산중 갈대숲에서 형체(形體)가 불분명한 귀신을 만났는데, 어떻게 상대방이 누구인지를 첫눈에 알아볼 수 있단 말인가?

그래서 원자허는 복건자를 산신령이나 물의 정령이 아닌가 하여 놀라운 마음에 대답을 못하였다고 하였다. 즉 복건자의 모습이 산신령 같기도 하고 물귀신 같기도 했다는 이야기다. 이승의 사람이 저승의 영계 인간을 어떻게 빨리 알아볼 수 있단 말인가? 귀신을 빨리 알아보는 사람은 무당밖에 없다고 생각한다. 이처럼 정확한 표현을 잘 못 해석하고서 몽유자 원자허와 복건자 최덕지의 관계가 성립될 수 없다고 단정 짓는 것은 큰 오류를 범한 것이다. 그리고 황패강은 위의 인용문에서 〈원생몽유록(元生夢遊錄)〉은 남추강(南秋江) 사후(死後)의 작품이라고 하였다. 이 말은 남효온도 지은이는 아니고, 선조 때의 백호 임제가 지은이라는 말과 같다. 이러한 발언에 대하여 원용우가 몇 가지 질문을 던져 보겠다.

1. 백호 임제는 성질이 거칠고 뻣뻣한 사람이라 하였고, 호협하게 놀기를 일삼았고, 자유분방해서 매사에 거리낌 없는 분이라 하였는데, 왜 몽유자를 자신으로 하지 않고 생육신 원호로 해서 몽유록을 지었다는 것인지 해명바랍니다. 다른 것은 남이 대신해 줄 수 있지만 꿈은 대신 꿔줄 수 없다는 사실을 알고 계신지요?

2. 몽유자가 자신을 소개하기를 "세상에 성은 원씨요 자는 자허라는 이가 있으니, 그는 비분강개하는 선비이다."라고 소개했는데, 그 몽유자를 생육신 원호로 보지 않고, 선조 때의 백호 임제라 보고 있습니다. 그러면 임제가 꿈꾼 것을 기록한 작품이라는 이

야기인데, 왜 작품 이름을 〈임생몽유록(林生夢遊錄)〉이라 하지 않고, 〈원생몽유록(元生夢遊錄)〉이라 하시는지요?

3. 원생몽유록은 세조의 왕위찬탈사건, 병자사화, 사육신의거사건이 핵심 내용이고 주제이다. 구구절절이 단종의 억울함을 호소하고, 한탄하고, 슬퍼하고, 세조에 대하여 분노하는 내용으로 채워졌다. 이러한 원생몽유록을 임제가 지었다면 임제의 그 많은 한시, 시조, 산문 중에도 그런 냄새를 풍기는 작품이 나와야 한다. 그런데 어디에도 단종에 대한 충성심과 절의정신을 나타낸 글이 없다. 글은 곧 그 사람의 사상과 감정을 나타낸다고 한다. 임제에게는 단종에 대한 충성심도 없고, 사육신이나 생육신들처럼 단종에 대한 절의 정신도 없는데, 어떻게 원생몽유록 같은 작품을 지을 수 있었다는 것인지 설명해 주시기 바랍니다.

4. 원생몽유록 작품 속에는 대화 부분이 많이 나오고 그 중에서도 왕(단종)이 몽유자에 대하여 한 이야기가 몽유자의 정체를 밝히는데 큰 도움을 준다. 왕이 말하기를 "일찍부터 그대의 훌륭한 소문을 듣고 한번 만나보고 싶은 마음이 간절하였는데, 이와 같이 좋은 밤에 반가이 만나게 된 것이니 의아하게 생각지 마시오." 라는 구절이 나온다. 여기서 "그대의 훌륭한 소문을 듣고 한번 만나보고 싶은 마음이 간절했다."는 이야기는 생육신 원호에게는 그대로 적중하지만, 110여 년 후 선조 때 임제에게는 해당되지 않는다. 아직 태어나지도 않은 사람한테 "그대의 훌륭한 소문 듣고"라는 말을 단종이 할 수 있겠는가? 아직 타어나지도 않은 인간한테, "그대를 한번 만나보고 싶은 마음이 간절했다."는 표현을 할 수 있겠는가?

5. 황패강의 논문 중에는 이런 내용이 나온다. "초년에 그는 유탕한 한때를 보내다가 20세에 비로소 학문을 뜻하였으니, 이때가 선조 1년(1568년) 즉 임진년(戊辰年)으로 〈원생몽유록〉의 무진(戊辰)과 상통하는 데가 있다. 만약 〈몽유록〉 상의 연기에 틀림없다면 임제가 20세, 황여일이 13세 되는 이때를 제작의 연대로 잡을 수 있을 것이다." 황패강의 이 논문을 보면 임제가 학문에 뜻을 두고 공부를 시작한 것이 20세 때인데, 바로 그 20세 때 임제가 〈원생몽유록〉을 지었다는 것이다. 원생몽유록은 단종 때의 역사를 꿰뚫어보고, 중국 고사를 많이 응용했기 때문에 학문적 깊이가 없는 사람은 그 소설을 지을 수 없다. 그런데 20세에 글공부를 시작한 임제가 20세에 〈원생몽유록〉을 지었다고 주장하니 황당하기 이를 데 없다. 이 문제를 납득할 수 있게 설명해 주시기 바랍니다.

② 복건 쓴 사람이 한숨짓고 탄식하여 말하기를 "요(堯), 순(舜), 우(禹), 탕(湯) 이후로 세상을 농락하는 자들이 왕위를 물려받는다고 빙자하며 신하로서 임금을 치면서 어떤 명분을 붙였으며, 이러한 일들이 오랜 기간 동안 두고두고 되풀이되는 동안에 끝내는 바로잡을 수 없게 되었다. 아아, 이러한 일들은 네 임금 때에 발단이 된 것이다."라 하였다.

인용문 ②는 〈원생몽유록〉 중에서 복건자와 관련된 부분을 따온 것이다. 그 내용의 핵심은 신하로서 임금을 치면서 어떤 명분을 붙인다는 이야기다. 다시 말해서 세조가 세력을 모아 단종을 치고 왕위 찬탈한 것을 빗대어 표현한 것이다. 이러한 이야기를 연촌 최덕지는 할 수 있지만 추강 남효온은 할 수 없다는 것이 필자의 생각이다. 최덕지는 1456년(세조 2) 병자사화가 일어나기 앞서 1455년 72세의 나이로 타계했으니, 복건자에 해당하는 인물이 될 수 있다.

그러나 남효온은 1454년(단종 2)에 출생해서 병자사화 당시 겨우 3세밖에 안 되는 어린 아이요 이 세상의 생존자였기 때문에 〈원생몽유록〉에서의 복건자가 될 수 없다. 왜냐 하면 이 작품 속에서의 복건자는 황패강의 논설대로 영계의 인간 즉 죽은 영혼이어야 하기 때문이다. 생존자는 이 작품에서 복건자 역할을 할 수 없고, 할 수 있다 하더라도 세 살짜리 갓난아기가 어떻게 그 자리에 참여하여 단종이나 사육신의 영혼과 대화를 나눌 수 있단 말인가? 최덕지는 병자사화 이전 1455년에 이미 돌아가셨으니 복건자가 될 수 있지만 병자사화 당시 세 살 밖에 안 되는 남효온은 복건자가 될 수 없음을 다시 한 번 강조한다.

③ 술이 두어 순배 돌아갔을 때에 왕이 술잔을 들고 좌중에 있는 여섯 사람을 둘러보며 목 메인 소리로 말하기를 "경(卿)들은 어찌 각각 생각하고 뜻을 말하여 원통한 한을 풀려고 하지 않는가."라고 하니, 여섯 사람이 말하기를 "대왕께서 노래를 지으시면 신등이 이에 화답하겠나이다."라고 하였다.

위의 글 ③역시 복건자의 정체를 밝히기 위하여 〈원생몽유록〉 중에서 단종과 여섯 신하가 주고받은 대화 부분을 인용한 것이다. 왕이 술잔을 들고 좌중에 있는 여섯 사람을 둘러보며 목 메인 소리로 말했다는데, 그 여섯 사람이 누구인가를 다시 점검해보자. 이 여섯 사람은 박팽년, 성삼문, 이개. 하위지, 유성원 등과 복건자끼지 합쳐서 헤아린 숫자이다. 왕은 이들에게 "경(卿)들은 어찌하여"라고 하면서 '경'이란 대명사를 썼다. 국어사전을 찾아보면 경(卿)은 임금이 이품 이상의 벼슬아치를 부르는 말이라고 하였다. 그렇다면 문종 때 예문관 직제학(藝文館直提學)을 지낸 연촌 최덕지는 '경'이라는 말을 들을 수 있지만, 병자사화 때 세 살밖에 안 된 남효온은 단종에게 '경'이란 말을 들을 자격이 없다. 그 다음 "신등이 이에 화답하겠나이다."라는 구절이 있는데, 여기서도 최덕지는 '신등은'이란 말을 쓸 수 있지만, 남효온은 단종과 직접적인 군신관계에 있는 상황이 아니었기에 그런 말을 쓸 수 없다. 이래도 원생몽유록의 복건자를 추강 남효온이라 우겨댈 것인가?

④ 복건을 쓴 사람이 머리를 긁적거리며 다음과 같이 길게 노래 불렀다. "눈을 들어 산하를 바라보니 옛 모습과 달라졌고/ 신정(新亭)에 함께 모여 초나라 죄수의 슬픔을 맛보았네./

아차하면 흥하고 망하니 놀란 마음 창자가 찢어지고/ 누가 충신이고 간신인지 분통이 터져 눈물이 쏟아지네./ 율리(栗里)의 맑은 바람에 도원량(陶元亮)이 늙었고/ 수양산 차가운 달에 백이, 숙제가 굶주렸다오./ 그래도 한편의 야사(野史)가 후세에 전했으니/ 천추에 두고두고 선악의 교훈이 될 수 있으리."

위의 인용문 ④는 원생몽유록 중에서 복건자가 부른 노래를 따온 것이다. 복건을 쓴 사람이 머리를 긁적거리면서 노래를 불렀다고 하는데, 이 부분도 최덕지에게는 해당되는 말이지만, 당시 나이 세 살밖에 안 되는 남효온에게는 맞지 않는 말이다. 세 살짜리 어린애가 무슨 말을 제대로 할 수 있겠는가? 이제 말을 배우기 시작할 나이 세 살에 어찌 인용 부분과 같은 심오한 역사 비판시를 지을 수 있다는 것인지 북건자= 남효온이라 주장하는 사람들에게 묻고 싶다.

그리고 위의 한시를 보면 제1행에서 "눈을 들어 산하를 바라보니 옛 모습과 달라졌다."고 하였다. 이것은 이미 단종이 세조에게 왕위를 빼앗겼다는 것을 확인시켜 주는 말이다. 산하가 옛 모습과 달라졌다는 이야기는 주인이 바뀌었다는 것이고, 주인이 바뀌었으니 강산도 달라져 보인다는 것이다.

제2행에는 "신정(新亭)에 함께 모여 초나라 죄수의 슬픔을 맛보았네."라고 되어 있다." 신정(新亭)은 중국 강소성 강녕현(江寧縣)에 있는 정자를 지칭한다. 중국 동진(東晋) 때에 왕도(王導) 등 명신들이 이 정자에 모여서 풍경은 예와 같은데 나라 형편은 날마다 기울어 간다고 한탄한 장소이다. 그러니 우리 나라의 산천이나 풍경은 같은데 세조에 의해서 왕권을 빼앗기게 되었으니, 이러한 형편을 중국 고사(故事)에 빗대어 나타낸 것이다.

그 다음은 '초나라 죄수의 슬픔'에 대하여 알아보자. 초수(楚囚)는 초 땅에 유배된 사람이란 의미로 굴원이 이에 해당한다. 원통한 처지에 놓인 충신의 슬픔을 표현한 말이다.[104)]

제3행에서는 "아차하면 흥하고 망하니 놀란 마음 창자가 찢어진다."고 했다. 여기서 흥하는 것은 세조와 그 일당이고 망하는 것은 단종과 그를 추종하는 신하들이다. 놀란 마음 창자가 찢어진다고 하는 것은 단종 편에 줄 서 있는 사람들이다. 더 구체적으로 이야기하면 최덕지 자신이라 할 수 있다. 나이 3세밖에 안 된 남효온으로서는 도저히 이런 노래를 읊을 수 없다는 것이 필자의 생각이다. 원생몽유록에 등장하는 인물은 몽유자만 생존자이고 나머지는 영계의 인간이다. 남효온은 생존자이었기에 복건자가 될 수 없다.

제4행에서는 "누가 충신이고 간신인지 분통이 터져 눈물이 쏟아지네."라고 하였다. 여기서 충신은 단종에게 충성을 받치는 사람들이고 간신은 세조에게 충성을 받치는 사람들이다. 그런데 충신이 간신 역적으로 몰리어 죽임을 당하니, 분통이 터져서 눈물이 난다고 표현할 수밖에 없었을 것이다.

---

104)신호열 · 임형택 공역, 앞의 책, 868쪽.

제5행에서는 "율리의 맑은 바람에 도원량이 늙었고"라 했는데, 세조가 왕위 찬탈 당시 3살 밖에 안 된 추강이 어떻게 자신을 도연명에 비유하면서 늙어간다고 이야기할 수 있단 말인가? 이것은 도연명이 중국 강서성에 있는 율리에서 은거 생활을 했듯이, 복건자인 최덕지 자신이 벼슬을 버리고 원주 땅 연촌(烟村)에 은거 생활했던 것을 도연명에 비유해서 읊은 것이다.

제6행에서는 "수양산 차가운 달에 백이, 숙제가 굶주렸다오," 라고 읊었다. 이 부분은 수양산 차가운 달을 바라보며 삶을 유지한 사람은 백이, 숙제요, 그 백이, 숙제는 수양산에서 고사리나 캐먹다가 굶어죽었다는 고사(故事)를 인용한 것이다. 여기서도 세조에 편승하기 싫어서 벼슬을 버리고 원주 치악산에 은거 생활을 했던 최덕지는 그 옛날 중국의 백이, 숙제에 비유할 수 있지만, 세조의 왕위찬탈 당시 세 살밖에 안 된 남효온은 백이, 숙제에 비유할 수 없다는 것은 불문가지(不問可知)의 일이다.

제7행에서는 "그래도 한편의 야사(野史)가 후세에 전했으니"라고 하였다. 여기서 야사는 원호가 지은 〈원생몽유록〉을 가리키는 말이다. 원호는 이 〈원생몽유록〉을 소설이라 생각하고 쓴 것이 아니라 역사라 생각하고 쓴 것이다. 이것은 조선왕조실록과 같은 정사(正史)는 아니기에 한 개인이 쓴 야사(野史)라고 표현했던 것이다. 이처럼 야사라고 생각하면서 썼기에 허구(虛構)가 끼어들 틈이 없다. 처음부터 끝까지 등장인물, 사건, 대화, 공간적 배경, 시간적 배경, 인물들의 행위까지 실제로 있었던 그대로 서술했음을 밝혀두는 바이다. 허구적 사건이나 허구적 인물이 끼어들 이유가 없다. 왜냐 하면 원생몽유록은 세조왕위찬탈사건 즉 병자사화 같은 역사적 사건을 후세에 전하기 위하여 목숨을 내놓고 쓴 작품이기 때문이다.

원생몽유록은 후세에 진실되게 전하도록 사실에 충실했지, 작자가 임의로 가감하거나 변개한 사실이 전혀 없다는 것을 천명(闡明)하는 바이다.

그러기에 제8행에서는 "천추에 두고두고 선악의 교훈이 될 수 있으리."라고 하였다. 만약에 〈원생몽유록〉에 사실(史實)과 다른 내용을 조금이라도 기술했다면 복건자의 입을 빌어서, 천추에 두고두고 선악의 교훈이 될 기록이라 표현하지 않았을 것이다. 진실과 양심에 의하여 기록했기 때문에 후세의 교훈이 될 것이라고 복건자는 이야기했다. 그런데도 복건자를 추강 남효온이라고 강변할 것인가?

3) 매월거사(梅月居士)인가, 해월거사(海月居士)인가?

원생몽유록은 꿈속의 이야기로 끝나는 것이 아니라, 각몽(覺夢) 이후에도 이야기가 전개되면서 작품을 마무리 짓고 있다. 다시 말해서 결론(結論)에 해당되는 이야기가 따로 있다는 이야기다. 그 결론 부분의 첫 머리는 "자허지우 매월거사 문이통지왈(子虛之友 梅月居士 聞而痛之曰)"이란 문장으로 시작된다. 여기서 '매월거사(梅月居士)'가 아니고 '해월거사(海月居士)'라 주장하면서 작품의 지은이를 '임제'라 보는 견해가 지금까지 득세(得勢)해 왔음을 밝혀둔다.

(가) '자허지우 해월거사(子虛之友 海月居士)'로 볼 때 자허(子虛)는 해월거사(海月居士)와 평교간(平交間)인 듯하다. 해월거사(海月居士)의 인물이 밝혀진다면 몽유자이자 작자일 수도 있는 자허(子虛)의 정체는 스스로 밝혀질 것이다. 물론 해월거사(海月居士)는 전게(前揭)한 바와 같이 몇 이본(異本)에는 '매월거사(梅月居士)'로 되어 있다. 이박사(李博士)는 '매월거사(梅月居士)'라 쓴

이본만을 논거로 삼았기 때문에 원자허(元子虛)를 김시습(金時習)과 동시대인(同時代人) 원호(元昊)로 추단(推斷)하기에 이르렀던 것이다.[105]

(나) "子虛之友 海月居士 聞而悲之曰…… 徒增志士之懷也已"는 海月의 錄後 跋文이요, "乃吟一絕曰 …… 愁聽竹枝歌"는 해월(海月)의 녹후(錄後) 제시(題詩)다. 〈몽유록(夢遊錄)〉 말미의 "무진중추(戊辰仲秋; 일작 중춘(一作 仲春)) 해월거사지(海月居士志"를 그대로 인정한다면 무진(戊辰)은 선조(宣祖) 원년으로, 백호(白湖)가 20세, 해월(海月)이 13세에 해당한다. 백호(白湖)가 〈몽유록(夢遊錄)〉 본문을 짓고, 해월(海月)이 발(跋)과 제시(題詩)를 추기(追記)하였던 것으로 이해된다. 간약본(簡約本)을 제외한 대부분의 몽유록본(夢遊錄本)들이 한결같이 본문에 해월(海月)의 발(跋)과 제시(題詩)를 붙인 것으로 보아 임제가 〈몽유록〉을 지음과 동시에 세상 사람들의 눈이 아직 닿기 전에 해월(海月)이 발(跋)과 제시(題詩)를 붙였던 것으로 생각된다.[106]

인용문 (가)와 (나)는 모두 황패강의 학설을 인용한 것이다. (가)를 보면 '자허지우 해월거사(子虛之友 海月居士)'라고 하였다. 매월거사 김시습이 아니라 해월거사 황여일이란 것이다. 그렇다면 몽유자 원자허와 해월거사는 친구지간이라는 이야기인데, 원자허를 생육신 원호로 본다면 매월당 김시습에게는 '우(友)'를 붙일 수 있지만 해월 황여일에게는 '우(友)'를 붙일 수 없다. 원호는 1397년(태조 5)에 태어나고 황여일은 1556년(명종 11)에 태어나서 그 연수(年數)의 차이가 160년가량 된다. 그러니 어찌 두 분의 관계를 친구라 규정할 수 있겠는가? 원호와 김시습은 같은 생육신

105) 황패강, 앞의 논문, 21쪽.

106) 우쾌제 편, 원생몽유록, 앞의 책, 71쪽.

이요, 동시대 인물이니, '자허지우(子虛之友)'란 말이 자연스럽게 성립된다. 그것을 왜 굳이 '해월거사(海月居士)'로 읽어서 무리수를 두는지 도무지 이해가 안 간다.

그리고 황패강은 몽유자를 '임제'로 보고 있는데, 그렇다면 그 문장은 '자허지우(子虛之友)'가 아니라, 임제의 자가 자순(子順)이니 '자순지우(子順之友)'로 바뀌어야 한다. 설사 원자허를 임제를 가탁시킨 인물이라 하더라도 임제와 황여일은 친구가 될 수 없다. 임제가 20세요 황여일이 13세 때 임제는 전남 나주에 살고 황여일은 경북 평해에 살고 있었는데, 어떻게 두 분이 친구 사이가 될 수 있었다는 것인지 황당하기 이를 데 없다.

그리고 "자허지우 매월거사 문이통지왈(子虛之友 梅月居士 聞而痛之曰)"이란 문장은 매월거사(梅月居士)가 쓴 문장도 아니고 해월거사(海月居士)가 쓴 문장도 아니다. 제3자가 썼을 때는 가능한 문장이지만 김시습 본인이 "매월거사 문이통지왈(梅月居士 聞而痛之曰)"하면서 글을 썼을 리도 없고, 황여일 자신이 "해월거사 문이통지왈(海月居士 聞而痛之曰)"하면서 글을 썼을 리 없다. 그러면 원용우의 호가 여강(如江)인데, 내가 직접 끌 쓰면서 "여강선생 문이통지왈(如江先生 聞而痛之曰)"이라고 글 썼다면 지나가는 개가 웃을 것이다.

(나)의 핵심은 해월(海月) 황여일(黃汝一)이 원생몽유록의 발문(跋文)과 제시(題詩)를 썼다는 것이다. "무진중추 해월거사지(戊辰仲秋 海月居士志)"라는 기록에 의거해서 백호(白湖)는 20세, 해월(海月)은 13세 때, 한 사람은 몽유록 본문을 쓰고 다른 한 사람은 몽유록의 발문을 썼다는 내용이다. 그런데 원생몽유록의 구조를 보면 입몽전(入夢前; 도입부) → 입몽중(入夢中; 내부 이야기) → 각몽후(覺夢後; 종결부)로 되어 있지, 본문과 발문 구조로 되어 있지 않다는 점부터 밝혀야겠다. 본문은 임제가 쓰고 발문은 황여

일이 썼다고 주장하는데, 몽유록 전체가 한 사람의 작품이지 그것을 나누어 썼다고 주장하는 자체가 모순 투성이다.

20세 된 임제가 나주에 살면서 몽유록 본문을 작성하고 평해에 사는 황여일이 그 몽유록을 읽고서 발문을 붙였다고 하니, 그런 논리가 타당성이 있는지 묻고 싶다. 13세 된 어린 아이가 어떻게 몽유록 발문을 쓸 수 있다는 것인지 이해가 안 간다. 이 시대로 말하면 13세면 초등학교 6학년인데, 그 6학년짜리가 몽유록 발문을 썼다고 우기니 기가 찰 노릇이다. 분명이 말하건대 원생몽유록은 작자가 한 사람이지 두 사람 아니다. 그 부분은 몽유록의 종결부이지 누가 따로 써서 붙인 발문이 아니다.

황패강이 제시(題詩)라고 하는 부분은 "만고에 슬프고 허무한 일/ 저 하늘에 새 한 마리 지나가네./ 찬 연기가 동작대에 서려 있고/ 우거진 가을 풀은 장화대를 덮었구나./ 아아 요순시절 아득한 옛날인데/ 분분한 탕무의 일만 많아지네/ 달은 밝고 상강물 훤히 넓은데/ 죽지가가 구슬프게 들려오는구나."라고 되어 있다. 시의 내용 자체가 노년기에 쓴 것이지, 13세 유년기에 쓴 것이 아니라는 것도 분명이 밝혀둔다. "세상 사람들의 눈이 닿기 전에 해월(海月)이 발(跋)과 제시(題詩)를 붙였다"는 황패강의 주장은 폐기되어야 마땅하다.

(4) 결언(結言)

이 글은 원생몽유록의 등장인물을 연구하면서 그 작자를 밝히는데 목적을 두었다. 등장인물 중에서도 몽유자, 복건자, 매월거사의 정체를 밝히는데 중점을 두었다. 지금까지 국문학계에서는 몽유자를 원호라는 설, 임제라는 설, 복건자를 최덕지라는 설, 남효온이라는 설, 매월거사를 김시습이라는 설, 황여일이라는 설로 나뉘어 그 주장이 팽팽하게 맞서 왔다. 필자는 원생몽유록의 구조, 대화, 시기, 사건, 어투, 인물의 성격 등을 분석하여 몽유자를 생육신 원호, 복건자를 연촌 최덕지, 매월거사를 매월당 김시습이라는 것을 논리적으로 밝혀내었다. 따라서 이 작품의 몽유자 원자허는 생육신 원호요, 이 작품의 작가 또한 생육신 원호라는 것을 다시 한 번 천명한다.

3. 원생몽유록(元生夢遊錄)의 구조와 발문 문제

원생몽유록의 미해결 과제는 지은이가 누구냐 하는 문제이다. 그동안 생육신 원호설과 백호 임제설이 팽팽하게 맞서 왔다. 이 소설이 흥미 위주의 허구소설이냐 사실(史實) 위주의 역사소설이냐 하는 점도 분명히 밝혀져야 한다. 필자는 이 작품을 역사소설로 본다. 이 소설에서는 세조의 단종에 대한 왕위찬탈 사건을 집중적으로 다루었다. 그러기에 등장인물도 실제로 세상에 태어나서 인생역정을 겪었던 실존 인물들이다. 작품의 배경도 단종께서 서거하신 영월 청령포 인근 야산으로 본다.

역사적 사건에는 1453년(단종 원년)의 계유정란(癸酉靖難)을 들 수 있다. 수양대군 추종자들은 이때 지용이 뛰어난 김종서를 먼저 제거하였다. 이어서 선대왕(先大王)의 고명대신들을 살해하고, 안평대군에게도 반역의 죄목을 씌워 살해하였다. 그 다음 일어난 사건이 1456년(세조 2년)의 병자사화(丙子士禍)이다.

단종이 왕위를 빼앗기자 집현전 학사로서 세종의 사랑을 받았던 성삼문(成三問), 형조참판 박팽년(朴彭年), 직제학 이개(李塏), 예조참판 하위지(河緯地), 사예 유성원(柳誠源), 성삼문의 아버지 성승(成勝), 무인 유응부(兪應孚) 등이 단종의 복위운동을 전개하였다. 그러다 이 거사는 김질의 밀고로 발각되었고, 거사 계획은 수포로 돌아갔다. 이 거사에 참여했던 분들은 모두 죽임을 당하고, 단종은 노산군(魯山君)으로 강등되었다. 단종 역시 영월의 청령포로 유배되었다가 죽임을 당하니, 세상에서는 이 처참한 사건을 병자사화(丙子士禍) 또는 사육신의거사건(死六臣義擧事件)이라 칭한다.

이 사건을 꿈에 가탁하여 진실을 밝힌 것이 소설 원생몽유록이다. 꿈에 가탁하지 않았으면 큰 필화사건을 일으켰을 것이다. 그래서 당연히 지은이를 밝힐 수 없었을 것이다. 이러한 연유로 작자 문제가 혼선을 빚을 수밖에 없었다. 필자는 이 소설 속에 집권자인 세조에 저항하는 의식이 들어 있기에 저항소설로도 본다. 이 작품은 역사의 진실을 후세에 밝히겠다는 투철한 역사의식이 없는 사람은 이 소설을 쓸 수 없다. 권력에 항거하는 의식이 없는 사람은 이 작품을 쓸 수 없다. 그런 점에서 이 소설의 작가는 재조명 되어야 하고, 왜곡된 기술을 바로잡아야 한다.

(1) 관란 원호(觀瀾 元昊) 선생의 역사의식

관란은 이 소설을 쓸 때 권력에 의하여 역사가 묻히고 왜곡되는 것을 막기 위하여 목숨을 걸고서 썼다. 아무리 왜곡하고 묻으려 해도 이 소설이 후세에 전해짐으로써 진실이 밝혀지리라 믿었기 때문이다. 고려 말 운곡 원천석 선생도 역사가 왜곡되는 것을 막기 위하여 한시를 남겼는데 인용하면 다음과 같다.

> 이달 15일, 나라에서 정창군(定昌君)을 세워 왕위(王位)에 올리고
> 전왕(前王) 부자는 신돈(辛旽)의 자손이라 하여 폐위시켜
> 서인(庶人)을 만들었다는 말을 듣고
>
> 전왕 부자가 각기 헤어져
> 만리 동쪽과 서쪽 끝으로 갔네
> 몸 하나야 서인(庶人)으로 만들 수 있지만
> 올바른 이름은 천고에 바꾸지 못하리라
>
> 할아비 왕의 믿음직한 맹세가 하늘에 감응했기에
> 그 끼친 은택이 수백 년을 흘러 전했었네.

어찌 참과 거짓을 일찍이 가리지 않았던가
저 푸른 하늘만은 거울처럼 밝게 비추리라

聞今月十五日 國家以定昌君 立王位 前王父子 以爲辛旽子孫 廢爲庶人
前王父子各分離 萬里東西天一涯 可使一身爲庶類 正名千古不遷移
前王信誓應乎天 餘澤流傳數百年 分揀假眞何不早 彼蒼之鑑照明然[107]

인용한 작품은 「운곡시사」라는 책에서 옮겨온 것이다. 고려가 기울어지고 조선이 건국될 무렵에 이성계는 무력으로 역성혁명을 하였다. 아무리 무력으로 고려를 뒤집어엎어도 명분이 있어야 했다. 그 명분이 우왕(禑王)과 창왕(昌王)은 왕씨(王氏)가 아니라 신씨(辛氏)라는 것이다. 우왕과 창왕은 신돈(辛旽)의 자손이란 이야기다. 1388년(우왕 14) 이성계가 위화도에서 회군한 뒤에 왕씨의 소생이 아니라는 이유로 우왕을 폐위하고, 대신 창왕을 옹립하였다. 그러나 이성계가 군국의 실권을 장악하게 되자 창왕도 폐하고, 신종의 7세손 정창군(定昌君) 요(瑤)를 영립하였다.

이 무렵 원천석은 "이 달 15일 나라에서 정창군을 세워 왕위에 올리고, 전왕 부자는 신돈(辛旽)의 자손이라 하여 폐위시켜 서인(庶人)으로 만들었다는 말을 듣고"라는 작품을 지었던 것이다. 원천석의 한시에 의하면 우왕과 창왕이 신돈의 자손이란 이야기는 역사 왜곡이란 것이다. 제1수에서 "만리 동쪽과 서쪽 끝으로 갔네,"라 한 것은 우왕은 동쪽 강릉으로 유배되었고, 창왕은 서쪽 강화로 유배된 사실을 가리킨다. 그러나 운곡은 "올바른 이름은 천고에 바꾸지 못한다."고 하면서, 우왕과 창왕은 왕씨의 자손이 맞다는 것을 천명하였다.

---

107) 李仁在 · 許敬震 共譯 「耘谷詩史」 (원주문화원, 2001), 434~435쪽.

그리고 제2수의 셋째 줄에서 "어찌 참과 거짓을 일찍이 가리지 않았던가."라고 한 것은 우왕을 폐위시킬 당시 그의 아들 창왕을 임금으로 세울 때에는 왕씨 여부를 따지지 않다가 창왕 폐위 시에 우왕과 창왕이 왕씨가 아니라고 주장하는 것을 비꼬아 표현한 것이다. 그래서 끝 행에서 "저 푸른 하늘만은 거울처럼 밝게 비추리라"라고 했던 것이다. 운곡이 이러한 작품을 남긴 것은 권력에 의하여 역사가 왜곡되는 것을 방관만 할 수 없고, 진실을 밝혀야겠다는 정의감에서 이 작품을 쓴 것으로 이해된다.

마찬가지로 수양대군의 왕위찬탈이라고 하는 비극적 사건은 권력에 의하여 역사가 왜곡될 개연성이 많다. 그래서 생육신 원호는 후세에 길이 남길 작품 〈몽유록〉을 썼던 것이고, 그 몽유록을 통해서 역사의 진실을 밝히고자 했던 것이다. 그러면 원호 선생의 역사의식이 어떠했는지 「생육신관란원호(生六臣觀瀾元昊)」라는 책에서 발췌해 보고자 한다.

① 노산군이 영월로 물러나게 되자 공은 영월 서쪽에 있는 사내평(思乃坪)으로 가서 거처하였다. 그 곁에 높은 언덕이 있는데 강쪽에 흙을 쌓아 대를 만들고 나무로 정자를 지어 〈관란정〉이라 이름 짓고 날마다 정자에 올라가서 동쪽을 바라보면서 한숨지었다.(실기(實記), 61쪽)

② 노산군이 세상을 떠나게 되자 공은 피눈물을 흘리면서 여막(廬幕)에 거처하며 아침저녁으로 슬픈 뜻을 다하여 마치 부모상을 치르듯 삼년상을 마친 후 원주 남촌으로 돌아가 그 동리를 무항(霧巷)이라 이름 하였다.(실기(實記), 61쪽)

③ 세조조(世祖朝)에 호조참의의 관직으로 공을 불렀으나 나가지

않고 숨어서 한평생을 마쳤다.(실기(實記), 62쪽)

④ 선생은 세종 조에 배양된 인물 중의 한 사람으로 궁중에서 임금을 가까이 모시면서 자문에 응대하고 또 학문에 있어서는 그 명성이 얼마나 높았던가. 병자년(단종 3년) 무렵에는 명이(明夷)의 어려운 때를 당하여는 기자(箕子)의 전례를 따라 그 종적을 감추었다.(실기(實記), 62쪽)

⑤ 문종이 승하하시고 단종이 왕위를 계승하니 이때의 나라 사정은 마치 옛날 중국의 성왕(成王)이 어린 나이로 주(周)나라를 계승하여 왕실이 위태롭고 불안해하던 시기와 같은 것이었다. 이 때에 선생께서는 기미를 미리 예측하고 병을 구실로 하여 관직을 사퇴하고 원주 남촌으로 돌아갔다.(행상(行狀), 65쪽)

⑥ 육신들이 머리를 같이하여 형벌을 받아 죽고 단종은 강원도 영월로 물러나게 되었는데, 그곳은 원주에서 거리가 90리였다. 이 소식을 들은 선생은 ~중략~ 단종이 계신 영월로 달려갔으나 나라의 법이 금하니 가까이 갈 수 없었다.(행상(行狀), 65쪽)

⑦ 종신토록 숨고 묻혀 있으면서 조정에서 불러도 나아가지 아니하고 앉으면 반드시 동쪽을 향하여 앉고 누어도 반드시 동쪽으로 머리를 두며 맹세코 서쪽을 향하여 새 임금을 섬기지 않으니, 이것은 바로 중국의 기자가 새로운 임금의 신하가 되지 않았던 일과 같은 것이며 백이가 수양산에 들어가 고사리 캐던 일과 함께 아름답고 빛나는 일이다.(행상(行狀), 68쪽)

⑧ 열경(김시습의 자)은 현대에 있어서의 백이(伯夷)요 육신(六

臣)은 현대의 방련(方練)이라 하고 또 말하기를 연촌(烟村)과 무항(霧巷)은 육신에 비하여 그 충절(忠節)이 더욱 높은 것이다. 라고 하니 아아 가히 古人에 대한 마땅한 논평이 아니겠는가. 여기서 말하는 무항은 관란공이 살던 곳이요 연촌은 직제학 최덕지(崔德之)를 말하는 것이다.(묘비명(墓碑銘), 74쪽)

⑨ 그러나 선생만은 처음부터 명철한 성품으로 간난(艱難)을 참고 절개를 지켜야 할 형편에 임하여 끝내 그 지조를 상실하지 않고 한 임금을 섬기는 충성을 다하였으며 숨어 살고 세상에 나오지 아니 하였으니, 취금헌(醉琴軒; 박팽년의 아호) 등과 걸은 길은 다르지만 근본은 같은 것이니 그 의로운 충성과 높고 빛나는 절개는 백년 후에까지도 기릴 만한 일이다.(정려각지(旌閭閣識), 85쪽)

⑩ 그리고 김시습, 남효온, 성담수 3인과 조려, 이맹전, 원호는 성삼문, 박팽년 등 육신과 비교하면 그 행적은 다를지언정 마음은 같은 것입니다. 살았어도 죽은 것이나 같은 것이어서 나중에 이룩한 일들이 생명을 버리고 인(仁)을 이룬 충성에 못하지 않으며 지금도 그 풍성을 듣는 자로 하여금 서릿발 같은 생기가 돌게 합니다.(예조회계(禮曹回啓), 93쪽)

⑪ 을해 년에 화의군, 금성대군 등 단종의 두 숙부가 잇달아 귀양을 가고 단종이 왕위에서 물러나는 명이 있었는데, 선생은 매월(梅月), 연촌(烟村)과 함께 시사(時事)를 논하다가는 문득 흐느끼다 그치니 다른 사람은 이러한 일들을 알지 못하였다.(유장(遺狀), 116쪽)

⑫ 몽유록 제1권은 더욱 비분하고 원통한 마음으로 지은 것이기

때문에 그 장가(長歌) 단구(短句) 어느 하나도 충신 의사의 불우한 글이 아닌 것이 없어 지하의 귀신도 눈물을 흘리게 할 만한 것이다. 이 글 가운데 군신 간에 언급한 것을 보면 임금은 참으로 요, 순 같은 성군이요, 그 신하들은 모두 고(皐)요와 기(夔) 같은 어진 신하들이다.(유장(遺狀), 122쪽)

⑬ 동쪽으로 장릉(莊陵; 단종 능)을 바라보고 통곡하며 3년을 마치는 즈음에 「몽유록」을 지어서 그의 감회를 서술하였다. 선생의 정충(精忠)은 일월과 같이 빛나고 대의(大義)는 가을 하늘보다 더 높았으니, 아! 장하도다 이 충절을 누가 우러러 보지 않겠는가.(신도비(神道碑), 131쪽)

⑭ 관란 원선생(관란 원호(觀瀾 元昊))은 시사를 깊이 통찰하고 결연히 진퇴를 결정하였고, 관원을 피하기를 원수 같이 하고 발길이 문 밖을 나가지 않았으며 임금을 위하여 상복을 입으니 시종 부끄러움이 없었습니다.(봉안문(奉安文), 152쪽)

⑮ 직제학 원선생은 홍문관 좋은 반열에서 물러나 산간 숲속에서 멧돼지와 무리를 하였도다. 높은 벼슬하는 사람 피하기를 원수같이 하여 문안으로 뛰어 들어와서 만나지 않고 옛 임금의 상복 입고 흙집 속에서 슬픈 마음 품었다네.(묘우상량문(廟宇上樑文), 163쪽)

⑯ 남효온은 소릉의 위호(位號) 회복을 청하였다가 회복되지 않으니 과거 보는 일을 그만두고 열경(悅卿)을 좇아 놀았는데 열경이 말하기를 "공은 처지가 나와 다른데 어찌하여 세상 일을 생각하려 하지 않는가."라고 하니 효온이 대답하기를 "소릉을 회복한 후에

과거에 나가도 늦지 않습니다."라고 하였습니다.(창절사 사적(彰節祠 事蹟), 188쪽)

⑰ 해를 향하고 벽을 대하고 앉아 있으면서 날마다 아침 해에 절한 사람이 있으니 그가 이맹전(李孟專)이요 앉으나 누우나 반드시 동쪽을 향하는 마음을 영월 하늘에 바친 사람이 있으니 그가 원호(元昊)요 마음은 바다 저 편에서 노닐며 꿈속에서 흰 갈매기와 함께 날은 사람이 있으니 그가 성담수(成聃壽)입니다.

생육신 원호의 역사의식을 확인하기 위하여 「생육신관란원호(生六臣觀瀾元昊)」라는 책에서 장황하게 인용하였다. 인용문은 주로 관란 선생의 평생 행적과 관련된 내용들이다. 사육신의거 사건 당시 힘이 없는 단종 편에 줄을 서고 그 단종에게 충성을 다하였다면 역사의식이 투철한 것이다. 살아서 부귀영화를 누리려 했다면 세조 편에 줄을 서고 권력에 아부했을 것이다. 세조가 관란에게 호조참의라는 벼슬을 내리셨는 데도 받지 않고 거절했다면 이것은 보통 사람이 해낼 수 있는 범위를 넘어선 것이다. 그 때가 어느 때라고 단종의 묘소에 가서 여막을 짓고 삼년상을 치룰 수 있단 말인가? 생육신 원호의 역사의식은 바로 단종에 대한 충절의식이다.

그 연장 선상에서 바른 역사를 후세에 전하기 위하여 작품 〈원생몽유록〉을 지으신 것이다. 이러한 역사의식이 없는 사람은 〈원생몽유록〉을 지을 수 없다. 〈원생몽유록〉은 흥미 위주의 허구소설이 아니고, 왕위찬탈이라고 하는 역사적 사건을 바르게 알리기 위한 역사소설이다. 그래서 거기에 등장하는 많은 인물들도 그 시대 실존했던 역사적 인물이다. 〈원생몽유록〉의 저자를 아직도 선조 임금 때 생존했던 백호 임제라 하는 이들이 있는데, 백호 임제가 단종 양위사건에 분노를 느끼는 역사의식이 있는 인물인지 자료를 검증해 보자. 〈백호선생연보(白湖先生年譜)〉에서 발췌한 것이다.

① 1568년 무진(戊辰) 20세, 어린 나이에 失學을 하고 자못 협유(俠遊)를 일삼아 창루(娼樓) · 주사(酒肆)에 분방하게 자취가 미쳤는데 나이 20에 들어서 비로소 학(學)에 뜻을 갖게 되었다.(연보(年譜), 1044쪽)

② 1577년 정축(丁丑) 29세, 동자를 시켜 행장을 꾸리는데 다만 어사화 한 송이에 현금(玄琴) 1장, 보검(寶劍) 한 자루뿐이었으며, 부친이 집에 두고 키우는 호총마(胡驄馬)를 타고 떠났다. ……지월(至月) 초 6일에 두 아우와 함께 남당포(南塘浦)에서 배를 탔다. 이 여행의 기록으로 〈남명소승)南溟小乘〉을 남겼으며,(연보(年譜), 1048쪽)

③ 백호(白湖)가 바다를 건너 영친(榮親)을 하고 돌아오는 길에 해변을 거쳐 남원(南原)에 도착하였다. 그때 부사 손여성(孫汝誠)이 문인들을 초청하여 광한루상(廣寒樓上)에서 시를 지어 전별을 하는데, 옥봉(玉峰) · 손곡(蓀谷) · 백호(白湖) 및 선군(先君)이 참석하여 일시의 성회를 이루었다. 그때 창수한 시를 모아 일부를 꾸며 서울에 유포되니 지가(紙價)를 높였다.(연보(年譜), 1049쪽)

④ 일찍이 고산도찰방(高山道察訪)으로 북관(北關)에 나가, 양사군(楊使君; 양사언((楊士彦)) · 허학사(許學士; 허봉(許篈)) · 차태상(車太常; 차천락(車天輅))과 함께 가학루(駕鶴樓)에 올라 창수를 하여 일권(一卷)이 만들어졌다.(연보(年譜), 1049쪽)

⑤ 공은 병법(兵法)을 좋아하여 보검(寶劍)을 차고 준마를 타고

하루 수백 리를 달리곤 하였다. 북평사(北評事)로부터 서평사(西評事)로 옮길 때 일부러 어사(御使)의 전도(前導)를 범해서 탄핵을 받았다.(연보(年譜), 1050쪽)

⑥ 지금 송도(松都) 큰 길가에 진이(眞伊)의 무덤이 있다. 임제(林悌)가 평안도사(平安都事)가 되어 송도(松都)를 지날 때 그 무덤에 글을 지어 제를 지내니 마침내 조정의 비평을 받았다. 이 때 "청초(靑草) 우거진 골에 자는다 누웠는다. 홍안(紅顔)은 어디 두고 백골(白骨)만 묻혔나니, 잔 잡아 권할 이 없으니 그를 슬허 하노라."의 시조를 지었던 것으로 추정된다.(연보(年譜), 1051쪽)

⑦ 당시 인사들이 모두 공을 법도(法度)에서 벗어난 사람으로 보고 그들이 취한 바는 문사(文詞) 뿐이라고 했는데, 이찬성 이이(李贊成 李珥), 허학사 봉(許學士 葑), 양사군 사언(楊使君 士彦) 같은 분들은 그 기기(奇氣)를 허여(許與)하였다.(연보(年譜), 1053)

임제 선생의 연보에서 작가의식을 알 수 있는 내용을 인용하였다. 원생몽유록의 작자는 단종에 대하여 충절의식이 있거나 역사의식이 있는 분이다. 꿈에도 단종을 생각해본 적이 없는 사람은 그러한 역사소설을 지을 수 없다. 인용문 ①을 보면 임제는 어린 나이에 실학(失學)을 하고 협유(俠遊)를 일삼았다고 하였다. 창루(娼樓)와 주사(酒肆)를 분방하게 드나들었으니, 호걸남아라고 보아야 한다.

②에서는 행장을 꾸리는데 어사화 한 송이, 현금(玄琴), 보검(寶劍)을 지니고 호총마(胡驄馬)를 타고 떠났다라고 하였으니, 그야말로 부유한 가정에서 위풍당당한 호걸남아의 기세를 보여준 것이다. 그러나 원생몽유록의 주인공은 자기 자신을 "성(姓)

은 원(元)씨요 자(字)는 자허(子虛)라 하고 비분강개하는 선비"라고 소개하였다. 만약에 원생몽유록을 임제가 지었다면 "성(姓)은 임(林)씨요 자(字)는 자순(子順)이요 협유(俠遊)를 즐기는 호걸남아 대장부"라고 소개했을 것이다. 원생몽유록에서 주인공은 자신을 "나은(羅隱)의 한을 품고 원헌(原憲)의 가난을 견디기 어려웠다."라고 하였다.

나은(羅隱)은 중국 당나라 말기의 어진 신하로, 주전충(朱全忠)이 당나라 임금을 죽이고(서기 904~907) 새로 양(梁)나라를 세우자 오월왕을 권하여 양(梁)을 치게 하고 오월을 도와 활동하였다. 조선의 단종 시대로 말하면 세조의 세력에 붙지 않고 단종 편에 서서 온갖 고초를 당하였다는 뜻이다. 이 나은(羅隱)의 한을 품고 산 사람이 관란 원호(觀瀾 元昊)라고 해야 맞는가? 백호 임제(白湖 林悌)라고 해야 맞는가?

그리고 원생몽유록의 주인공은 "원헌(原憲)의 가난을 견디기 어려웠다."라고 했는데, 그 원헌은 어떤 인물인가? 그는 중국 고대 노(魯)나라의 청빈한 관원이요 공자의 제자라고 한다. 원생몽유록에서 주인공 자허는 자신을 "아침에 나가 밭을 갈고 밤에는 돌아와서 옛사람의 글을 읽는데 등불이 없어 벽을 뚫고 개똥벌레를 주머니에 넣어서 등불을 대신하는 등 온갖 괴로움과 고생을 겪지 않은 것이 없다."라고 하였다. 이처럼 가난하고 고생을 죽도록 한 사람이 벼슬을 버리고 원주에 은거한 원호(元昊)라고 해야 맞는가? 창루와 주사에 드나들며 보검 차고 호총마를 타고서 부귀영화를 누리며 호기 있게 살다간 임제(林悌)라고 해야 맞는가?

원생몽유록의 주인공 원자허는 자기 자신을 다음과 같이 소개하였다. "일찍이 역사책을 읽다가 역대 왕조가 위태롭고 망하게 되며 국운이 옮겨지고 세력이 쇠퇴하게 되면 언제나 책을 덮고 눈물을 흘리면서 마치 자신이 그런 일을 당하는 것처럼 슬퍼하였다.” 이 내용도 관란 원호의 행적과는 일치하지만 백호 임제의 행적과는 거리가 멀다.

인용문 ③을 보면 백호 임제는 남원 광한루 위에서 옥봉 백광훈(玉峰 白光勳) · 손곡 이달(蓀谷 李達) · 선군 양대복(先君 梁大僕) 등과 시를 짓고 창수하였다. 인용문 ④를 보면 북관(北關)에 나아가 가학루(駕鶴樓)에 올라 양사군 양사언(梁使君 梁士彦) · 허학사 허봉(許學士 許篈) · 차태상 차천로(車太常 車天輅)와 함께 창수를 하여 시집 1권을 만들었다. 백호는 가는 곳마다 시회(詩會)를 열고 풍류(風流)를 즐겼다는 것이다. 그러나 관란 원호는 시회(詩會) 대신 역사(歷史) 책을 읽고 단종이 귀양 가고 죽임을 당하게 되니 마치 그런 비극을 자신이 당한 것처럼 슬퍼하였다. 원생몽유록의 이런 내용이 관란 원호의 행적과 같은가? 백호 임제의 행적과 같은가? 한마디로 원생몽유록은 관란 원호의 자서전(自敍傳)이다. 자전소설(自傳小說)이다.

인용문 ⑤를 보면 임제(林悌)는 병법(兵法)을 좋아하여 보검(寶劍)을 차고 준마(駿馬)를 타고 하루 수백 리를 달리곤 하였다는 것이다. 이런 내용은 원생몽유록의 주인공 원자허의 행적과는 너무 거리가 멀다. 인용문 ⑥의 황진이 전설은 일반에게 너무 잘 알려져 유명하다. 호걸남아 백호 임제답다는 생각이 든다. 인용문 ⑦은 그 당시 사람들이 백호 임제를 법도(法度)에서 벗어난 사람으로 보았다는 것이다. 대문장가라서 문사(文詞)는 취할 만하다고 하였다. 그의 기기(奇氣)를 허여(許與)한다고 하였다. 「역주 백호전집(譯註 白湖全集)」에 있는 백호 임제의 연보를 보면 그 행적이 원생몽유록의 주인공 원자허의 행적과는 너무 다르다.

모든 문학작품에는 그 작품을 쓴 지은이의 작가의식이 들어 있다. 원호의 작품에는 원호의 작가의식이 있고 임제의 작품에는 임제의 작가의식이 내포되었다. 원생몽유록에 내포된 작가의식은 관란 원호의 작가의식과 일치한다. 고로 원생몽유록의 지은이는 관란 원호이다. 왜곡된 것은 바로잡는 것이 후생의 임무이다.

(2) 원생몽유록(元生夢遊錄)의 구조 문제

유종국(柳鍾國)의 「몽유록 소설 연구(夢遊錄 小說 硏究)」라는 책에는 다음과 같은 내용이 나온다.

"이러한 긴장감은 몽유록에서는 정의(正義)를 추구하려는 치열한 정신과 회한, 비탄, 비분, 한탄 등 부정적 정서로부터 야기되고 있다. 정의(正義)를 지향하고자 하는 정신이 강하기 때문에 불의와의 대립 양상이 더욱 심각하다. 특히 몽유록 작품은 불의(不義)의 승리로 끝난 역사적 사건이나 불의(不義)가 횡행하는 사회적 현실을 즐겨 문제 삼고 있다. 따라서 그것에 대한 비판이나 질책, 비난이 매우 준열하다. 작가들은 불의로부터 희생당한 인물들의 편에서서 그들을 동정하고 있기 때문에, 작품들은 대체로 슬픔, 원망, 비통, 애절, 한탄 등 부정적 감정을 표방할 수밖에 없다."[108)]

유종국의 논설은 원생몽유록의 내용을 대변해 주는 것 같다. 유종국의 연구 내용이 원생몽유록의 내용과 일치한다. 작가는 불의로부터 희생당한 인물들의 편에 서서 그들을 동정하고 안타까워하기 때문에 슬픔, 원망, 비통, 애절, 한탄 등의 부정적 감정을 나타낼 수밖에 없었던 것이다.

다음은 몽유록의 기본 구조에 대하여 알아보자

"몽유록은 그 구성(構成) 단층(斷層)을 입몽(入夢)과 각몽(覺夢)

108) 柳鍾國, 「夢遊錄小說硏究」 (亞細亞文化社, 1987), 머리말Ⅳ.

을 기점으로 하여 입몽전(入夢前; 도입부)), 몽유(夢遊; 전개부)), 각몽후(覺夢後; 종결부))로 3분할 수 있다. ~중략~ 몽유록이 꿈을 가탁(假托)한 소설 양식이라고 했을 때, 그것은 한 이야기 내부에 꿈 이야기가 들어 있음으로서 일종의 액자소설(額字小說)의 형태가 된다. 액자소설이란 하나의 이야기 속에 하나 또는 여러 개의 이야기가 포용되는 형상(形象)을 이루는 소설을 일컫는다. 몽유록은 단일사건, 곧 몽중(夢中) '교유(交遊)'라고 하는 사건의 서술을 목적으로 하고 있다는 점에서 단일액자(單一額字)의 형태이며, 내부 이야기가 앞뒤의 도입부와 종결부로 완전히 포봉(包封)되어 있다는 점에서 폐쇄액자(閉鎖額字)의 형태라고 볼 수 있다."[109)]

몽유록 작품들이 어떤 구조를 띠고 있는지 알아보기 위하여 유종국의 논설을 인용하였다. 몽유록의 구조는 대체로 입몽전(도입부), 몽유(전개부), 각몽후(종결부)로 3분되어 있다는 것이다. 일종의 액자소설 형태를 취하며 내부 이야기가 앞뒤의 도입부와 종결부로 완전히 포봉(包封)되어 폐쇄액자(閉鎖額字)의 형태를 취한다는 것이다. 원생몽유록이야말로 도입부, 전개부, 종결부로 3분할 수 있으며, 액자소설 중에서도 폐쇄액자 소설에 해당된다고 본다.

원생몽유록의 도입부 : 세상에 성은 원씨요 자(字)는 자허(子虛)라는 이가 있으니 그는 비분강개하는 선비이다. ~ 중추가절 밝은 달 아래서 책을 펴놓고 보다가 밤은 늦고 정신이 피로하여 침상에 기대어 졸았다.

원생몽유록의 전개부 : 그런데 어느 사이엔가 몸이 가볍게 움직이며 멀리 멀리 가는데 바람을 타고 공중으로 올라가는 것 같이 시원하며 마치 날개를 편 신선으로 화하는 것 같이 느껴지기도 하였

109) 유종국, 위의 책, 29~30쪽.

다. 어느 곳인지 강가에 가서 멈추는데 주위에는 맑은 강물이 굽이굽이 흘러가고 여러 산들과 골들이 둘러 있었다. ~노래가 채 끝나기도 전에 달은 검은 구름에 가리우고 비가 뿌리고 바람이 몰아치며 다급한 우레 소리가 크게 진동하니 모두들 어느 사이엔가 흩어진다. 자허 역시 놀라서 잠에서 깨어 보니 한바탕 꿈이었다.

원생몽유록의 종결부 : 자허의 친구 매월거사가 이 말을 듣고 통탄하며 하는 말이 ~달은 밝고 상강 물 훤히 넓은데 죽지가가 구슬프게 들려오는구나.

이처럼 도입부, 전개부, 종결부라는 구조를 가진 소설이 원생몽유록이다. 그런데 그것을 전반부와 후반부로 나누거나 본문과 발문으로 나누는 것은 몽유록의 구조를 모르거나 구조를 알면서도 다른 의도를 가지고 왜곡시키는 것이라 이해된다.

〈원생몽유록(元生夢遊錄)〉은 선조 때 백호 임제(白湖 林悌)가 짓고, 해월 황여일(海月 黃汝一)이 발(跋)과 제시(題詩)를 부쳐서 행한 한문소설이다. 전하는 필사본의 연기(年記)에 틀림이 없다면 선조(宣祖) 1년(무진(戊辰) 1568년) 임제(林悌)의 나이 20, 해월(海月)의 나이 13이 되던 해 중추(仲秋; 8월)에 쓴 것으로 볼 수 있다. 단종(端宗)의 참사를 비분하여 몽유의 형식으로 쓴 백호(白湖)의 본문을 읽고, 이에 의합한 해월(海月)이 발(跋)과 제시(題詩)를 지어 붙이고 "海月居士志 林白湖涕所記" 라고 써서 당국이 꺼리는 단종사(端宗事)를 언론한 데 대한 책임을 두 사람이 나누어질 뜻을 분명히 하였던 것이다.[110)]

---

110) 우쾌제 편 : 황패강, 元生夢遊錄「元生夢遊錄」(작자문제의 시비와 의혹), 박이정 2002년, 94쪽.

황패강의 논문을 인용했거니와 원생몽유록의 구조 문제부터 의견을 달리하고 있는 것이다. 원용우는 이 작품을 관란 원호의 작품으로 보고, 그 구조는 도입부, 전개부, 종결부라는 몽유록의 원형을 갖추었다고 보았다. 그런데 황패강은 도입부와 전개부까지는 임제가 쓴 원생몽유록 본문이고, 종결부는 황여일이 쓴 발문이란 것이다. 왜 하나의 완결된 작품을 본문과 발문으로 나누어야 하는지 이해가 안 간다.

원생몽유록의 본문은 나이 20세 된 임제가 쓰고, 발문은 13세 된 황여일이 썼다는 것이다. 스무 살 때 글공부를 시작한 임제가 원생몽유록을 썼다는 것도 허황되고, 열세 살 먹은 황여일이 원생몽유록의 발문을 썼다는 것도 허황되다. 논문이란 실증이 되어야 하는데 이처럼 꿈같은 이야기를 써도 되는지 묻고 싶다. 더구나 임제는 전라도 나주 사람이고, 황여일은 경상도 평해 사람인데, 언제 황여일이 임제가 쓴 본문을 보고, 그 작품의 발문을 썼다는 말인가? 나주와 평해는 서로 왕래하기도 힘들고 교통이 안 되는 지역인데 언제 황여일이가 임제가 썼다는 원생몽유록의 본문을 보았단 말인가? 이것은 소설에나 나올 법한 이야기지 논문에는 가당치도 않은 것이다. 열 세 살이면 명심보감이나 읽었을 법한 나이인데, 그런 자가 원생몽유록의 발문을 썼다니, 이것은 진실을 이야기하는 것이 아니라, 무리수를 두면서 왜곡하는 것이다.

임제 : 1568년 무진(戊辰) 20세, 어린 나이에 실학(失學)을 하고 자못 협유(俠遊)를 일삼아 창루(娼樓) 주사(酒肆)에 분방하게 자취가 미쳤는데, 나이 20에 들어서 비로소 학(學)에 뜻을 갖게 되었다.(연보 1,044쪽)

황여일 : 본관은 평해, 어려서부터 문장으로 이름났고, 1576년(선조9) 사마시(司馬試)를 거쳐 1585년 별시문과(別試文科)에 을과로 급제한 후 여러 청환직(淸宦職)을 지냈다. 1592년 임진왜란

이 일어나자 도원수 권율의 종사관(從事官)으로 공을 세웠다.(한국인명대사전)

인용문을 보면 임제는 20세에 글공부를 시작한 것이다. 글공부를 시작하자마자 한문소설 원생몽유록을 썼다는 것이 말이 되는가? 임제가 20살 때는 사육신 의거 사건에 대하여 그 전말을 몰랐을 것이다. 모르는 내용을 가지고 어떻게 소설을 쓴단 말인가? 원생몽유록을 보면 주인공 원자허는 세조를 어지간히 미워한다. 세조를 그처럼 미워한다면 세조를 왕위에 올려놓는데 가장 큰 공을 세운 한명회도 미워했을 것이다. 그런데 임제는 한명회를 그리워하는 한시를 남겼다.

한명회(韓明澮) 무덤을 지나며

한명회(韓明澮)는 세조(世祖) 때의 최고 공신인데 포의(布衣)로 떨치고 일어나 상당부원군(上黨府院君)의 봉(封)을 받았다. 지금 그의 무덤이 청주(淸州) 서쪽 60리 밖에 있는데 이곳을 지나가다가 감회가 있어 짓다.

남아의 죽고 사는 일 필경은 의리에 달렸나니
정도(正道)냐 권도(權道)냐 성인이나 아는 거지
"죄 있는 자 벌했노라." 강태공(姜太公)의 자기 변론
그대의 공적은 어떻게 평가될까?

過韓明澮墓

男兒生死義之歸　事或權經聖者知
伐罪有辭周尙父　如君功業定何其[111)]

111) 신호열 · 임형택, 역주 백호전집(상) 창작과 비평사,1997, 264쪽.

임제의 한시 중에서 '한명회'를 주제로 해서 지은 작품을 인용하였다. 그러면 한명회란 어떤 인물인가? 그는 1415년(태종 15)에 태어나서 1487년(성종 18)에 돌아갔다. 1452년(문종 2)에 음보(蔭補)로 경덕궁직(景德宮直)이 되고, 친구인 교리(校理) 권남(權擥)의 주선으로 수양대군에게 가담하여 무사(武士) 홍달손(洪達孫) 등 30여 명을 추천, 그의 심복을 삼게 했다. 1453년(단종 1) 계유정란(癸酉靖難)에 수양대군을 도와 군기녹사(軍器錄事)가 되고, 정란공신(靖難功臣) 1등으로 사복시(司僕寺) 소윤(小尹)에 올랐다. 1455년 세조가 즉위하자 좌부승지(左副承旨)에 승진, 이 해 가을 좌익공신(左翼功臣) 1등으로 우승지가 되었다. 이듬해 성삼문 등 사육신의 단종 복위 운동을 좌절시키는데 중요 역할을 담당하고 그들의 주살(誅殺)에 적극 협조함으로써 도승지(都承旨)로 승진하였다.

1457년 이조판서에 올라 상당군(上黨君)에 봉해졌다. 1461년에 상당부원군에 진봉되었고, 이듬해 우의정에 이어 1463년 좌의정을 거쳐 1466년 영의정이 되어 병으로 사임한 바 있다. 1469년(예종 1)영의정에 복직하였다.[112]

이처럼 한명회는 단종을 양위시키고, 사육신 등을 주살시키는데 결정적 역할을 한 주동인물이다. 그런데 임제는 한명회의 무덤을 지나면서 그냥 지나치지 않고 시 한수 읊어 자신의 감회를 피력하였다. 작품의 결구(結句)를 보면 "그대의 공적은 어떻게 평가될까"라고 하여, 공적이 있다는 것을 용인했으니, 이러한 임제가 어떻게 단종에게 충성심을 보이고, 사육신의 억울함을 개탄한 〈원생몽유록〉을 지을 수 있었다는 것인지. 지은이가 임제라고 주장한 사람들에게 되묻고 싶다.

112) 한국인명대사전, 신구문화사, 1983년, 989쪽.

다음 황여일이 열세 살 때 원생몽유록의 발문을 썼다고 하는데, 황여일은 어려서부터 문장으로 이름났으니 발문을 썼다고 가정할 수도 있다. 그러나 아무리 뛰어난 글재주가 있다 하여도 열세 살에 원생몽유록의 발문을 썼다고 하는 것은 신빙성이 없다. 더구나 임제와 황여일이 같은 마을에서 생장했다면 이해하겠는데, 한 사람은 전라도 나주에, 또 한 사람은 경상도 평해에 살았는데 어떻게 그런 일이 벌어질 수 있겠는가? 오늘날처럼 교통이 발달한 시대에도 나주와 평해 두 지역의 사람이 왕래하고 글을 주고받고, 본문과 발문을 썼다는 것은 불가능한 일인데, 조선 선조 때 두 사람이 왕래하고 한 사람은 원생몽유록의 본문을 쓰고 다른 사람은 발문을 썼다고 하니 기가 막힐 일이다. 그리고 원생몽유록에 작품의 종결부는 있어도 제3자가 쓴 발문은 없다는 것을 다시 한 번 강조한다.

항패강이 이처럼 터무니없는 주장을 하는 데는 "海月居士志 林白湖涕所記"라는 말에 근거한 것 같다. 여기서 〈지(志)〉는 한자대사전에 '뜻지', '맞출지', '기록할지', '희망할지', '기억할지' 라고 풀이되어 있다. 〈기(記)〉는 한자대사전에 '적을기', '기록할기', '글기', '기억할기' 라고 풀이되어 있다. "海月居士志 林白湖涕所記"를 우리말로 풀이하면 "해월거사가 지(志)한 것을 임백호가 보고 눈물을 흘리면서 기록해 두었다"라는 뜻이다. 해월거사가 적어둔 것을 임백호가 보고 기록했다는 뜻이다. 그런데 '지(志)'나 '기(記)'를 '작(作)'이나 '저(著)'로 해석해서 임제가 원생몽유록을 짓고 황여일이 그 발문을 썼다고 주장하니 이런 엉터리가 세상에 어디 있는가.

또 황패강의 글을 인용하면 "단종의 참사를 비분하여 몽유의 형식으로 쓴 백호(白湖)의 본문을 읽고, 이에 의합한 해월(海月)이 발(跋)과 제시(題詩)를 붙이었다"고 하였다. 그러려면 "海月居士志 林白湖涕所記"라는 문장이, "林白湖志 海月居士涕所記"로 바꿔어야 한다. 왜냐하면 임백호가 원생몽유록의 본문을 짓고, 해월 황여일이 그 발문을 썼다고 주장했기 때문이다. 그리고 본문을 보지 않고서는 그 글의 발문을 쓸 수 없기 때문이다. 여기서 해월거사(海月居士)를 매월거사(梅月居士) 김시습(金時習)으로 보면 아무런 문제가 없는데, 그것을 선조 때의 해월거사로 꿰어 맞추려니 이러한 무리수를 둘 수밖에 없었던 것이다.

(3) 황패강(黃淇江)의 논문에 대한 반론

황패강의 "원생몽유록(元生夢遊錄)"이란 논문에서 필자와 의견이 다른 부분을 발췌하여 이에 대한 반론을 펼치고자 한다. 황패강의 논설대로 원생몽유록을 임제가 지은 것이 맞다면 작품 이름을 아예 "임생몽유록(林生夢遊錄)"이라 바꾸어라. 원호가 꿈꾼 것이 맞으면 원생몽유록이고, 임제가 꿈꾼 것이 맞으면 임생몽유록이다. 왜냐 하면 꿈은 다른 사람이 대신 꾸어줄 수 없기 때문이다. 그런데 황패강은 임제가 원자허에 가탁해서 몽유록을 썼다고 주장하는데, 남의 눈치 안 보기로 유명한 임제가 무엇이 아쉬워서 자기 꿈으로 작품을 쓰지 않고 원자허에 가탁해서 몽유록을 쓴다는 말인가? 작품에 나오는 주인공 원자허는 元昊의 字이다. 원생몽유록은 주인공 원자허가 몽유록의 형태를 빌어서 참담한 역사적 사실을 밝힌 작품이다.

① 사실이 아닌 허구인 바에야 어찌 반드시 근 백년이 격한 후일이라고 쓰지 못할 것이 어디 있겠는가? 그렇지 않아도 백호는 단종 사건의 주역이었던 한명회(韓明澮)에 대한 비판적 견해를 표백한 시편을 남기고 있다.(우쾌제 편 「원생몽유록」 58쪽)

황패강은 원생몽유록을 사실이 아닌 허구라고 하였다. 그처럼 허구라고 단정 지으려면 등장인물 중에 허구적 인물 즉 가짜로 꾸면서 만든 인물이 있어야 한다. 그런데 그 등장인물들은 모두 역사상의 실존인물이었다는 것을 밝혀둔다. 몽유자 원자허는 생육신 원호, 복건자는 연촌 최덕지, 매월거사는 생육신 김시습, 임금은 단종, 임금을 모시고 있는 다섯 신하는 박팽년, 성삼문, 이개, 하위지, 유성원의 혼령, 뒤에 나타난 씩씩하고 호걸스런 대장부는 무인 유응부이다.

이처럼 등장인물 모두가 역사상의 실존인물이고, 역사상의 실존인물이라고 보았을 때, 작품을 해석하는 데나 이해하는데 문제가 없다. 그런데 몽유자 원자허를 임제, 복건자를 남효온, 매월거사를 해월거사 황여일로 보았을 때는 작품 해석상에 문제가 생기고 억지로 꿰맞추어야 하는 무리수가 생긴다. 다시 말해서 사실을 은폐하고 왜곡시켜야 하는 일이 벌어진다. 이처럼 작품에 등장하는 인물 모두가 역사상의 실존 인물인데, 어찌 이 작품을 허구적 소설이라 할 수 있는가? 그리고 각 등장 인물의 사건이나 행위도 실제로 역사상에 있던 사건 그대로를 기술했는데, 황패강이 이 작품을 허구소설로 몰아가는 것은 설득력이 없다. 원생몽유록(元生夢遊錄)은 허구소설(虛構小說)이 아니라 역사소설(歷史小說)이요 실록소설(實錄小說)이다.

다음은 단종 사건의 주역이었던 한명회(韓明澮)에 대하여 비판적 견해를 표백했다고 주장하는 시편(詩篇)을 인용해 보자.

압구정(狎鷗亭)

사람이 물새와 친하는 것은/ 기심(機心)이 전혀 없는 때문이거니
정자 이름을 '압구'라 붙였는데/ 그는 과연 기심을 잊은 자런가.

지난 일 모두 다 유유해라/ 뜨락에 풀 잘 자라 앉을 만하네
길이길이 청은옹(淸隱翁)을 그리노라니/ 슬픔에 눈물이 주먹에 차누나.

狎鷗亭

人而可狎鷗, 以其無機也
狎鷗以名亭, 果是忘機者
往事俱悠悠, 寒庭草可藉
永懷淸隱翁, 悲來淚盈把[113)]

압구정(狎鷗亭) : 한강 가에 한명회가 지은 정자 이름. 「신증동국여지승람」에는 "압구정은 상당부원군 한명회가 두모포(豆毛浦) 남쪽 언덕에 정자를 짓고 명나라에 사신으로 갔을 때 한림학사 예겸(倪謙)에게 이름을 청했더니 '압구'라고 지어주었다."라고 기록되어 있다.

백호 임제가 지은 〈압구정〉이란 작품이다. 그는 승구(承句)에서 "정자 이름을 '압구'라 붙였는데, 그는 과연 기심을 잊은 자런가."라고 하였다. 여기서 기심(機心)은 술수를 부려서 남을 해치려 한다는 뜻이다. 이런 내용은 임제는 한명회를 부정적으로 본 것이다. 그리고 결구(結句)에서는 "길이길이 청은옹을 그리워하노라니, 슬픔에 눈물이 주먹에 찬다."라고 하였다. 이 내용도 한명회를 부정적인 눈으로 바라본 것은 아니다.

또한 비판적 견해를 표백한 것도 아니다. 비판적 견해라고 하려면 무엇을 어떻게 잘못했는지 구체적으로 잡아내야 한다. 막연하게 "기심을 잊은 자런가", "눈물이 주먹에 찬다."라고 한 정도를 비판적 견해를 표백한 것으로 본다면 지나치다. 그리고 이 〈압구

113) 신호열 · 임형택 공역, 앞의 책, 195쪽.

정〉이라는 한시가 임제가 20세 때 원생몽유록을 지었다고 주장하니, 이 작품도 임제의 나이 20세 이전에 지었다면 논리를 밑받침할 수 있지만, 20세에 글공부를 시작한 임제가 20세 이전에 이 한시를 지었다고 보기는 어렵다.

② 그렇지만 「장릉지」에 기록된 '해월거사(海月居士)' 에 대하여 한 번쯤 의의를 가질 만도 했다. 이에 대하여는 한 마디의 언급이 없는 것은 무슨 까닭인가? 이가원은 자신의 논문에서 수많은 이본에 나타나는 '매월거사(梅月居士)' 아닌 '해월거사(海月居士)' 라는 기록에 대하여 눈감아 버리고 오로지 '매월거사(梅月居士)' 로 된, 스스로 소장한 〈몽유록〉본과 「관란유고」본에만 의존하여 논의를 전개해 나갔기 때문에 논지에 그 어떤 편행을 면치 못하고 있다.(우쾌제 편 「원생몽유록」 64쪽)

황패강의 논지는 이 작품의 종결부에 나오는 "子虛之友 梅月居士 聞而痛之曰"이란 문장에서 매월거사가 아니고 해월거사로 보아야 맞다는 것이다. 그것을 매월거사로 고집하는 이가원이 편향되다는 이야기다. 여기서 子虛之友梅月居士가 子虛之友海月居士가 되었든 "문이통지왈(聞而痛之曰)"이라고 되어 있으니까 자허(子虛)와 거사(居士)는 동시대 인물이어야 하고, 같은 마을에 살았거나 같은 마을에 살지는 않더라도 같은 자리에 있었다는 것만은 부정할 수 없다. 왜냐 하면 "이 말을 듣고 통탄하여 하는 말이"라는 구절이 있기 때문이다.

그런 점에서 자허(子虛)를 원호로 보고 매월거사를 김시습으로 보면 두 분은 동시대 인물이요 같은 생육신으로 자허지우 매월거사(子虛之友 梅月居士)란 말은 그대로 성립된다. 또 자허를 임제(林悌)로 보고 해월거사로 읽어서 황여일(黃汝一)로 보았을 때, 임제는 1549년에 출생했고, 황여일은 1556년에 출생했으니 동시대 인물이라 할 수 있다. 그러나 황패강의 논리대로 말하면 임제가 원생몽유록을 지었다고 하는 해가 1568년(선조 원년) 임제의 나이 20세 때이고 황여일의 나이 13세 때이니, 전라남도 나주에 사는 20세 된 임제와 경상북도 평해에 사는 13세 된 황여일이 같은 자리에 있으면서 한 사람은 원생몽유록을 짓고 또 한 사람은 그 몽유록의 발문(跋文)과 제시(題詩)를 썼다고 하는 주장은 논리적으로 맞지 않는다. 그렇기 때문에 자허지우매월거사(子虛之友梅月居士)란 말은 성립되어도 자허지우해월거사(子虛之友海月居士)란 말은 성립될 수 없다는 것을 강조한다.

또 한 가지 의문되는 것은 13세밖에 안 된 황여일(黃汝一)이 자기 자신을 일컬어 〈해월거사(海月居士)〉라 자칭하면서 이 글을 썼겠느냐 하는 물음이다. 이러한 주장은 〈원생몽유록(元生夢遊錄)〉의 본문 가운데 "子虛之友梅(海)月居士 聞而痛之曰…"이란 구절에 근거한 것인데, 여기서 매월거사가 되었든 해월거사가 되었든 이러한 칭호는 제3자나 남들이 김시습이나 황여일을 지칭할 때에 부르는 칭호이지, 본인이 자기 자신을 해월거사(海月居士)라 지칭하면서 글 쓰는 경우는 없다는 것을 알아야겠다. 더구나 13세밖에 안 된 황여일이 자기를 〈해월거사(海月居士)〉라 자칭하면서 썼을 리는 만무한 것이고, 황여일이 13세 때 과연 그런 별호를 사용했는지조차 의문스럽다.

③ 복건자(幅巾者)에 대한 이가원의 논의는 이도 오로지 「관란유고(觀瀾遺稿)」의 기록에 의하고 다른 본의 기록을 고려치 않는 것이었다. 그는 기설(旣說)인 남효온설(南孝溫說)을 뒤엎고 연촌 최덕지(烟村 崔德之)를 복건자(幅巾者)로 지목하였다. 단종이 승하하였을 때 추강의 나이 겨우 4세밖에 되지 않았다는 점을 들어

"어찌 단종을 모시고 놀았을 수 있겠는가?"하고 "소설이 아무리 허구일지라도 벌써 자허(子虛)나 육신(六臣)이 모두 실존적인 인물이라고 보면 복건자(幅巾者)인들 어찌 그들과 같이 직접적(直接的)으로 한자리에 놀던 인물(人物)이 아니겠는가?"하고 연촌(烟村)이 복건자의 자격을 지닐 수 있다고 하였다.(우쾌제, 위의 책, 64쪽)

황패강의 논리는 기존의 설대로 복건자는 남효온(南孝溫)이라는 것이다. 복건자를 연촌 최덕지라고 지목한 이가원설을 아주 못마땅하게 여겼다. 그러나 〈원생몽유록〉 작품 가운데는 그 복건자에 대한 인물묘사가 나온다. "조금 있으니 갈대꽃 밭 깊숙한 곳에서 홀연히 한 사람의 헌칠한 사나이가 다가오는데, 복건(幅巾)을 쓰고 야복(野服)을 입고 이목이 청수(淸秀)하며 패기 있고 늠름한 모습이 마치 수양산의 옛 선비와 같았다." 몽유자는 이처럼 복건자를 소개했는데, 이 내용이 남효혼에 해당되는지, 최덕지에 해당되는지 검증해 보자. 이 원생몽유록에서 초점을 맞춘 사건은 병자사화와 단종의 시해 사건이다. 그 단종이 돌아가셨을 때, 추강 남효온은 이가원의 말대로 겨우 4살밖에 되지 않았다. 그리고 이 작품에서 복건자의 역할은 몽유자 원자허를 단종과 사육신의 영령이 있는 곳으로 안내하는 중간자 역할을 한다. 다시 말해서 단종이 보낸 심부름꾼이다.

그러기에 이 작품에서 복건자의 존재는 이미 죽은 사람이다. 몽유자 원자허 말고는 모두 다 죽은 사람이다. 꿈의 세계에서 만난 사람은 죽은 영혼이다. 단종이 승하 당시 4살 먹은 아기를 어떻게 헌칠한 사나이가 다가온다고 표현할 수 있는가? 그 4살 먹은 아기한테 어떻게 복건을 쓰고 야복을 입었다고 표현할 수 있는가? 그 4살 먹은 아기를 묘사하는데, 어떻게 이목이 청수하며 패기 있고 늠름한 모습이 수양산의 옛 선비 같다는 말을 할 수 있는가? 수양산의 옛 선비는 중국의 백이, 숙제를 가리키는데, 벼슬을 버리고 원주에 은거한 연촌 최덕지에게는 맞는 말이지만, 강보에 싸인 4 살짜리 추강 남효온에게는 맞지 않는 말이다.

〈원생몽유록의〉의 그 다음 문장은 다음과 같이 되었다. "앞으로 다가와서 허리를 굽혀 인사하며 하는 말이 '자허(子虛)는 어찌하여 이렇게 더디 오십니까. 우리 임금께서 맞아 오라는 분부십니다.'라고 하였다." 여기서도 자허 앞으로 다가와서 인사하는 사람이 같은 원주에 은거했던 최덕지로 보면 맞지만, 4 살배기 추강 남효온으로 보면 맞지 않는다. 그리고 "우리 임금께서 맞아오라는 분부십니다."라고 할 때, 최덕지는 단종을 우리임금께서 라 할 수 있지만 4살 먹은 남효온은 단종과 아무 상관이 없다.

그리고 우리 임금 즉 단종이 모셔오라고 한 사람을 몽유자 생육신 원호라면 해당되지만, 110여 년 후 선조 때 태어난 임제로 보면 맞지 않는다. 단종이 후시대에 태어난 백호 임제를 어떻게 알고 모셔오라는 말을 했단 말인가? 이래도 복건자를 추강 남효온이라고 우겨댈 것인가?

④ 셋째, 몽유록에서 원자허가 복건자를 처음 만난 장면을 보면 "子虛疑其爲山精水魅 愕然無以應 然其形貌俊邁 擧止閒雅 不覺暗暗稱奇"라 하였다. 이로써 미루어 자허는 복건자와 지면이 있는 사이가 아니다. 어디까지나 초대면인 듯하다. ~중략~ 이가원의 설을 좇아서 원생을 원호, 복건자를 최연촌으로 본다고 할지라도, 원생이 복건자를 만났을 때 어찌하여 '몽매(夢寐)의 사이에도 서로 떠날 수 없을 만큼 막역(莫逆)의 벗'이었던 연촌(烟村)을 전혀 못 알아보고, 마치 생면부지의 사람을 대하듯이 하였을 것인가 자못 의문을 갖게 한다. 그러므로 이 경우 원호와 최덕지 두 사람의 관계는 작품에서 성립되지 않는다. 〈원생몽유록(元生夢遊錄)〉

은 남추강 사후의 작품이다. 그러므로 "4세의 유아(幼兒)가 어떻게 단종을 모시고 놀았을 수 있겠는가"가 하는 말은 성립되지 않는다. 아무리 실재했던 인물이라 할지라도 작품상으로는 때와 장소를 초월한 차원에서 허구적인 설정을 할 수 있는 것이다.(우쾌재, 위의 책, 65쪽)

황패강은 '자허는 복건자와 지면이 있는 사이가 아니다."라고 하였다. 심지어는 초대면인 듯하다고 하였다. 왜 원생이 복건자를 만났을 때 막역한 사이의 벗을 못 알아보았느냐 하는 질문이다. 그러면 원생몽유록 작품에서 그 이유를 찾아보자. 이 작품의 배경은 어디인가? "어느 곳인지 강가에 가서 멈추는데 주위에는 맑은 강물이 굽이굽이 흘러가고 여러 산들과 골들이 둘러 있었다. 때는 바야흐로 밤중이 되어 만물이 고요한데 달빛은 낮과 같이 황황하고 물결은 비단같이 반짝이며 기러기는 갈대 숲 속에서 울고 이슬은 단풍잎을 촉촉이 적시는데" 이런 내용을 보면 계절은 단풍이 든 늦가을이고, 시간은 한밤중이고, 장소는 청령포 근처이라 강물이 흐르고 산과 골짜기가 둘러 있는 곳이다.

더구나 상대방은 이 세상 사람이 아니라 저 세상 혼령이다. 한밤중 첩첩산중에서 친구의 혼령을 만났는데, 어떻게 상대방을 단번에 알아본단 말인가? 이런 장소에서 한 밤중이라면 돌아가신 자기 아버지의 혼령이 찾아왔어도 못 알아보는 것이 당연하다. 이 작품에서 원생 즉 원자허는 산 사람이다. 산 사람이 죽은 사람 못 알아보는 것은 당연한 것 아닌가.

신을 부르는 무당이 아니고서야 어찌 죽은 사람을 알아본단 말인가. 산 원자허가 죽은 최덕지를 못 알아보는 것은 당연하다. 그 못 알아보는 것을 트집 잡는 황패강이 도리어 이상하다. 억지로 복건자를 남추강에 꿰맞추려니까 이러한 무리수를 두는 것이다.

그리고 황패강은 “원생몽유록은 남추강 사후의 작품이다”라고 하였다. 이 말은 원생몽유록을 임제가 지었다고 하는 말과 같다. 그렇다면 작품의 주인공이요 몽유자인 원생은 누구란 말인가? 원생도 임제를 가탁시킨 인물이라 보는 것이다. 임제가 어떠한 인물인가? 호탕하고 방탕하고 남의 눈치 안 보고 자기가 하고 싶으면 무엇이든지 거리낌 없이 하는 호걸남아이다. 그런 호걸남아가 왜 자신의 꿈으로 몽유록을 짓지 않고 원생 즉 원자허의 꿈을 빌어서 원생몽유록을 지었단 말인가?

만약에 자기 꿈으로 몽유록 짓는 것이 두려워서 원생의 꿈에 가탁시켰다면 호걸남아 대장부인 임제가 아니라 졸장부 임제가 되는 것이다. 그래 대장부 백호 임제를 졸장부 백호 임제로 만들어서 무엇이 시원하다는 것인지 황패강에게 묻고 싶다.

추강 남효온은 1454년(단종 2년)에 출생하고 백호 임제는 1549년(명종 4년) 회진 향제(會津 鄕第)에서 태어났다. 회진은 나주 서쪽 15리에 위치한 마을이다. 출생 연도를 비교하면 임제는 남효온보다 95년 뒤에 태어났다. 황패강은 몽유자 원생을 임제라 하고 복건자는 남효온이라고 주장한다. 95년이나 먼저 태어난 남효혼이 뒤에 태어난 임제에게 “자허(子虛)는 어찌하여 이렇게 더디 오십니까. 우리 임금님께서 맞아 오라는 분부십니다.”라는 말을 하는 것이 가능한지 묻고 싶다. 여기서도 자허 대신에 ‘자순(子順; 임제의 자(字))은 어찌하여 이렇게 더디 오십니까’라고 해야 맞지 않는가?

우리 임금께서 맞아오라고 했는데, 여기서 우리 임금은 단종이다. 당종이 백년 후에 태어난 사람을 어떻게 알고 임제를 맞아 오라고 부탁했다는 것인지 황패강에게 묻고 싶다. 임제는 후대에 태어났으니 단종을 알 수 있지만, 단종은 100년 후에 태어난 임제를 알 수 없다. 그런데도 단종께서 임제를 맞아오라고 했단 말인

가. 이건 말이 안 된다. 어떻게 단종이 110년 후에 태어난 사람을 맞아 오라고 명령했단 말인가? 황패강은 문학 왜곡을 하기 위하여 단종까지 이상한 임금으로 만들고 있는 것이다.

⑤ 이로 보건대 여기 원자허(元子虛)는 원호(元昊)의 자(字)를 차용한 작품상의 인물이되, 단종사(端宗事)를 전대(前代)의 위망운세사(危亡運勢事)로 돌아보아 강개(慷慨)할 수 있는, 그런 시대의 인물이어야 한다. 그렇다면 元昊일 수 없다. "자허지우 해월거사(子虛之友 海月居士)"로 볼 때 몽유자(夢遊者) 자허(子虛)는 해월거사(海月居士)와는 평교간(平交間)인 듯하다. 해월거사의 인물이 밝혀진다면 몽유자이자 작자일 수도 있는, 자허의 정체는 스스로 밝혀질 것이다. 물론 '해월거사'는 앞에서 든 바와 같이 몇 이본에서는 '매월거사(梅月居士)'라고 되어 있다. 이가원은 '매월거사(梅月居士)'라고 쓴 이본만을 논거로 삼았기 때문에 원자허를 매월당 김시습과 동시대인인 원호로 추단하기에 이르렀던 것이다. 작중 인물의 자리 순서로 보아 자허가 말석에 앉고, 바로 윗자리에 복건자가 앉아 있다. 자허를 원호로 본다면 비록 유명을 달리하였다손 치더라도 연치(年齒)로 보나 단종 위망시의 경력으로 보나 복건자(남추강일 때)의 밑에 앉을 수는 없는 것이다. (우쾌제, 앞의 책, 68쪽)

황패강은 "원자허(元子虛)는 원호의 자를 차용한 작품상의 인물"이라고 하였다. 그러면 누가 원호의 자를 차용했단 말인가? 임제가 차용했단 말인가? 임제는 남의 자를 차용하지 않고 떳떳하게 자기의 자를 직접 쓸 수 있는 인물이다. 그리고 20세 된 임제가 출판문화가 불모지에 가깝던 시절에 원호의 자가 자허(子虛)라는 것을 어떻게 알았단 말인가? 그리고 황패강은 "단종사(端宗事)를 전대(前代)의 위망운세사(危亡運勢事)로 돌아보아 강개(慷慨)할 수 있는, 그런 시대의 인물이어야 된다."고 했다. 그렇게 이야기하고는 그런 인물이 원호는 아니라는 것이다. 원생몽유록의 첫머리를 보면 "세상에 성은 원씨요 자(字)는 자허(子虛)라는 이가 있으니, 그는 비분강개하는 선비이다."라고 되어 있다. 여기서 '세상에' 라고 한 것은 단종 사건이 일어났던 시대를 가리키는 것이지, 임제가 생존한 선조 때를 가리키는 것은 아니다. 그러면 주인공은 생육신 원호가 맞는 것이다. 그런데 왜 그 세상을 선조 때로 낮추어 이야기하고, 주인공을 임제라고 하는지 납득이 안 간다. 분명히 본문에 성은 원씨요 자는 자허라는 이가 있다고 밝혔는데도, 생육신 원호가 아니라고 몰고 가니 답답한 노릇이다.

그리고 몽유자(夢遊者) 자허(子虛)는 해월거사(매월거사)와 평교간인 듯하다고 하였다. 여기서도 원자허 즉 원호는 매월거사 김시습과 같은 생육신으로 자주 접촉했으니, 평교간이란 말이 성립되지만 선조 때 인물인 해월 황여일에게는 평교간이란 말을 쓸 수 없다. 작중인물의 자리 순서도 왕 → 박팽년 → 성삼문 → 이개 → 하위지 → 유성원 → 복건자 → 자허의 순으로 되어 있는데, 복건자를 최덕지로 보면 아무 문제가 없는데, 복건자를 남효온으로 지정해 놓고서 문제가 있다고 하니 기가 막힌다. 왜냐 하면 남효온이 원호보다 먼저 이 세상을 떠났을 리가 없기 때문이다.

⑥ 이가원이 지적한 바와 같이 원자허란 한낱 가칭에 불과할지도 모른다. 〈금화사몽유록〉도 '성허(成虛)' 라는 몽유자를 내세웠는데, 몽유자의 성명에 '허(虛)' 자가 들어간 것은 그 인물이 애초 가탁된 '허인(虛人)' 임을 시사하는 것이 아닌가 한다. 추측건대 〈원자허전(元子虛傳)〉에서의 원자허는 몽유자, 즉 꿈꾸는 이, 허구된 이로 작자 자신이 스스로 드러나기를 꺼려서 그렇게 가탁한 인물

인 듯이 보인다. ~중략~ 해월거사는 실제 인물이다. 선조대 무술변무사(戊戌辨誣使) 일행으로 정사 이항복, 부사 이정구와 함께 서장관으로 명경(明京)에 다녀온 황여일(黃汝一), 바로 그 사람이다. 영조(英祖) 52년(1776) 청명절(淸明節)에 각간된 그의 문집 「해월문집」 권3, 〈시(詩)〉 28장에 「제림백호원생몽유록후(題林白湖元生夢遊錄後)」와 동권(同卷) 7 〈발(跋)〉 24~25장에 「서림백호원생몽유록후(書林白湖元生夢遊錄後)」가 수록되어 있다.(우쾌제, 위의 책, 69쪽)

황패강의 논지는 "자허지우 해월거사(子虛之友 海月居士)"에서 '허(虛)' 자가 들어갔으니, 허구의 인물 즉 허인(虛人)임을 시사해준다고 했다. 자허(子虛)를 허인 즉 허구의 인물이라 본 것이다. 그런데 해월거사(海月居士)는 역사상의 실재 인물이라고 하였다. 위 문장을 해석하면 "자허의 친구 해월거사"가 되는데, 자허(子虛)가 허인(虛人)이면 해월거사(海月居士)도 허인이다. 해월거사가 실재인물이면 자허도 실재인물이다. 왜냐 하면 허구 인물의 친구는 허구인물이지 실재인물이 될 수 없기 때문이다. 어떻게 허구 인물의 친구가 실재 인물이 될 수 있다는 것인지 묻고 싶다. 그런데 자허는 허구 인물이고 해월거사는 실재 인물이라 주장하니 이런 모순이 세상 천지에 어디 있는가?

황패강은 "원자허는 허구된 이로 작자 자신이 스스로 드러나기를 꺼려서 그렇게 가탁한 인물인 듯이 보인다."라고 했다. 그러면 여기서 작자란 누구를 말하는가? 임제를 말하는 것 같은데, 임제가 무엇 때문에 자신의 정체를 숨기고 원호 즉 원자허에 가탁시켰다는 것인지 이해가 안 간다. 몽유록 전편을 다시 읽어보니 '자허(子虛)'라는 낱말이 열두 번 되풀이 된다. 자허는 원호의 자(字)이다. 몽유자 원자허를 생육신 원호로 보면 되고, 지은이를 원호로 보면 되지 굳이 임제를 가탁시킨 인물이라 하는 이유를 모르겠다. 세상에 남이 대신해 줄 수 있는 것이 있고, 대신해 줄 수 없는 것이 있다. 사람이 밥 먹는 것, 벼슬하는 것, 죽는 것, 꿈꾸는 것은 남이 대신해 줄 수 없다. 몽유록은 꿈꾸는 이야기인데, 누가 남의 꿈을 대신 꾸어준단 말인가? 원호(元昊)가 꿈꾼 내용이면 원생몽유록(元生夢遊錄)이고, 임제(林悌)가 꿈꾼 내용이면 임생몽유록(林生夢遊錄)이다.

그리고 작품의 종결부에 이런 내용이 나온다. “지금 나라의 형편을 보면 임금은 현명하시고 여섯 사람의 신하들은 모두 충의의 신하이다. 이런 임금과 신하가 있는데도 이렇게 참혹한 일이 있을 수 있겠는가”(今觀其主想必賢明之主也 其臣六人者 亦皆忠義之臣也 安有以如此等臣 輔如此之主 而若是其慘酷者乎) 여기서 ‘참혹한 일’이란 단종 복위 운동을 하다가 발각되어 참혹하게 죽은 사육신의거사건을 말한다. 그리고 “지금 나라의 형편을 보면”이라고 했다. 자허의 친구 매월거사를 김시습으로 보면 문장 이해에 아무런 지장이 없는데, 그것을 해월거사 황여일로 보면 110여 년 후의 선조 때가 된다.

그래 사육신의 참혹한 사형 사건이 선조 때 일어났단 말인가? 분명히 “지금 나라의 형편을 보면”이란 구절이 나온다. 그 ‘지금’ 어느 때인가? 선조 때인가? 세조 때인가? 그것을 해월거사 황여일로 보면 ‘지금’은 선조 때가 된다. 사육신들이 선조 때 죽었단 말인가. 세조의 왕위찬탈사건이 선조 때 일어났단 말인가?

⑦ “元子虛者慷慨之士也… 子虛亦驚悟 則乃一夢也”는 임제가 지은 〈원생몽유록(元生夢遊錄)〉이오, “子虛之友海月居士 聞而悲之曰 … 徒增志士之懷也已”는 해월(海月)의 녹후(錄後) 발문(跋文)이요 “乃吟一切曰 … 愁聽竹枝歌”는 해월(海月)의 녹후(錄後) 제

시(題詩)다. 〈몽유록(夢遊錄)〉의 말미에 "무진중추(戊辰仲秋; 일작 중춘(一作 仲春)) 해월거사지(海月居士志"를 그대로 인정한다면 무진(戊辰)은 선조(宣祖) 원년으로, 백호(白湖)가 20세, 해월(海月)이 13세 때에 해당한다.

백호(白湖)가 〈몽유록(夢遊錄)〉 본문을 짓고, 해월(海月)이 발(跋)과 제시(題詩)를 추기(追記)하였던 것으로 이해된다. 간약본(簡約本)을 제외한 대부분의 몽유록본들이 한결같이 본문에 해월(海月)의 발(跋)과 제시(題詩)를 붙인 것으로 보아 임제가 〈몽유록〉을 지음과 동시에 세상 사람의 눈이 아직 닿기 전에 해월(海月)이 발(跋)과 제시(題詩)를 붙였던 것으로 생각된다. 그리고 본편은 원자허의 몽유의 때를 "중추지석운운(仲秋之夕云云)"하여 중추임을 밝히고 있는데, 이는 특별한 사유가 없는 한 본록의 말미의 연기(年記) '무진 중추(戊辰 仲秋)'와 같은 해의 '중추(仲秋)'가 아닌가 한다.(우쾌제, 위의 책, 71쪽)

이 부분은 황패강 논문의 핵심이다. 그리고 결론이다. 이 결론을 도출하기 위하여 전후(前後)가 맞지 않는 모순된 논리를 시종일관 주장하였다. 이 부분은 필자의 논문 앞부분에서 한번 다루었지만 워낙 중요하기 때문에 한 번 더 거론하는 것이다. 황패강은 〈원생몽유록(元生夢遊錄)〉이 한 사람의 작품이 아니라 임제와 황여일의 공동작이란 것이다. 전반부(前半部), 전개부(展開部), 종결부(終結部)로 보거나, 입몽전(入夢前), 몽유부(夢遊部), 각몽후(覺夢後)로 보면 아무 문제가 없는 작품을 본문(本文)과 발(跋) · 제시(題詩)로 나누어 두 사람이 공동으로 지은 것처럼 호도하는 저의가 어디에 있는지 모르겠다. 입몽(入夢)이 있었으면 반드시 각몽(覺夢)이 있어야지, 그 각몽(覺夢) 부분을 따로 떼내어 해월(海月)이 발문(跋文)과 제시(題詩)를 붙었다고 강변하니 논리가 안 맞는다.

입몽이 있었으면 각몽이 있는 것이고, 각몽이 있었으면 그 이전에 입몽이 있는 것은 당연하지 않는가? 이 당연한 것을 승복하지 않고, 몽유 부분까지는 임제가 지은 것이고. 각몽 이후의 부분을 해월이 발문 지은 것이라고 하니 전혀 설득력이 없다. 다른 작가가 지은 몽유록은 입몽, 몽유, 각몽의 구조를 갖추었는데, 어떻게 원생몽유록만 본문과 발문으로 나누어 두 사람이 지은 것이라고 억지를 부리는지 모르겠다. 당연한 논리를 일방적으로 폐기하고 이처럼 왜곡을 해대니 심하다는 생각이 든다.

백호가 20세에 몽유록의 본문을 짓고, 해월이 13세 때 몽유록의 발문을 지었다는 황패강의 주장은 설득력이 없다. 열세 살짜리 유아(幼兒)가 어떻게 원생몽유록의 발문을 지었단 말인가? 원생몽유록은 발각되면 죽임 당할 것을 각오하고 쓴 작품이다. 해월 황여일이 13세 때 그처럼 필화 사건에 휘말려도 좋을 만큼 죽을 각오가 되어 있었단 말인가? "임제가 몽유록을 지음과 동시에 세상 사람의 눈이 닿기 전에 해월이 발과 제시를 붙였다."고 하는데, 그처럼 쉬쉬하고 숨기는 글을 경북 평해에 사는 13세 된 해월이 어떻게 볼 수 있단 말인가,

몽유록은 꿈같은 이야기를 쓰는 것이 당연하지만 그 작품연구는 꿈같은 이야기를 써서는 안 된다. 그리고 "본편은 원자허의 몽유의 때를"이란 구절이 있는데, 분명하게 "원자허의 몽유의 때"라 했으면, 그 원자허를 생육신 원호로 보아야지, 그 원자허를 왜 자꾸 임제라고 하는지 납득이 안 간다. 원생몽유록에서의 주인공이요 몽유자인 원자허는 생육신 원호임을 다시 한 번 천명한다. "무진 중추(戊辰 仲秋)"라는 연기(年記)는 임제가 원생몽유록을 접하고 기록한 해이지, 그 작품을 지은 해가 아니라는 점도 첨언해 둔다.

⑧ 그는 상궤(常軌)에서 벗어난 다정다감한 시인이었다고 하겠다. 〈원생몽유록(元生夢遊錄)〉에 나오는 '강개지사(慷慨之士)' 즉 자허(子虛)도 바로 위와 같은 백호(白湖)의 분신이라고 하겠다. 그는 낭만적인 시인이면서도 현실의 본질을 냉정히 분석하고 비판하는 사실적 시각을 한편에 가지고 있었다. 이는 거문고와 검을 함께 지니고 다녔던 비극의 시인 임백호의 어쩔 수 없는 숙명이었는지도 모른다. 그의 순수하기만 한 낭만의 세계는 현실에 부딪힐 때 어느덧 냉정하고 예리한 사실의 세계로 바뀌고 있다. ~중략~ 여기서 볼 수 있는 현실 비판의 소리는 임제와 같은 '법도외지인(法度外之人)'이 아니고서는 할 수 없는 것이다.(우쾌제, 위의 책, 86쪽)

위의 인용문은 황패강이 백호 임제를 소개한 글이다. 백호는 상궤(常軌)에서 벗어난 다정다감한 시인이라고 소개하였다. 상궤(常軌)는 언제나 지켜야 할 떳떳하고 바른 길이다. 원자허가 언제 상궤(常軌)에서 벗어난 행동을 했단 말인가? 더욱이 놀라운 것은 자허(子虛)가 백호 임제의 분신이란다.

분명히 말하지만 원생몽유록의 주인공 원자허는 백호 임제와는 아무런 상관이 없다. 백호 근처에도 안 갔는데, 백호의 분신이라니 무슨 근거를 가지고 그런 말을 하는가? 그리고 황패강은 임제를 '법도외지인(法度外之人)'이라 소개하였다. 법을 안 지키고 멋대로 행동한다는 뜻이다. 여기서도 원자허는 법을 안 지키는 무법자 노릇 한 일이 없다는 것을 밝힌다. 너무 황당해서 〈원생몽유록〉에서 주인공 원자허 자신이 자기 소개한 글을 인용해보겠다.

(가) 세상에 성은 원씨요 자(字)는 자허라는 이가 있으니 그는 비분강개하는 선비이다. 기개와 도량이 활달하고 사소한 일에 구애

하지 않기 때문에 세상에 용납되지 못하여 여러 번 나은(羅隱)의 한(恨; 당나라 말기의 신하로 주전충(朱全忠)이 당나라 임금을 죽이고 새로 양나라를 세우자 오월왕을 권하여 양을 치게 함)을 품고 원헌(原憲)의 가난(노나라의 청빈한 관원이요 공자의 제자이다)을 견디기 어려웠다.

(나) 아침에 나가 밭을 갈고 밤에는 돌아와서 옛사람의 글을 읽는데, 등불이 없어 벽을 뚫고 개똥벌레를 주머니에 넣어서 등불을 대신하는 등 온갖 괴로움과 고생을 겪지 않은 것이 없었다.

(다) 일찍이 역사책을 읽다가 역대 왕조가 위태롭고 망하게 되며 국운이 옮겨지고 세력이 쇠퇴하게 되면 언제나 책을 덮고 눈물을 흘리면서 마치 자신이 그런 일을 당하는 것처럼 슬퍼하였다.

(라) 이때 길게 휘파람을 불며 부질없이 시 한수를 읊었다. "강물도 한스러워 목메어 못 흐르고 / 갈대꽃 단풍잎엔 찬바람 불어오네. / 알겠노라 여기는 장사 땅(옛날 한나라 문제 때에 바른 말하던 신하 가의가 장사의 태부로 있으면서 나라가 어지러워진 것을 통탄하는 글을 남김) 언덕인데 / 임의 혼령 어디 갔나 달빛만이 밝게 비치네."

(마) 자허는 다섯 사람과는 인사를 하지 않고 안으로 들어가 왕 앞에 알현한 다음 다시 물러나와 서 있다가 모두가 좌정한 다음에야 맨 끝자리에 무릎을 꿇고 앉았다.

원생몽유록에 소개된 원자허는 위의 인용문과 같다. (가)(나)(다)(라)(마)의 글을 아무리 여러 번 읽어보아도 원자허는 상궤(常軌)

를 벗어난 행동을 한 일이 없다. 임제는 황패강의 말대로 낭만적 시인이 맞지만 주인공이요 몽유자인 원자허는 낭만적 시인이 아니다. 작품 속에서 원자허가 낭만적으로 말하거나 행동한 적이 없는데, 어찌 원자허를 낭만적 시인이라 한단 말인가?

임제를 '법도외지인(法度外之人)'이라 소개했는데, (가)(나)(다)(라)(마) 어디를 읽어도 자허는 법도에 안 맞는 행동을 한 일이 없다. 더구나 원자허를 임제의 분신이라니 가당치도 않다. 그리고 (라)를 보면 "임의 혼령 어디 갔나, 달빛만이 밝게 비치네"라는 구절이 나온다. 여기서 임의 혼령은 단종의 혼령이다. 생육신 원호 즉 원자허는 단종의 혼령까지 찾아서 헤맨 것이 맞지만, 임제는 단종의 혼령을 찾아서 헤맬 이유가 없다.

원생몽유록은 김태준이 「조선소설사」에서 임제가 지은 것이라 최초로 언급하였다. 그 이후 많은 연구자들이 그 임제설을 무비판적으로 수용하였다. 그러다가 연세대 이가원교수가 임제설을 뒤집고 원호설을 주장하였다.

황패강은 이가원의 원호설을 반박하면서 다시 임제설을 굳히는데 결정적 역할을 하였다. 황패강은 원생몽유록의 구조가 본문과 발문 · 제시로 되어 있다고 주장한다. 그리고 원생몽유록을 임제와 황여일이 함께 지은 공동작이라고 주장한다.

이 글에서 필자는 원생몽유록은 도입부, 몽유부, 종결부로 구성된 작품이지 본문과 발문으로 된 구조가 아니라는 것을 밝혔다. 그리고 원생몽유록은 원호 한 사람의 작품이지, 임제와 황여일이 함께 지은 공동작이 아니라고 하였다.

황패강은 등장인물 연구에서 몽유자 원자허는 임제를 가탁시킨 인물, 복건자를 추강 남효온, 매(해)월거사를 황여일이라 주장한데 대하여 필자는 몽유자 원자허는 생육신 원호, 복건자는 연촌 최덕지, 매(해)월거사는 생육신 김시습이라는 것을 논증하였다. 그리고 황패강의 논설은 왜곡이라 하였다. 원생몽유록은 생육신 원호가 지은 우리나라 최초의 소설이라는 것을 강조한다.

Ⅲ. 원생몽유록(元生夢遊錄)은 역사소설

1. 관란 원호론(觀瀾 元昊論)

조선 시대 역대 임금 중에서 가장 비운으로 생을 마친 이는 단종(端宗)이시다. 그 당시 역사적 사실을 좀 더 자세하게 알아보면, 단종은 선왕 문종이 승하하자 1452년 12세의 나이로 조선조 제6대 임금이 된다.

문종(文宗)은 어린 나이로 왕위를 물려받는 아들이 걱정되어 영의정 황보인, 좌의정 남지, 우의정 김종서를 비롯하여 여러 집현전 학자들에게 단종의 장래를 잘 부탁한다는 유언을 한다.

그러나 야망과 수완이 뛰어난 수양대군은 자신의 세력들을 규합하기에 여념이 없었고, 여기에 모여든 사람들이 권남, 한명회, 홍달손, 양정 등이었다. 이들은 삼정승 가운데 먼저 김종서를 제거하였고, 그 제거 이유는 김종서가 모반을 꾀한다는 구실을 붙여놓았던 것이다.

이어서 그들은 왕명을 빙자하여 군신회의를 소집하였고, 그 소집에 응하기 위하여 대궐로 들어오는 황보인, 조극관, 이양 등 반대파 중신들을 궐문에서 대기하고 있다가 제거한다. 또 한편으로는 김종서의 자손들을 주살하고, 이어서 김종서와 내통하였다는 죄목을 씌워 안평대군을 강화로 귀양 보냈다가 사사(賜死)한다.

이 정변으로 실권을 얻게 된 수양대군은 정인지를 좌의정, 한확을 우의정에 임명하고 자신은 영의정 겸 이조판서 형조판서 병마도통사가 되어 병권(兵權)과 정권(政權)을 한꺼번에 장악하게 된다.

이러한 상황 아래 단종은 1455년 윤 5월 수양대군에게 양위하게 되었고, 그러한 계획은 권남, 정인지 등에 의해 극비밀리에 추진되었다. 그리고 이러한 세조(世祖)의 왕위 찬탈은 당시의 지배 계급을 형성하였던 유림(儒林)의 분열을 가져왔다.

그래서 세조에 대한 반감을 갖는 그룹이 생겨났던 것이니, 그들은 세종의 신임이 두터웠던 성삼문, 박팽년, 하위지, 이개, 유성원, 유응부 등이었다. 이들은 1457년(세조 3) 창덕궁에서 열리는 명나라 사신을 위한 향응 자리에서 단종 복위를 위한 거사를 시행하려 했고, 그러한 계획은 일부 이탈자에 의하여 밀고 됨으로써 사전에 발각되었다.

위에 열거한 6신하들은 모두 죽임을 당하여 사육신(死六臣)이 되었고, 이에 연루된 자로 김문기, 권자신 등 모두 70여 명이 처벌되었다. 그 후 단종은 노산군으로 강봉되었고, 군사 50여 명의 호위 아래 지금의 영월 청령포로 귀양 가게 된다. 그리고 같은 해 가을, 금성대군이 영남 일대에서 단종 복위 운동을 전개했지만 이 역시 실패로 돌아간다. 그래서 금성대군은 하옥되고 노산군은 다시 평민으로 전락되었다. 이어서 1457년 12월 24일 영월 유배지에서 죽임을 당한다.

이러한 역사상의 왕위 찬탈 사건 때문에 목숨을 바쳐 단종 복위 운동을 꾀한 사육신이 있는가 하면, 비록 목숨을 바치지는 않았지만 사육신에 못지않게 항거하고 절의를 지킨 분들이 있으니 그들을 생육신(生六臣)이라고 한다.

김시습, 원호, 이맹전, 조여, 성담수, 남효은 등 6분인데, 이 글에서는 그 중에서도 관란 원호(元昊) 선생의 생애와 충절을 재조명하고 그 분의 작품 세계를 통해서 충의정신이 구현된 양상을 살펴보고자 한다.

(1) 생애와 사상

1) 생 애

관란 원호(觀瀾 元昊)는 1397년(태조 5) 4월 9일 병조참판에 추증된 부친 원헌(原憲)의 둘째 아들로 지금의 원주시 개운동 송림에서 태어났다. 선생의 휘는 호(昊)요, 자는 자허(子虛)이고, 호는 무항(霧巷) 또는 관란(觀瀾)이라고 한다. 시조는 원익겸(元益謙) 선생이고, 고조 홍필(弘弼)은 고려조의 문하시중이요, 증조 광명(廣明)은 종부시령(宗簿侍令)이며, 조부 방보(方甫)는 증 이조참의이고, 부친 헌(憲)은 증 병조참판이었다.

선생은 어려서부터 남달리 총명하고 글공부를 좋아했다. 그래서 남들이 뛰어 놀 때도 오직 책읽기를 열심히 했으며, 심지어는 밤을 새워 공부하는 일이 많았다고 전한다. 아주 유년 시절에는 소학과 통감을 즐겨 읽었고, 15세를 넘어서는 4서 3경에 통달하여 이미 도학군자(道學君子)라는 칭호를 듣게 되었다. 더욱이 선생은 음양오행설이나 이기론(理氣論)에도 정통하여 당시 조선조 사대부들에게 풍미했던 성리학에도 정통하였다. 뿐만 아니라 글짓기를 좋아하여 많은 한시와 산문을 저술했는데, 후에 손자의 필화사건 때문에 모두 불살라 버렸다. 이처럼 폭넓은 독서와 저술을 하면서도 과업을 게을리 하지 않아 1423년(세종 5) 26세 때 문과에 급제하였다.

선생은 어린 시절부터 의분심(義憤心)이 강하여 옳지 못한 일을 보면 그대로 지나치지 않았다. 동네 아이들과 어울려 놀면서도 항상 약자 편을 들거나 의로운 편을 들었다. 말이나 행동이 예의 바르고 사리에 어긋남이 없었기 때문에 비록 연장자라 하더라도 선생을 두려워했다. 옷매무새가 항상 단정하고 일거일동을 「소학」

에서 배운 대로 실천하니 서당 선생님이나 마을 어른들의 칭송이 자자했다. 「논어」를 보면 공자님 말씀 중에 "군자는 의(義)에 밝고 소인은 이(利)에 밝다"라는 구절이 나오는데, 이처럼 의로운 일과 의로운 생각만 하는 관란이야말로 군자 중의 군자가 아니고 무엇이겠는가. 이와 같은 그의 의로운 정신이 나중에는 조선 시대 충의지사인 생육신의 한 분으로 추앙 받게 되는데 결정적인 역할을 했다고 본다.

또 한 가지 선생의 특징은 어려서부터 남달리 효성(孝誠)이 지극했다는 점이다. 선생은 누가 뭐래도 조선 시대의 유학자이고 유학의 근본 도리인 충효 사상을 몸소 실천하는 것이라 할 수 있으니, 선생은 아주 어린 시절부터 나라에 충성하고 부모에 효도해야 된다는 이념이 뇌리에 박히고 몸에 배였던 것이다.

부모님에게는 얼굴 빛을 따뜻이 하고 항상 공손했으며 그 뜻을 거스르는 일은 거의 없었다. 밖에 외출할 일이 있으면 항상 고하여 허락을 받았고, 외출하고 돌아와서도 반드시 고하여 소재를 분명히 했다. 예로부터 부모에게 효도하지 않고 충신 된 자 없으며, 충신의 칭호를 받는 사람으로서 그 부모에게 효도하지 않는 사람이 없다는 것은 하나의 정론 아닌가. 관란의 인간적 면모가 이처럼 忠孝를 겸전하였기 때문에 그 임금이 위태롭게 되었을 때 옛날 수양산으로 숨어버린 은나라의 백이 · 숙제처럼 단종이 위태롭게 되자 원주 치악산 아래로 숨어 버리는 은둔 생활을 하였다고 본다.

관란은 학문을 일찍이 성취하여 1423년(세종 5, 계묘) 문과에 급제하고, 명성과 물망이 당시 인들에게 추앙 받게 되었다. 같은 해 행정가라기보다는 학자로 인정받아 성삼문, 정인지 등과 함께 집현전 학사로서 각종 편찬 사업에 참여하였다. 그 후 여러 요직을 거치면서 문종 때에는 벼슬이 집현전의 직제학까지 이르러 임금님을 궁중 가까이서 모시는 행운을 얻었다.

그러나 문종이 돌아가시고 단종이 어린 나이로 왕위에 오른 다음부터는 나라 안의 정세가 급변해져서 어린 단종이 왕권을 지켜 내기가 어려워졌다. 단종의 숙부인 수양 대군이 자신의 세력을 크게 확장시키면서 단종을 지성으로 보필하는 김종서, 황보인 등을 죽이고, 자신들이 정권과 군권을 장악하는 정란지변을 일으켰기 때문이다.

이처럼 어려운 때를 당하여 관란은 세상을 근심하고 괴로워하면서 '어두운 시대에는 간난하게 지내야 한다.'는 생각을 가지고 벼슬을 버리고 고향인 원주 땅 송림으로 돌아왔다. 그리고는 치악산 아래에다 흙을 모아 집을 짓고 낮이면 항상 높은 봉에 올라 단종을 사모하는 마음으로 서천(西天)을 바라보고 밤이면 하늘을 우러러 단종의 만수무강을 기원하였다. 이에 하늘도 감동하였는지 매일같이 계시는 고을에 안개가 걷히지 않음으로 동명이 현재까지도 무항동(霧巷洞)이라 불리며, 오르던 산봉우리는, 망왕봉(望王峰)이라 불렸는데 최근에 와서는 봉우리가 높아서 오르면 하늘을 만질 듯하다 하여 천마봉(天摩峰)이라 불린다.

남궁원이 지은 선생의 행장(行狀)을 보면 "병을 구실로 관직을 사퇴하고 원주 남촌으로 돌아와 살면서 그 마을 이름을 무항이라 했다"고 전하는데, 그 무항이란 안개가 잔뜩 낀 마을이란 뜻이니, 그와 같이 한 치 앞을 내다볼 수 없는 불확실한 시대를 살아간다는 뜻도 되고, 안개 낀 산간 마을에서 세상을 등지고 은자(隱者) 생활을 한다는 뜻도 된다. 그리고 「치악의 향기」란 책을 참고해 보면, 원호는 생육신의 한 사람으로 기개 높고 절제 있는 생활을 했으며, 그는 은거 생활 중에도 농민들의 생활을 근심하여, 흉년을 막고 풍년이 들게 하기를 기원하면서 권침(權琛)과 함께 월계도(月計圖)를 만들었다[114]고 하였다.

114) 原州市, 『雉岳의 香氣』, 1981.9.25. 27~28쪽 참조.

이 월계도는 원주시 소초면 둔둔리의 지형을 폭 60m, 길이 40m의 간지에 남북으로 그려 놓고, 이것을 다시 60갑자로 구분한 것이다. 즉 권침과 관란 두 분은 40여 년간 실험 한 바 음력 정월 대보름 달이 갑자지간으로 솟으면 콩이 잘되고, 을축지간에 뜨면 가물고, 병신지간에 뜨면 장마가 지고 등등을 권침 선생의 해박한 천문 지식과 실험과 연구를 토대로 적어 놓은 것이며, 이것은 잘 맞아왔다고 한다.[115] 어떻든 관란의 주된 생활 태도는 세상과 인연을 끊고 사는 것이었으니, 실례를 들어보면 다음과 같은 것이 있다.

지난 날의 친구 되는 분이 본도 관찰사로 부임해서 선생을 만나 보려고 한 사실이 있었다. 그런데 그 관찰사는 관란이 사람들을 만나주지 않는다는 사실을 잘 알고 있었다. 그래서 모든 의장을 생략하고 한 대의 수레로 달려와 뵙기를 청했지만, 관란은 손을 내 저으며 "자네와 나와는 처세하는 방법이 다르니 만나 볼 수 없네."하고는 물리쳤다는 것이고, 그 관백은 자신의 출세를 부끄러워하면서 물러가고 말았다는 이야기가 전한다.

영조 때 나서 순조 때 돌아가고 생존 시 대사헌, 호조판서, 판의금 부사 등 내외 요직을 두루 역임한 서유린은 선생의 시장(諡狀)에다 당시의 생활상을 적어 놓았는데, "이후 공은 다시는 발이 뜰을 밟지 않았으며, 얼굴은 사람을 대하지 않았으며, 그의 조카인 원성군 효연이 찾아와서 뵙기를 간청하였지만 공은 굳게 거절하니, 이것은 그가 새로 귀하게 되었기 때문이다.

세조께서 특별히 호조참의를 제수하고 그의 거취를 시험하였으나, 공은 죽기를 맹세하고 왕명에 응하지 않았으며, 앉으면 반드시 동쪽을 향하고 잘 때도 반드시 머리를 동쪽으로 두니 이는 장릉(단종릉)이 원주로부터 동쪽에 있었기 때문이다.[116]라고 되어 있다.

---

115) 위의 책, 122쪽.

116) 元容奭,『生六臣 觀瀾 元昊』(弘法院, 1980). 101~102쪽.

하여간에 관란은 장조카인 원성군(原城君) 효연(孝然)이 수종하는 사람들을 물리치고 문밖에 꿇어앉아 뵙기를 간청하였지만, 문을 막고 들이지 아니하고 엄하게 책망하였다. 관란은 이처럼 외부 사람과의 접촉을 끊고 세상과는 등지고 살았는데, 이러한 생활 태도를 후세인들은 "불출문외 부접친우(不出門外 不接親友)"라고 적어 놓았다.

2) 사상

관란의 사상적 측면을 한마디로 이야기하면 삼강오륜(三綱五倫) 사상(思想)이라 할 수 있다. 『예기(禮記)』에는 "君爲臣之綱 父爲子之綱 夫爲婦之綱"이란 말이 나오고 『백호통(白虎通)』에는 "三綱者何謂也 謂君臣父子夫婦也 故 君爲臣綱 父爲子綱 夫爲妻綱"이라 하였으니, 삼강(三綱)은 임금과 신하, 어버이와 자식, 남편과 아내 사이에 마땅히 지켜야 할 도리가 있다는 뜻이다. 또 『맹자(孟子)』에는 "使契爲司徒 教以人倫 父子有親 君臣有義 夫婦有別 長幼有序 朋友有信"이라 하였으니, 그 내용은 아버지와 아들 사이에는 친함이 있어야 하고, 임금과 신하 사이에는 의리가 있어야 하고, 남편과 아내 사이에는 별다름이 있어야 하고, 어른과 어린이 사이에는 차례가 있어야 하고, 벗과 벗 사이에는 신의가 있어야 한다는 뜻이다. 삼강오륜(三綱五倫)의 내용은 이제 이야기한 그대로이고, 그것이 왜 중요한지는 다음 인용문을 통해서 살펴보자.

"이 삼강오륜(三綱五倫)은 인륜도덕(人倫道德)을 말하는 유교(儒教)의 근본사상으로 우리 인간이 살아 나가는데 지켜야 할 길을 가리켜 주고 있는 것이다. 그러므로 유교(儒教)의 윤리도덕관(倫理道德觀)을 절대시하던 당대 사람들은 사회의 질서를 유지(維持)하고 인류(人類)의 평화(平和)를 누리기 위하여 삼강오륜(三綱五倫)의 덕목(德目)을 실천하는 것을 기본 신조로 삼았었다. 간단히 말하여 인의예지신(仁義禮智信)을 실천해야만 국가나 사회나 가정이 모두 무사하고, 따라서 인간은 행복을 누릴 수 있다고 생각했다. 이 덕목(德目)을 잘 알아 몸소 이행하는 자를 옳은 인간으로 보았고, 이것을 모르면 금수나 다름없다고 생각한 것이다."[117]

그러니까 우리 선인들은 삼강오륜이나 인의예지신을 잘 지키고 실천하면 옳은 인간, 그렇지 못하면 나쁜 인간 즉 짐승이나 다름없는 인간이라고 생각했다. 이러한 삼강오륜 사상 중에서도 가장 핵심적인 것이 충효사상(忠孝思想)이라고 생각한다. 충(忠)과 효(孝)는 우리 동양인(東洋人)들의 근본덕목(根本德目)이며, 그것은 우리들의 최고 목표이며, 만행(萬行)의 근원(根源)이 된다고 예부터 일러왔고, 실천궁행(實踐躬行)하도록 주장하여 왔다. 또 충사상(忠思想)은 유교사상에서 온 것인데, 효(孝)보다 선행되는 것이다. 신라 화랑도(新羅 花郎徒)의 수양계율(修養戒律) 중 사군이충(事君以忠)이란 항목이 먼저 나왔고, 삼강오륜에서는 〈군위신지강(君爲臣之綱)〉과 〈군신유의(君臣有義)〉가 그 첫머리에 놓여있다.[118] 그러면 관란 원호(觀瀾 元昊)가 이러한 충사상(忠思想)을 실천하기 위하여 어떠한 태도로 실천궁행했는지 그의 생애와 관련시켜서 살펴보도록 하자.

전 항에서도 이미 언급한 바 있지만 문종이 돌아가고 단종이 왕위에 오른 다음부터는, 단종의 숙부인 수양대군이 자신의 세력을 크게 확장시키면서 정란지변을 일으켰다. 이 정란지변을 전후해서 관란은 집현전 직제학이라는 자신의 벼슬을 버리고, 동시에 홍문관 교리(弘文館 校理)였던 둘째 아들 효렴(孝廉)도 그 벼슬을 버리게 하고 함께 고향인 원주 땅 송림(松林)으로 돌아왔다. 그리고는

---

117) 朴晟義, 『韓國文學背景研究』(예그린出版社, 1978), 159쪽.

118) 李泰極, 『時調槪論』(새글사, 1963), 146쪽.

치악산 아래에도 흙을 모아 집을 짓고 낮이면 항상 높은 봉에 올라가 단종을 그리워하면서 서쪽 하늘을 바라보았는데, 그 때 선생이 오르던 산봉우리를 망왕봉(望王峰)이라고 한다.

1455년(단종 3) 화의군 금성대군 등 단종의 두 숙부가 잇달아 귀양 가게 되고 단종은 왕위에서 물러나게 되니, 선생은 매월당 김시습, 연촌 최덕지 등과 함께 시국 문제를 논의하면서 우울한 나날을 보냈다. 1456년(세조 2)에는 육신들이 단종 복위 운동을 꾀하다가 화를 입어 죽고 단종은 노산군으로 강봉되어 영월의 청령포로 물러나는 사태가 벌어졌다.

이에 선생은 단종의 발자취를 따라 영월의 청령포로 달려갔으나 도강할 배편도 없었고 국법(國法)이 지엄하여 접근할 방법도 없었다. 다만 망연자실해서 앙천(仰天) 탄식할 수밖에 없었는데 난데없이 호랑이가 나타나서 강을 건네주었다고 하니, 지성이면 감천이란 말은 이런 경우에 해당된다고 본다. 그 이후 나라의 통제가 더욱 심해져서 가까이 갈 수 없으므로 현재 제천(堤川)에서는 가장 북쪽이고 영월(寧越)에서는 서쪽인 송학면 장곡리 사내평(思乃坪)이란 곳으로 거주를 옮기었다.

그 옆으로는 남한강 물이 청청한 물줄기로 굽이쳐 흘러가고 강 옆에는 층암과 절벽을 이룬 높은 지대가 있었다. 바로 그 높은 곳에서는 저 멀리 청령포를 바라다 볼 수 있으므로 돌을 모아 대를 만들고 나무로 정자를 지어 그 이름을 관란정(觀瀾亭)이라 했다. 이제 그 관란(觀瀾)의 의미를 상고해 보면 단종이 계신 곳에서 흘러오는 강물결을 바라본다는 뜻이 함축되었다. 선생은 그 후도 날마다 정자에 올라가 단종이 계신 곳을 우러러 바라보면서 눈물로 세월을 보냈다. 그리고는 앉아 있거나 누워 있거나 반드시 동쪽을 향하였는데 그 동쪽은 바로 단종이 계신 곳을 의미하기 때문이다.

이처럼 단종을 생각하는 시간 외에는 직접 채마밭에 가서 부인과 함께 채소를 가꾸었는데, 그 반찬거리를 빈 박통에 담아 강물에 띄워 단종에게 보내드리는 일을 하였다. 어떤 때는 과일과 채소를 준비해서 서신과 함께 표주박에 담아 강물에 띄우면 거슬러 올라가서 단종이 받아보시고, 단종이 거두어 보신 다음 그 표주박을 다시 강물에 띄우면 선생이 받아보시곤 했다는 것이다. 그러니 선생은 자나깨나 일할 때나 쉴 때나 오로지 단종을 위하는 일편단심 외에는 다른 것은 생각지도 않고 다른 일은 하지도 않았다는 이야기가 된다. 그야말로 '충신불사이군(忠臣不事二君)'이라는 유교 이념을 철저하게 실천한 조선 시대의 대표적인 선비라고 하겠다.

또 이런 일도 있었다고 전한다. 그 때 이웃에는 한 과부가 살고 있었고, 그녀는 다른 사람의 빨래를 하느라고 날마다 강가에 나가게 되었다. 그런데 강가에 나가보면 언제나 선생이 먼저 나와 정자에 앉아있으니 이상하다는 생각이 들었고, 부인의 입장에서는 그 연유를 물어보지 않을 수 없었다. 선생은 눈물을 줄줄 흘리면서 말하였다.

"충신은 두 임금을 섬겨서는 안 되고 열녀는 두 남편을 섬겨서는 안 된다. 그리고 내가 여기에 온 까닭은 우리의 옛 임금을 한결같이 섬기기 위해서"라고 설명해 주었다. 그 여인도 울면서 말하기를 "저는 젊어서 남편을 잃고 혼자 살아왔는데 지내기가 힘들어서 다른 사람에게 시집가려고 했습니다. 그런데 이제 선생의 말씀을 들으니 제가 미천한 여자이기는 하지만 마음이 송구스럽습니다."하고는 그 후 죽을 때까지 다시 시집가지 않았다는 이야기가 전한다.

그러니까 관란 자신으로 말하면 '충신불사이군(忠臣不事二君)'을 몸소 실천한 선비였고, 한 과부에 대해서는 '열녀불경이부(烈女不更二夫)' 정신을 깨우쳐 준 스승이었다고 하겠다. 이처럼 세조 편에 서 있지 않고 오로지 단종만 사모하고 있으니 그 당시 선생이 받은 핍박과 고통이야 말로서 설명할 수 없었던 것이다.

그 뒤 1457년(세조 3) 단종이 영월에서 세상을 떠날 때는 뇌성벽력과 비바람이 몰아쳤고 검은 안개가 자욱하게 끼는 기상 이변이 일어났다. 그것은 아마 나라 안에 큰 변이 일어날 때는 하늘마저 무심할 수 없다는 반증을 보여주는 좋은 예라고 생각한다. 관란 원호(元昊)는 그 화가 자신에게 미칠 것을 생각지 않고 홀로 피눈물을 흘리면서 영월의 백덕산 아래에 흙을 모아 집을 짓고 3년의 상기(喪期)를 마쳤다. 그래서 그 곳의 동명(洞名)이 토실(土室)로 바뀌어 지금까지 불려지게 되었다.

그리고 무항동 밑의 동명을 송림(현재 원주시 개운동)이라 짓고 그 곳에서 남쪽으로 10리 길을 더 가서 산소 자리를 잡아 놓고는 이름을 남송(南松)이라 했다. 아울러 백씨(伯氏) 원산군 황(滉)의 묘지며 차질(次姪) 음성공 효이(孝而)의 묘터도 잡아주었다고 전해 온다.

한편 나의 자손은 이 송림(松林)과 남송(南松)을 떠나지 말고 살라는 유언 때문에 아직까지도 남송에는 그 자손들이 집성촌을 이루어 화목하게 살고 있다. 상기를 마친 다음에는 다시 고향인 원주로 돌아갔는데 예전에 살던 곳을 버리고 깊은 산중 궁벽한 곳을 찾아갔다. 그 곳에다 흙을 쌓아 움막을 만들고 거적으로 창을 가리고 살면서 하늘과 해를 바로 쳐다보지 않는 생활을 했다. 그것은 이 세상의 부귀공명을 뜬 구름같이 생각하고 세상 사람들과는 인연을 끊고 살겠다는 결연한 의지를 보여준 것이다. 그러나 이처럼 세상과 절연하고 살아간다는 것이 얼마나 힘들고 괴로운가는 관란의 다음 글을 통하여 짐작할 수 있다.

"그 동안 소식이 없었는데 존체 어떠하신지요. 저는 근근이 삶을 부지하고 있는데 살아 있는 것이 오히려 사람들을 대하기에 부끄러워 죽는 이만 못함을 절감하고 있습니다. 실날 같은 한 목숨을 지리하게 이어가는 것이 이렇게 괴로운 줄은 몰랐습니다. 타고

난 성품이 용렬하고 어리석어 명철한 사람들의 뒤를 따르지 못하니 부끄러운 마음을 무어라 말할 수 있겠습니까. 더구나 전일에는 삼가 좋은 가르침을 받고 지금껏 마음속에 잊지 않고 있습니다. 아무도 없이 혼자서 조용히 생각할 때에는 종종 스스로 맹세하고 스스로 책망하며 부지중에 긴 한숨이 나며 가슴이 답답하여짐을 느낍니다. 마음이 놀랍고 정신이 송구스러워 말이 순서를 이루지 못하오니 널리 양찰하시기를 빌 따름입니다."[119)]

〈여우인서(與友人書)〉라는 편지글 속에서 "아무도 없이 조용히 혼자서 생각할 때는 종종 스스로 맹세하고 스스로 책망하며 부지간에 긴 한숨이 나며 가슴이 답답하다"고 했는데, 이러한 내용을 미루어 볼 때 그 당시 관란의 생활이 얼마나 어렵고 괴롭고 쓸쓸했는지를 미루어 짐작케 된다. 이처럼 고달픈 생활을 하는데 설상가상으로 선생에게는 청천벽력과 같은 일이 벌어졌다. 선생의 손자인 숙강(叔康)이 세조에게 타살되는 큰 변이 일어났던 것이다. 숙강은 김종직의 문하생으로 문과에 급제하여 당시 벼슬이 한림정언에 이르렀다. 그래서 뒷날에 시호도 정민공으로 받게 되었다.

정민공은 세조를 모시고 금강산을 가다가 세조께서 길가에 있는 돌부처에게 절하는 모습을 보고는 "왕견석불이배(王見石佛而拜)"라고 기록하였고 이것을 본 세조께서는 그 말을 지워버리라고 했다. 그러나 그 말을 지워버리지 않고 도리어 "왕이우견삭지(王而又見削之)"라고 또 쓰니 세조께서 대로하시어, "저의 조부(祖父) 모양 곧기만 하다."고 하면서 즉석에서 벼룻돌로 들이쳐서 참살케 했다는 것이다.

이 소식을 들은 선생은 비분강개함을 참지 못하고 평생 지은 글과 상소문 등을 불태워버렸고 이 때문에 선생의 높은 학식을 바

---

119) 元容奭, 앞의 책, 59~60쪽.

탕으로 지은 저술(著述)과 문학 작품들이 후세에 전하는 것이 별로 없게 되었다고 한다. 심지어는 선생의 생몰(生沒) 연대와 그 동안 역임했던 관직의 경력까지도 자세히 알 수 없는 지경에 이르렀다고 한다. 이러한 일로 하여 선생은 자손들에게 훈계하기를, "이 어두운 세상에 글공부를 해서 벼슬할 생각은 하지 말고 농부가 되어 농사나 짓고 살라."는 가훈(家訓)을 남겼다.

이러한 사실에 대하여 숙종 때의 영의정 최석정(崔錫鼎)이 지은 관란선생 묘비명을 보면, "아아, 시세가 변혁될 때를 당하면 그 일에 관하여 말하기 어려운 점이 있는 것이니, 밝은 식견과 특별한 지조로 이해와 화복의 길 밖에 선 초연한 사람이 아니라면 그 누가 높이 처신하고 멀리 떨어져서 한 몸을 깨끗이 하여 자신을 보전하고 선왕을 위하는 충성과 의리를 다할 수 있을 것이랴. 선생 같은 분은 기미를 미리 알고 용감하게 물러나니 큰 선비의 명철한 일을 실천한 것이며 정충(旌忠)의 큰 절개는 백대 후까지도 모든 신하된 사람들의 갈 길을 보여준 것이다. 명을 마치고 뜻을 관철한 그 밖의 일들이 묻혀서 남은 흔적은 없으나, 상고하건대 공이 걸은 길은 성근보(成謹甫; 成三問) 등 제공들과 달랐지마는 그 충열(忠烈)과 의리로 일관한 점은 조금도 다를 바가 없는 것이다."[120]라고 하였다.

이제까지 관란의 사상을 알아보기 위하여 그의 행적을 살펴보았거니와, 그밖에도 자나깨나 단종만을 생각했던 점, 앉았을 때도 단종이 있는 곳을 향하여 앉고, 누울 때도 머리를 단종이 있는 영월쪽을 향하여 눕는 일을 평생 동안 실천했다는 점 등이 고려되어야겠다. 또 "충신불사이군(忠臣不事二君)"이라는 유교이념을 실천하기 위하여 당시의 최고 실력자 세조에게 등을 돌리고, 퇴출당한 단종에게 끝까지 충성을 다하고, 단종이 죽은 다음에는 "원생몽유

120) 위의 책, 73쪽.

록(元生夢遊錄)"이라는 소설을 써서 끝없는 충성을 나타낸 점 등이 고려되어야 하겠다.

한편 당시 세조가 득세하는 세상이 싫어 직제학이란 벼슬을 버리고 고향으로 내려간 점, 세조가 즉위한 뒤에 호조참의란 벼슬을 내려주면서 불렀으나 끝까지 호응하지 않은 점, 그리고 당시의 세상이 싫어 단종의 3년 상을 마친 다음에는 세상 사람들과 인연을 끊고 숨어서 살다가 평생을 마친 점 등도 고려해야 할 사항이다. 그런 의미에서 관란의 제일사상은 충사상(忠思想)이요, 그 충사상을 실천하기 위해서 어쩔 수 없이 선택한 것이 은둔사상(隱遁思想)이라고 생각한다.

(2) 작품 세계

생애와 사상을 살피면서 이미 언급했지만, 관란은 자신의 손자 숙강이 한림정언으로 있을 때 세조에게 타살되자, 그 원인이 글공부에 있다고 생각하고, 자신의 평생 저술한 글들과 소장한 책들을 모두 불살라 버렸다. 그리고 내 자손은 "글공부하지 말고 농사나 지으면서 편안하게 살라"는 유언을 했다는 전설도 전한다. 그래서 관란의 작품으로 현전하는 것이 거의 없는 형편이니 안타깝다는 생각이 들고, 그 와중에도 남아 전하는 것이 시조 2편, 한시 1편, 원생몽유록 소설 1편이 있어 다행이라 생각된다.

간밤의 우던 여흘 슬피우러 지내여다
이제야 싱각ᄒᆞ니 님이 우러 보내도다
져물이 거스러 흐로고져 나도 우러 녜리라[121]

---

121) 鄭鉒東 · 俞昌植 校註, 『珍本靑丘永言』, 新生文化社, 1957년, 434쪽.

이 작품에 대하여는 정주동 · 유창식이 교주한 『진본청구영언』에 "① 작자(作者)는 대개 무명씨(無名氏)로 되어 있으나 가곡원류(歌曲源流)엔 생육신(生六臣) 원호(元昊)로 되어 있다. ② 순우리말로만 된 데에 유의할 것이다."라고 설명되었다. 또 원주시(原州市)에서 발간한 『치악(雉岳)의 향기(香氣)』란 책에는 "위의 시조에 얽힌 이야기로는 영월군 서면 사내평에 석실(石室)을 만들고 살 때 매일 음식과 서신을 표주박에 담아 동강(東江)에 띄워 보내면 청령포 40리를 역류하여 단종께서 받아보셨고, 단종이 도로 떠내려 보내면 그가 표주박을 받았다 하니 그의 일편단심이 얼마나 지극했는가를 짐작할 수 있다. 이 시조는 이상의 일화를 빌리지 않더라도 흐르는 냇물은 단종의 눈물이 흘러온 것이니 만약에 냇물이 거슬러 올라간다면 나의 이 슬픈 눈물을 단종께서 알리라는 심정을 나타낸 것이다. 사육신(死六臣)과 생육신(生六臣)들은 상당수의 시조를 남기고 있지만 원호의 이 시조는 특히 충절이 돋보인다"[122]라고 설명되었다.

지난 밤에 밤새 내 울던 여울이 슬프게 울면서 지나고 있구나.

이 초장에서 중요한 것은 관란정 앞의 여울물이 울면서 흐른다고 인식했다는 점이다. 사실 조용한 시골에서 밤을 지내다 보면 유난히도 크게 들리는 것이 개울물 흐르는 소리다. 그 소리에 익숙하지 못한 사람은 잠을 이루지 못할 정도이다. 그 여울물 소리를 관란 선생은 슬프게 운다고 표현했다. 그러나, 필자의 단견으로는 밤새워 울던 존재는 그 여울물뿐만 아니고 관란 선생 자신도 임 생각에 밤 새워 울었다고 보아야 한다. 왜냐하면 삼라만상은 보는 이의 기분에 따라 그 감정이 다르게 나타난다고 보기 때문이다. 가을 하늘에 높이 뜬 달도 즐거운 사람이 보면 즐겁게 표현되고 슬픈 사람이

---

122) 原州市, 앞의 책, 28쪽.

보면 슬프게 표현되지 않는가.

중장에서의 '임'은 바로 세조에게 왕위를 빼앗기고 영월에서 귀양살이하던 어린 단종이다. 단종은 상류 지역 영월의 청령포에 계시고 관란 선생은 하류 지역 제천의 장곡리에 있었으나, 그 흐르는 강물 소리를 단종의 억울한 울음소리로 인식했던 것이다. 이 곳 제천에 사는 시조시인 이종훈 선생의 설명에 의하면 관란정 있는 곳에서 영월의 청령포까지는 물길로 백리 가량은 된다고 한다. 그 백리 가량의 물길을 울면서 흐른다고 표현한 것은 그 임을 생각하는 관란의 비통함과 슬픔이 백리 이상 뻗쳐있었기 때문이다.

그런데 종장에서는 '저 물을 거슬러 흐르게 하고 싶구나. 그러면 나도 울면서 흘러 가리라.'라고 했다. 이것은 관란 선생의 충절의 뜻과 임 생각하는 슬픈 마음을 그대로 단종에게 전해 올리고 싶다는 이야기다. 그러니 하류 지역에 있다고 생각한 관란으로서는 물이 거꾸로 흐르기 전에는 자신의 뜻을 온전하게 전할 방법이 없었을 것이다. 하여간에 이 작품 전체를 다시 음미해 보면 단종과 관란 선생과 흐르는 강물 모두가 삼위일체 되어 함께 밤새워서 슬프게 울었다는 의미가 된다.

그런 점에서 이 작품은 "임향한 일편단심이야 가실 줄이 있으랴"라고 노래했던 정몽주의 〈단심가〉보다도 더 처절하다고 생각되고, 명실 그대로 충신연주지사(忠臣戀主之詞)라는 평가를 받아야 마땅하다. 또 유일하게 남아있는 관란의 한시 〈탄세사(歎世詞〉[123] 와도 그 내용 주제가 일맥상통한다는 점에서도 의의가 있다.

시상리(柴桑里) 오류촌(五柳村)에 도처사(陶處士)의 몸이 되여
줄업슨 거문고를 소릐업시 집헛시니

---

123) 瞻彼東岡 松葉蒼蒼 采之擣之 療我飢腸 目渺渺兮天一方 懷黯黯兮雲五光 差夷齊邈焉寡擣兮 空摘翠於首陽世皆忘義徇祿兮 而徜徉 〈歎世歌 全文〉

백학(白鶴)이 지음(知音)ᄒᆞ는지 우즑우즑 ᄒᆞ더라[124)]

이 작품에 대하여 정병욱의 『시조문학사전(時調文學事典)』에서는 작가(作家)를 원관란(元觀瀾)이라 했고, 출전을 『화원악보(花源樂譜)』라고 했다. 심재완의 『역대시조전서(歷代時調全書)』에는 작자를 元昊라 했고 출전을 『병와가곡집(瓶窩歌曲集)』이라 했다. 그런데 역대시조전서에는 종장의 첫구절 〈백학(白鶴)〉이 〈백압(白鵬)〉으로 표기되어 있어 어느 것이 맞는 것인지 확인할 방법이 없다. 윗 작품 초장에서 시상리(柴桑里)는 강서성 구강현의 서남쪽에 있는 산인데, 진(晋)나라의 도잠(陶潛)이 이 곳에 살았다고 한다.

오류촌(五柳村) 또한 도연명이 살던 마을 이름, 그는 문 앞에 다섯 그루의 버드나무를 심고 스스로 오류선생(五柳先生)[125)]이라 했다는 것이다. 그리고 도처사(陶處士)는 도연명(陶淵明)을 지칭하는 것인데, 그의 이름은 잠(潛), 자(字)는 원량(元亮)이다. 일설에는 이름이 연명(淵明), 잠(潛)은 진(晋)나라 멸망 이후의 이름이었다고 한다. 젊어서부터 고상한 취미를 가졌으며 박학(博學)하고 문장(文章)을 잘하였다. 일찍이 팽택(彭澤)의 현령(縣令)이었는데, 군(郡)이 독우(督郵)를 보내어 현(縣)에 이르러서 속대(束帶)하고 현신(現身)하기를 재촉하니, 연명은 탄식하여 말하기를 "내가 오두미(五斗米) 때문에 허리를 꺾을 수 없다"하고, 즉일로 벼슬을 버리고, 〈귀거래(歸去來)〉를 부(賦)하여 고지(故地)로 돌아왔다. 집은 가난하였으나, 도(道)를 즐기고, 술을 즐겨 마셨으며, 산수(山水)에 노닐면서 우유자적(優遊自適)하였다.

그런데 초장에서는 도처사(陶處士)의 몸이 되었다고 하였다. 그 도처사(陶處士)는 집현전의 직제학 벼슬을 버리고 수양대군이 득

---

124) 鄭炳昱 編著, 時調文學事典, 新丘文化社, 1970, 305쪽.

125) 先生不知何許人也亦不詳其姓氏宅邊有五柳樹因以爲號焉(陶潛의 五柳先生傳)

세하는 것이 싫어 고향 원주 땅에 은거 했던 원호(元昊) 자신을 비유한 것이다. 그렇다면 중장에 나오는 "줄없는 거문고"가 무엇을 의미하는가가 문제이다. 이것은 문자 그대로 줄이 끊어진 고장난 거문고를 의미할 수도 있고, 아니면 비유법을 써서 나타낸 시어(詩語)일 수도 있기 때문이다. 필자는 이것을 후자(後者)로 생각하고 있는데, 거문고는 거문고이되 제 구실을 못하는 고장난 거문고이듯이, 임금은 임금이로되 세조에게 퇴출 당하여 제 역할을 못하는 임금 〈단종〉을 비유한 것으로 해석된다.

그래서 "줄없는 거문고를 소리없이 쳐보았다"는 이야기는, 왕위에서 물러난 단종을 조용하게 모시고 충성을 다했다는 이야기가 된다. 그리고 종장에서는 "백학(白鶴)이 지음(知音)하는지 우즉우즉한다"고 하였다. 여기서 '백학(白鶴)'은 도처사(陶處士)와 동류(同類)이니, 원호 선생(元昊 先生)과 뜻을 같이하는 은사(隱士)들이라고 할 수 있다. 예를 들면 원호(元昊)와 비슷한 시기에 벼슬을 버리고 원주(原州)에 머물러 있던 연촌 최덕지(烟村 崔德之)나 같은 생육신(生六臣)으로서 원호(元昊)와 교유(交遊)했던 매월당 김시습(梅月堂 金時習) 같은 이를 가리키는 것으로 보아야 한다. 그리고 '지음(知音)'이란 거문고 소리를 듣고 안다는 뜻으로 '자기를 잘 아는 벗'을 일컫는 말인데, 다음과 같은 고사(故事)가 있다.

백아(伯牙)는 금(琴)을 잘 탔으며, 종자기(鐘子期)는 이를 듣기를 잘 하였다. 백아(伯牙)는 금(琴)을 타되 그 뜻이 고산(高山)에 있으면, 자기(子期) 가로되, 좋을시고, 아아(峨峨)하여 태산(泰山)과 같음이여, 뜻이 유수(流水)에 있으면, 자기(子期) 가로되, 좋을시고 양양(洋洋)하여 강하(江河)와 같음이여 하였다. 백아(伯牙)가 생각하는 바는 자기가 반드시 이를 맞추었다.[126]

126) 崔仁旭譯, 『古文眞寶』(乙酉文化社, 1989), 275쪽.

그 다음 "우즑우즑"이란 말은 "우줄우줄하다"의 뜻이다. 또 "우줄우줄"이란 말은 사람이나 짐승이 몸 전체를 율동적으로 멋있게 자꾸 움직인다는 뜻이다. 그러니까 윗 작품 종장의 뜻은 백학(白鶴)이 도처사(陶處士)의 거문고 치는 소리를 알아듣고 그 소리에 반응하여 율동적(律動的)으로 춤을 추더라는 이야기가 된다. 윗 작품의 이러한 의미 내용을 간단하게 도표화하면 다음과 같다.

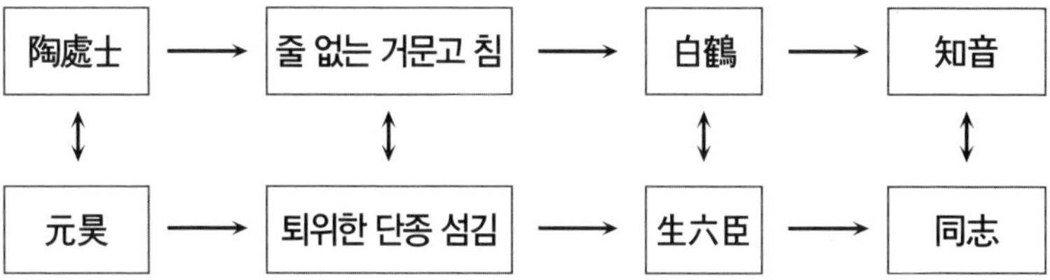

윗 작품을 상징적으로 해석하여 원호(元昊)의 단종(端宗)에 대한 충절(忠節)을 표시한 작품으로 풀어 보았지만, 그냥 도처사(陶處士)가 거문고나 치면서 백학(白鶴)과 더불어 유유자적하는 은둔지향(隱遁指向)의 작품으로 해석할 수도 있다는 것을 부언해 둔다. 그러나 필자의 생각으로는 단순한 은일사상(隱逸思想)을 표현한 것이 아니고, 은근히 단종에 대한 일편단심을 나타내기 위해서 고도의 수사법을 쓴 것으로 이해된다.

(3) 원생몽유록(元生夢遊錄)의 세계

가. 작자문제[127)]

〈원생몽유록〉에서 가장 큰 쟁점은 아직까지도 그 지은이가 누구냐하는 문제다. 이 문제에 대하여 김태준은 그의 『조선소설사』에서 "백호 임제(白湖 林悌)가 추강 남효온의 인격을 사모하여 추강을 모델로 하고 〈원생몽유록〉을 지어 추강의 경우를 슬퍼하였다"[128)]는 주장을 내세웠다. 그 이후 임제설은 많은 사람들에 의해 밑받침되면서 학계의 정설로 굳어지는 듯하다가, 1959년 장덕순에 의해 매월당 김시습설이 제기되었다. 그는 「몽유록소고(夢遊錄小考)」라는 논문에서, "〈원생몽유록〉의 내용적 특징에서 언급한 바와 같이 〈원생몽유록(元生夢遊錄)〉의 사상적 주조가 매월당작(梅月堂作)인 『금오신화(金鰲神話)』 중의 〈남염부주지(南炎浮洲志)〉의 사상과 부합된다는 것은 이것이 매월당(梅月堂)의 작품임을 강력히 설명하여 준다"[129)]고 하였다. 그 이후 1961년에는 이가원(李家源)에 의해 또 다른 학설이 제기되었으니, 그는 「몽유록(夢遊錄)의 작자소고(作者小攷)」라는 논문에서, 몽유록(夢遊錄)의 작자는 백호(白湖)가 아니요, 동봉(東峯)도 아닌 관란 원호(觀瀾元昊)임을 내세웠다.[130)] 그러한 근거는 『한국한문소설선(韓國漢文小說選)』 62편을 뽑는 도중에 원호(元昊)의 유저(遺著) 『관란유고

---

127) 작자문제는 필자가 『石軒丁奎福博士 古稀紀念論叢』 속에 게재했던 『元昊와 元生夢遊錄』이란 논문의 序論을 옮겨 실은 것이다.

128) 김태준, 『조선소설사』 (학예사, 1932), 76쪽.

129) 장덕순, 몽유록소고, 『東方學志(4)』 연세대 동방학연구소, 연세대출판부, 1959, 139쪽.

130) 이가원, 몽유록의 작자소고, 『국어국문학』 제23호, 국어국문학회, 1961. 5. 569쪽.

(觀瀾遺稿)』 중에서 확고한 고증을 얻게 되었다는 것이다. 이처럼 많은 학설이 제기되었으나 김시습설(金時習說)은 장덕순 이외에 더 주장하는 이가 없어 설 자리를 잃었고, 임제설과 원호설로 압축되었는데, 여기서 임제설은 지금까지도 많은 학자들의 지지를 받아 학계의 정설로 굳혀져 가고 있는 형편이다. 하여간에 몽유록(夢遊錄)이란 꿈속에서 보고 듣고 체험한 모든 사실들을 서술하고 기록한 우리나라 고소설의 일종이라고 생각한다.

때문에 몽유록소설(夢遊錄小說) 가운데는 몽유자가 있게 마련이고, 그 몽유자가 누구냐에 따라서 소설의 작자가 누구인가를 판가름해 볼 수 있다. 예를 들면 심의의 〈대관재몽유록〉이 있는데, 여기서 〈대관제〉는 심의의 호이기 때문에 심의와 대관재는 동일한 인물이다.

다시 말해서 몽유자가 바로 그 작품의 작자요, 그 작자가 작품속의 몽유자로 되었다는 이야기다. 그런 의미에서 심의의 〈대관재몽유록〉은 달리 표현해서 〈심생몽유록〉이라 해도 하등의 잘못이 없다. 마찬가지로 〈원생몽유록(元生夢遊錄)〉도 원호(元昊)의 작품이니까 〈원생몽유록(元生夢遊錄)〉이지 만약에 그것이 임제(林悌)의 작품임에 틀림 없다면 그 제호(題號)부터 〈임생몽유록(林生夢遊錄)〉으로 바꾸어야 마땅하다. 반복해 보면 원호(元昊)가 꿈 꾼 것을 기록했으면 〈원생몽유록(元生夢遊錄)〉, 임제가 꿈 꾼 것을 기록했으면 〈임생몽유록(林生夢遊錄)〉이 되어야 한다.

그런데 예의 작품은 원생(元生) 즉 원호(元昊)가 꿈 꾼 내용을 기록한 것이지, 임생(林生) 즉 임제(林悌)가 꿈 꾼 내용을 기록한 것이 아니란 점은 분명하지 않는가. 작품의 내용을 자세히 검토해 보면 원생(元生) 즉 원호(元昊)가 꿈 꾼 내용을 기록한 것이 틀림없는데, 임제(林悌)가 어떻게 해서 원호(元昊)의 꿈을 대신 꾸어줄 수 있다는 것인지 도무지 이해가 안 간다. 혹자는 임제가 꿈속에서 보고 듣고 체험한 내용을 임생(林生)을 내세우지 않고, 생육신 중의 한 사람인 원생(元生)을 내세워 그 역사적 사실에 울분을 토로한 〈원생몽유록(元生夢遊錄)〉을 지었다고 강변할 수 있다.

어떻든 예의 작품 〈원생몽유록(元生夢遊錄)〉은 꿈의 형태를 빌어서 쓴 몽유록소설(夢遊錄小說)이지만, 그 내용을 살펴보면 철저하게 역사적 사실에 바탕을 둔 역사소설(歷史小說)이다. 다시 말해서 그 작품 속에 등장하는 등장인물들이나 벌어지는 사건들이 모두 세조의 왕위찬탈 사건과 사육신들의 단종 복위운동 사건들과 그대로 부합된다. 바로 단종 때에 벌어진 역사적 사건들을 기록하면서 임제는 무엇 때문에 굳이 꿈의 형태를 빌어서 썼다는 것이며, 그것도 자신의 꿈이 아니라 남의 꿈을 빌어서 〈원생몽유록〉을 썼다는 것인지, 이 점부터 분명하게 해명해야 한다.

단종이 세조에게 왕위를 빼앗긴 시기가 1455년이고 임제가 〈원생몽유록〉을 지었다고 하는 시기가 1568(선조 원년(宣祖 元年))이라고 하는데, 110여 년 전에 일어났던 역사적 사실을 바탕으로 하는 역사소설을 쓰면서, 그냥 역사소설을 쓰지 않고 무엇이 무서워서 몽유록 형태를 빌어서 썼으며, 그것도 임생(林生)이 꿈 꾼 것이 아니라 원생(元生)이 꿈 꾸었다고 제3의 인물을 내세워서 써야했는지 이에 대한 명확한 해답을 분명히 하지 않는다면 〈원생몽유록(元生夢遊錄)〉의 작자를 임제라고 하는 임제설(林悌說)은 설득력을 잃게 된다.

하여간에 양언석(梁彦錫)은 몽유록 소설의 특성을 9가지 열거했는데 그것들을 인용해 보면 다음과 같다.

① 환몽구조가 뚜렷하다.

② 역사적 사실을 바탕으로 하고 있다.

③ 역사적인 실존인물이 등장한다.

④ 몽유자는 작중 내용에 따라 성격이 다르다.

⑤ 몽유자는 평면적 인물이다.

⑥ 몽유자는 현실에서 소외된 인물이며 사회적으로 강개한 선비로서 불우한 삶을 살았다.

⑦ 사실(史實)을 토대로 하기 때문에 몽유 시한이 비교적 짧고 사건 내용이 단순하다.

⑧ 각몽 후 현실에서 가졌던 강개한 성격이 그대로 남아 있다.

⑨ 사회적 제약 때문에 환몽구조를 수용한다.[131)]

몽유록 소설의 특성을 열거해 보았거니와, ⑥ 몽유자는 현실에서 소외된 인물이며 사회적으로 강개한 선비로서 불우한 삶을 살았다고 했는데, 그렇다면 몽유자는 실존인물이어야지 가공인물이어서는 안 된다는 이야기로, 그런 점에서 〈원생몽유록〉에서의 몽유자 원자허(元子虛)도 역사상의 실존인물로 보아야지 그것을 임제가 작품 속에 가공으로 내세운 가공인물로 보아서는 안 된다는 이야기다. 그렇다면 세조의 왕위찬탈 사건을 역사적 배경으로 한 〈원생몽유록〉에서, 그 몽유자 원자허(元子虛)는 당시 생육신 중의 한 사람이었던 관란 원호(觀瀾 元昊)임에 틀림없다는 결론이 나온다.

그 다음 ⑨에서는 사회적 제약 때문에 환몽구조를 수용한다고 했다. 그렇다면 선조 때에 임제가 세조의 왕위찬탈 사건이라고 하는 단종 때의 역사적 사실을 소설화하면서 무슨 사회적 제약이 그렇게 많았기에 환몽구조 형태의 소설을 썼단 말인가? 누구보다도 그 성격이 강직하고 그 언행이 직설적이고 사회현실에 대해서 비판적이었던 임제로서는 110여 년 전 사건을 소설화하면서 환몽구조를 선택할 이유가 없다.

그야말로 사실(史實)과 허구(虛構)를 적당히 섞어가면서 〈임진록

---

131) 梁彦錫, 『夢遊錄 小說의 敍述類型 硏究』(國學資料院, 1996), 48~49쪽.

(壬辰錄)〉〈박씨전(朴氏傳)〉〈임경업전(林慶業傳)〉 등과 같은 역사소설도 얼마든지 쓸 수 있었을 텐데, 무엇 때문에 그 내용에서는 허구를 배제하고 역사적 사실을 충실히 기술하려고 노력했으며, 그 형태면에서 환몽구조를 선택해야 했는지 이해가 안 간다. 설사 부득이해서 환몽구조를 선택했다 하더라도 그 옛날에 일어났던 사건을 기술하면서 임생의 꿈으로 해야지 무엇 때문에 원생의 꿈을 빌어서 썼다는 것인지 설명할 방법이 없다.

이러한 제반 사정으로 미루어 볼 때에 〈원생몽유록(元生夢遊錄)〉의 작자는 그 당시 생육신 중의 한 사람이었던 관란 원호(觀瀾元昊)임에 틀림없다는 생각이 들고, 그렇더라도 이 글에서는 작자에 대한 시비를 가리려는 것이 아니라, 몽유자 원자허(元子虛)의 생애와 그 지은이 원호(元昊)의 생애(生涯)가 일치한다는 점을 증명해 보고자 한다.

나. 몽유자 원자허(元子虛)와 생육신 원호(元昊)

몽유록계 소설에서 가장 중요한 점은 몽유자 즉 꿈꾼이가 있다는 점이다. 그런데 몽유자는 대개 역사상의 실존인물이고 그 꿈의 세계에 나오는 인물이나 사건은 허구의 세계일 가능성이 많다. 그런데 어떻게 된 영문인지 원생몽유록의 작자가 임제라고 주장하는 이들은 거꾸로 몽유자 원자허(元子虛)는 허구의 인물이고, 그 꿈의 세계에 나오는 인물과 사건은 역사상의 실존 인물이고 역사상의 실제 사건이라고 주장한다.

또 그 지은이가 임제라고 주장하는 이들은 이 작품의 주인공이면서 몽유자인 원자허(元子虛)를 임제를 가탁시킨 인물로 보거나 그 원자허가 바로 임제(林悌)라고 억설을 부린다. 왜 이런 주장을 하는가 하면 몽유록계 소설에서는 "지은이=몽유자"라는 등식이 성립되기 때문이다. 그렇다면 원생몽유록의 주인공이면서 몽유자인 원자허(元子虛)가 과연 원호의 생애, 사상, 언행과 일치하는가 임제(林悌)의 생애, 사상, 언행과 일치하는가 검증해 볼 필요성이 있다. 이러한 작업을 수행하기 위하여 홍법원(弘法院)에서 나온 『생육신(生六臣) 관란 원호(觀瀾 元昊)』라는 책에서 국역된 〈元生夢遊錄〉에 의거하여 몽유자 원자허(元子虛)와 관련된 기록들을 우선 먼저 소개한다.

① 세상에 성은 원씨요 이름은 자허(子虛)라는 이가 있으니 그는 비분강개(悲憤慷慨)하는 선비이다. 기개와 도량이 활달하고 사소한 일에 구애하지 않기 때문에 세상에 용납되지 못하여 여러 번 나은(羅隱)의 한을 품고 원헌(原憲)의 가난을 견디기 어려웠다. 아침에 나가 밭을 갈고 밤에는 돌아와서 옛사람의 글을 읽는데 등불이 없어 벽을 뚫고 개똥벌레를 주머니에 넣어서 등불을 대신하는 등 온갖 괴로움과 고생을 겪지 않은 것이 없었다.

② 일찍이 역사책을 읽다가 역대 왕조가 위태롭고 망하게 되며 국운이 옮겨지고 세력이 쇠퇴하게 되면 언제나 책을 덮고 눈물을 흘리면서 마치 자신이 그런 일을 당하는 것처럼 슬퍼하였다. 중추가절 밝은 달 아래에서 책을 펴 놓고 보다가 밤은 늦고 정신이 피로하여 침상에 기대어 졸았다.

③ 이때에 길게 휘파람을 불며 부질없이 시 한 수를 읊었다.

강물도 한스러워 목매어 못 흐르고
갈대꽃 단풍 잎엔 찬바람 불어오네
알겠노라. 여기는 장사 땅 언덕인데
임의 혼령 어디갔나 달빛만이 밝게 비치네.

恨入長江咽不流

荻花楓葉冷颼颼
分明認是長沙岸
月白英靈何處遊

④ 앞으로 다가와서 허리를 굽혀 인사하는 말이 「자허는 어찌하여 이렇게 더디 오십니까? 우리 임금께서 맞아 오라는 분부십니다」 라고 하였다. ~중략~ 강가에 높은 정자가 있고 그 위에 한 사람이 난간에 기대어 앉아 있는데 의관 등 모든 것이 임금의 모습이었다. 또한 그 곁에 다섯 사람이 임금을 모시고 있는데 모두가 이 세상 사람들로서 풍신이 당당하고 정신이 양양하여 가슴에는 말을 멈추고 바다에 뛰어들 의리를 감추고 있었으며 뱃속에는 하늘을 고이고 해를 받들 충성을 간직하고 있었다.

⑤ 자허는 다섯 사람과는 인사를 하지 않고 안으로 들어가 왕 앞에 알현한 다음 다시 물러나와 서 있다가 모두가 좌정한 다음에야 맨 끝자리에 무릎을 꿇고 앉았다. 자허의 위쪽에는 복건을 쓴 사람이요 그 위로는 다섯 사람이 차례로 앉아 있는데 자허는 어찌된 영문을 알 수 없어 매우 불안하게 생각하였다. 왕이 말하기를 「일찍부터 그대의 훌륭한 소문을 듣고 한 번 만나보고 싶은 마음 간절하였는데 이와 같이 좋은 밤에 반가이 만나게 된 것이니 의아하게 생각하지 마시오.」 라고 하였다.

⑥ 「그만 두자 좋은 손님이 자리를 같이 하고 있으니 다른 쓸데없는 논란은 할 것 없다. 달이 밝고 바람이 맑고 시원하니 이 밤을 어떻게 지냈으면 좋겠는가」 하며 입고 있던 비단 옷을 벗어 강촌에 가서 술을 사오라 하였다. 술이 두어 순배 돌아갔을 때에 왕이 술잔을 들고 좌중에 있는 여섯 사람을 둘러보며 목메인 소리로 말하기를 「경들은 어찌 각각 생각하는 뜻을 말하여 원통한 한을 풀려고 하지 않는가」 라고 하니……

⑦ 복건 쓴 사람이 노래를 다 읊고 나서 자허에게로 돌린다. 자허는 원래 세상 일을 분개하고 한탄하는 사람이라 눈물을 닦고 슬픈 음성으로 다음과 같이 노래를 불렀다.

지나간 일을 누구에게 물어 보리
황폐하고 처량한 산에는 흙 언덕이 하나 뿐일세
깊은 한은 정위(精衛)의 죽음이요
애닯은 넋은 두견의 수심이네.
고국에는 언제나 돌아갈고
강루에 올라 이날을 같이 지내네
슬프고 처량한 노래 두서너 곡을 마치니
갈대꽃에 어스름 달이 비친 쓸쓸한 가을이로세.

往事凭誰問
荒山土一丘
恨深精衛死
魂斷杜鵑愁
故國何時返
江樓此日遊
悲凉歌數闋
殘月荻花秋

시 읊는 소리가 그치니 좌중이 모두 슬픈 기색으로 눈물을 흘린다.

⑧ 자허의 친구 매월거사(梅月居士)가 이 말을 듣고 통탄하여 하는 말이 ~중략~ 선생이 일찍이 단종과 육신(六臣) 및 최덕지(崔德之)를 모시고 강가에서 놀면서 시를 지어 화답하는 꿈을 꾸다가 깨었는데 느낀 바가 있어 글을 적고 이름하기를 몽유록이라 하니

비록 꿈속에서 일어난 일이라고는 하나 그 뜻은 깊은 것이다.

앞에서 이야기한 대로 〈원생몽유록(元生夢遊錄)〉 중에서 원자허(元子虛)와 관련된 부분만 뽑아서 정리하였다. 그러나 원호(元昊)의 생애와 사상에 관하여는 이미 (1)에서 살펴보았기에 생략하고, 임제에 대해서만 『국어국문학자료사전』을 통하여 알아보고자 한다.

임제(林悌) 1549(명종 4)~1587(선조 20). 조선 중기 때의 문인. 자는 자순(子順), 호는 백호(白湖)·풍강(楓江)·소치(嘯癡)·벽산(碧山)·겸재(謙齊), 본관은 나주(羅州), 절도사 진(晋)의 맏아들이다. 어려서부터 지나치게 자유분방하여 스승이 따로 없다가 20세가 넘어서야 성운(成運)을 사사하였다. 교속(敎束)에 얽매이기보다는 창루(娼樓)와 주사(酒肆)를 배회하면서 살았다. 23세에 어머니를 여의었으며, 이에 창루와 주사를 그만 두고 한때 글공부에 뜻을 두어 몇 번 과거에도 응시하였으나 번번이 낙방하였다.

창루와 주사에서 벗어나 현실세계로 뛰어든 그의 눈에는 부조리와 당쟁만이 가득 찼다. 22세 되던 어느 겨울날 호서(湖西)를 거쳐 서울로 가는 길에 우연히 지은 시가 성운에게 전해진 것이 계기가 되어 그를 스승으로 모셨다. 그로부터 3년간 학업에 정진하였는데 그때 『중용』을 800번이나 읽었다는 것은 유명한 일화이다.

1576년 28세에 속리산에서 성운을 하직하고, 생원·진사에 합격, 이듬해 알성시에 급제한 뒤 홍양현감·서도병마사·북도병마사·예조정랑을 거쳐 홍문관지제교를 지냈다. 서로 헐뜯고 비방하고 질시하면서 편당을 지어 공명을 탈취하려는 속물들의 비열한 몰골들이 그의 호방한 성격에 용납되지 않았다. 벼슬에 대한 선망과 매력, 흥미와 관심은 차차 멀어져가고 환멸과 절망과 울분과 실의가 가슴속에 사무쳤다. 그러기에 10년간의 관직 생활은 아무런 의의가 없었다. 벼슬에 환멸을 느껴 유람하였는데 가는 곳마다 술한 일화를 남겼다. 기인이라 하고 또 법도에 어긋난 사람이라 하여 글은 취하되 사람은 사귀기를 꺼렸다.

서도병마사로 임명되어 임지로 부임하는 길에 황진이의 무덤을 찾아가 시조 한 수를 짓고 제사지냈다가 임지에 부임도 하기 전에 파직당한 것이나, 기생 한우(寒雨)와 주고 받은 시조의 일화, 평양 기생과 평양감사에 얽힌 로맨스도 유명하다. 성운이 세상을 등진 이래 知己가 끊어지고, 이리저리 방황하다 고향인 회진리에서 39세로 죽었다.

운명하기 전 여러 아들에게 "천하의 여러 나라가 제왕을 일컫지 않은 나라가 없었는데, 오직 우리 나라만은 끝내 제왕을 일컫지 못하였으니, 이같이 못난 나라에 태어나서 죽는 것이 무엇이 아깝겠느냐! 너희들은 조금도 슬퍼할 것이 없느니라"고 한 뒤 "내가 죽거든 곡을 하지 마라"는 유언을 남겼다.

칼과 피리를 좋아하고 방랑하며 술과 여인과 친구를 사귀었다. 호협한 성격과 불편부당을 고집하는 사람으로, 〈수성지(愁城誌)〉 〈화사(花史)〉 〈원생몽유록(元生夢遊錄)〉 등 3편의 한문소설이 있는데 그의 작품이 아니라는 설도 있다. 저서로는 『임백호집』 4권이 있으며 이밖에 황진이(黃眞伊)의 무덤 앞에서 읊은 시조 한 수 외 2수의 시조가 전한다.[132)]

이제 〈원생몽유록(元生夢遊錄)〉 중에서 원자허(元子虛)와 관련된 부분을 별도로 뽑아서 정리하였고, 아울러 임제의 생애와 행적에 대해서도 자세하게 인용하였다. 그러니 이것들을 비교 · 검토하여 원자허(元子虛)와 관련된 기록들이 원호(元昊)와 일치하면 이 작품의 작자는 元昊가 되는 것이고, 임제(林悌)와 일치하면 이 작품의 작자는 임제(林悌)가 된다고 할 수 있다. 하여간에 (1)에서 살

132) 『국어국문학자료사전』, 국어국문학편찬위원회편, 한국사전연구사, 1994. 12. 2469~2470쪽.

펴본 바에 의하면 관란 원호는 〈충신불사이군(忠臣不事二君)〉의 유교 이념을 평생 몸소 실천했던 충(忠) 사상을 지닌 인물이라 할 수 있고, 그 성격은 불의와 타협하지 않는 대쪽 같은 선비이고, 세조가 왕위에 오르기 위해 일으켰던 계유정란(癸酉靖難)과 병자사화(丙子士禍)에 대하여 평생 동안 불평불만을 품고 살았던 강개지사(慷慨之士)라 할 수 있다. 그러니 위에서 인용한 원생몽유록(元生夢遊錄)에서의 원자허(元子虛)의 행적과 생육신 원호(元昊)의 생애와 사상과는 그대로 부합된다.

반면에 백호 임제(白湖 林悌)는 어린 시절에 공부를 하지 않고 호협하게 놀기를 일삼았으며, 기방과 술집에 드나들기를 즐겨 하였다. 그리고 상기 인용문을 보면 23세에 어머니를 여의었으며, 이에 창루와 주사를 그만두고 글공부에 뜻을 두어 몇 번 과거에 응시하였으나 번번이 낙방하였다고 되어 있다. 이처럼 20세 이후에 글공부를 시작한 임제가 바로 그 20세 때 즉 선조(宣祖) 1년(1568) 무진년(戊辰年)에 한문소설 〈원생몽유록(元生夢遊錄)〉을 지었다고 황패강은 주장하고 있으니, 이보다 허황된 논리는 없다고 생각한다. 22세 되던 해 성운선생(成運先生)을 만났고, 그로부터 3년간 학업에 정진하였고, 1576년 28세 때 생원 · 진사시에 합격하였다. 29세 때 과거급제하여 흥양현감, 서도병마사 등 여러 관직을 두루 거쳤는데, 임제는 그 당시 사대부들이 서로 헐뜯고 비방하고 질시하면서 편당 짓는 것을 몹시 못마땅하게 생각하였다. 그런데 원생몽유록(元生夢遊錄)의 주인공 원자허(元子虛)를 강개지사라 일컫는 것은 수양대군이 계유정란과 병자사화를 일으켜 자신이 왕위에 오르고 단종을 퇴위 시킨 일에 분개하여 강개지사라고 하는 것이지, 임제처럼 선조 때의 사대부들이 당파를 만들어 서로 헐뜯고 비방하는 일에 분개하여 강개지사라 한 것은 아니란 점을 분명히 해야겠다.

그런데도 많은 국문학자들이 임제가 세조 왕위찬탈 사건에 항거한 강개지사인 것처럼 호도하고 있으니, 왜 이런 곡필(曲筆)들이 횡행하는지 이유를 알 수 없다. 상기 인용문에서 임제는 환멸과 절망과 울분과 실의가 가슴 속에 사무쳤다고 했는데, 그것은 선조 때에 동서(東西)로 갈라져서 싸우던 당파 때문이지, 그보다 110여 년 전에 일어났던 사건 즉 수양대군이 단종을 몰아내고 왕위를 찬탈한 사건 때문이 아니란 것을 분명히 해둔다.

또 상기 인용문을 보면 임제를 기인이라 하고 법도에 어긋난 사람이라 하여 글은 취하되 사람은 사귀기를 꺼렸다고 했는데, 이러한 임제가 원생몽유록의 주인공이며 몽유자인 원자허(元子虛)와 같다는 것인지, “원자허(元子虛)는 임제(林悌)를 가탁시킨 인물”이라고 주장한 이들에게 묻고 싶다. 또 임제는 황진이의 무덤을 찾아가 제사지냈다가 파직당한 일이 있고, 기생 한우(寒雨)와 주고받은 시조의 일화가 있고, 평양 기생과 평양 감사에 얽힌 로맨스가 유명하다고 했는데, 원생몽유록의 주인공 원자허(元子虛)가 무슨 기생하고 놀았기에, 원자허(元子虛)와 임제(林悌)가 똑같은 인물이라고 하는지 묻고 싶다.

그리고 임제는 “칼과 피리를 좋아하고 방랑하며 술과 여인과 친구를 사귀었다”고 했는데, 원생몽유록의 몽유자 원자허(元子虛)는 이런 일이 전혀 없으니 원자허(元子虛)와 임제가 똑같은 인물이라고 주장하는 것은 어불성설이다. 어떻든 관란 원호(元昊)에게도 남긴 시조 작품이 있고, 백호 임제(林悌)에게도 남긴 시조작품이 있으니 소개해 보자.

㉮ 간밤의 우던 여흘 슬피우러 지내여다
이제야 ᄉᆡᆼ각ᄒᆞ니 님이 우러 보내도다
져물이 거스러 흐르고져 나도 우러 녜리라

㉯ 청초(靑草) 우거진 골에 ᄌᆞᄂᆞᆫ다 누엇ᄂᆞᆫ다
홍안(紅顔)을 어듸두고 백골(白骨)만 무쳣ᄂᆞᆫ이
잔(盞) 자바 권(勸)ᄒᆞ리 업스니 그를 슬허ᄒᆞ노라

㉮는 관란 원호가 불철주야 단종을 생각하며서 충절을 노래한 충신연주지사다. 단종이 영월의 청령포로 유배되자 원호는 제천 땅 사내평 언덕 위에 관란정을 짓고 날마다 그 위에 올라가 단종을 생각하면서 눈물로 세월을 보냈다. 그때 밤을 새워 단종의 안위를 생각하면서 그립고 슬픈 나머지 윗 작품과 같은 시조를 노래했던 것이다.

㉯는 임제(林悌)가 평안도사(平安都事)로 부임하는 도중에 평소에 교분이 있던 황진이의 무덤을 찾아가 제사를 지내면서 불렀다고 하는 풍류취락의 노래이다. 그야말로 풍류남아의 가슴에 흐르는 애절(哀絕)한 심정이 잘 나타나 있다. 임제는 어려서부터 기방과 술집에 드나들기를 즐겨했다고 했는데, 그러한 기질은 나이를 먹고 관직이 올라가도 변하지 않아서, 1583년(선조16) 35세 때 평안도사가 되어 임지로 가다가 황진이의 묘에 치제(致祭)하면서 이 노래를 부른 것이다.

그러니 ㉮를 노래한 관란 원호(元昊)와 ㉯를 노래한 백호 임제(林悌) 중에서, 누가 원생몽유록의 주인공 원자허(元子虛)와 같은 인물인지는 결론을 내릴 필요도 없이 자명(自明)해졌다고 본다. 원호(元昊)는 자나깨나 일구월심으로 단종만 생각하면서 평생을 살았으니, 꿈속에서나마 단종을 만나 그 억울한 사정을 하소연하는 몽유록(夢遊錄)을 썼다는 이야기가 성립되지만, 임제는 생시는 그만두고 꿈속에서조차 단종을 생각한 적이 없는데, 그 단종을 만나서 억울함을 하소연한 몽유록(夢遊錄)을 썼다는 것은 성립될 수 없는 논리라는 것을 다시 한 번 강조한다.

(4) 결언(結言)

이제까지 본론에서는 관란 원호의 생애와 사상을 알아보았고, 아울러 그의 작품 세계까지 조명해 보았다. 그 논의된 내용들을 요약하는 것으로 결론에 대신하고자 한다.

먼저 생애에서는 관란은 어린 시절부터 의분심이 강하여 옳지 못한 일을 보면 그대로 지나치지 않는 성격이라고 하였다. 일거일동을 『소학(小學)』에서 배운대로 실천해서 마을 사람들의 칭송을 받았다고 하였다. 그는 일찍이 학문을 성취하여 1423년에 문과에 급제하고, 그 후 여러 요직을 거치면서 문종 때에는 벼슬이 집현전의 직제학까지 이르렀다. 수양대군이 계유정란을 일으키기 직전에 그들 세력이 커지는 것을 꺼려해서 벼슬을 버리고 고향인 원주(原州) 땅 송림(松林)으로 돌아왔다. 고향에 돌아와서는 항상 높은 봉우리에 올라가 단종을 생각하는 마음으로 서천(西天)을 바라보았고, 은거 생활 중에도 농민들의 생활을 근심하여 월계도(月計圖)를 만들어서 농사짓는 일을 도왔다고 하였다.

그 후 단종이 영월로 유배되었을 때는 그 영월 근처의 사내평 언덕 위에 관란정을 짓고 날마다 그 정자 위에 올라가 단종 있는 곳을 바라보는 것으로 일과를 삼았다. 또 단종이 승하했을 때는 단종의 묘 근처에 움막을 지어놓고 마치 부모상을 당한 것처럼 그 여막에서 3년상을 마치었다. 상기를 마친 다음에는 영월의 백덕산 아래로 들어가 흙을 쌓아 집을 짓고 살았는데 이때부터는 완전히 세상과는 인연을 끊고 살았다. 이 기간에 세조가 특별히 호조참의란 벼슬을 내렸으나 받지 않았고, 관란이 그 마을에서 흙집을 짓고 살았다고 하여 그 마을 이름이 토실로 바뀌어 지금까지 전한다. 관란은 생존시 앉으면 반드시 동쪽을 향하고 잘 때도 반드시 머리를 동쪽으로 두었다고 하는데, 이는 단종이 유배되었거나 묻힌 영월이 동쪽에 위치해 있었기 때문이다.

관란의 사상적 측면을 한마디로 말하면 삼강오륜 사상이라 할 수 있다. 그 당시 우리 선인들은 삼강오륜이나 인의예지신을 잘 지키고 실천하면 옳은 인간, 그렇지 못하면 나쁜 인간이라고 생각하였다. 이러한 삼강오륜 사상 가운데서도 관란 원호가 제일로 생각하고 평생 동안 실천했던 것은 "충신불사이군(忠臣不事二君)"의 이념에 입각한 충사상이었다. 그것은 관란의 생애를 살펴본 가운데 저절로 드러났는데, 관란 원호는 당시의 최고 집권자인 세조 편에서서 부귀영화를 꾀한 것이 아니라, 퇴출당한 단종 편에 서서 평생 동안 우울하고 답답한 나날을 보냈기 때문이다. 이처럼 세조 편에서 있지 않고 오로지 단종만 사모하고 있었으니, 그 당시 선생이 받은 핍박과 고통이야 말로서 설명할 수 없었던 것이다.

지금까지 살펴본 생애와 사상을 바탕으로 관란의 인간적 면모를 정리해보면 다음과 같다. ① 부귀공명보다는 절의를 높게 생각한 분 ② 마음 가짐이나 몸가짐에 있어서 공맹의 도를 본받고 실천한 분 ③ 권세에 아부하지 않고 세속에 영합하지 않고 가난을 두려워하지 않는 조선시대의 대표적 선비 ④ 학식과 시문에 뛰어난 문필가 ⑤ 불의에 굽히지 않고 항거하는 우국충군지사 등으로 요약해볼 수 있다.

그 다음 작품 세계에서는 먼저 시조 작품 2수를 논의하였고, 이어서 원생몽유록의 세계를 살펴보았다. 시조 〈간밤의〉는 흐르는 강물에 의탁해서 단종을 그리워하고 슬퍼하는 심정을 노래했는데, 이 작품은 단종과 관란과 영월에서 제천으로 흐르는 강물 모두가 삼위일체 되어 밤새워서 슬프게 울었다는 의미가 있다고 해석하였다. 그런 점에서 이 작품은 "임 향한 일편단심이야 가실 줄이 있으랴"라고 노랬했던 정몽주의 〈단심가〉보다도 더 처절하다고 생각되고, 명실 그대로 충신연주지사라는 평가를 받아야 된다고 논의하였다.

시조 〈시상리(柴桑里)〉에서는 관란 원호(元昊) 자신을, 팽택(彭澤)의 현령(縣令)이라는 벼슬을 버리고 오류촌(五柳村)에 은거해 살았던 진(晋)나라의 도연명(陶淵明)에 비유하였다고 보았다. 그리고 "줄없는 거문고를 친 것"은 "퇴위한 단종을 섬기는 것"으로 보았고 "백학(白鶴)"은 원호(元昊)와 뜻을 같이한 최덕지나 생육신들로 보았고, "지음(知音)"한다는 것은 관란의 단종에 대한 충성심을 알아준다는 의미가 있다고 보았다. 백학(白鶴)이 "우즑우즑"한다는 이야기는 원호와 뜻을 같이하는 동지들이 모여서 일거일동을 같이한다는 의미로 보아서, 이 작품 또한 원호의 단종에 대한 충절을 나타낸 것으로 해석하였다. 원생몽유록의 세계에서는 큰 쟁점이 아직까지도 그 지은이가 누구냐 하는 문제라고 보았다. 그래서 그 작자 설에는 백호 임제설(白湖 林悌說)과 관란 원호설(觀瀾 元昊說)이 가장 유력한데, 현재 국문학계에서는 백호 임제설이 정설처럼 굳어져 가는 형편이기에 이 문제를 재론해야 된다고 생각했다.

그래서 원생몽유록에서 그 주인공이며 몽유자인 원자허(元子虛)와 관련된 기록들을 따로 뽑아서 정리했고, 아울러 『국어국문학자료사전』에서 임제의 생애와 행적에 관한 기록들을 상세하게 인용하였다. 그리고는 원생몽유록의 주인공 元子虛는 백호 임제와는 아무런 관련이 없고 생육신 관란 원호의 생애와 사상과 문학과 일치한다는 점을 증명하였다.

따라서 원생몽유록의 작자는 생시는 물론 밤마다 꿈속에서도 단종만 생각했던 원호(元昊)가 그 꿈의 세계에서 겪었던 일을 몽유록 형태를 빌어서 적은 소설이라고 보아야지, 깨어있을 때는 그만두고 꿈속에서나마 단종을 한 번도 생각한 적이 없는 임제가 몽유록을 썼다는 것은 전혀 설득력이 없는 허황된 논리라는 것을 강조한다.

2. 생육신 원호(元昊)와 김시습(金時習)

(1) 머리말

조선 왕조는 개국 초부터 왕위 계승 문제를 둘러 싼 골육상쟁의 갈등이 빈발하였다. 그러다가 제7대 임금인 세조 2년에 단종 복위 운동이 사전에 발각되어 또 한 번 유례없는 대참극을 빚었던 것이다. 조선조 5백 년간의 문치와 무공으로 눈부신 업적을 남겼던 세종대왕은 재위 33년 만에 승하하였고, 그 뒤를 이어 즉위한 문종은 역시 어질고 훌륭한 임금이었으나 병약했던 관계로 재위 3년 3개월 만에 승하하였다. 그래서 12세밖에 안 되는 단종이 어린 나이로 즉위하였는데, 이때부터 단종의 숙부들에 의한 왕위 쟁탈전이 본격화되기에 이르렀다.

그 중에서 첫째 숙부인 수양대군은 일찍부터 정치에 뜻을 두고 호시탐탐 기회를 노리는 야심가였고, 둘째 숙부인 안평대군은 풍류에 몰두하는 호사형(豪士型)으로서 이들 두 대군이 왕자의 신분을 배경으로 각축전을 벌이었다. 이러한 와중에 안평대군은 학문에 조예가 깊고 선비를 좋아해서 문인들은 안평대군에게 모여 들었고, 수양대군은 야망과 수완이 뛰어나서 무인들은 그에게 많이 모여들었다.

1453년(단종 원년) 10월에 수양대군과 그의 추종자들은 재빨리 기선을 잡고 이른바 계유정란이라는 정변을 일으켰는데, 이때 지용이 뛰어난 김종서를 먼저 제거하였다.

이어서 선대왕(先大王)의 고명대신(顧命大臣)들을 남김없이 살해하고, 안평대군마저 유배시켰다. 이러한 상황 아래 단종은 1455년(단종 3년) 윤 5월 수양대군에게 양위하게 되었고, 이러한 사실에 대하여 몇몇 구신(舊臣)들은 반감을 일으키지 않을 수 없었다. 특히 왕년에 집현전 학사로서 세종의 권총(眷寵)을 받던 성삼문 · 박팽년 · 이개 · 하위지 · 유성원 등과 성삼문의 부친 성승, 무인 유응부 등은 상왕(上王)으로서 수강궁에 있던 단종의 복위와 반역파의 숙청을 꾀하려고 그 기회를 엿보고 있었다.[133)]

이들은 1456년(세조 2년) 6월에 창덕궁에서 열리는 명나라 사신을 위한 향응 자리에서 단종 복위를 위한 거사를 시행하려 했고, 이러한 거사 계획은 김질 · 정창손 등에 의하여 밀고 됨으로써 사전에 발각되었다. 세조는 곧 성삼문 등을 국문하고 참형을 가하였으나 모두 굽히지 않으므로 성삼문 · 박팽년 · 유응부 · 이개는 작형(灼刑)으로 주살하고, 하위지는 살육되고, 유성원은 자신의 집에서 자살하였으니 이들을 세칭 사육신이라 한다.

세조는 이 사건을 빙자하여 단종도 성삼문 등의 역모에 관여하였다 하여 상왕을 노산군(魯山君)으로 강봉하였고, 군사 50여 명의 호위 아래 지금의 영월 청령포로 귀양 보냈다. 그 뒤 세조를 에워싼 정인지 · 정창손 · 한명회 · 신숙주 등의 권신이 노산군과 금성대군(錦城大君)을 완전히 제거하기를 주장하니 세조는 금성대군을 사사(賜死)하였고, 노산군도 사태의 절박함을 느끼어 스스로 목숨을 끊었다고 한다. 이러한 역사상의 왕위찬탈 사건 때문에 목숨을 바쳐 단종 복위운동을 꾀한 사육신이 있는가 하면, 비록 목숨은 바치지 않았지만 사육신에 못지않게 항거하고 절의를 지킨 분들이 있으니 그들을 세칭 생육신이라고 한다. 원호 · 김시습 · 이맹전 · 조여 · 성담수 · 남효온 등 6분인데, 이들을 모두 논의할 수는 없고, 이글에서는 다만 원호와 김시습을 중심으로 그들의 생애와 문학을 조명해보고자 한다.

---

133) 한국사(근세 전기편), 진단학회, 을유문화사, 1977. 94쪽.

(2) 원호(元昊)의 생애와 문학

1) 생애

관란 원호(觀瀾 元昊)는 1397년(태조 5) 4월 9일 병조참판에 추증된 원헌의 둘째 아들로 지금의 원주시 개운동 송림에서 태어났다. 선생은 어려서부터 남달리 총명하고 글공부를 좋아했다. 그래서 남들이 뛰어 놀 때도 오직 책 읽기를 열심히 했으며, 심지어는 밤을 새워 공부하는 일이 많았다고 전한다. 15세를 넘어서는 4서 3경에 통달하여 이미 도학군자(道學君子)라는 칭호를 듣게 되었다. 뿐만 아니라 글짓기를 좋아하여 많은 한시와 산문을 저술했는데, 후에 손자의 필화사건 때문에 모두 불살라 버렸다. 이처럼 폭넓은 독서와 저술을 하면서도 과업을 게을리 하지 않아 1423년(세종 5) 26세 때 문과에 급제하였다.

선생의 특징은 어려서부터 남달리 효성이 지극했다는 점이다. 그는 누가 뭐래도 조선 시대의 유학자이고 유학의 근본 도리인 충효사상을 몸소 실천하는 것이라 할 수 있으니, 선생은 아주 어린 시절부터 나라에 충성하고 부모에 효도해야 된다는 이념이 뇌리에 박히고 몸에 배었던 것이다.

부모님에게는 얼굴빛을 따듯이 하고 항상 공손했으며, 그 뜻을 거스르는 일은 거의 없었다. 예로부터 부모에게 효도하지 않고 충신 된 자 없으며, 충신의 칭호를 받는 사람으로서 그 부모에게 효도하지 않는 사람이 없다는 것은 하나의 정론 아닌가. 관란의 인간적 면모가 이처럼 충효를 겸전하였기 때문에 그 임금이 위태롭게 되었을 때 옛날 수양산으로 숨어버린 은나라의 백이 · 숙제처럼 단종이 위태롭게 되자 원주 치악산 아래로 숨어 버리는 은둔생활을 하였다고 본다.

관란은 문과에 급제한 다음 여러 요직을 거치게 되었고, 문종 때에는 벼슬이 집현전의 직제학까지 이르러 임금님을 궁중 가까이서 모시는 행운을 얻었다. 그러나 문종이 돌아가시고 단종이 어린 나이로 왕위에 오른 다음부터는 나라 안의 정세가 급변해져서 어린 단종이 왕권을 지켜 내기가 어려워졌다. 단종의 숙부인 수양대군이 자신의 세력을 크게 확장시키면서 단종을 지성으로 보필하는 김종서, 황보인 등을 죽이고, 자신들이 정권과 군권을 장악하는 정란지변을 일으켰기 때문이다.

이처럼 어려운 때를 당하여 관란은 세상을 근심하고 괴로워하면서 벼슬을 버리고 고향인 원주 땅 송림으로 돌아왔다. 그리고는 치악산 아래에다 흙을 모아 집을 짓고 낮이면 항상 높은 봉에 올라 단종을 사모하는 마음으로 서천을 바라보고 밤이면 하늘을 우러러 단종의 만수무강을 기원하였다. 이에 하늘도 감동하였는지 매일같이 계시는 고을에 안개가 걷히지 않음으로 동명이 현재까지도 무항동(霧巷洞)이라 불리며, 오르던 산봉우리는 망왕봉(望王峰)이라 불리었다.

남궁원이 지은 관란의 행장을 보면 "병을 구실로 관직을 사퇴하고 원주 남촌으로 돌아와 살면서 그 마을 이름을 무항이라 했다." 고 전하는데, 그 무항이란 안개가 잔뜩 낀 마을이란 뜻이니, 그와 같이 한 치 앞을 내다볼 수 없는 불확실한 시대를 살아간다는 뜻도 되고, 안개 낀 산간 마을에서 세상을 등지고 은자생활을 한다는 뜻도 된다. 그리고 『치악의 향기』라는 책을 참고해 보면, 원호는 생육신의 한 사람으로 기개 높고 절제 있는 생활을 했으며, 그는 은거생활 중에도 농민들의 생활을 근심하여, 흉년을 막고 풍년이 들게 하기를 기원하면서 권침과 함께 월계도를 만들었다.[134]고 하였다.

134) 원주시 편, 치악의 향기, 1981.9. 27~28쪽.

그리고 지난 날의 친구 되는 분이 본도의 관찰사로 부임해서 선생을 만나보려 한 사실이 있었다. 그런데 그 관찰사는 관란이 사람들을 만나주지 않는다는 사실을 잘 알고 있었다. 그래서 모든 의장을 생략하고 한 대의 수레로 달려와 뵙기를 청했지만, 관란은 손을 내저으며 "자네와 나는 처세하는 방법이 다르니 만나볼 수 없네."하고는 물리쳤다는 것이고, 그 관백은 자신의 출세를 부끄러워하면서 물러갔다는 이야기가 전한다.

관란은 이처럼 외부 사람들과의 접촉을 끊고 세상과는 등지고 살았는데, 이러한 생활태도를 후손들은 불출문외 부접친우(不出門外不接親友)하였다고 적어놓았다.

또 『관란선생 행장』에서는 종신토록 숨고 묻혀 있으면서 조정에서 불러도 나아가지 아니하고 앉으면 반드시 동쪽을 향하여 앉고 누워도 반드시 동쪽으로 머리를 두며, 서쪽을 향하여 새 임금을 섬기지 않으니, 이것은 바로 중국의 기자가 새로운 임금의 신하가 되지 않았던 일과 같은 것이며, 백이가 수양산에 들어가 고사리 캐던 일과 함께 아름답고 빛나는 일이라고 적생각된다.

2) 작품 세계

관란은 그의 손자 숙강이 한림정언으로 있을 때 세조에게 타살되자, 그 원인이 글 공부에 있다고 생각하고, 자신의 평생 저술한 글들과 소장한 책들을 모두 불살라 버렸다. 그리고 내 자손은 "글공부하지 말고 농사나 지으면서 편안하게 살라"는 유언을 했다는 전설이 전한다. 그래서 관란의 작품으로 현전하는 것이 거의 없어 안타깝다는 생각이 들고, 그 와중에도 남아 전하는 것이 시조 2편, 한시 1편, 원생몽유록 1편이다. 원생몽유록에 대하여 백호 임제가 지었다는 설도 있으나, 필자는 원호가 지은 것으로 생각한다.

그래서 이 글에서는 시조 1편과 소설 원생몽유록을 중심으로 작품에 나타난 작가의식을 탐구해 보고자 한다.

> 간밤의 우던 여흘 슬피우러 지내여다
> 이제야 싱각ᄒᆞ니 님이 우러 보내도다
> 져물이 거스러 흐르고져 나도 우러 녜리라[135)]

이 작품에 대하여는 정주동 · 유창식이 교주한 『진본 청구영언』에 "① 작자는 대개 무명씨로 되어 있으나 가곡원류엔 생육신 원호로 되어 있다. ② 순 우리말로만 된 데에 유의할 것이다."라고 설명되었다. 먼저 초장을 보면 "지난 밤에 밤새 울던 여울이 슬프게 울면서 지나고 있구나."라고 되어있다. 이 초장에서 중요한 것은 관란정 앞의 여울물이 울면서 흐른다고 인식한 점이다. 사실 조용한 시골에서 밤을 지내다 보면 유난히도 크게 들리는 것이 개울물 흐르는 소리다.

그 소리에 익숙하지 못한 사람은 잠을 이루지 못할 정도이다. 그 여울물 소리를 관란은 슬프게 운다고 표현했다. 그러나 필자의 단견으로는 밤새워 울던 존재는 그 여울물뿐만 아니고 관란 자신도 임 생각에 밤새워 울었다고 보아야 한다. 왜냐하면 삼라만상은 보는 이의 기분에 따라 그 감정이 다르게 나타난다고 보기 때문이다. 가을 하늘에 높이 뜬 달도 즐거운 사람이 보면 즐겁게 표현되고 슬픈 사람이 보면 슬프게 표현되지 않는가. 새소리도 마찬가지다. 즐거운 사람이 들으면 노래 소리로 들리고 슬픈 사람이 들으면 우는 소리로 들리게 마련이다. 그러나 관란은 설명하기를 이제야 생각해보니 임이 울어 보낸 것이라 했다.

중장에서의 〈임〉은 바로 세조에게 왕위를 빼앗기고 영월에서 귀

---

135) 정주동 · 유창식 교주, 진본 청구영언, 신생문화사, 1957년, 434쪽.

양살이하던 어린 단종이다. 단종은 상류 지역 영월의 청령포에 계시고 관란은 하류 지역 제천의 장곡리에 있었는데, 그 흐르는 강물 소리를 단종의 억울한 울음소리로 인식했던 것이다. 이곳 제천의 관란정 있는 곳에서 영월의 청령포까지는 물길로 백리 가량은 된다고 한다. 그 백리 가량의 물길을 울면서 흐른다고 표현한 것은 그 임을 생각하는 관란의 비통함과 슬픔이 백리 이상 뻗쳐 있었기 때문이다. 그런데 종장에서는 "저 물을 거슬러 흐르게 하고 싶구나. 그러면 나도 울면서 흘러가리라."라고 했다.

이것은 관란의 충절의 뜻과 임 생각하는 슬픈 마음을 그대로 단종에게 전해 올리고 싶다는 이야기다. 지리상으로 관란은 비록 하류에 있었고 단종은 상류에 있었지만, 그 심리상으로는 군신관계를 나타내야 하기 때문에 단종이 상류에 있고 관란이 하류에 있는 것으로 표현해야 한다. 그러니 하류 지역에 있다고 생각한 관란으로서는 물이 거꾸로 흐르기 전에는 자신의 뜻을 온전하게 전할 방법이 없었을 것이다. 한마디로 이 작품 전체를 다시 음미해 보면 단종과 관란과 영월에서 제천으로 흐르는 강물 모두가 삼위일체 되어 슬프게 울었다는 의미가 된다.

그런 점에서 이 작품은 "임 향한 일편단심이야 가실 줄이 있으랴"라고 노래했던 정몽주의 〈단심가〉보다도 더 처절하다고 생각되고, 명실 그대로 충신연주지사(忠臣戀主之詞)라는 평가를 받아야 마땅하다고 본다. 또 유일하게 남아있는 관란의 한시 〈탄세사(歎世詞)〉와도 그 내용 주제가 일맥상통한다는 점에서도 의의가 있다.

그 다음은 관란 원호의 〈원생몽유록〉에 대하여 살펴보고자 한다. 시조 1편이 더 있지만, 다음에 논의할 김시습과 형평을 맞추기 위하여 1편만 살펴본 것이다. 〈원생몽유록〉에서 가장 큰 쟁점은 아직까지도 그 지은이가 누구냐 하는 문제다. 이 문제에 대하여 김태준은 그의 『조선소설사』에서 "백호 임제가 추강 남효온의 인격을 사모하여 추강을 모델로 하고 원생몽유록을 지어 추강의 경우를 슬퍼하였다."[136]는 주장을 내세웠다.

그 이후 임제설은 많은 사람들에 의해 밑받침되면서 학계의 정설로 굳어지는 듯하다가, 1959년 장덕순에 의해 매월당 김시습설이 제기되었다. 그는『몽유록소고』라는 논문에서 "원생몽유록의 내용적 특징에서 언급한 바와 같이 〈원생몽유록〉의 사상적 주조가 매월당 작인『금오신화』의 〈남염부주지〉의 사상과 부합된다는 것은 이것이 매월당의 작품임을 강력히 설명하여 준다."[137]고 하였다.그 이후 1961년에는 이가원에 의해 또 다른 학설이 제기되었으니, 그는「몽유록의 작자 소고」라는 논문에서, 몽유록의 작자는 백호(임제)가 아니요, 동봉(김시습)도 아닌 관란(원호)임을 내세웠다.[138] 그러나 이글의 목적은 〈원생몽유록〉의 작자 문제를 논의하는 것이 아니므로, 더 이상의 논의는 하지 않고, 일단 관란 원호의 작품으로 간주하고 이야기를 진행하고자 한다.

강물도 한스러워 목메어 못 흐르고
갈대꽃 단풍잎엔 찬 바람 불어오네
알겠노라 여기는 장사 땅 언덕인데
임의 혼령 어디 갔나 달빛만이 밝게 비치네.

恨入長江咽不流, 荻花楓葉冷飀飀
分明認是長沙岸, 月白英靈何處遊

원생몽유록의 첫 부분을 보면 이 작품의 주인공이요, 몽유자인

---

136) 김태준, 조선소설사, 학예사, 1932, 76쪽.
137) 장덕순, 몽유록소고,「동방학지4」, 연세대동방학연구소, 1959, 139쪽.
138) 이가원, 몽유록의 작자소고,「국어국문학」제23호, 1961.5. 569쪽.

원생에 대하여 다음과 같이 소개하였다. "세상에 성은 원씨요 자는 자허(子虛)라는 이가 있으니, 그는 비분강개하는 선비이다. 기개와 도량이 활달하고 사소한 일에 구애하지 않기 때문에 세상에 용납되지 못하여 여러 번 나은의 한을 품고 원헌의 가난을 견디기 어려웠다."

그러면 여기서 나은(羅隱)은 어떤 인물인가? 중국 당나라 말기의 어진 신하로 주전충(朱全忠)이 당나라 임금을 죽이고 새로 양나라를 세우자 오월왕을 권하여 양나라를 치게 했던 충의지사이다. 그리고 원헌(原憲)은 중국 고대 노나라의 청빈한 관원이요 공자의 제자라고 한다. 이런 내용들은 그대로 생육신 관란 원호의 생애를 옮겨 놓은 것과 마찬가지이다.

그러니까 작품 속에 원생이 읊은 시는 바로 원호의 인생관이나 세계관이 담겨 있는 것으로 보아야 한다. 그래서 한시의 "강물도 한스러워 목메어 못 흐르고"는 그의 시조 초장 "간밤의 우던 여흘 슬피우러 지내여다"를 연상케 한다. 그리고 "임의 혼령 어디 갔나 달빛만이 밝게 비치네."는 죽은 단종을 찾는 내용이다. 이처럼 죽은 단종의 혼령을 찾는 것은 생육신 원호의 입장에서는 가능한 이야기지만, 선조 때의 호걸남아 백호 임제와는 아무런 상관이 없다는 것을 밝혀두는 바이다. 어떻든 위의 한시만 읽어보아도 관란의 단종에 대한 충성심이 어느 정도인가를 미루어 짐작케 한다. 그리고 다시 한 번 원자허의 노래를 인용하면 다음과 같다.

지나간 일을 누구에게 물어보리
황폐하고 처량한 산에는 흙 언덕이 하나뿐일세
깊은 한은 정위의 죽음이요
애닮은 넋은 두견의 수심이네
고국에는 언제나 돌아갈고

강루에 올라 이날을 같이 지내네
슬프고 처량한 노래 두서너 곡을 마치니
갈대꽃에 어스름달이 비친 쓸쓸한 가을이로세.

往事凭誰問 荒山土一丘
恨深精衛死 魂斷杜鵑愁
故國何時返 江樓此日遊
悲凉歌數闋 殘月荻花秋

이 노래에 대하여 자허는 원래 세상일을 분개하고 한탄하는 사람이라 눈물을 닦고 슬픈 음성으로 불렀다고 되어있다. 위의 한시 제1행을 보면 "지난 일 아득하니 누구에게 물어보리."라고 되어 있다. 이것은 계유정란과 병자사화가 일어나고 얼마 안 있다가 이 작품이 쓰여졌기 때문에 표면상으로 보면 앞뒤가 안 맞는 이야기 같다.

그러나 병자사화에서의 참극은 그들이 생존 시에 일어났던 것이고, 이 꿈의 세계에서는 단종이나 사육신들의 혼령들만 모여 앉아서 이러한 성토를 하는 것이니, 이승과 저승이 너무 다르고 아득하기 때문에 누구에게 물어야 되느냐고 한탄했던 것이다. 그런 의미에서 그 비참하게 죽어간 혼령들만 모여 있는 곳을 제2행 "황산토일구(荒山土一丘)"란 말로 표현해서 그 주위 환경마저 황폐하고 처량하다는 느낌을 갖게 하였다.

그리고 제3행에서는 〈한심(恨深)〉이란 말이 나오고 제4행에서는 〈혼단(魂斷)〉이라는 말이 나온다. 이 말뜻은 "원한은 깊다" "영혼은 끊어졌다"라는 의미인데, 이 또한 세조 왕위찬탈 사건과 사육신들의 참살 당함을 직접 목격하고 체험한 관란 원호는 이런 이야기를 할 수 있지만, 그 사건이 일어나고 100여 년 이후에 출생한 임제 당시에는 이러한 비극적 사건이 일어나지도 않았고 그러한 사건을 목격하거나 체험한 바도 없는데, 어떻게 몽유자 원자허를 임제를 가탁시킨 인물이라고 해석할 수 있다는 것인지 이해가 안 간다.

그리고 제5행에서는 "고국에는 언제나 돌아갈고"라고 했고, 제6행에서는 "강루에 올라 이 날을 같이 지내네."라고 했는데, 이 또한 이승 세계가 아니라 죽은 이들만 모여 있는 저승 세계에서 몽유자 원자허가 보고 느끼고 경험한 바를 노래한 것이다.

특히 제6행에서는 "강루차일유(江樓此日遊)"라고 했는데 단종 때 생존한 인물이 아니고, 선조 때 생존한 백호 임제가 어떻게 그 자리에 참여해서 함께 노닐 수 있다는 것인지 이해가 안 간다.

제7행에서는 "슬프고 처량한 노래 두서너 곡을 마치니"라고 했는데, 이 또한 생육신 원호의 입장에서는 세조 왕위찬탈 사건에 대하여 평생 원한을 품고 살았으니까 이에 해당하지만, 그 사건보다 100여 년 뒤에 태어난 백호 임제는 누구의 무슨 사건에 평생 원한을 품고 살았기에 슬프고 처량한 노래를 두서너 곡조 불러보자고 했다는 것인지 이해가 안 간다. 마지막으로 제8행에서는 "갈대꽃에 이지러진 달 쓸쓸한 가을이로세."라고 했는데, 여기서 '이즈러진 달'과 '늦가을'이 갖는 상징적 의미는 이미 대세는 세조에게 기울어졌고, 단종의 시대는 종말이 다가왔다는 것을 암시적으로 표현했다고 보아야 한다.

이제까지 관란 원호의 시조 1편과 〈원생몽유록〉의 주인공 원자허의 노래 두 편을 해설하고 논의해 보았다. 그 결과 시조에서는 충신연군의 의미가 강하게 나타났고, 원생몽유록의 한시에서는 비참하게 죽은 단종과 사육신들의 혼령을 만나서 당시의 세태를 풍자하면서 세조에 대한 저항 의지를 나타내었다. 한마디로 관란 원호의 작품 세계에서는 충신연군의 의미, 비통한 감정, 저항 의식, 역사의식 같은 것을 점쳐 볼 수 있었던 것이다.

(3) 김시습(金時習)의 생애와 문학

1) 생애

매월당 김시습은 1435년(세종 17)에 서울 반궁(泮宮)의 북쪽에서 충순위(忠順衛) 김일성(金日省)의 아들로 태어났다. 자를 열경(悅卿), 호를 매월당(梅月堂) · 동봉(東峯) · 벽산청은(碧山淸隱) · 청한자(淸寒子) · 설잠(雪岑) 등으로 불렀다. 본관은 강릉이며 알지왕(閼智王)의 후손이다. 그는 낳은 지 여덟 달만에 능히 글을 깨쳐 그의 족조(族祖) 최치운(崔致雲)이 이름지어 시습(時習)이라 하였는데, 이는 논어(論語) 학이편(學而篇)의 "학이시습지 불역열호(學而時習之 不亦悅乎)"에서 따온 것이다. 3세 때는 이미 시를 지었고, 5세 때는 중용과 대학을 배워 세종대왕에게까지 문명(文名)이 알려지면서 신동으로 불리었다. 13세 때는 김반(金泮)에게서 사서를 배우고 윤상(尹祥)에게서 칠서를 섭렵했다.

이처럼 신동으로 이름이 퍼지면서 주위 사람들의 기대와 칭찬을 받았다. 그러나 그에게도 액운이 닥치기 시작했던 것이다. 15세에 어머니 장씨가 세상을 떠났다. 따뜻한 어머니의 사랑을 잃은 김시습의 비애는 말할 수 없이 컸던 것이다. 어머니의 무덤 옆에 여막(廬幕)을 짓고 어린 상주는 3년 상을 치루었다. 20세 때는 남효례(南孝禮)의 딸을 맞아 아내로 삼고, 그 이듬해는 삼각산(三角山)의 중흥사(中興寺)에서 학문에 뜻을 세우고 독서에 열중하였다. 그리고 단종의 손위 소식을 듣고는 충격을 받아 책을 불사르고 삭발위승(削髮爲僧)하여 방랑의 생활을 시작한다.

그는 먼저 노량진 형장에 나타나 사육신의 시체를 매장하고는 계룡산 동학사로 내려갔다. 다음은 고려 왕조의 구도인 송도를 찾아 명승고적을 둘러보며 감상에 젖었다. 김시습이 송도 유람을 마치고는 신춘을 기하여 관서유람의 길을 떠난다. 평양에 도착하여 기자 천년의 유풍을 맛보았고, 단군이 하강했다는 묘향산을 찾아 보현사에 머물렀다. 그리고는 관동 유람의 길을 떠나 금화(金化)를 거쳐 금강산으로 들어가서 자연에 도취하며 금강의 장관을 탄복하였다. 강릉 방면의 승경을 찾아가서 오대산의 월정사 · 상원사를 구경하고, 경포대 · 낙산사 등지를 찾았다. 이렇게 하여 관동유람을 마친 김시습은 발을 남방으로 돌려 호남 유람의 길을 떠났다. 은진(恩津) · 청주(淸州) 등 충청도를 거쳐 정읍(井邑) · 영광(靈光)을 비롯한 전라도 일원을 빠짐없이 찾았다.[139)]

이와 같이 김시습은 20대를 유랑의 생활로 보내면서, 1457년(세조 3)에는 '탕유관서록'(宕遊關西錄)을 지었고, 26세 되던 1460년(세조 6)에는 '탕유관동록'(宕遊關東錄)을 지었으며, 29세 되던 1462년(세조 8)에는 '탕유호남록'(宕遊湖南錄)을 지었던 것이다. 김시습은 29세 되던 1462년(세조 8)에 책을 사기 위하여 상경했다가, 효령대군의 간청에 따라 세조의 불경언해 사업을 잠시 도왔으며, 마지막으로 영남유람의 길을 떠나 경주의 금오산(金鰲山)을 찾았다.

여기서 방랑의 생활을 청산하고 금오산실(金鰲山室)을 복축(卜築)하였다. 건강이 좋지 않아 질병이 잇달았지만 수많은 책을 사가지고 금오산에 지내면서 유유자적할 수 있었던 비교적 안정된 시기가 이 금오기(金鰲期)라 할 수 있을 것이다. 여기서 그는 주로 용장사(茸長寺)에 거처했는데, 매월당((梅月堂)이란 당호를 내어 걸었다. 이 금오기는 그의 나이로 보나 객관적 정황으로 보나 그의 생애 중 매우 활동적인 시기였던 것으로 보여, 〈금오신화〉도 이 시기에 지은 것으로 보인다. 그리고 그는 이 시기에 성리학과 불교

---

139) 국어국문학사전, 신구문화사, 1989.4.1, 157쪽 참조.

에 대한 연구를 깊이 한 것으로 보인다.

금오산실의 생활을 끝내고 서울에 돌아와 성동에 폭천정사(瀑泉精舍)를 짓고 안주한 것은 그의 나이 37세 봄이니, 이 무렵은 김시습이 정신적으로 몹시 갈등을 느끼던 때라고 생각된다. 이때는 세조 · 예종의 뒤를 이어 성종이 즉위하여 숭유억불책을 내세워 널리 인재를 구할 무렵이다. 김시습은 이러한 시대적 변화에 편승하여 현실에 대한 긍정적 사고를 가져보기도 하였다. 그러나 현실은 자신의 생각과 거리가 너무나 멀었고 뜻과 같지 못했다. 이미 그와 교분이 두텁던 서거정은 달성군(達城君)에 봉작되고, 아울러 예문관 대제학(藝文館大提學)을 하고 있었으며, 정창손은 영의정, 김수온은 영돈령부사(領敦寧府使) 등으로 되어 있었다. 이런 가운데 도성을 출입하면서 그는 기행(奇行) · 광태(狂態)를 자행하였고, 47세 때는 환속하여 과부로 있던 안씨(安氏)와 결혼을 하였다. 그러나 그 결혼 생활도 3년을 못 가서 상처를 하고, 다시 방랑의 길을 떠나게 된다.

인생의 허무를 뼈저리게 체험한 김시습은 다시 삭발하고 방랑의 생활을 하지 않을 수 없었으니, 천애의 기구한 운명을 타고났다고 할 수밖에 없다. 김시습은 2차로 관동 유람의 길을 떠나 양양지방으로 가서 만경대(萬景臺)에 오세암(五歲庵)이란 암자를 짓고 산전을 일구어 생활하였다. 그곳에서 당시 양양부사로 있던 유자한(柳自漢)과 교유했고 육경자사(六經子史)를 짊어지고 춘천의 청평산 설악 등지를 전전하다가 마지막 기착지가 충청도 홍산의 무량사(無量寺)였다. 이곳에서 와병하다가 1493년(성종 24)년 3월 59세를 일기로 세상을 마치었다.[140]

이처럼 60평생을 단란한 가정을 가져보지 못하고 방랑생활로만

140) 위의 책, 157쪽 참조.

일관한 데는 그가 충심으로 받들고자 했던 단종이 폐위되고, 세조가 왕위를 찬탈한 세변(世變)에 두어야 할 것이다. 그는 평생 유교사상을 간직하고 있었으면서도 숭유억불 정책으로 유교와 상극하고 있는 불승의 행색을 하여 방랑하였고, 불사(佛寺)에 거주하면서 독경과 참선과 승려생활을 하였다. 그리고 그는 뛰어난 문학가로서 고려시대 이미 패관문학에서 싹트고 있던 소설적 창작 활동을 발전시켜 고소설을 개척한 공적은 우리 문학사에 길이 칭송을 받을 것이라 생각된다.

2) 작품 세계

현존하는 매월당집(梅月堂集)은 모두 23권으로 그 중 15권이 시집이며, 여기에 수록되어 있는 시는 2,200여 수에 이르고 있다. 남효온(1454~1492)의 사우명행록(師友名行錄)에는 매월당의 시는 수 만여 편에 이르나 거의가 흩어져 사라졌으며 조신(朝臣)과 유생(儒生)들이 모두 자기들의 작품으로 만들어 버렸다고 하였다. 그리고 동경지(東京誌)에는 사유록(四遊錄) · 태극도설(太極圖說)의 판목이 경주 정혜사에 있다 하였고, 매월당은 성리 · 음양 · 복서 등에 달통하였다는 기록이 있다.

그러나 이글에서는 그의 시문을 모두 살펴볼 수 없으므로 다만 그의 시조 1편과 금오신화 중에서 〈남염부주지〉를 중심으로 작품 세계를 탐색해 보고자 한다.

맹자(孟子) 견량혜왕(見梁惠王)ᄒᆞ신ᄃᆡ 첫말ᄉᆞᆷ에 인의(仁義)로다
주문공(朱文公) 주의(註義)에 긔 더욱 성의정심(誠意正心)
우리는 ᄒᆡ울 일 업ᄉᆞ니 효제충신(孝悌忠信) ᄒᆞ리라

김시습의 작품이라고 하는데, 〈악학습령〉과 〈동가선〉에 실려 전한다. 여기서 초장은 「맹자(孟子)」의 "孟子 見梁惠王 王曰 叟不遠千里而來 亦將有以利吾國乎 孟子對曰 王何必曰利 亦有仁義而已矣"(양혜왕이 맹자의 내방을 받고 「우리나라를 이롭게 해주려 오셨습니까.」라고 물은 말에 대해, 맹자가 「하필이면 이(利)를 논하십니까, 오직 인의가 있을 뿐입니다.」라는 구절을 축약해서 옮긴 것이다. 중장의 주문공(朱文公)은 성리학을 대성한 남송의 유학자 주희로서 〈맹자(孟子)〉라는 책에 주석을 붙인 분이다. 그리고 성의정심(誠意正心)이란 뜻을 정성스럽게 하고 마음을 바르게 한다는 말이다.

종장에서의 효제충신(孝悌忠信)에서 효제는 부모에 대한 효도와 형제에 대한 우애란 뜻이고, 충신은 충성과 신의를 뜻하는 말이다. 그러니까 이 작품에서 강조하는 것은 인의, 성의정심, 효제충신이니, 그 밑바탕에는 유교도덕적인 내용을 전파하려는 의도가 담겨 있다고 보아야겠다. 매월당 김시습이 비록 불승(佛僧) 행세를 하면서 평생 방랑 생활을 했지만 그의 기본적인 인생관은 유교사상이라고 할 수 있다. 그런 점에서 단종에 대한 충성심을 직접 표출하고 세조에 대하여 저항 의지를 나타냈던 관란 원호와는 같은 생육신이면서도 차이점이 있다고 보는 것이다.

다음은 김시습의 유명한 한문소설 〈금오신화〉를 살펴보자. 금오신화는 〈만복사저포기〉 〈이생규장전〉 〈취유부벽정기〉 〈남염부주지〉 〈용궁부연록〉등 5편의 단편소설로 이루어졌다. 지면 관계상 이 모두를 살펴볼 수는 없고, 원호의 〈원생몽유록〉처럼 꿈의 세계를 다룬 〈남염부주지〉를 살펴보는 것으로 만족하고자 한다. 작품의 내용과 줄거리를 소개하면 다음과 같다.

염부주는 남쪽 지옥의 명칭이다. 경주에 사는 유생 박생(朴生)은 어느 날 불승과 불교에 관한 문답을 하였는데, 그는 '일이론(一理論)'이란 논문을 지어 천당과 지옥설을 부인하였다. 그 후 박생은 어느 날 밤 저승의 사자를 따라가 염라왕(閻羅王)과 상면하고 세상을 미혹시키는 여러 사물에 대하여 문답하였다. 염라왕은 박생이 강직하고 천지 이치에 통달하고 불의에 굴복하지 않는 기백을 높이 사 명국(冥國)의 선위문(禪位文)을 내려줄 터이니 잠시 인간 세계에 다녀오라고 하였다. 그는 돌아오는 도중에 깨어보니 침상일몽(枕上一夢)이었다. 박생은 자기가 오래 살지 못할 것을 미리 알고 가사를 모두 정리한 후 병이 들어 의원과 무당을 물리치고 세상을 떠난다. 그가 염라왕이 된 것은 이웃 사람들의 꿈을 통해 확인된다.[141)]

이 작품은 경주를 지리적 배경으로 설정하였다. 그러나 주인공을 경주인으로 했을 뿐, 경주와 소설의 전개에는 아무런 상관이 없다. 왜냐 하면 모든 내용이 꿈속에서 전개되고 있기 때문이다. 그리고 이 세상의 인물로는 박생이란 유생만을 등장시켰다. 주인공 박생은 유학에만 뜻을 두었으며, 세속의 종교인 불교나 무속에 대하여는 반대 의사를 지니고 있었다. 그러한 박생이 하루는 주역을 읽다가 가상의 세계인 염라국으로 들어간다. 그곳에서 수문장의 안내를 받아 염라왕 앞으로 가서 염라왕의 후대를 받고, 염라왕과 문답을 벌이는 것이 작품의 중심을 이룬다.

박생은 어느 날 중과의 대화에서 천당과 지옥에 대해 "천지에는 다만 음과 양이 있을 뿐이니, 어찌 천지 밖에 다시금 천지가 있겠는가."라고 한 뒤, 「일이론(一理論)」이란 것을 지었다. 내 일찍이 들으니 천하의 이치는 하나가 있을 뿐이라고 했다. 하나라는 것은 무엇인가? 그것은 둘이 아님을 말한다. 이치란 무엇인가? 그것은 천성(天性)을 이름이다. 천성은 무엇인가? 하늘이 내린 명(命)이다. 하늘이 음양오행으로 만물을 만들어 낼 때 기(氣)로써 형체를

141) 소재영, 고소설통론, 반도출판사, 1995, 92쪽.

이루었는데, 이(理)도 또한 품부했던 것이다. 소위 이치라는 것은 일용사물에 있어서 제각기 조리를 가지는 것이니 예컨대 부자 사이에는 사랑을 다해야 한다는 것을 말함이요, 군신 사이에는 그 의를 다해야 함을 이름이고…

인용 부분은 「일이론」이란 것인데, 유교철학 즉 성리학에 대한 설명이다. 그래서 〈천성〉 〈명〉 〈이〉 〈기〉라는 용어를 동원했던 것이다. 위의 글에서 비록 박생의 입을 빌려 성리학에 대한 이론을 전개했지만 그것은 그대로 지은이 김시습의 인생관이요 세계관이라고 할 수 있는 것이다. 그러면 성리학이란 어떤 학문인가. 그것은 우주자연과 만물의 이치를 궁구하는 학문이라고 생각한다. 그래서 천지인 삼재설과 음양오행설이 핵심을 이룬다.

〈성리〉란 말에서 〈성〉은 곧 이치이다. 그러나 왜 이치라 하지 않고 성(性)이라 말했는가? 이치란 대체로 하늘과 땅 사이에 존재하는 인간과 만물의 공공적인 것을 말하지만, 본성이란 나에게만 있는 이치이니, 이 이치는 하늘에서 받은 것으로서 나의 소유이기 때문이다. 그러나 사람이 태어날 때 한낱 이치만 얻은 것이 아니다. 반드시 형체가 있어야만 이치를 탑재할 수 있고, 또 실제로 이치란 기운을 벗어날 수 없다. 천지의 기운을 얻어 형체를 이루고 천지의 이치를 얻어 본성을 이루었으므로, 천지의 충만한 기운은 사람의 몸이 되고, 천지를 주재하는 이치는 사람의 본성이 된다고 할 수 있는 것이다.[142)]

다음은 박생과 염마왕과의 대화 중에서 주공, 공자, 석가에 대한 설명을 염마왕의 입을 통해서 알아보자. 주공 · 공자는 중화 인물 가운데서 태어난 성인이요, 석가는 간흉한 나라인 인도에서 태어난 성인이다. 문물이 비록 뛰어났다 해도 그 성품이 박잡한 사람도

142) 위의 책, 92쪽.

있고, 순수한 사람도 있으므로 주공과 공자는 그들을 인도하는데 힘썼고, 또 간흉한 사람들이 비록 몽매하다 해도 그 기질이 민첩한 사람도 있고, 둔한 사람도 있으므로 석가는 그들을 깨우치는데 힘썼다. 주공과 공자의 가르침은 정도로써 사도를 물리치는 것이었고, 석가의 법은 사도로써 설문하여 사도를 물리치는 일이었다. 그러므로 주공과 공자의 말씀은 올바랐으므로 군자가 따르기 쉬웠고, 석가의 말씀은 허황했으므로 소인이 믿기가 쉬웠다.

이 부분 또한 염라왕의 입을 통해 한 이야기지만, 바로 김시습의 유교와 불교에 대한 생각을 대변한 것이라 보아도 된다. 그러니까 유교를 정도로 보고 불교를 사도로 보았으므로 유교가 불교보다 우위에 있음을 드러낸 것이다. 이러한 작품 세계 때문에 많은 사람들이 김시습을 가리켜 '유심불적(儒心佛跡)' 한 인물이라고 평가했던 것이다. 이외도 박생과 염마왕은 귀신과 극락의 문제를 질문하고 답변한다. 여기서 염마와의 답변은 천지건곤 즉 현실세계 밖에 또 다른 세계 초월적 세계가 존재하지 않음을 명확히 한다.

그러므로 천당지옥의 존재가 부정되고 설제천혼(設祭薦魂)과 같은 불교제의도 부정된다. 이런 점들로 미루어볼 때 〈남염부주지〉는 매월당의 유교, 불교, 현실계와 초월계에 대한 견해가 집약되어 있는 작품이라고 할 수 있다. 이처럼 〈남염부주지〉의 작품 세계를 논의해 보았지만, 나머지 4작품의 내용을 최삼룡은 다음과 같이 설명하였다.

〈만복사저포기〉에서는 여귀(女鬼)와 얽혀있던 애정의 인연을 청산하고 영원한 삶을 찾아 입산수도하는 은자의 최후를 그리었다. 〈용궁부연록〉에서는 용궁을 다녀온 후로 명리를 탐하지 않고 정화된 세계를 찾아 은자의 길을 떠나는 주인공의 모습을 볼 수 있었다. 〈취유부벽정기〉에서는 주인공 홍생이 피상적인 죽음으로써 최후를 장식하나, 불사(不死)의 영원한 나라로 선거(仙去)한다. 〈이생규장전〉은 애정 때문에 병들어 죽고 마는 자의 최후를 그렸다. 사랑의 파탄을 보여준 이 작품은 현실을 초월하지 못하는 범인들의 삶이 비극적인 것이라는 전제를 보여주는 것으로 마무리 지었다.[143]

본장에서는 김시습의 시조 1편과 금오신화의 작품 세계를 알아보았는데, 매월당은 자신의 이념과 그를 둘러싼 객관적 현실 사이의 갈등과 부조화 속에서 자신의 이념을 지키면서 독자적인 사상 체계와 문학 세계를 형성해 나간 사상가요 문인이라 할 수 있다. 그가 이처럼 현실 세계와 갈등을 빚고 실의와 방랑으로 한평생을 마친 것은 바로 세조의 단종에 대한 왕위찬탈 사건 때문이었다. 그 때문에 기행(奇行)과 광태(狂態)를 일삼으면서도 세조에 대한 적개심이나 저항의지를 나타낸 행동은 보여주지 않았다. 오히려 1462년 그의 나이 29세 때는 효령대군의 간청에 따라 세조의 불경언해사업을 도와 내불당에서 교정을 맡아본 적도 있다고 하니, 지조와 일관성을 유지해야 하는 선비의 태도로서는 문제가 있다고 생각한다.

이러한 삶의 자세는 그의 작품 세계에도 그대로 반영되어 시조 1편과 소설 〈금오신화〉 속에는 단종에 대한 연군의 정이나 당시 집권층에 대한 저항의식 같은 것은 찾아볼 수 없었다. 한편 그의 한시 가운데는 당시 집권 세력에 대한 불만과 반항 그리고 농민에 대한 동정과 이해를 대변하는 농민시(農民詩)들이 많다고 한다.[144]

(4) 결언(結言)

이제까지 본론에서는 생육신 중에서 관란 원호와 매월당 김시습의 삶과 문학을 조명하고 논의해 보는 작업을 하였다. 두 분은 모두

---

143) 최삼룡, 금오신화의 비극성과 초월의 문제, 「한국고소설 연구」 (이우출판사, 1983), 319쪽.

144) 소재영, 앞의 책, 98쪽.

단종에게 충성심을 나타내면서 고난과 역경 속에서 어려운 시대를 살아갔다는 공통점이 있다. 무엇보다도 중요한 것은 그처럼 고통과 핍박을 받으면서도 끝까지 세조에게 굴하지 않고 지조와 절개를 지켰다는 점이다. 그리고 차이점은 세조의 왕위찬탈 사건 이후 관란은 고향 원주와 영월 등지에서 은둔생활로 일관한데 비하여 매월당은 잠시 경주의 남산에서 학문과 창작과 수도에 몰두한 기간 말고는 60평생을 전국을 떠돌면서 방랑생활로 일관한 점이다.

관란은 영월의 하류지방에 관란정을 짓고 항상 단종이 계신 쪽을 바라보면서 살았고, 단종이 승하한 다음에는 묘 근처에 움막을 짓고 3년 상을 치루는 등 직접적인 충성심을 나타낸 반면, 매월당은 단종을 직접 연모한 생활을 하지 않고, 실의와 좌절로 기행(畸行)을 일삼거나 불승 행세를 하면서 학문과 창작에 전념하여 많은 글을 후세에 남기었다. 그래서 그 유명한 소설 〈금오신화〉 외에도 매월당집에는 2,200여 수의 한시 작품이 전하고 있다.

이러한 삶의 자세는 그대로 문학 작품에 반영되어 관란의 시조에는 충신연군 의식이 나타난 반면 매월당의 시조에는 맹자와 주자의 유교 정신을 강조하면서 〈효제충신〉하자는 관념적이요, 교훈적인 내용을 담고 있었다. 소설에서도 〈원생몽유록〉에서는 충신연군의 자세, 시대에 대한 비통한 감정, 저항의식, 역사의식이 함축된 반면, 「금오신화」에는 심유적불(心儒迹佛)한 매월당의 삶의 자세가 반영되었고, 그의 지식만큼이나 유교, 불교에 대한 심오한 이론이 전개되었다. 그 외도 신선 문제, 귀신 문제, 애정 문제, 상상의 세계 등을 다루어 그의 작품 세계가 얼마나 폭넓고 다양한 지를 실감케 해주었다.

이러한 차이점은 관란은 그의 나이 60대에 단종의 비극적인 사건을 맞이했고, 매월당은 그의 나이 20대에 그 사건을 겪은 점, 관란은 이미 26세라는 젊은 나이에 문과 급제하여 집현전의 직제학이란 벼슬까지 지내면서 임금을 모신 경험이 있는 반면, 매월당은 아예 과거를 본 경험도 없고 관직에 오른 경험도 없고, 세종과 문종을 신하의 입장에서 모셔본 경험이 없었던 데에 기인한 것으로 이해된다. 다시 말해서 관란 원호는 세조의 왕위찬탈 사건에 직접적인 충격을 받았고, 매월당 김시습은 간접적인 충격을 받은 인물이란 점에서, 두 분의 삶의 방식과 작품 세계 또한 달라질 수밖에 없었다는 생각이 든다.

3. 원생몽유록(元生夢遊錄)은 역사소설이다

(1) 몽유(夢遊)란 어떤 것인가

원생몽유록에서 몽유는 형식이고 내용은 역사이다. 몽유계 소설에서는 작자가 밝혀지는 것을 꺼려한다. 그 내용도 등장인물이 밝혀지지 않게 세심한 배려를 했다. 예를 들면 인물을 김00이라 밝히지 않고 복건자라고 해서 누구인지 흐릿하게 만들어 놓았다. 몽유록의 복건자 인물 묘사를 보면 "갈대꽃 밭 깊숙한 곳에서 홀연히 한 사람의 헌칠한 사나이가 다가오는데 복건(幅巾)을 쓰고 야복(野服)을 입고 이목이 청수(淸秀)하여 패기 있고, 늠름한 모습이 마치 수양산의 옛 선비와 같았다.

앞으로 다가와서 허리를 굽혀 인사하며 하는 말이, 「자허(子虛)는 어찌하여 이렇게 더디 오십니까. 우리 임금님께서 맞아오라는 분부십니다.」라고 하였다." 이 인용문을 보면 복건자는 원자허와 단종 사이의 중간 역할을 하고 있는 것이다. 복건에 야복을 입었으니 그 당시 관직에 있는 인물은 아니란 뜻이고, 늠름한 모습이 수양산의 옛 선비와 같다고 했으니, 어린 아이는 아니란 뜻이고, 우리 임금님께서 맞아오라고 했으니, 산 사람이 아니요, 죽은 혼령이란 뜻이고, 단종께서 심부름을 시켰으니, 복건자도 단종이 잘 아는 사람이라는 뜻이다. 그런데도 이러한 인물을 세 살 먹은 남효온(병자사화 당시는 남효온의 나이가 세 살임)이라고 억지 주장을 하니, 학자의 학설이 아니라 떼쓰는 떼쟁이들이라 이야기라 할 수밖에 없다.

원생몽유록은 크게 세 단위로 나누어진다. 입몽(入夢), 몽중(夢中), 각몽(覺夢)이다. 여기에 등장인물은 병자사화 이전에는 모두 살아있던 역사적 인물이다. 그것이 병자사화로 인해서 많은 사람들이 희생당했다. 이 원생몽유록에는 몽유자(夢遊者)가 나온다. 몽유자는 작품의 작가이다. 왜냐하면 꿈 이야기를 하는데, 그 꿈을 대신 꾸어줄 수는 없기 때문이다. 임제가 꿈을 꾼 이라 하려면 작품 명칭도 임생몽유록으로 바뀌어야 한다. 입몽 부분에서는 몽유자 원자허를 소개하였다. 몽중 부분에서는 여러 명의 인물이 등장하는데, 모두가 죽은 혼령이다.

단종 · 박팽년 · 성삼문 · 하위지 · 이개 · 유성원 · 유응부 · 복건자 등이 등장하는데, 복건자는 그 이전에 죽었고 나머지는 병자사화 때 죽은 혼령들이다. 이 작품의 특징은 말로 주고받는 대화(對話)를 하지 않고 시를 주고받는 시화(詩話)를 하고 있다는 점이다. 복건자를 연촌 최덕지라 하지 않고 남효온이라 하는 이들이 있는데, 그 사육신 의거 사건 당시 남효온은 세 살 먹은 어린애였다. 그 세 살 먹은 어린애가 어떻게 그 어려운 한시(漢詩)를 써서 의사표시를 했다는 것인지 이해가 안 된다. 세 살 먹은 어린애가 어떻게 한시를 지어 자기 의사를 발표합니까. 이것이 가능한 이야기입니까.

각몽 부분에서는 자허가 매월거사를 만나서 꿈 이야기를 해주었다. 그래서 한자로 "자허지우 매월거사 문이통지왈(子虛之友 梅月居士 聞而痛之曰)"이라고 되어 있다. "자허의 친구 매월거사가 그 꿈 이야기를 듣고서 통탄해 말하기를"이란 뜻인데 매월거사 김시습이라 하지 않고, 그 매월거사가 아니라 선조 때의 해월거사(海月居士) 황여일이라는 것이다.

매월거사 김시습은 같은 생육신으로서 그 자리에서 꿈 이야기를 들을 수 있지만 110년 이후에 태어난 해월거사 황여일이 무슨 수로 그 꿈 이야기를 들을 수 있으며, 통탄해 가면서 또 시를 지어 시화(詩話)를 한다는 것입니까. 그리고 이 각몽 부분을 발문이라 하면서 딴 사람의 별개 작품처럼 이야기하는데 같은 작가의 같은 작품이지 전혀 딴 사람이 쓴 것이 아님을 밝힌다. 각몽 부분도 생육신 원호가 쓴 원생몽유록의 후미(後尾)이다.

(2) 세조 찬위에 대하여

이 단락에서는 세조 찬위에 대하여 자세히 소개하려고 한다. 그래서 삼영출판사에서 나온 『국사대사전』을 보면 세조 찬위라는 항목을 찾을 수 있다.[145] 그 부분을 인용해 보고자 한다. 세조찬위는 1455년(단종3) 수양대군이 단종을 몰아내고 왕위를 빼앗는 일. 단종이 즉위하였을 때는 나이 겨우 12세에 불과하여 先王 文宗의 유명에 따라 영의정 황보인(皇甫仁), 좌의정 남지(南智), 우의정 김종서(金宗瑞) 등이 그를 보필하고, 집현전 학자들이 또한 협찬하여 왔다. 그런데 세종에게는 왕자 18명이 있어 모두 위세가 당당하였고, 그 중에서도 수양대군은 야망과 수완이 비범한 인물이었다. 이 때 모든 대군은 다투어 賓客을 맞아들여 세력의 확장을 도모하고 있었는데, 수양대군에게는 무인들이 모였다.

그는 모신(謀臣) 권람(權擥)을 통하여 한명회(韓明澮)를 얻고, 다시 홍달손(洪達孫) · 양정(楊汀) 등의 유능한 무인 30여 명을 포섭하여 기회를 엿보다가 먼저 단종을 협찬해 오던 3公 가운데서 가장 지용(智勇)을 겸비한 김종서를 제거하고자, 1453년(단종 1) 10월 무사를 이끌고 김종서의 집을 습격하여 그를 죽인 뒤, 김종서가 모반하므로 죽였는데 일이 절박하여 사전에 임금께 아뢸 여지가 없었다고 상주(上奏)하였다.

곧 왕명을 빌어 신하들을 소집, 미리 계획하였던 대로 영의정 황보인 · 이조판서 조극관(趙克寬) 등 반대파 중신을 궐문에서 죽이고, 좌의정 정분(鄭苯) · 조수량(趙遂良) 등을 귀양 보냈다가 이어

145) 이홍식 편: 국사대사전, 삼영출판사, 1984, 741쪽.

서 죽였다. 한편 김종서 등의 목을 베어 매달고 그 자손을 주살하였으며, 이어서 안평대군이 김종서 등과 통하였다고 하여 그를 강화에 귀양 보내고 뒤에 사사(賜死)하였다.

이 정변으로 실권을 얻게 된 수양대군은 바로 영의정부사사(領議政府社使), 이조 · 형조 판서, 내외병마도통사(內外兵馬都統使) 등을 겸직함으로써 정권(政權)과 병권(兵權)을 장악하고, 정인지(鄭麟趾)를 좌의정에, 한확(韓確)을 우의정에 임명하는 한편, 집현전(集賢殿)으로 하여금 수양대군을 찬양하는 교서를 짓게 하여 이것을 왕의 이름으로 받았다. 수양대군의 위세와 권위로 인하여 사태가 어쩔 수 없는 처지에 달했음을 깨닫고 단종은 1455년(단종 3) 윤 유월 수양대군에게 양위할 뜻을 전하고 친히 대보(大寶)를 전수(傳授)하니, 단종의 뒤를 이은 그가 곧 세조이다.

이 선위(禪位)의 계획은 권남 · 정인지 등이 극비리에 추진한 것이라 하며, 비록 선양(禪讓)의 형식을 택하였다고 하지만 계략에 의한 왕위의 강탈이었다. 이러한 처사에 대하여 몇몇 구신들은 반감을 일으켰으며, 특히 집현전 학사로서 세종의 신임이 두터웠던 상삼문, 형조참판 박팽년, 직제학 이개, 예조참판 하위지, 사예 유성원 등과 성삼문의 아버지 성승 · 무인 유응부 등은 상왕으로서 수강궁에 있는 단종의 복위와 반역파의 숙청을 꾀하고자 그 기회를 엿보고 있었다.

(3) 사육신 의거 사건

이 부분 역시 삼영출판사에서 나온 「국사대사전」을 인용한다. 이들은 1456년(세조 2) 6월 창덕궁에서 명사(明使)를 향응하는 기회를 타서 거사하기로 하였으나 계획이 어긋나자 김질 · 정창손 등은 사태의 불리함을 보고 이를 밀고하였다. 세조는 곧 성삼문 등에게 참혹한 고문을 가했으나 모두 굴하지 않으므로 성삼문 · 박팽년 · 유응부 · 이개는 灼刑으로 형살 되었으며, 하위지도 참살되고, 유성원은 자기 집에서 자살하였다. 이들을 사육신이라 부르며, 이에 연루된 자로 권자신(權自愼) · 김기문(金文起) 등 70여 명도 모두 처벌되었다.

이 일이 있은 뒤 세조는 성삼문 등의 이 밀모에 상왕 단종도 관계하였다 하여, 강봉하여 노산군(魯山君)으로 삼아 군사 50여 명의 호송 하에 영월로 귀양 보내고, 단종의 어머니 현덕왕후(顯德王后)를 추폐하여 서인으로 삼고 세조의 아우 금성대군도 순흥(順興)으로 귀양 보냈다. 그 후 9월에 금성대군은 부사 이보흠(府使 李甫欽)과 함께 단종의 복위를 꾀하여 영남 인사에게 격문을 돌려 군사를 일으키려 했으나 밀고 되어 금성대군은 안동에 하옥되고, 이보흠과 기타 영남의 인사들도 많이 주살되는 한편, 세종의 아들 한남군 · 영풍군 등도 멀리 귀양 가고 노산군에 대하여는 군을 폐하여 서인을 만들었다. 이 단종 폐위 사건은 뒤에도 사화(士禍)를 일으키는 직접 원인이 되었거니와, 또 문인 · 학자 간에도 많은 충격을 주어 대립과 반목을 이루는 원인의 하나가 되었다.

이 사육신 의거 사건을 역사에서는 병자사화(1456년)라고 한다. 원생몽유록은 이 병자사화를 배경으로 했다. 원생몽유록과 병자사화는 형제지간이다. 만약에 사육신 사건이 안 일어났으면 원생몽유록도 안 생겼을 것이다. 병자사화가 있었기 때문에 원생몽유록이 태어난 것이다. 그래서 원생몽유록의 꿈(夢中) 부분은 그 사건에 희생된 인물 단종, 박팽연, 성삼문, 하위지, 이개, 유성원, 유응부 등의 혼령이 만나서 세조를 성토하는 내용으로 구성되었다. 거기에 복건자 최덕지도 등장해서 한몫을 하고 있다.

최덕지는 1384년에 태어나서 1455년(세조 1) 돌아가셨다. 벼슬이 예문관직제학까지 올라갔는데, 세상이 혼란스러우니까 벼슬을 사직하고 원주에서 은둔생활을 하였다. 관란 원호 선생도 집현전 직제학 벼슬을 사임하고 고향 원주에 은둔했는데, 두 분은 의기 상통했다고 보아진다.

그래서 원생몽유록의 복건자라는 인물로 등장했을 것이다. 최덕지가 돌아가신 해가 1455년(세조 1년), 그 이듬해 사육신 사건이 발생했으니, 능히 혼령만 모여 있는 곳에서 단종의 심부름을 할 수 있었을 것이다. 그분이 그 당시 생존한 인물이라면 원생몽유록의 복건자로 나타날 수 없는 것이다. 원주로 은거해서 관란 원호와 밀접한 관계를 가졌던 것으로 헤아려진다.

(4) 사육신의 시조 작품

사육신의 시조 작품을 달리 사육신충의가라고 한다. 이것들은 모두 세조에게 처형당한 충신들의 시조이다. 달리 〈사육신애상가〉라고도 한다.

> 수양산(首陽山) 바라보며 이제(夷齊)을 한(限)하노라
> 주려 죽을진들 채미(採薇)도 하난것가
> 비록애 푸새엣거신들 긔 뉘 따희 낫더니 – 성삼문

이 작품은 성삼문의 것으로 절의가(節義歌) 또는 충의가(忠義歌)라고도 불린다. 수양산을 바라보며, 백이와 숙제를 한탄하노라. 수양산은 백이와 숙제가 숨어살던 곳이다. 공교롭게도 세조가 대군 시절 수양대군이었으니, 그 수양대군을 바라보며 한탄한다는 의미도 있다. 이처럼 단어 하나에 여러 가지 뜻이 내포된 것을 중의법(重義法)이라 한다.

백이(伯夷)와 숙제(叔齊)는 어떠한 인물인가? 은(殷)나라의 제후

고죽군(孤竹君)의 두 아들로 은의 사람으로서 주(周)의 곡식을 먹을 수 없다 하여 수양산에서 고사리만 캐어먹다가 굶어죽은 인물이다. 그래서 주나라의 고사리를 캐먹은 이제를 한탄한다고 했던 것이다. 그 이유는 중장에 나온다.

그 고사리는 은나라의 것이 아니라 주나라의 것이니, 주나라의 고사리 캐먹은 일이 의미가 없다고 본 것이다. 고사리가 푸성귀이기는 하지만 그대들이 섬길 수 없었던 주나라 땅에서 난 것 아니냐는 항변이다. 그래서 이 노래를 절의가(節義歌)라 했다. 세조의 치하에서 나는 먹거리조차 부정하는 행위로 충신불사이군(忠臣不事二君)의 정신이 투철하다는 것을 보여준 좋은 예이다.

가마귀 눈비 마자 희난 듯 검노매라
야광명월(夜光明月)이 밤인들 어두오랴
님 향(向)한 일편단심(一片丹心)이야 변할 줄이 이시랴. – 박팽년

이 작품은 같은 사육신의 한 사람 박팽년이 지은 것이다. 이 작품에 대하여 최장수는 다음과 같이 설명했다. "까마귀와 야광명월은 무엇을 뜻하는 것일까? 까마귀는 세조를 비유한 것이다. 희는 듯하지만 검은 까마귀에 지나지 않는다고 빗댄 것이다. 그리고 야광명월(夜光明月)은 어린 단종으로 세상은 캄캄한 밤 같지만 역경속에서도 언제나 빛난다고 한 것이다. 동시에 그것은 작가 자신의 일편단심과도 상통하는 바가 있다."[146]

또한 한춘섭도 다음과 같이 해석하였다. "불의를 자주 저질러 마침내는 왕위까지 빼앗은 수양대군을 '까마귀'에 비유하여 표현의 영역을 확대하였고, 박팽년이나 성삼문을 위시한 사육신들과 온 백성의 마음을 비춰주는 어린 임금 단종을 야광명월에 비유하

146) 최장수, 고시조해설, 세운문화사, 1977, 62쪽.

고 있다. 또한 비극의 왕 단종을 지키려는 마음은 '임'으로 바뀌어 우러러 모시는 하나의 종교의 경지까지 승화되고 있음을 이 시조의 종장에서 엿볼 수 있다."[147]

최장수와 한춘섭은 까마귀는 세조, 야광명월에 대하여는 최장수는 어린 단종, 한춘섭도 사육신과 온 백성의 마음을 비춰주는 어린 단종이라고 하였다. 두 분은 보는 견해가 같다고 보아야 한다. 그러나 필자의 생각은 다르다. 변하는 것과 변하지 않는 것을 기준 삼아야 한다. 까마귀는 변하는 존재 즉 김질이고, 변하지 않는 존재인 야광명월은 사육신들이다. 그리고 중장에서 "밤인들 어두오랴"라고 했는데, 그 밤은 세조의 통치를 받는 시절을 캄캄한 밤에 비유 하였다. 그리고 종장에 "님 향한 일편단심"이 나오는데, 여기서의 님은 단종이다. 단종에 대한 충성심 즉 일편단심은 변할 수 없다는 것이다.

참고 사항 : 이 시조는 김질(金礩)이 세조의 명을 받고, 옥중에 갇힌 박팽년을 찾아가서 술을 권하며, 이방원의 하여가로 회유하려 하자, 그 대답으로 지은 것이라 한다. 김질은 집현전 학사로서 성삼문 등과 함께 문종의 총애를 입었고 후사를 부탁받았으나, 세조가 왕위를 빼앗은 뒤 사육신의 모반을 고발하여 공신이 된 사람이다.[148]

객산문경(客散門扃)하고 풍미월락(風微月落)할 제
주옹(酒甕)을 다시 열고 시구(詩句) 흣부러니
아마도 산인득의(山人得意)는 이뿐인가 하노라 — 하위지

객산문경은 손님이 흩어져 가고란 뜻인데 손님이 자기 집으로 돌

---

147) 한춘섭, 고시조해설, 홍신문화사, 1988, 59쪽.
148) 최장수, 앞의 책, 63쪽.

아간 다음에 사립문을 닫는다는 것이다. 풍미월락은 바람은 약해지고 달은 기울었다는 뜻이다. 자연 속에 묻혀서 한가롭게 살아간다는 의미가 함축되었다. 술독을 다시 열고 시구를 마구 읊어본다는 뜻이다. 손님이 돌아간 다음에도 술을 더 마시면서 시 짓기를 더한다니, 어떻게 보면 이상적인 생활을 하고 있다는 의미다. 남은 시간에 시를 짓고 읊조리는 생활이 선비의 할 일이라고 생각된다. 그것을 종장에서 압축하여 "아마도 산인득의는 이뿐인가 하노라"라고 결론을 맺었다. 그만큼 벼슬살이를 외면하고 자연 속에 묻혀 산인 노릇하는 것이 좋고 자랑스럽다는 이야기다.

하위지(1387~1456)는 사육신의 한 사람이다. 호는 단계(丹溪) 또는 연풍(延風)이다. 1435년(세종 17) 생원, 1438년(세종 20) 식년문과에 장원, 이 해에 사가독서(賜暇讀書)를 했고, 1444년 집현전 교리가 되고, 1451년 직집현전(直集賢殿)이 되어 수양대군을 보좌, 앞서 신정(新定)한 진설의 교정과 역대병요 편찬에 참여했다. 1454년(당종2) 부제학(副提學) · 예조참의(禮曺參議) 등을 역임하고, 1455년 예조판서에 이르렀다. 침착 과묵한 성격으로 그 동안 집현전에 있으면서 왕의 측근에서 시정을 보필했으며, 세조의 간청으로 부득이 벼슬하는 동안 받은 녹은 먹지 않고 별실에 저장해 두었다. 이듬해 성삼문 등과 단종 복위를 꾀하다가 거사가 실패하자 체포되어 거열형(車裂刑)에 처해졌다.[149] 하위지의 이러한 행적들로 미루어 볼 때, 상기 작품은 전원 생활, 산촌 생활을 즐기는 것이 주제이니, 적어도 1438년(51세) 문과 급제하기 이전의 작품으로 간주된다.

방(房)안에 혓는 촉(燭)불 눌과 이별(離別) 하엿관대
것츠로 눈물 디고 속타는 줄 모르는고
뎌 촉(燭)불 날과 갓트여 속타는 줄 모르도다. – 이개

149) 한국인명대사전, 신구문화사, 1983, 982쪽.

사육신 이개의 시조를 인용하였다. 이 작품은 감정이입의 수법을 썼고 의인법을 썼다. 소재는 방안에 켜있는 촛불이다. 그 촛불이 사람처럼 누구와 이별하고서 겉으로는 눈물을 흘리고, 안으로는 속 태우고 있다는 것이다. 촉농이 흘러내리는 것을 사람이 눈물 흘리는 것에 비유했고, 촛불 속의 심지가 타들어 가는 것을 사람이 애태우는 것에 비유했다. 이 작품의 주제는 종장에 있다. "저 촛불 날과 같아서 속 타는 줄 모르고 있다."고 하였다. 이 작품은 '홍촉루가' 라고 하는데, 촛불이 소재이지만 주제는 이별의 눈물이다. 촛불이 속 태우면서 눈물 흘리는 것을 영월에 귀양 가있는 단종을 생각하면서 애태우는 작가 자신에 비유 한 것이다. "저 촛불 날과 같아서"라는 어구(語句)가 그것을 증명해 준다. 이 시조의 뛰어난 장점은 비유법을 썼다는 점이다. 촛불의 처지나 단종을 생각하는 자신의 처지나 같다는 것이 이 작품의 핵심이라고 하겠다.

초당(草堂)에 일이 업서 거문고를 베고 누어
태평성대(太平聖代)를 꿈에나 보려타니
문전(門前)에 수성어적(數聲漁笛)이 잠든 나를 깨와다 – 유성원

이 시조는 단종 1년(1453)에 수양대군(首陽大君)이 전조(前朝) 때부터 내려오던 원로 신하들을 없애고 스스로 정권을 잡은, 계유정란에 김종서(金宗瑞를 암살한 사건을 읊은 것이라고 한다. 계유정란(癸酉靖難)이 표면상의 이유는 안평대군을 중심으로 김종서(金宗瑞), 황보인(皇甫仁) 등이 역모(逆謀)한다는 것이었지만, 실상은 수양대군이 왕위를 차지하려고 일으킨 政變이었다. 수양대군은 김종서에 이어 皇甫仁과 동생인 安平大君을 죽이고 領議政에 올랐다가 2년 뒤에 단종을 내치고 王이 되었으며, 다시 그 이듬해에는 사육신을 살해하였다. 太平聖代의 꿈을 數聲漁笛이 깨운다고

한 말 속에는 작가의 탄식이 흐르고 있음을 본다.[150)]

이 작품의 초장은 태평성대에 해당한다. 그러나 중장을 보면 생시에는 그런 시대를 볼 수 없기에 끔 속에서나 보려고 했다는 것이다. 이 말은 현실은 태평성대가 아니라는 뜻이다. 그런데 종장에서는 "문전에 수성어적이 잠든 나를 깨운다"고 했다. 그것도 바로 문앞에서 벌어지는 일이니, 남의 일처럼 모른 체할 수는 없었을 것이다. 그렇다면 수성어작은 계유정란이나 병자사화를 은유한 것으로 보아야 한다. 비유법을 너무 고차원으로 써서 독자가 이해하는 데는 어려움이 있다고 본다.

> 간밤의 부던 바람에 눈서리 치단 말가
> 落落長松이 다 기우러 가노매라
> 하물며 못다 핀 곳이야 닐러 므슴 하리오 — 유응부

유응부는 사육신의 한 사람이다. 무과 출신으로 세종과 문종의 총애를 받았다. 平安道 都節制使를 지낸 인물이다. 작가는 사육신 중에서 유일한 무인이다. 단종의 복위를 꾀하다가 체포되어 세조의 국문을 받을 때 세조에게 "자네"란 용어를 썼다고 한다. 성삼문 등 문신들에게는 "書生들과는 大事를 도모할 수 없다."는 말을 남겼다고도 한다. 초장에서는 "간밤의 부던 바람에 눈서리 치단 말가"라고 했는데, 세상이 평온하지 못하고 인재가 죽어나가는 변이 일어나는 것을 惡天候에 비유했다고 보아진다. 바람이 불고 거기에 눈서리까지 치면 견딜 사람 없는 것이다. 수양대군이 靖亂을 일으키면서 피바람이 부는 것을 이렇게 표현한 것이다. 중장에서 낙락장송이 다 기울어 간다고 했는데 큰 인물들이 무참하게 희

150) 최장수: 앞의 책, 67쪽.

생되는 것을 이처럼 은유해서 표현했다. 종장에서는 "하물며 못다 핀 꽃이야 일러 무엇 하리오."라고 했는데, 그 당시 큰 인물만 죽어나간 것이 아니라 꽃다운 존재들, 젊고 유능한 인물들도 많이 죽어나갔으니, 악한 자가 이기고, 선한 자는 숨죽이고 있어야 했던 것이다. 명심보감에 "爲善者는 天報之以福하고 爲不善者는 天報之以禍니라"라고 되어 있는데, 이런 성인의 말씀이 잘 맞지 않는 경우도 있는가 보다.

〈별첨〉

시조(時調)는 성리학(性理學) 원리로 창안한 문학 장르이다

(1) 문학 장르 형성의 배경

문학의 장르 발생은 시대사조나 그 시대를 풍미한 이념과 밀접한 관련이 많다. 향가는 통일 신라 이후 들어온 불교의 영향을 받아 출현한 문학 장르다. 그래서 그 내용에 불교적인 냄새가 많이 나고 그 작가는 승려 출신이 많다.

고려시대는 계층에 따라 두 가지 문학 장르가 존재했다. 하나는 경기체가이고 다른 하나는 속요이다. 경기체가는 귀족층이나 한문학자들이 불렀고, 속요는 서민층에서 널리 불려졌다. 경기체가는 작가가 분명히 밝혀졌고, 속요는 거의가 작가불명이다. 경기체가는 정해진 형식과 율격이 있는데, 속요는 형식과 율격이 자유롭다.

고려 말에 생긴 시조는 그 시기에 들어온 성리학의 영향을 받아 생긴 것이다. 성리학을 우리나라에 들여온 사람은 안향이다. 그 제자 되는 사람이 역동 우탁이다. 우탁은 성리학의 대가이다. 성리학의 원리와 시조 형식의 원리는 동일하다. 그래서 고려 말과 조선 초의 시조시인들은 모두 성리학자들이다.

개화기는 대체로 갑오경장 이후 3.1운동 이전까지로 본다. 이 시기는 지도층과 일반 민중이 서구 문물을 받아들이기에 열중할 때라 새로운 문학이 형성 전개될 수 있었다. 자주독립의식, 신교육의 전개, 민족어의 자각과 언문일치 운동 등이다.

이러한 이념에 따라 형성된 문학이 개화기가사, 신체시, 신시조

등이다. 이처럼 새로운 시대사조나 새로운 이념이 풍미할 때에 새로운 문학 장르가 태동, 발생, 전개되는 것이지, 아무 때나 아무데서나 가져오는 것이 아니다. 시조는 고려 말 새로운 이념인 성리학이 발흥함에 따라 동시에 출현한 문학 장르라고 본다. 다음 인용문을 참고해 보자.

지난 날 여러 학자들은 어떤 문학의 갈래가 새로 생겨났을 경우 그 갈래의 발생 시기와 기원을 따지면서 흔히 그보다 먼저 있었던 어떤 갈래에서 그와 비슷한 점을 찾아 그것으로 설명하려고 애를 썼다. 그런 태도에는 은연 중에 어떤 문학의 갈래는 반드시 그 앞의 어떤 문학 갈래의 바통을 받아서야 생겨난다고 하는 전제를 진리로 믿고 있었다고 볼 수 있다.

그러나 사실은 하나의 문학 갈래가 사라지면서 반드시 그와 비슷한 다른 갈래를 생겨나게 해놓고야 마는 것도 아니고, 따라서 어떤 문학 갈래가 새로 생겨날 때에는 반드시 그보다 먼저 있던 어느 문학 갈래를 이어받아야만 하는 것도 아니다.[1]

이러한 김수업설을 받아들여 향가는 고려가요를 낳고 고려가요는 시조를 낳고 시조는 가사를 낳았다는 식의 도식적인 이론을 그대로 인정할 수는 없다. 그것을 그대로 받아들인다면 향가는 어디에서 왔느냐 하는 또 다른 문제가 제기된다.

혹자는 향가도 민요에서 왔고 고려가요도 민요에서 왔고 시조도 민요에서 왔고 가사도 민요에서 왔다는 설을 제시한 바 있다. 그러나 이러한 시가 장르들이 자연스럽게 민요와 교류하면서 넘나든 것은 사실이지만, 이들 장르의 모태가 모두 민요라고 하는 것은 마치 우리 배달겨레의 시조(始祖)가 단군 할아버지라고 하는 이야기와 똑같다고 생각한다.

---

1) 김수업, 시조의 발생시기에 대하여, 「시조론」 (일조각, 1980), 13쪽.

(2) 시조는 성리학(性理學)이 발흥할 때 출현한 문학 장르이다

필자는 앞에서 시조는 고려 말 새로운 이념인 성리학이 발흥함에 따라 동시에 출현한 문학장르라고 하였다. 이 말은 시조가 성리학에서 왔다는 뜻이다. 그 성리학자 중에서 최초로 시조를 쓴 이가 역동 우탁이다. 그분의 인물 정보를 신구문화사에서 나온 『한국인명대사전』에서 인용해 보자.

우탁(禹倬) 1263년(원종 4~1342(충혜왕 복위 3)), 자는 천장(天章)·탁보(卓甫), 호는 역동(易東), 본관은 단양, 진사(進士) 천규(天珪)의 아들이다. 문과에 급제, 영해사록(寧海司錄)으로 부임한 뒤 민심을 현혹하는 요신(妖神)의 사당(祠堂)을 철폐했다. 1308년 감찰규정(監察糾正)으로서 충선왕이 숙창원비(淑昌院妃)와 밀통하자 이를 극간, 뒤에 물러나 예안(禮安)에 돌아갔다.

충숙왕이 그 충의를 가상히 여겨 누차 불렀으나 듣지 않고 글을 벗하다가 뒤에 성균제주(成均祭酒)가 되어 치사했다. 당시 원나라를 통하여 정주학(程朱學)에 관한 서적이 들어왔으나, 이를 해득할 자가 없자 한 달 동안 연구하여 처음으로 이를 해득, 후진을 가르쳤다. 경사(經史)와 역학(易學)은 물론 복서(卜筮)에도 통했다. 시조 2수가 전해지고 있다. 단양의 단암서원(丹巖書院), 안동의 도동서원(道東書院), 영해의 단산서원(丹山書院), 예안의 역동서원(易東書院)에 제향(祭享)되었다.[2)]

우탁은 정주학(성리학)이 들어오자 이를 해득할 자가 없으므로 한 달 동안 연구하여 처음으로 이를 해득, 후진을 가르쳤다는 것이다. 경사(經史)와 역학(易學)은 물론 복서(卜筮)에도 능통하다고

2) 신구문화사, 한국인명대사전, 1983, 494쪽.

했다. 사실상 우탁이 성리학의 제1인자라는 것이다. 이제는 성리학이 어떤 경로로 발전해 갔는지 다음을 살펴보자.

고려 말 성리학의 전성기에 수많은 학자들의 저작물이 몰수 · 분서 · 멸실의 화를 입었는데, 다행스럽게도 화해사전만이 유일하게 전해져 선생(신현)과 스승 우탁(禹倬), 장자 용희(長子 用羲), 수제자 포은 정몽주, 목은 이색 등을 비롯한 화해학파 제자들이 성리학 사상의 구체적인 내용을 알 수 있게 해주고 있다.

회헌 안향(安珦)에 의해 창시된 성리학의 학맥이 안향을 계승한 역동 우탁에게 전수 · 발전되고, 우탁의 수제자인 신현에 이르러 선대의 유업을 계승 발전시켜 성리학의 전성기를 이루게 하였으며, 그의 제자 이색, 정몽주와 같은 명유를 탄생시켰다.[3)]

인용문을 보면 역동 우탁이 성리학의 제1인자라는 것이다. 신현 선생도 그를 스승이라 불렀다. 더구나 시조(時調)를 창작한 것이 역동 우탁부터이다. 그래서 시조형식을 창안한 이가 우탁이라는 것이다.

♣ 석가모니의 10대 제자

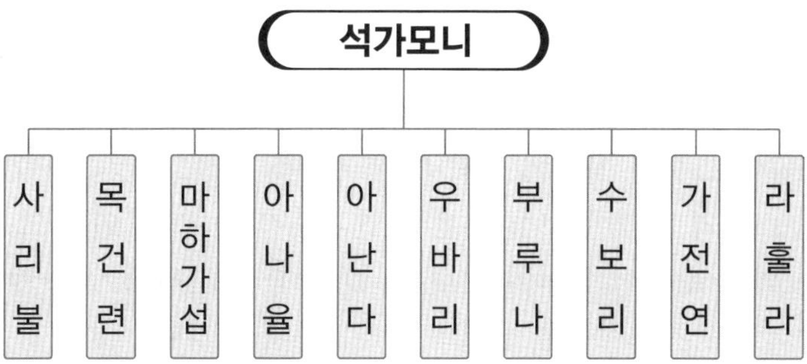

3) 신우섭: 화해사전 입문서, (대보사, 2020) 42쪽.

♣ 예수님의 10대제자

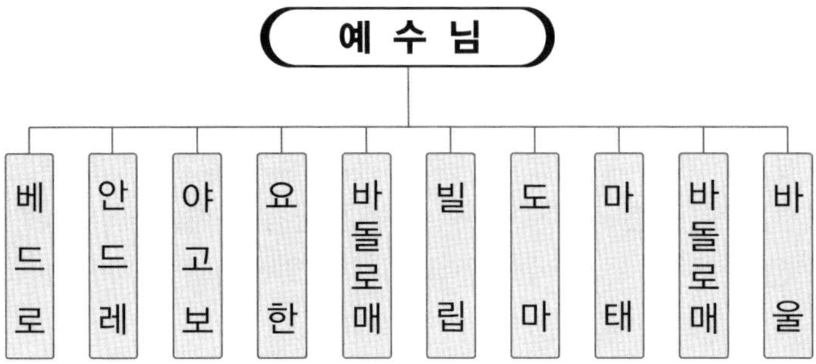

♣ 성리학의 제자

불교의 제자들이 스승의 자리에는 석가모니를 모셨고, 기독교의 제자들이 스승의 자리에 모신 분은 예수를 모셨고, 성리학의 제자들이 스승의 자리에 모실 분은 과연 누구입니까? 당연히 그 자리에는 역동 우탁이 앉아야 합니다. 그 스승의 자리에 있는 우탁이 자랑스러운 시조작품을 남겼고, 그가 쓴 탄로가나 백발가가 시조의 효시 작품이 된다.

(3) 시조의 3장은 어떤 의미인가?

필자는 앞에서 시조는 성리학에서 왔다고 하였다. 그렇다면 성리학이란 무엇인가. 성리학은 우주의 근본 원리와 자연의 순환원리를 규명하는 학문이다. 그것을 달리 표현하면 천지인 3재설과 음양 5행 설이 핵심이고, 그 외 자연 순환의 원리를 들 수 있다. 이런 것들은 우주창시론에서 보면 무극(太極)에서 일기(一氣)가 생기고, 일기(一氣)에서 음양 양의(陰陽兩儀)로 나뉘어진 것이라 본다. 이러한 원리에 의해서 하늘이 먼저 생기고, 이어서 땅이 생기고 마지막으로 사람이 생겨났다고 본다. 이 경우 하늘은 양(陽), 땅은 음(陰), 사람은 중(中)이라 보고, 이 세 가지를 합쳐서 천지인(天地人) 삼재설(三才說)이라 부른다.

시조 형식에서 초장, 중장, 종장으로 나뉘는데, 그것들은 이 천지인 3재설이 적용된 것이다. 이처럼 성리학의 원칙에 의해서 만들어졌기 때문에 삼장 형식, 삼행 형식을 고수해야 한다. 그것을 실험이라는 미명 아래 두 행만 써서 양장시조 만들고, 종장 한 줄만 써서 단장 시조 만들고, 석 줄에다 한 줄을 추가하여 4장시조 만드는 것은 성리학의 원칙에 위배된다. 하늘과 땅과 사람을 상징해서 초중종 3장 형식을 창안했는데 그것을 무시하고 제멋대로 행을 늘였다 줄였다 하는 것은 성리학자가 시조 형식을 만든 근본 원칙을 무시하는 행위이다.

이외도 천지인 3재설이 적용된 예를 들면 훈민정음을 창제할 때, 모음의 경우를 들 수 있다. ·는 하늘, ㅡ는 땅, ㅣ는 사람을 형용한 것이다.

훈민정음도 성리학을 응용해서 만들었다는 이야기다. 다음은 제례의 경우를 들 수 있다. 전국에서 제관들이 몇 천 명 모여 들었어도, 초헌, 아헌, 종헌 등 3명밖에 잔을 올릴 수 없게 만들었다.

이 제사 지내는 법칙도 성리학에 의거한 것이다. 부모가 돌아가시면 3년 상을 입게 되었는데, 이것도 천지인 3재설에 의거한 것이라 본다. 또 태극기를 보면 네 모퉁이에 건곤감리(乾坤坎離)의 괘가 있는데, 막대기 세 개씩으로 되어 있다. 이 때 각 괘마다 막대기 세 개를 그은 것은 천지인(天地人) 삼재(三才)를 의미하고 그 원리는 성리학에서 온 것이다.

우리들에게 잘 알려진 덕목에 삼강오륜(三綱五倫)이 있다. 유교의 기본 윤리로서 사람을 사람답게 만드는 실천덕목이다. 삼강은 유교에서 제시하는 국가와 사회, 가정에 대한 윤리이다. 특히 1431년(세종 13)에 삼강행실도(三綱行實圖)를 간행하여 삼강의 윤리가 일반백성들에 퍼지게 하였다. 이 삼강은 봉건적 신분제를 유지하는데 이바지 했으며, 성리학이 이 땅에 들어온 다음부터 더 강화된 것으로 안다.

(4) 육구(六句)는 어떤 원리로 되었는가?

육구(六句)를 이야기하기 이전에 음양오행 문제를 논의하는 것이 순서이다.

① "천지의 근원은 음양과 오행뿐이다. 태초의 저 깜깜칠야의 세계에서 일원(一元)의 태극이 생겨나서, 이 태극이 움직이고 쉬고 하여, 마침내 음과 양이 생겨났고, 드디어 동이 트기 시작했던 것이다. 그러나 하늘과 땅 사이의 생물이면 어떤 것이든 이 음양에서 생겨나지 않은 것이 없다. 사람의 말소리에도 모두 음과 양의 이치가 들어 있는 것인데, 다만 사람들이 그것을 살피지 못하였을 뿐이다."[4)]

---

4) 신상순 · 이돈주 · 이환묵 편, 훈민정음의 이해(한신문화사, 1988), 244~245쪽.

② "주역의 주장에 따르면 하늘과 땅을 비롯한 우주의 만물은 모두 음 · 양 2원이 맞서서 성립되어 있다. 보기를 들면 해는 양이요 달은 음이며, 낮은 양이요 밤은 음이며, 굳건한 것은 양이요 유순한 것은 음이며, 높은 것은 양이요 낮은 것은 음이며, 큰 것은 양이요 작은 것은 음이며, 착한 것은 양이요, 악한 것은 음이며, 길한 것은 양이요 흉한 것은 음이며, 봄 · 여름은 양이요 가을 · 겨울은 음이란 것이다. 그러니 우주의 모든 사물이 음양 2원으로 되어 있다고 하겠으며, 이 음양이 있으므로 말미암아 우주에는 시간이 이루어지니, 양이 음을 향해 움직이므로 해서, 우주의 운행이 생겨났던 것이다."[5]

필자는 생명을 가진 존재만 음과 양이 있는 줄 알았는데, 선악, 길흉, 목소리 같은 것에도 음양이 존재한다니 놀라운 일이다. 주자(朱子)는 태극도(太極圖)에 대해서 말하기를 "태극(太極)이 동(動)하여 양(陽)을 생하고 정(靜)하여 음(陰)을 생하니 이와 같이 음양으로 나뉜 것을 양의(兩儀)라 한다. 음이 변하고 양이 합하여 사상(四象)이 되고 오기(五氣)가 팔괘가 된다.[6]고 하였다. 천지인 3재가 각각 음양으로 나뉘어 육효(六爻)가 된다. 그 爻의 순서와 지위를 알아보면 다음과 같다.

"효(爻)는 초효(初爻)에서부터 二爻, 三爻, 四爻, 五爻, 上爻의 순서로 위로 올라갈수록 어떤 사물이나 상태의 발전 과정이나 상승 상태를 상징한다. 초효를 일의 시작이라고 보면 상효는 그 완성을 의미한다. 또 효의 순서는 신분의 귀천을 상징하기도 한다. 위로 올라갈수록 존귀한 것이 된다. 주역은 예부터 초효는 서인(庶人), 이효는 사(士), 삼효는 대부(大夫), 사효는 공경(公卿), 오효는

5) 신상순 외, 앞의 책, 246쪽.

6) 조성우, 역학원리와 명리강의, 명문당, 1990, 32쪽.

군주(君主), 六爻는 태상존자(太上尊者) 또는 은자(隱者)의 지위라고 생각하고 있다. 그러나 앞에서 말한 바와 같이 第五爻의 지위는 특별한 것이다. 육효 중 가장 존귀하고 중요한 것은 五爻의 위치이다. 상효는 높기는 하나 제왕의 지위는 아니다.[7)]

여기 인용한 효의 순서와 지위가 시조의 시상이니 리듬의 전개과정 또는 상승되고 하강되는 과정과 너무나 일치한다는 사실을 유념할 필요가 있다. 바로 상기 인용문은 시조의 형식 구조와 원리를 설명하는데 그대로 대입할 수 있는 것이다. 효는 초효에서부터 二爻, 三爻, 四爻, 五爻, 上爻의 순서로 위로 올라갈수록 어떤 사물이나 상태의 발전 과정이나 상승 상태를 상징한다고 했는데, 시조의 형식도 제1구에서부터 2구, 3구, 4구, 5구, 6구의 순서로 이루어졌고 위로 올라갈수록 그 시상이나 리듬이 발전하거나 상승하는 과정을 겪게 되어 있다. 그래서 시조를 정형시라고 해서 단순한 외형률로 규정하는 것은 잘못되었다고 보는 것이다.

이처럼 시조의 6구는 주역의 6효를 본딴 것이다. 효의 순서와 지위가 시조의 시상이나 리듬의 전개 과정 또는 상승되고 하강되는 과정과 너무나 일치한다. 바로 상기 인용문은 시조의 형식 구조와 원리를 설명하는데 그대로 대입할 수 있는 것이다. 효는 초효에서부터 상효의 순서로 올라갈수록 어떤 사물이나 상태의 발전 과정이나 상승 상태를 상징한다고 했는데, 시조의 형식도 제1구에서 2구, 3구, 4구, 5구, 6구의 순서로 이루어졌고, 위로 올라갈수록 그 시상이나 리듬이 발전하거나 상승하는 과정을 겪게 되어 있다. 그래서 시조를 정형시라고 해서 단순한 외형률로 규정하는 것은 잘못되었다고 보는 것이다.

주역의 효에서는 초효(初爻)를 일의 시작이라고 보면 맨 끝 효인

7) 남만성, 譯解周易, (현암사, 1972), 84쪽.

上爻는 그 완성을 의미한다고 했는데, 시조의 형식에서도 제1구에서 시상이나 리듬이 시작되고 맨 끝구인 제6구에서 완성되어 종결을 짓고 있다. 주역에서 효의 순서는 신분의 귀천을 상징하고, 위로 올라갈수록 존귀한 것이 되고, 초효는 서인(庶人), 그 다음은 사(士), 대부(大夫), 공경(公卿), 군주(君主), 은자(隱者)를 상징한다고 했다. 시조에서의 구의 의미도 제1구는 시상이 시작되는 곳이니 가장 미미하고, 제2구에서 그 시상이 발전 상승되고, 제3구, 제4구에서 고조시키다가, 종장의 앞 구인 제5구에서 절정기를 맞고, 제6구에서 완결 짓는다.

주역에서 제 5효(爻)의 지위는 특별한 것이고, 육효(六爻) 중 가장 존귀하고 중요한 위치를 차지하고 있는 것이 오효(五爻)라고 했다. 마찬가지로 시조에서 제5구의 위치 즉 종장의 첫째 구는 특별한 것이고, 모든 시상을 결합시키는 곳이라는 점에서 가장 중요하다, 시조를 창작할 때 그 성패 여부는 바로 이 종장 첫째 구를 어떻게 처리하느냐에 달려 있다. 다시 말해서 그 종장 첫째 구(句)를 잘 살리면 그 작품은 성공할 수 있는 것이다. 얼마나 중요하면 주역에서 제5효를 군주 즉 제왕을 상징한다고 했겠는가. 6효는 높기는 하나 제왕의 지위는 아니라고 분명히 하였다.

시조에서도 마찬가지다. 이 제5구 즉 종장 첫째 구는 기(起) · 승(承) · 전(轉) · 결(結) 구조에서는 〈전(轉)〉에 해당하고, 발단(發端) · 전개(展開) · 절정(絕頂) · 결말(結末) 과정에서는 〈절정(絕頂)〉에 해당한다. 사람의 신분에 비유하면 제왕 즉 군주에 해당하는 곳이 제5구이다. 제6구도 중요하기는 하나 시상을 종결짓는다는 의미 외에 더 높이 살 것이 없다. 이처럼 주역(周易)에서의 〈六爻〉의 구조와 시조에서의 〈六句〉의 구조가 완전일치한다는 것은 시조 형식이 주역에서 왔음을 입증시켜 주는 것이다. 다시 한 번 부언하거니와 시조 형식의 3장 6구는 주역에서의 천지인 삼재설과 육효의 원리를 본 따서 어느 위대한 문학인이 창안해낸 것이다.

이 문제를 해결하기 위해서는 천지인(天地人) 삼재(三才)와 육효(六爻)와의 관계를 알아보는 것이 급선무다. 주역에서는 천지인(天·地·人) 세 가지를 각각 두 효씩으로 상징하니 육효(六爻)를 이룬다고 하였다. 그러므로 육효란 딴 것이 아니라 하늘과 땅과 사람의 법칙을 보인 것이다. 예를 들면 上爻·五爻는 천(天), 四爻·三爻는 인(人), 二爻·一爻는 지(地)를 상징한다.[8]는 것이다.

그런데 시조의 6구를 주역의 육효와 대비하면 제1구는 初爻, 제2구는 二爻, 제3구는 三爻, 제4구는 四爻, 제5구는 五爻, 제6구는 六爻가 된다. 따라서 시조의 3장은 천지인(天地人) 삼재(三才)와 육효(六爻)의 관계를 대비하여 초장은 지(地), 중장은 인(人), 종장은 천(天)을 상징한 것이라 보아야겠다. 이러한 설명은 다음 인용문을 통해서도 그대로 증명되는 바다.

"모든 괘는 여섯 효로 구성되어 있는데, 이 여섯 효를 읽을 때는 아래의 효에서부터 차례로 읽어나간다. 이는 만물이 아래에서 위로 자라기 때문이다. 각 괘에서는 위의 세효를 상효(上爻), 아래의 세효를 하효(下爻)라 한다. 괘를 읽을 때는 상효와 하효를 구분하여 대비하면서 읽는다. 상효는 공간적으로는 하늘, 국가 단위로는 국민이나 여론, 국가공무원 중에서의 고위공무원, 회사의 경영진, 학교의 선생, 가정의 부모, 개인의 정신세계 등에 해당하고, 하효는 이와 반대로 우주에서의 땅, 국가의 공무원, 공무원 중에서의 하급 공무원, 회사의 일반사원, 학교의 학생, 가정의 자녀, 개인의 육체적 요소 등이 이에 해당한다.[9]

인용문에서 보면 상효는 공간적으로 하늘, 하효는 이와 반대로 우주에서의 땅이라고 하였다. 그러니 1,2,3효는 지(地)를 상징하

---

8) 낭만성, 앞의 책, 314쪽.

9) 이기동 역해, 주역강설상, 성균관대학교 출판부, 1997, 43~44쪽.

고, 4,5,6효는 천(天)을 상징한다는 이야기다. 시조의 6구에 대입하면 1,2,3구는 지(地)를 상징하고, 4,5,6구는 천(天)을 상징한다는 의미가 된다. 또 시간적으로 상효는 우주 역사의 후반기, 국가나 왕조의 후반기, 회사나 사회단체의 후반기, 인생의 40대 이후에 해당하는 후반기, 한 사건의 후반부에 해당하고, 하효는 우주 역사의 전반기, 국가나 왕조의 전반기, 회사나 사회단체의 전반기, 인생의 40대 이전에 해당하는 전반기, 한 사건의 전반부 등에 해당한다.[10)]

이처럼 시간상으로 살펴보아도 상효는 우주 역사의 후반기, 하효는 우주 역사의 전반기이고, 상효는 한 사건의 후반부에 해당하고, 하효는 한 사건의 전반부에 해당한다고 했으니, 시조의 전반부에 해당하는 一 · 二 · 三句를 지(地), 후반부에 해당하는 四 · 五 · 六句를 천(天)을 상징한 것이라 보는 것이 당연하다고 본다.

그렇더라도 이 六爻를 上爻와 下爻로 나누지 않고 천지인(天 · 地 · 人) 삼재(三才)로 구분할 때는 上爻 · 五爻는 천(天), 四爻 · 三爻는 人, 二爻 · 一爻는 지(地)를 상징한 것이니, 시조에서의 六句도 一 · 二句는 지(地), 三 · 四구는 人, 五 · 六句는 천(天)을 상징한 것이라 보아야 한다. 이러한 논리에 따라서 시조와 천지인 관계는 초장(地) → 중장(人) → 종장(天)이 된다는 것을 밝힌다. 그 다음 시조의 3장 6구에서 〈구〉는 〈6효〉를 본 따서 만들었다고 하는 것은 이미 앞부분에서 밝힌 바 있다.

"주역이란 서적은 시초(始初)를 찾아서 종말(終末)을 살피는 것이 그 본질이다. 육효가 서로 섞여 있어서 그 한 효 한 효는 각각 그 한때의 일을 보여주는 것이다. 初爻의 뜻은 알기 어렵고 上爻의 뜻은 알기 쉽다. 初爻는 사물의 근본이요, 上爻는 사물의 결말인

---

10) 위의 책, 44쪽.

것이다. 初爻는 근본이기 때문에 사물의 미세한 시작으로서 아직 드러나지 않은 것이다. 그러므로 초효의 효사(爻辭)를 비유하여 설명한다. 그래서 알기 어려운 것이다. 상효는 일의 이루어진 결말이므로 드러난 것이어서 알기 쉬운 것이다."[11]

하여간에 시조의 6구는 제1구에서 제6구까지 순차적으로 되어 있고, 주역의 육효는 初爻, 二爻, 三爻, 四爻, 五爻, 上爻의 순서로 되어 있다. 상기 인용문에서 주역이 시초를 찾아서 종말을 살피는 것이라 했는데, 시조도 내용이나 형식을 시작하는 제1구가 있고, 그것을 끝맺는 제6구가 존재한다. 주역의 六爻에서는 한 효 한 효가 각각 그 한때의 일을 보여준다고 했는데, 시조의 6구도 제1구에서 제6구까지 각각 그 임무나 역할이 다르다고 생각한다.

(5) 시조의 12소절(十二小節)은 무엇을 본 따서 만들었는가?

시조의 삼장은 주역의 천지인(天地人) 삼재(三才)를 본 따서 만들었다. 주역의 육효(六爻)는 그 천지인 삼재에서 천(天)도 음양으로 나뉘고, 지(地)도 음양으로 나뉘고, 인(人)도 음양으로 나뉘어 육효(六爻)로 발전한 것이다. 그 효(爻)란 어떤 사물의 시초를 찾아서 완성될 때까지를 의미한다.

국가로 발하면 하층의 서민, 백성에서 계층적으로 올라가 군왕이 있고, 그 위에 상왕(上王)이나 은자(隱者)의 지위까지를 설명해 주고 있다. 그래서 어떤 사물의 시작부터 완성되기까지의 과정 전부를 일컫는 것이다. 그런데 그 육효(六爻)가 음양으로 분화되어 12개월이 되었다. 초효(初爻)도 음양으로 분화되고, 이효(二爻)도 음양으로 분화되고, 삼효(三爻)도 음양으로 분화되고, 사효(四爻)도

11) 남성만, 앞의 책, 313쪽.

음양으로 분화되고 오효(五爻)도 음양으로 분화되고, 상효(上爻) 즉 육효(六爻)도 음양으로 분화하면 1년 12개월이 된다.

일 년 열두 달을 자세히 살펴보면 음의 달, 양의 달로 구성되어 있다. 1,3,5,7,9,11월은 양의 달이고, 2,4,6,8,10,12월은 음의 달이다. 1년 12개월도 이처럼 음양이 조화를 이룬다. 그 12개월을 본 따서 만든 것이 시조의 12소절(小節)이다.

그러면 시조의 제1구는 1 · 2월, 제2구는 3 · 4월, 제3구는 5 · 6월, 제4구는 7 · 8월, 제5구는 9 · 10월, 제6구는 11 · 12월이 된다. 이것은 시조의 6구가 주역의 6효와 같다는 것을 설명할 때 이미 증명하였다.

제1구인 1 · 2월은 주역의 초효(初爻)처럼 사물의 시작이요 근본이고, 제6구는 11 · 12월로서 사물의 결말이요 완성을 의미한다. 따라서 제5구는 주역에서 제왕의 위치인 제5효에 해당하고, 모든 사물의 완성기, 완숙된 경지, 절정 상태를 의미하는 것이다. 이러한 논리는 다음의 인용문을 통해서도 그대로 증명되는 바다.

"하나의 괘는 공간적으로 보면 하나의 우주이기도 하고, 하나의 세계, 하나의 국가, 하나의 사회단체, 하나의 가정이기도 하다. 또 시간적으로 보면 한 우주의 시작에서 끝날 때까지의 일생을 의미하기도 하고, 한 세계의 문화사나 국가의 일생이기도 하며, 한 왕조의 일생, 한 사회단체의 일생, 한 개인의 일생이기도 하고, 한 사건의 시작에서 끝날 때까지이기도 하다. 그러므로 하나의 괘를 대할 때엔 이 모든 경우에 해당될 수 있다는 것을 전제로 하고 임해야 한다."[12]

상기 인용문을 보면 하나의 괘는 공간적으로는 하나의 우주를 상징하지만 시간적으로 보면 한 우주의 시작에서 끝날 때까지의 일

12) 이기동, 앞의 책, 43쪽.

생을 의미하였다. 또한 한 개인의 일생이기도 하고, 한 사건의 시작에서 끝날 때까지의 시간을 의미한다고 하였다. 그래서 시간적으로 보면 작게는 하루 또는 한 달, 크게는 1년, 또는 사람의 일생을 의미하는 것이다. 그렇기 때문에 시조 한 장이 4음보로 구성된 것은 춘하추동 4계절을 의미하고, 시조 한편이 12마디로 구성된 것은 1년 12달을 상징한 것이다.

또 한 가지 시조는 제1구에서 6구까지 홀수음과 짝수음으로 배열되어 있다. 그것은 마치 주역의 6효에서 양효(陽爻)와 음효(陰爻)가 고루 배치된 것과 마찬가지다. 그런데 제1구에서 제5구까지는 3 · 4조나 3 · 6조로 되어 있는데, 제6구만은 4 · 3조로 그 위치가 전도되었다.

그것은 등산의 원리와 달이 차고 기우는 원리, 사람이 청장년 기를 맞이했다가 기력이 하강해서 노년기를 맞는 원리와 같기 때문에 4 · 3조로 전도될 수밖에 없는 것이다. 그리고 시조의 음수율을 보면 3 · 4조, 3 · 6조, 4 · 3조 등으로 나타났는데, 이것은 철저하게 음양교합의 원리에 따른 것이다.

(6) 우주 자연의 순환 원리

우주만물은 생장 소멸하게 되어 있다. 달을 보면 초승달 → 만월 → 그믐달로 가고, 사람은 유년 → 청년 → 장년→ 노년으로 바뀌고, 나무도 봄에는 새싹 여름에는 짙푸른 잎사귀 가을에는 단풍잎, 그 다음은 낙엽의 순서로 바뀐다. 이처럼 모든 동식물, 오곡백과 등이 생장소멸 하는 것은 대자연의 섭리인 것이다.

"우주창시론에서 무극(無極)에서 일기(一氣)가 생기고, 일기(一氣)에서 음양양의(陰陽兩儀)로 나뉘고, 양의에서 사상(四象)과 팔괘(八卦)와 오행(五行)이 생기고, 음양의 조화와 오행의 작용으로 모든 삼라만상이 생성되기도 하고 사멸되기도 한다. 이를 수적 이론으로 비유하면 무극(無極)은 영(零)이요, 일기(一氣)는 모든 수의 기본이 되는 일(一)과 같다.

원래 우주의 대원령(大元靈)이 되는 태극(太極)에는 영(靈)과 체(體) 두 가지 원소가 포함되어 있다. 그리고 우주를 포함한 삼라만상의 대생명은 처음도 끝도 없으므로 마치 (0)과 같은데 이것이 바로 태극(太極)이다. 그 0에서 수의 맨 첫 번째인 一이 생겨나서 이것이 바로 무(無)에서 유(有)가 비롯되는 과정이요, 삼라만상이 하나하나 창조되는 시작이라 할 수 있다."[13]

위의 인용문을 보면 음양의 조화와 오행의 작용으로 모든 삼라만상이 생성되기도 하고 사멸되기도 한다는 것이다. 성리학의 기본원칙에는 음양오행 설이 있다.

음양이 조화를 이루고 오행이 작용해야 된다는 것이다. 이렇게 해서 순환이 되는데, 우리 주위에는 모두 순환되는 것뿐이지 순환이 안 되고 정지 상태로 있는 것은 없다. 우선 시간 문제를 따져보자. 하루가 24시간인데 매 시간 순환해서 하루가 지나가고 또 다른 하루가 시작된다. 그 하루가 30일 되풀이 되면 한 달이라 한다. 그 한 달이 열두 번 되풀이 되면 1년이 된다.

사람들은 새로운 1년을 맞으면서 나이 한 살 더 먹는다. 주역(周易)의 〈역(易)〉자가 바뀔 역자이다. 바뀌고 변해야 한다는 뜻이다. 시조의 12소절도 마찬가지이다.

제1구에서 시작해서 발전 상승하다가 제5구에서 절정기를 맞는다. 계절로 보면 9,10월에 해당한다. 온 산에 단풍 들고 오곡백과가 무르익는 시절이 9,10월이다. 절정에 올라갔으면 하산 길로 접어든다. 마지막에서는 4 · 3조가 되는 것이다. 그래서 시조 1수는

13) 조성우, 앞의 책, 56쪽.

완성이 된다. 1년이 지나면 새해를 맞이하듯이 시조 한 수가 완성되었으면 새 작품을 쓰기 시작한다.

자연의 순환작용처럼 시조에서도 순환작용이 이루어진다고 본다. 사람들이 태어나면 주역의 초효(初爻)가 시작된다. 유년기, 소년기, 청년기, 장년기를 맞으면 절정에 도달한다. 오곡백과가 무르익는 시절을 맞게 된 것이다.

시조도 제1구에서 시작하여 제5구까지 상승하면 시상이 절정에 도달한다. 그 다음 절정기를 지나면 단계적으로 하강, 내리막길로 접어든다. 인생도 절정까지 올라갔으면 하강 길로 들어섰다가 해가 넘어가듯이 끝나고 만다. 그러나 그 자식이 태어나서 똑같은 순환을 반복하고 있다.

동물의 세계도 이 순환작용은 이루어지고, 식물들도 나고 죽고 하는 일이 반복된다. 자연의 섭리이기 때문에 누구도 이 순환작용을 막을 수 없다. 시간도 바뀌고 공간도 바뀐다고 본다. 공간이라고 해서 바뀌지 않고 원형 그대로 있지는 안는다. 바위도 세월이 가면 금이 가고 부서진다. 우리가 그 변하는 것을 인식하지 못할 뿐이다. 어두운 밤도 새벽이 되면 끝난다.

이처럼 삼라만상이 순환하는데, 수레바퀴나 전철의 바퀴처럼 늘 일정한 속도로 가지 않고 태어남→ 성장기 → 절정기 →하강기 → 죽는 일을 반복한다. 이러한 순환이 오행(五行)의 작용 때문에 발생한다. 오행(五行)이란 화수목금토(火水木金土)의 물질을 일컫는다. 육안으로 인지하고 확인이 가능하기 때문에 필자는 이것을 물질이라 표현했다.

이 물질이 가만히 있는 것이 아니라 타 물질에 영향을 주고 있다. 금생수(金生水), 수생목(水生木), 목생화(木生火), 화생토(火生土), 토생금(土生金)이란 말이 그래서 생겨난 것이다.

이 오행의 물질 가운데 한 가지라도 없다 하면 인류는 생존할 수 없다. 나무를 확대해서 식물이 없으면 인간을 먹고 살 수 없다. 목생화(木生火)라 했는데, 불이 없으면 익혀서 먹을 방법이 없다.

추위와 더위는 어떻게 무엇으로 막을 것인가. 화생토(火生土)라 했는데 그 흙이 없어도 인간은 살 수 없다. 토생금(土生金)이라 했는데 쇠붙이가 없으면 연장, 도구는 어떻게 만들 것인가. 금생수(金生水)라 했는데 물이 없는 세상을 상상해 보면 이해될 것이다.

오행의 이 물질은 인간이 살아가는데 필수 물질이다. 하늘이 우리에게 내려주신 보물이다. 이처럼 중요한 물질이기에 하늘의 별에 이름 붙였다. 금성, 수성, 목성, 화성, 토성이란 이름이 붙은 것이다. 땅에는 방위 이름에 붙었다. 동방은 목(木), 서방은 금(金), 북방은 수(水), 남방은 화(火), 중심은 토(土)라고 한다.

사람에게는 가장 중요한 부위, 오장 육부를 상징하는 말로 쓰였다. 사람의 목소리도 금목수화토를 상징하는 발음기관이 있다. 그래도 성리학의 음양오행설을 무시할 것인가? 시조의 3장 6구 12소절은 주역의 천지인 삼재 → 육효 → 12개월을 뜻한다.

시조는 이처럼 주역의 원리를 본 떠서 만든 것이다. 역학기원설(易學起源說)을 강하게 주장한다.

蓋寓言也淺矣先生之前後著述親傳諸火而惟
獨歎世夢遊二篇幸得免焉自堯舜以下至非也
九十一字旣爲前刊所缺而今因　莊陵誌記八
肰未能的知故偏書字行以俟更考

自古昔以来主暗臣昏卒至傾覆者多矣今觀其主想必賢明之主也其六人者皆亦忠義之臣也安有以如此等臣輔如此等主而若是其慘酷者乎嗚呼勢使然也則不可不歸之於天福善禍淫非天道耶夫不可歸之於天則冥然窅然此理難詳宇宙悠悠徒增志士之恨耳以詩和之曰萬古悲凉意長天一鳥過寒烟鎖銅雀秋草没章華咄咄唐虞遠紛紛湯武多月明湘水闊愁聽竹枝歌

先生嘗於夢中陪　端廟與六臣及崔烟村遊於江上作詩賡和覺而起感文以記之名曰夢遊録

恨深精衛死魂斷杜鵑愁故國何時返江樓此日遊
悲凉歌數闋殘月荻花秋吟斷滿座皆凄然泣下無
何一箇雄豪士身長過人英勇絶倫面如重棗目若
明星文山之義仲子之清威風凛然令人起敬入謁
王前顧謂五人曰哀哀腐儒不足與成事也乃拔劒
起舞悲歌慷慨聲若巨鍾其歌曰風蕭蕭兮木落寒
波撫劒長嘯兮星斗闌干生全忠孝死作毅魂襟懷
何似一輪明月嗟不可與慮始腐儒誰責歌未闋月
黑雲愁雨泣風凄疾雷一聲皆倏然而散子虛亦驚
悟乃一夢也子虛之友梅月居士聞而痛之曰大抵

父子同第三座者吟曰壯節寧為爵祿淫金章猶抱采薇心殘軀一死何須說痛哭當年帝在郴第四座者吟曰微臣自有膽輪囷邪忍偷生見炎淪將死一詩言也善可能慙愧二心人第五座者吟曰哀哀當日竟何如死耳寧論身後譽最是千秋難洗恥集賢曾草賞功書幅巾者乃搔頭而長吟曰舉目山河異昔時新亭共作楚囚悲心驚興廢肝腸裂憤切忠邪涕泗垂栗里清風元亮老首陽寒月伯夷飢一篇野史堪傳後千秋應為善惡師吟訖蜀子虛子虛元來慷慨人也乃抆淚悲吟曰往事憑誰問荒山土一丘

袍賒酒於江村酒數行王乃持盃哽咽顧謂六人曰
卿等盍各言志以叙幽冤乎六人曰王庸作歌臣等
賡焉王乃愀然正襟悲不自勝乃歌曰江波咽咽兮
流無窮我懷長長兮與爾同生爲千乘死作孤魂新
是僞主帝乃陽尊故國人民盡收楚籍六七臣同魂
庶有托今夕何夕共上江樓波聲月色使我心愁悲
歌一曲天地悠悠歌罷五人各詠一絶第一座者吟
曰深恨才非可托孤國移君辱更捐軀如今俯仰慙
天地悔不當年早自圖第二座者吟曰受命先朝荷
寵隆臨危肯惜隕微躬可憐死去名猶烈取義成仁

人相次而坐矣子虛莫能測甚不自安王曰夙聞蘭
香深慕薄雲良宵邂逅無相訝也子虛乃避席而謝
坐已定相與論古今興亡亹亹不厭幅巾者噓噫而
言曰 堯舜禹湯之後狐媚取禪者籍焉以臣伐君者
名焉千載滔滔卒莫之救咄咄四君永為嚆矢言未
旣王乃正色曰惡是何言也有四君之聖而處四君
之時則可無四君之聖而非四君之時則不可四君
者豈有罪哉顧籍而名之者非也 幅巾者拜手稽首
謝曰中心不平不自知言之過於憤也王曰辭佳客
在座不須閒論他事月白風清如此良夜何乃鮮錦

跫音自遠而至有頃蘆花深處閃出一介好男子幅巾野服神清眉秀凜凜有首陽之遺風來揖於前曰子虛來何遲吾王奉邀子虛疑山精水魅愕然無以應然其形貌俊邁舉止閒雅不覺暗暗稱奇乃肩隨而行百餘步許有亭突兀臨江上有一人凭欄而坐衣冠一如王者又有五人侍側都是世間人豪儀貌堂堂神彩揚揚胷藏叩馬蹈海之義腹蘊擎天捧日之忠真所謂托六尺之孤寄百里之命者也見子虛至皆出迎子虛不與五人爲禮入謁王前反走而立以待坐定跪於席末子虛之上則幅巾者也其上五

원생몽유록 한문본

夢遊録

世有元子虛者慷慨士也氣宇磊落不容於世鬱抱羅隱之恨難堪原憲之貧朝出耕夜歸讀古人書穿壁囊螢無所不為嘗閱史至歷代危亡運移勢去處則未嘗不掩卷流涕若身處其時汲汲焉見其垂亡而力不能扶者也仲秋之夕隨月披覽夜闌神疲倚榻而睡身忽輕擧縹緲悠揚泠然若御風而登飄然若羽化而仙止一江岸則長流逶迤群山糾紛時夜將半萬籟俱寂月色如畫波光若練鴻鳴蘆葉露滴楓林悄然擧目如有千載不平之氣乃劃然長嘯浪吟一絶曰恨入長江咽不流荻花楓葉泠颼颼分明認是長沙岸月白英靈何處遊徘徊顧眄之際忽聞

원호와 원생몽유록

인쇄일 2023년 6월 15일
발행일 2023년 6월 15일

지은이 원용우
발행인 김화인
펴낸곳 도서출판 조은
편집인 김진순
주소 서울시 중구 을지로20길 12, 대성빌딩 405호
전화 (02)2273-2408
팩스 (02)2272-1391
출판등록 1995년 7월 5일 신고번호 제1995-000098호
ISBN 979-11-91735-64-2
정가 30,000원